KB060460

국가현대화 비교

동아시아 삼국을 중심으로

● ○ ●

김동일

박영사

머리말

대학교를 졸업할 무렵 갓 출판된 〈정치학 개론〉(赵宝煦 저)을 읽은 뒤, 내가 대학교에서 관심을 가진 분야가 정치학이었다는 것을 처음 알게 되었다(정치학은 사회학 등 학과와 함께 1952년에 취소된 후 이때까지 중국에서 아직 회복되지 못했다). 그 뒤 나는 석·박사 과정을 거치면서 인문사회과학의 여러 분야로 학문의 시야를 넓혀갔다. 박사학위논문으로 동아시아 삼국을 비교해 볼 생각이 있었으나, 여러 한계로 인하여 중국행정개혁에 관한 논문으로 학위를 받는 것으로 만족해야 했다. 박사논문의 주요 내용에 더해 한국의 관련 상황과 비교하고 또한 행정의 시각에서 현대화를 살펴본 것이 내가 지어낸 첫 학술 전문서인 《行政与现代化 : 以中韩两国为例》(2004年, 天津人民出版社)이다. 이 책과 정년을 앞둔 현재 출판된 이 책 사이에 거의 20년의 시간이 흘렀다. 동아시아 삼국을 비교하려던 오랜 꿈이 드디어 이루어진 것이다.

본서는 동아시아 삼국의 전통국가, 이행과정, 안정된 후의 국가상태 등을 살펴보면서 기존에는 어떤 상태였고 무슨 원인으로 어떻게 변했는지 등을 연구한다. 이는 '동아시아 국가들이 실제로 무엇을 추구하고 어떤 국가를 구축했는가'라는 문제이며 또한 '국가의 현대화를 어떻게 이해할 것인가' 하는 문제로 되며, 혁명과 국가와 같은 중요한 이론 문제와 밀접한 관련이 있다. 위에서 언급된 문제들에 관한 연구는 국가건설 방향 등에 대한 논의의 기반이 될 수 있다.

동아시아 전통국가를 살펴봄으로써 삼국의 제도적 특징을 분석하였고 이들의 뚜렷한 공통점은 지배세력의 정치영역에 대한 독점이라는 점을 확인하였다. 이것이 정치영역의 神聖化다. 이는 다양한 상징과 신분계급제 등 메커니즘을 통해 이루어진 것이다. 그리고 이러한 위계질서를 유지하기 위해 정권은 관념 영역을 엄격히 통제하거나 공식적으로 승인된 관념만 도입 또는 존속할 수 있도록 했다. 이러한 공통점은 동아시아의 전통 국가들이 수세기 동안 안정적인 상태를 유지할 수 있었던 주된 원인이며 이들 국가가 시간이 지남에 따라 경직될 수밖에 없는 근본적인 이유이기도 하다. 이 같은 내용을 근거로 우리는 동아시아 전통국가들이 스스로 현대화의 길로 갈

1

수 없었던 주요 원인은 결코 공상업의 문제가 아니라 국가체제와 관념체계의 문제라는 것을 알 수 있다.

그러나 동아시아 전통국가는 국가체제와 관념적인 측면에서 뚜렷한 차이를 보인다. 이와 같은 이유로 인해 조선과 중국은 나라가 멸망하거나 무너진 뒤에 정치세력을 재편성하여 국가재건의 길에 들어설 수 있었고, 일본은 전통적 정치세력의 주도하에 근대화를 이룰 수 있었다. 이 국가들의 변혁 과정의 실상과 유럽의 이행상황 등을 고찰한 결과, 삼국의 서로 다른 이행방식을 확인할 수 있었을 뿐만 아니라 다음과 같은 중요한 견해를 도출할 수 있었다. 압박의 성격이 해방의 성격을 규정하고 해방으로부터 얻어진 국가상태의 성격은 기본적으로 이로부터 결정된다.

중국의 정치운동과 한국의 민중운동은 이 두 나라의 현재 국가성격을 규정하는 결정적인 요인이다. 메이지유신은 혁명의 기본적인 성격을 띠지 않으며, 일본의 국가 이행에 결정적인 영향을 미친 것은 미국의 압력에 따른 전후 개혁이었다. 혁명이론과 한국의 민중운동에 대한 고찰을 통해 우리는 상향식 방식, 상징의 변경, 합법성의 새로운 기반 구축, 특히 자유를 쟁취하는 것과 국가체제의 이행 측면에서, 혁명이 종종 폭력을 수반한다는 점을 제외하고는 민중운동과 혁명 사이에 중요한 차이가 없다는 것을 확인할 수 있었다.

국가의 기본이념, 체제와 기제, 자주성과 능력, 問責制 등을 근거로 변혁 후 동아시아 삼국의 기본 상태를 이해할 수 있다. 국가이행 발단의 주원인과 당시 세계의 기본구도로 인해 이들은 민족국가의 재건과 自救를 주요 특징으로 했다. 동아시아 국가들은 부강을 위해 집권의 길로 갔으며, '第一要務'로 상정했던 부강이 현대화와 거의 동일시된 것도 이 때문이다.

유럽의 현대화 과정에서 출현한 '민족국가' 또는 '국민국가'는 같은 개념이지만, 동아시아 국가의 현대화 과정에서 이 두 '국가'는 서로 어긋남을 보인다. 이는 구미국가 이외 나라들의 발전상태에 중대한 영향을 미쳤다. 또한 역사와 현실에서의 국가를 이해하고 설명하기 위해서는 일반적 의미에서의 국가를 이해할 필요가 있으며 이것이 바로 국가의 여러 측면과 본질이다. 그것인즉 '역사적 정치공동체', '가치 중립' 또는 '無영혼'의 '도구성', '집단행위자' 및 '제도의 場' 등 네 가지 상이며, 그 본질은 주권을 가진 정치공동체이다. 이러한 견해는 일반적 의미에서의 국가에 관한 학문적 연구의 가능성을 넓혔다고 할 수 있다. 그러나 현대국가가 전통국가와 구별되는 근본적 특징은 국가의 公器 지위이며 이를 뒷받침하는 것이 법치다. 국가현대화를 이해하기 위해서는 현대성, 神聖化, 세속성의 기본 함의를 인식해야 한다. 이를 기반으로 동아시아 국가들의 현대화 과정의 실제 상태와 해결해야 할 주요 장애물이 무엇인가를 인식할 수 있다.

현대화는 '기획'과 '진화'가 혼재된 과정이며 결코 경제성장만을 의미하는 것이 아니다. 이는 관념과 사회 및 정치 영역의 현대화도 의식적으로 추진해야 함을 의미한다. 또한 국가이행이라는 중대한 변화이기 때문에 인간의 변화는 필수적이다. 그러나 강제적인 정치운동을 통해 사람과 사회를 변화시킬 수 없다. 이는 오로지 인간에게 자유가 보장되고 이에 상응한 제도를 통해서만 실현될 수 있는 것이기 때문이다.

사회실체로서의 국가는 정치활동의 최고 작품이며 인간의 지혜와 힘의 최적의 융합이고 전시다. 이러한 지혜와 힘의 관계에서 제도화의 본질이 구현되며 국가현대화의 논리도 설명될 수 있다. 제도화의 시각에서 본다면 理 또는 제도화가 인류공동체에서 힘을 넘어서는 분수령과 그 정도가 곧 현대화의 실제 상황이다.

유럽의 중세기부터 권위와 권력이 분리된 상황과 달리 동아시아 국가들은 이 둘의 분리된 안정적 상태를 발전시키지 못했다. 여기서 말하는 권위는 立國원칙과 직결된 문제다. 우리의 주제 범위 내에서, 권위는 국가라는 공동체에 소속된 모든 구성원이 공유한 신앙이며 어떤 현실적 권력도 감히 범접할 수 없는 신성한 성격을 가진다. 이러한 立國원칙은 국가의 의미나 존재가치 등에 대한 지식인 엘리트들의 성찰에 의해서만 수립될 수 있다. 또한 張力이 없는 진보는 상상할 수 없으며 현실정치를 초탈한 지식인 엘리트만이 그러한 張力에 필요한 지식을 제공할 수 있다. 이를 위해 지식인 엘리트에게 전속(專屬)적인 사회공간이 보장되어야 한다.

현대화의 기본적 함의로 인해 현대화를 논할 때 '사람'이라는 핵심문제를 피해 갈 수 없다. 사실 '사람'은 현대화의 기본 목적일 뿐만 아니라 현대화 실현의 가장 근본적인 원인이다. 따라서 우리는 '사람'이 현대화의 第一要務이며 동아시아 국가들이 보편적으로 상정했던 부강은 이러한 第一要務의 결과 중 하나일 뿐이라고 결론을 내릴 수 있다. 국가는 그 범위 내에서 '사람'의 현시이고 구현일 뿐이다.

마지막으로 본서는 주로 중국의 상황을 염두에 두고 쓴 책이기는 하나 중국에만 편향되지 않았음을 밝힌다.

저자

목차

제1장

서론

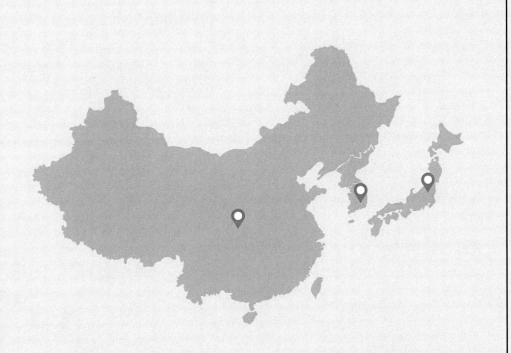

1 연구의 취지

국가의 개념을 어떻게 정의하든 국가의 성격과 크기 등에 어떤 차이가 있든, 국가는 그 경내에 있는 사람들의 삶의 질에 영향을 미치는 가장 큰 사회실체임이 틀림없다. 현시대에서 이러한 사회실체는 영토적인 주권국가형태를 취하고 있으며, 이를 기본단위로 형성된 것이 곧 민족국가체계다. 그러나 문제는 구미국가의 학자들이 민족국가가 유럽의 발명이라 주장한다는 데에 있다.

포퍼는 민족주의 신앙과 민족자결권 등을 부인하면서 민족국가와 민족주의가 꿈꾸던 이른바 민족이나 種族은 존재하지 않는다고 주장하며, 자연적 국가경계 내에 장기적으로 거주한 동질적 민족집단도 강하게 부정한다.[1] 이와 같은 주장은 어느 정도 이해할 수 있고 뒤에서 언급될 것이지만, 여기서 우리는 인간이 건조한 여러 가지 사회실체 또는 국가와 같은 현상을 어떻게 이해할 것인가라는 의문을 제기하게 된다.

이와 달리 앤더슨은 민족이란 상상의 정치공동체, 즉 제한적이면서도 주권을 향유하는 공동체라 말한다.[2] 코저는 이에 대해 현대국가는 국가에 대한 충성심에 의존하지만 그것은 실체가 없고 상징을 통해서만 구상되며 모든 사람은 세계의 상징성 개념을 바탕으로 국적을 '갖고' 있다고 믿는다는 의미에서, 앤더슨이 위와 같이 정의했다고 설명했다.[3] 여기서 번역상의 문제('민족' 또는 '국가')는 논의에서 제외할 수 있지만 국가의 제도적인 사실, 보유되고 종종 사용되는 물리력, 국가 또는 민족 간의 충돌과 전쟁 등 상황에 비추어 볼 때, 국가나 민족 등 사회실체는 우리가 반드시 인정하고 연구해야 할 사회實在일 뿐만 아니라 이들 사회실체를 지나치게 단순화할 수 없음을 의미한다.

보겔린은 민족이란 '제국화 기독교'가 붕괴되면서 생겨난 인류체(人類體)이며, '공공생활'이나 '정치적 감수성'과 밀접한 관련이 있는 개념이라 말한다.[4] 따라서 대부분

---

1 卡尔·波普尔著：《猜想与反驳：科学知识的增长》，傅季重、纪树立、周昌忠、蒋弋为译，上海译文出版社，1986年，第524-525页。

2 本尼迪克特·安德森著：《想象的共同体：民族主义的起源与散布》，吴叡人译，上海人民出版社，2005年，第6页。

3 大卫·科泽著：《仪式、政治与权力》，王海洲译，南京：江苏人民出版社，2015年，第7页。

4 沃格林著：《新秩序与最后的定向》，李晋、马丽译，上海：华东师范大学出版社，2019年，第51-52页，第163-164页。본서에서 인용된 보겔린의 견해는 그의 다른 저서 외에 모두《政治观念史稿》(卷一 - 卷八)이며 출판사와 출판연도가 같다. 따라서 이하에서〈史稿〉의 저서들은 저자, 책 제목, 쪽수 등만 밝힌다. 그리

서양학자들이 말하는 '민족'은 적어도 우리가 흔히 생각하는 문화공동체로서의 민족 개념만은 아니다. 그것은 '공공', '정치', '행정적 통제' 등의 의미를 담고 있기 때문이다.

우리는 동아시아에서 민족은 적어도 천 년 동안 식별할 수 있는 실체로 존재해 왔으며, 타민족 통치하의 민족압박 및 서로 다른 민족 간의 충돌과 전쟁이 매우 많이 발생하였음을 알고 있다. 민족 간의 갈등이나 충돌에는 정치의 개입이 있을 수 있고 대규모 집단행동 자체가 정치적인 것이기도 하지만, 언어 및 기타 상징들로 인해 엄연히 서로 다른 민족으로 구분되고 민족압박 등은 이러한 다른 민족의 존재를 전제로 한다. 또한 민족의 형성과 지속적인 존재는 일정한 범위 내의 어떤 정치중심과의 관련성을 배제하기 어렵고 오랜 기간 유지되어 온 국가는 자체의 문화적 특징이 형성되고 전해지기 마련이다. 그러나 민족과 국가는 확실히 서로 다른 두 개의 사회적 실체를 지칭하는 개념이다. 민족은 자신의 전통문화를 핵심으로 하고 동질감이 인지될 수 있는 사회심리를 기반으로 하며, 각종 상징이나 기호특징 및 일정 집단의 역사기억에 근거하여 타민족과의 식별이 가능한 문화공동체다. 이는 결코 권력체계를 핵심으로 하고 제도를 통해 구축된 정치공동체가 아니다.

월레스텐은 프랑스가 13세기와 14세기에는 민족국가였고 15세기와 16세기에는 제국이었으며, 17세기의 프랑스는 새로운 민족국가라고 주장한다. 그러나 그에 따르면 제국 이전의 프랑스는 '신민의 균질화'를 이루지 못했고, 국가기구와 무력도 국왕에 의해 통제되지 못했으며, '법통'조차 만들어지지 않았다. 이 특징들은 제국 시기에 이르러 실현된 것이다.[5] 그리고 이른바 프랑스라는 제국은 실제로 루이 14세 시기에 이르러 중앙집권적인 국가형태가 완성된 것을 말한다.[6] 그러나 루이 14세의 재위 기간 프랑스는 통일되지 못했으며, 그는 지위나 특권이 서로 다른 5개 지역을 관할하였다.[7] 위와 같은 상황에 근거한다면 적어도 뒤에서 살펴볼 동아시아 전통국가들과 비교할 때 제국 전의 프랑스는 국가의 기본형태조차 갖추지 못했다고 보아야 한다.

고 같은 해에 출판된 다른 학자들의 저서도 이와 같은 방식으로 처리하였다.

5 伊曼纽尔·沃勒斯坦著：《现代世界体系》第1卷, 尤来寅等译, 北京: 高等教育出版社, 1998 年, 第23-25 页, 第176页, 第182页。

6 诺贝特·埃利亚斯著：《文明的进程》第二卷, 袁志英译, 北京：三联书店, 1999 年, 第179-223页。 저자는 이 책의 제1권 98쪽과 100-101 쪽에서 독일의 민족의식은 18 세기에 이르러서야 형성되었다고 지적한다.

7 雅克·巴尔赞著：《从黎明到衰落》, 北京：中信出版社, 2018 年, 第363页。 아래에 나오는 그의 '민족국가체계'에 관한 견해는 이 책의 582 쪽에 있다.

　　대부분의 구미국가 학자들이 말하는 민족국가는 프랑스혁명을 기준점으로 한다. 그 주요 특징은 중앙집권화를 실현한 행정체계의 수립, 즉 성장(省長)을 통해 기층과 지방수령을 연결하고, 이와 함께 도량형의 통일화와 프랑스어의 문법화 등 일련의 혁신을 통해 민족공간의 균질화를 실현한다. 이로부터 수백만의 개체들이 먼 거리로부터 서로 연결되어 있는 사회가 형성된다.[8] 이런 의미에서 월레스텐이 말하는 제국 전의 프랑스의 민족국가와 혁명 후의 민족국가는 적어도 다른 차원의 것이다. 분명히 짚고 넘어가야 할 것은 프랑스혁명 후 민족국가와 사회는 동시에 출현했으며 이 둘 사이에 밀접한 관계가 있지만, 이것은 기든스가 말한 것처럼 민족국가가 곧 사회인[9] 것은 결코 아니라는 점이다. 이 양자 사이에는 본질적인 구별이 있다. 프랑스의 상황과 달리 나폴레옹의 군대가 유럽을 휩쓸던 19세기의 첫 10년은 독일의 민족열의와 애국주의 열정이 고조기에 달하고 또한 민족국가에 대한 관념이 점차 발전하는 시기였다.[10]

　　구미국가 학자들이 말하는 민족의 기원문제를 이해함에 있어 중요한 것은 홉스봄의 다음과 같은 견해다. 민족의 건립과 당대의 특정영토에 의해 산생된 주권국가 사이에는 밀접한 관계가 있으며, 민족의 창건은 19세기 역사발전의 핵심적인 관건이다. 원래 존재하고 있던 국가와 이 시기에 성행한 민족주의가 민족을 창조했으며, 1830년 이후 유럽정계에서 유행되었던 민족원칙이 일련의 신흥국가를 만들어 냈다.[11] 이와 반대로 동아시아에서는 일찍이 서로 다른 민족이 존재했지만, 이는 '민족원칙'의 산물이 아니라 오랜 역사의 진화 속에서 형성되어 존재해 온 것이다.

　　유럽의 민족주의에 중요한 영향을 미친 것은 19세기 독일의 역사주의인데, 이 학파의 견해도 누발리에 및 홉스봄의 견해와 매우 유사하다. 그것인즉 구체적 민족과 새로운 국가의 형성을 같은 과정으로 보는 것이다. 이른바 역사주의란 헬드의 세계주의 문화성향으로부터 발전되어 온 것이다. 헬드는 '현대민족국가 이념의 최초 개척자'이며, 그가 취한 입장은 민족自我를 유지하는 세계주의다. 이는 모든 민족의 특징을 없

8　热拉尔·努瓦利耶著：《社会历史学导论》，王鲲译，上海人民出版社，2009 年，第48-50页。

9　安东尼·吉登斯著：《民族 - 国家与暴力》，北京：三联书店，1998 年，第4页，第141-144页，第213页。

10　卡尔·曼海姆著：《保守主义：知识社会学论稿》，霍桂恒译，北京：中国人民大学出版社，2013 年，第166页。 사비니와 모제르는 민족국가 (이와는 다른 프랑스의 '公民国家'도 있다)에 대해 서로 다른 해석을 하고 있다. 이에 관한 내용은 이 책의 202-204 쪽을 참조하라.

11　埃里克·霍布斯鲍姆著：《民族与民族主义》，李金梅译，上海人民出版社，2020 年，第6页，第17页，第31-39页，第165页。

애는 주장, 즉 민족을 초월한 계몽운동을 반대하는 것이다. 이른바 역사주의는 독일해방전쟁 시기 국가를 중심으로 한 배타적 민족주의로 전환하면서 기원된 것이다.[12] 이는 적어도 독일에서는 해방전쟁 전에 민족적 자의식이 형성되기는 했지만 해방전쟁이 그 성숙의 관건임을 의미한다. 그리고 독일에서도 교육받은 지식인, 즉 중등계층이 점차 자신의 가치를 깨닫고 프랑스와의 비교에서 이러한 자의식이 형성되기 시작한다. 유럽민족국가에 관한 문제에 있어서 중요한 것은 발잔의 다음과 같은 관점이다. 19세기의 유럽은 여러 왕조들과 국경이 없는 상류계급이 지배하던 18세기의 횡적인 세계에서 벗어나 서로 다른 종적인 단위가 병립하는 민족국가체계를 구축했다.

위에서 말한 헬드의 세계주의 문화성향은 계몽정신을 계승한 사상가들이 인류보편주의 입장에서 제기한 관점이다. 이러한 입장은 괴테처럼 자기민족의 문화에 관심을 가졌더라도 나폴레옹이 '세계적 사명'을 완수할 것이기 때문에 독일인 자신이 민족문화를 지키고자 하는 입장에 서 있는 한, 독일문화는 그의 지배 하에서 사라지지 않을 것이라는 믿음을 갖고 있었다. 이것은 보편주의 또는 세계주의적 성향이기는 하지만 이미 민족自我의 '각성'에 입각한 입장이다. 이런 '각성'을 중국의 국가와 種族의 관념이 생겨난 시기와 연계시켜 생각한다면 이해할 수 있다. 중국의 송나라는 '국가'와 種族에 관한 의식이 크게 불거진 시대로서, 적국으로부터 받는 핍박에 의해 국가와 민족의 생존에 관한 불안과 긴장이 팽배했으며, 지식인 중에서 타민족의 문명을 배척하고 한족(漢族)에 있는 이민족의 풍속을 정리하는 풍조도 만연했다. 오래된 '화이지변(華夷之辨)'도 당나라 시기에는 '문화'적인 것이었으나 송나라 때에는 지역과 국경 및 민족과 동등시하였다. 주목할 것은 이 시기에 '동해도 서해도 마음과 도리는 같다'라는 육구연(陸玖淵)의 보편주의가 등장한다는 것이다.[13] 이러한 민족주의와 보편주의의 동시 출현은 민족이나 국가를 단순히 '상상'으로만 치부할 수 있는 것이 아니며, 구체적인 상황에 처한 민족自我의 각성과 밀접하게 관련되어 있다는 것을 의미한다. 특히 민족주의는 시대적 변화를 뚜렷이 감지하고 다른 민족들과의 다방면의 비교에서만 산생

---

12 格奥尔格·G. 伊格尔斯著：《德国的历史观：从赫尔德到当代历史思想的民族传统》, 南京：译林出版社, 2014年, 第35页, 第76页, 第132-145页；弗里德里希·梅尼克著：《历史主义的兴起》, 陆月宏译, 南京：译林出版社, 2009年, 第373页, 第384页。아래에 나오는 나폴레옹에 대한 괴테의 태도는 이 책의 453 쪽, 그리고 17 세기 말기와 18 세기 초기에 '민족정신' 등을 담론하는 경향에 관한 내용은 이 책의 85 쪽에 있다.

13 葛兆光著：《思想史研究课堂讲录》（二编）, 北京：三联书店, 2019年, 第78-80页, 第82页。

될 수 있는 관념이다.

민족국가를 보편적으로 건립한 시기의 유럽은 종교개혁과 계몽운동을 통해 이미 관념의 중대한 변화를 실현했다. 서양에서는 19세기 초까지 국가가 계약에서 기원한다는 견해가 지배적이었지만 헤겔의 체계에서 국가는 '세계정신'의 화신으로 되었다.[14] 헤겔의 이 견해에는 시대의 낙인이 찍혀 있었으며 이는 분명히 보편주의적 관점이다. 이른바 '시대정신'은 역사적 구성물이며 적어도 17세기 말에서 18세기 초에는 '민족정신'이니 '국가정신'이니 하는 정신을 담론하는 경향이 있었다. 그러나 헤겔에게 있어 '시대정신'은 그 시대의 실제 역사적 사건에 근거하여 제시한 깊은 뜻을 담고 있는 중요한 명제다. 그는 나폴레옹의 행동과 그것을 읽을 수 있는 자신의 사상에 근거해 프랑스혁명과 그 후의 시대에 특별한 역사적 의미를 부여했다.[15] 계몽기의 추상적이고 초사회적인 '의식자체'에서 보다 구체적인 '민족정신'으로의 이행은 모든 경험영역에서 세계에 반응하는 방식의 전환을 의미하는 것이다.[16]

실제로 유럽민족국가의 건립은 현대화 단계에 들어선 유럽역사와 밀접히 관련되어 있기 때문에 그 당시 유럽의 역사적 배경을 통해서만 설명될수 있다. 이는 유럽민족국가의 개념을 다른 지역에 그대로 옮겨 놓을 수 없음을 의미한다. 아렌트가 말했듯이 미국의 정치구축 원칙은 동질의 인구와 공동의 역사에 의존하지 않기 때문에 유럽 민족국가의 의미가 아닐 뿐만 아니라 그런 적도 없다.[17] 그러나 유럽민족국가와 미국의 건국이념은 기본적으로 같다는 것을 우리는 알고 있다. 이에 관해 미국의 건국자들이 100여 년간 축적된 유럽 정치사상의 영향을 많이 받았다고 해석할 수밖에 없다. 로크와 몽테스키외의 정치사상은 미국헌법에 깊이 새겨져 있고 제퍼슨과 프랭클린 등

---

14 恩斯特 · 卡西尔著：《国家的神话》, 范进等译, 北京：华夏出版社, 1999 年, 第321页。

15 이해에 도움이 되기 위해 헤겔의 '시대정신'에 관한 아래의 해석을 참고로 적는다. 헤겔은 자신을 인류역사 과정의 종말과 통합이라고 보았으며, 그는 자신의 '절대지식'을 통해 나폴레옹의 몸에서 구현된 현실을 제시했다. 이것이 바로 '절대정신'의 구현이다. 나폴레옹은 기독교인들이 꿈꾸는 신의 화신이다. 진정한 그리고 實在적인 그리스도 = 나폴레옹 - 예수 + 헤겔 - 언어. 헤겔은 또한 국가의 '인정받은' 公民으로서 행동하고 생활하며 또한 자유롭게 행동하는 사람만이 진정한 인간이라고 명확히 밝혔다. 柯耶夫著：《黑格尔导读》, 姜志辉译, 南京：译林出版社, 2005 年, 第82-83页, 第94页, 第101页, 第174-175页, 第181-183页, 第192页, 第203页, 第604页。

16 卡尔 · 曼海姆著：《意识形态与乌托邦》, 北京：中国社会科学出版社, 2009 年, 第63-64页。

17 汉娜 · 阿伦特著：《责任与判断》, 陈联营译, 上海人民出版社, 2011 年, 第163页。

의 정신은 프랑스적인 것이다.[18] 물론 이는 제도적 측면에서 미국의 혁신을 부정하는 것은 아니다. 사상의 뿌리와 구체적인 제도에서의 혁신은 다른 차원의 개념이기 때문이다. 같은 사상도 서로 다른 나라에서 각이하게 구현될 수 있다. 이는 각이한 나라의 지식인들이 같은 사상에 대한 서로 다른 해석 및 나라의 문화전통과 국내의 서로 다른 정치구도 등의 문제와 밀접히 연관되어 나타날 수 있는 현상이다.

그러나 유럽국가와 미국은 사상의 근원이 같지만 엄연히 다른 민족국가다. 이렇게 말하는 주요 근거는 바로 민족국가의 주권성격이다. 민족국가가 유럽에서 생성된 것은 그 시기 유럽의 역사적 추세의 결과지만, 이 범위를 벗어난 다른 세계에서는 세기적 변천과정에서 주권을 핵심으로 하는 국가형태로 변모하였다. 어쨌든 유럽의 과도기적 절대주의국가는 계몽운동과 혁명의 세례를 받고 오늘의 현대국가로 탈바꿈했다. 이는 구미민족국가의 산생과 발전이 현대국가의 형성 및 건설 과정과 동일한 과정이라는 것을 의미한다. 그러나 구미의 범위를 벗어나 적어도 동아시아에서 우리는 민족국가와 현대국가의 어긋남을 볼 수 있다. 이러한 어긋남은 구미국가 이외의 나라들과 그 발전상태에 중대한 영향을 미친다.

구미국가들과의 전면충돌 이후 동아시아 전통국가들은 약 100여 년 만에 완전히 다른 양상을 보이고 있다. 일본은 비서양국 중 유일하게 근대화를 이룬 나라이고(필자는 근대화와 현대화가 서로 다른 개념이라고 생각한다. 이에 관한 이해는 뒤에서 설명할 것이다), 70년대에 이른바 선진국 행렬에 진입했다. 한국은 35년의 식민지역사를 겪었지만 불과 30년 만에 경제성장을 이룩했으며, 소위 제3세계에서 가장 먼저 경제현대화를 이룩한 국가 중 하나로 독재국가에서 정치민주화도 실현했다. 중국은 개혁개방 후 급속한 경제성장을 이루어 현재 세계 2위의 경제대국이 되었다. 구미국가를 제외하고 동아시아 삼국의 발전은 세계적으로도 괄목할 만한 현상이며, 이를 요약한 것이 흔히 말하는 '동아시아 발전모델'이다.[19]

전통국가에서 오늘날의 동아시아 상태로 변모되어 가는 과정이 바로 근대화 또

18　艾尔弗雷德·诺思·怀特海著：《观念的历险》，洪伟译，上海译文出版社，2013 年，第29页。

19　본 연구가 '동아시아 발전모델'을 다루려는 것은 아니지만 관련 내용이 언급되기 때문에 이 모델에 대한 커밍스의 요약을 참고로 적는다. '관료 - 권력적 산업시스템', 관료제국가, 대중적 교육, 모든 필요한 수단을 동원하여 대중들에 대한 효과적인 감독관리를 진행, 국족기질(國族基質)에 대해 형이상학적이고 이데올로기적인 구축, 행정적 지도와 신중상주의를 특징으로 하는 정치경제, 밀접하게 연계된 지역정치경제적 갈등 등이다. 布鲁斯·卡明斯著：《视差：美国与东亚的关系》，李茂增译，北京：三联书店，2016 年，第130-134页。

는 현대화 과정이다. 동아시아 삼국의 전통국가, 이행과정, 안정된 후의 국가상태 등을 살펴보면서 기존에는 어떤 상태였고 어떤 원인으로 무엇이 변했으며 지금은 어떤 상황인지 등을 살펴보려는 것이 본 연구의 취지다. 그러나 유럽이 현대화 과정에서 민족국가를 건조한 것과 달리 동아시아 국가들은 전통국가에서 현대국가로 변모하는 길을 걸어왔다. 이러한 차이로 말미암아 동아시아 국가의 현대화는 실제로 무엇을 추구하고 어떤 국가를 구축하는가라는 문제로 전환되며, 이는 국가의 현대화를 어떻게 이해할 것인가 하는 문제이기도 하다.

2 연구의 주요 참조계

서양이 중국을 따라잡은 것은 1750년쯤으로 그전까지는 중국이 앞서 있었으며,[20] 하나의 국가나 문화로는 15세기의 조선이 아직 신대륙을 발견하지 못한 유럽보다 훨씬 앞서 있었다.[21] 그런데 근대에 와서 이런 상태가 반전된 원인은 무엇일까? 다른 말로 하면 서양나라들의 역사발전과정에서 대체 어떤 이상상황이 발생했거나 어떤 신기한 것을 발명함으로써 뒤떨어진 상태에서 세계를 선도하는 지위로 변모하게 되었는가? 이 질문에 관해 얻을 수 있는 기본적인 답에 근거해 우리는 현대화의 대체적인 맥락을 이해할 수 있을 것이다. 이러한 맥락은 현대화의 일반논리를 내포하고 있으며, 이는 동아시아 국가의 현대화를 고찰하는 주요 참조계로 된다.

로마제국이 붕괴될 때 神皇合一의 기제(機制)는 두 세력으로 대체되었고 사람들은 성직자와 세속인, 즉 정신과 육체의 대립으로 나뉘었다.[22] 이러한 상태의 유럽 후세 발전에 중요한 의미를 가진 상징적 사건은 서임권투쟁이며, 유럽은 이로부터 정교분리를 실현했다. 이른바 서임권투쟁이란 11세기 말부터 그레고리오와 그의 후계자들을 중심으로 한 교황청과 헨리 3~5세로 이어지는 로마황제 간에 벌어진 권력투쟁이다. 이 투쟁은 결국 1122년의 〈올무스종교협정〉으로 귀결되었다. 이 조약의 주요 내용은

---

20 宋丙洛著：《全球化和知识化时代的经济学》, 金东日译, 北京：商务印书馆, 2003 年, 中文版序言。이는 로버트 포겔의 견해다.

21 부르스 커밍스의 한국현대사, 김동노 외 옮김, 서울：창비, 2001 년, 88 쪽.

22 罗素著：《西方的智慧》, 崔人元译, 北京：世界知识出版社, 2007 年, 第145页。

황제가 고위성직자를 임명하는 제국의 권한을 교회의 선거로 대체하는 것을 인정하고, 교황은 세속사무에서 황제의 권력을 인정하는 것이었다. 이 협정으로 인해 권력영역은 세속적인 것으로 되기 시작했다. 이로부터 자주적인 정치제도는 공적 영역을 독점하고, 교회와 제국은 인간을 이중으로 대표하며, 영적 제도는 사적 영역으로 추방되었다.[23] 이는 사실상 帝權至上의 종말이었고 이후 어떤 황제도 속세와 종교를 모두 통치한다고 선언할 수 없었다.

그렇다고 이는 교회가 이후 유럽의 공적 영역에서 완전히 퇴출되었음을 의미하는 것은 아니었다. 서로마제국의 정치적 통일이 와해될 때 로마교권은 점차 확고한 '정통'권위의 독립적인 역량으로 자리매김하게 되며, 정치적 및 조직적인 면에서 전제로마제국의 계승자로 되었기 때문이다.[24] 중세기제국을 로마의 연속으로 이해하는 것은 17세기 말까지 수백 년 동안 지속된 것으로 결코 모호한 역사적 유물이 아니다. 그러나 이른바 중세기제국은 13세기에 정점을 찍은 '제국화 기독교' 세계였으나 한 번도 내부통일을 이루거나 효율적인 권력조직으로 성장한 적은 없었다. 그리고 〈올무스종교협정〉으로 이루어진 합의는 정신적 자유를 확보하도록 했다.

여기서 두 가지 점을 강조한다. 첫째, 〈올무스종교협정〉에 의한 권위와 권력의 분리는 훗날 유럽의 현대화에 중요한 의미를 지닌다. 둘째, '제국화 기독교'의 완전한 멸망은 종교개혁의 완성과 이후 유럽에서의 전제군주제 흥기와 맞물려 있다.

유럽은 중세에 접어들어 대도시가 쇠퇴하고 무슬림, 헝가리인, 노르만인 등의 끊임없는 침탈로 사람들의 생활이 아주 어려워졌다. 이런 상황에서 지방의 영주가 그 영역에 속한 사람들에게 군사적 보호를 제공하고 그 대가로 노동력을 받는 것이 유럽의 봉건사회다. 이른바 봉건체제는 근본적으로 부착관계망이며, 봉건영지는 재정부담으로부터 면제되고 왕실관원의 순시를 받지 않는 특권을 갖고 있었다. 따라서 영주에게 사법권을 위임하여 그에 속한 백성을 통치하게 되며, 사법권은 고급이든 저급이든 모두 영주의 권력이 되었다. 바로 이런 상태에서 중세유럽은 대의제를 발명했으며, 이것

---

23 埃里克·沃格林著：《新政治科学》, 段宝良译, 北京：商务印书馆, 2018 年, 第113-114页; 沃格林, 《革命与新科学》, 第58页。아래에 나오는 '제국화 기독교' 등에 관해서는 윗 책의 117 쪽, 두 번째 책의 32 쪽, 그리고 그의 《中世纪（至阿奎那）》, 25 쪽, 105 쪽, 121 쪽 등에 있다.

24 朱迪斯·M. 本内特、C. 沃伦·霍利斯特著：《欧洲中世纪史》, 杨宁、李韵译, 上海社会科学院出版社, 2007 年, 第50-51页。위에서 언급된 '帝權至上'의 종말은 이 책의 261 쪽에 있다.

은 교회뿐만 아니라 세속적 영역에서도 널리 시행되었다.[25]

그러나 인문주의자들이 '암흑기'라 부른 중세유럽에 파리대, 옥스퍼드대 등 수많은 대학이 세워졌으며, 이는 후세의 중요한 유산으로 남게 된다. 대체적인 시점에서 볼 때 대학의 확산은 〈올무스종교협정〉으로 '정신적 자유'가 확보되는 상황과 관련이 있을 것으로 추측된다. 유럽대학들이 언제 어떻게 산생되었는지 등은 모두 확실치 않으며, 대학은 '성장만 할' 뿐이었다. 유럽 최초의 대학은 사실상 교사와 학생들의 조합 또는 단체였고 특권과 면책권 및 존엄을 향유할 수 있었다. 또한 광범위한 자유를 누릴 수 있었으며, 학자를 양성하고 학습과 조사연구를 진행하는 자신의 주요 전통을 유지했다.[26] 물론 '진리'영역에서의 자유는 권위적 계시가 설정한 범위 내에서 이루어졌지만, 점차 구원과 통치 외의 제3의 힘으로 성장하며 지성의 대변자 역할을 맡게 된다.[27] 유럽 대학들의 이러한 전통은 후에도 계승되어 대혁명시기에도 학자들은 현실정치적 고려를 떠나 국가와 자유, 법과 권리 등의 추상적 본질이 무엇인지에 몰입했다. 학자들 또한 이를 충분히 인지하고 자랑으로 여겼다.

월레스텐은 자본주의 세계경제체제가 1450년에서 1640년 사이에 창립되었다고 말한다.[28] 이 견해는 노스의 다음과 같은 관점과 기본적으로 일치하다. 유럽은 15세기 중반에서 16세기 중반까지의 100년간 광범위한 탐험과 개발 및 무역 그리고 새로운 세계로의 식민지화에 의해 정치-경제적 단위의 구조적 변화를 이루었다. 국가통제 면에서의 구조적 위기는 최종적으로 현대경제성장을 촉진하는 일련의 재산권의 출현을 초래했으며, 산업혁명의 기술은 이러한 구조적 변화가 일어난 후 중대한 발전을 가져왔다.[29] 이상의 상황을 통해 우리는 관념의 전환과 자본주의 세계경제체제의 창설 및 정치·경제적 구조의 변화 등은 대체로 같은 시기에 이루어진 것임을 알 수 있다.

---

25 马克·布洛赫著：《封建社会》, 张绪山译, 北京：商务印书馆, 2004 年, 第288页, 第587页, 第590-594页, 第655页; 塞缪尔·E·芬纳著：《统治史》卷二, 王震译, 上海：华东师范大学出版社, 2014 年, 第八章。아래에 나오는 대혁명 시기 유럽학자들의 입장은 이 책의 529 쪽에 있다.

26 查尔斯·霍默·哈斯金斯著：《大学的兴起》, 王建妮译, 上海人民出版社, 2007 年, 第3-18页, 第21-22页, 第43-47页。

27 丹尼尔·J·布尔斯廷著：《探索者》, 吴晓妮、陈怡译, 上海译文出版社, 2016 年, 第105页, 第108页。아래에 나오는 인쇄기와 대중화 종교개혁의 관계에 관한 내용은 이 책의 122 쪽과 124 쪽에 있다.

28 伊曼纽尔·沃勒斯坦, 同上书, 第80页, 第127-128页。

29 道格拉斯·诺思著：《经济史中的结构与变迁》, 陈郁、罗华平等译, 上海三联书店、上海人民出版社, 2003 年, 第162页, 第166-177页, 第190页, 第225页。

네 가지 위대한 운동이 중세의 쇠락부터 17세기에 이르는 과도기를 상징하는데, 그것인즉 르네상스, 인문주의, 종교개혁, 경험연구의 부흥이다. 그러나 종교개혁만 '사람마다 선교사'라 주장하였으며, 이는 사람들의 실제 생활과 직접 관련되어 있었기 때문에 광범위한 사회적 영향을 미쳤다.[30] 마침 이때 등장한 개량된 인쇄기는 개신교 정신의 전파도구로 되어 대중적 종교개혁의 길을 열었다. 르네상스의 한 세기 만에 견고하게 건립되었던 신분제도가 균열되기 시작했으며, 그것은 이미 의심할 수 없는 권위성을 상실하였다.[31] 실제로 스콜라철학에 반대하는 가장 격렬한 논쟁은 인문주의자들에 의해 비롯되었고, 인문주의로부터 자연과학적 세계관이 형성되기 시작하며, 이는 자연과학이 인문주의의 산물임을 뜻한다. 또한 개신교 교회들은 처음부터 인문주의운동과 밀접한 관계를 맺고 있었으며, 특히 독일에서는 이 둘이 서로 손잡고 운동을 추진했다.[32] 그런데 흥미로운 것은 마법이나 점성술이 르네상스와 종교개혁 이후 100년 동안 대번영을 누린다는 것이다. 그러나 그 후 '현대의식'은 자연과 역사 차원에서 중세시대의 폐쇄적인 관념과 근본적인 결별을 하게 되며, 이로부터 사람이 자연과 역사를 결정한다는 관념이 형성된다.[33] 여기서 중요한 것은 무술(巫術)의 흥망성쇠를 전문 고찰해 얻어낸 다음과 같은 견해다. 영국에서 무술이 인기를 잃은 것은 적절한 기술적 해결책이 발명되기 전이었다. 무술을 포기했기 때문에 기술의 중대한 발전이 가능했다는 것이다. 17세기에 일어난 변화는 기술적이라기보다 관념의 변화가 가져온 것이며, 사회과학은 자연과학과 함께 무술의 쇠락에 중요한 영향을 미쳤다.[34] 이로부터 우리는 적어도 유럽의 현대화 시작에서 사회의 중대한 변혁에 관건적 영향을 미친 것은 기술의 발명이 아니라 관념의 전환이라는 것을 확인할 수 있다.

그리고 르네상스와 종교개혁은 문학적 측면과 성경연구와 같이 그 무게중심이 완연히 달랐지만 속세의 삶을 인정하고 그것에 새로운 가치를 부여했다는 공통점이 있다.[35] 더 근본적인 것은 르네상스 시기에 세속적 영역의 재발견에 기반해 인간을 재

---

30 罗素, 同上书 (2007 年), 第202-204页。

31 恩斯特·卡西尔, 同上书 (1999 年), 第164页。

32 文德尔班著：《哲学史教程》(下卷), 罗达仁译, 北京：商务印书馆, 2017 年, 第6-7页, 第14页。

33 沃格林,《宗教与现代性的兴起》, 第162-163页。

34 基思·托马斯著：《巫术的兴衰》, 芮传明译, 上海人民出版社, 1992 年, 第524页, 第526页, 第535页, 第537页, 第542页, 第544-551页。

35 E·卡卡西勒著：《启蒙哲学》, 顾伟铭等译, 济南：山东人民出版社, 1988 年, 第134页。

발견했으며,[36] 인문주의자들은 중세의 사상가들과 기본적인 가치를 공유하면서도 사람을 그 가치의 창조자로 보았다는 것이다.[37] '사람'의 발견은 인간자의식의 각성이다.

비록 이상에서 언급한 여러 요인들의 영향이 있었지만 현대화에 시동을 건 관건적인 계기는 종교개혁이었으며, 바로 이러한 의미에서 종교개혁은 서양현대화의 상징적인 사건으로 되었다. 종교개혁의 주요 목표 중 하나는 교리적 통제를 완화하여 개인이 어느 정도 성경에 근거해 자신의 판단을 할 수 있도록 하는 것이었다. 종교개혁을 통해 유럽은 교회의 속박을 제거하였고 혁명을 통해 자유권리의 엄연한 법적 지위를 확립하였다. 그러나 프랑스에서는 교구의 쇠퇴가 18세기 프랑스의 비기독교화를 촉진했으며 이로 인해 세속화의 길을 걷게 된다. 16세기에서 18세기 사이에 가장 근본적인 변화는 정치제도가 종교를 대체해 프랑스 사회의 관리원칙과 참조제도가 되었다는 것이다. 바로 이 프랑스 세속화운동으로 인해 18세기의 마지막 30년에 사회전환을 실현하였다.[38]

포겔은 서양이 중국을 따라잡은 원인을 시장경제체제와 기업조직을 발명하고 널리 보급했기 때문이라 보았다. 경제현대화의 속성은 이윤을 추구하는 시장경제에서 구현되고 기업은 시장에서의 행동주체이며 이는 경제발전을 추진하는 주요 원인이다. 그러나 우리는 서양에서 이 두 가지를 발명하고 보급하는 과정에 행정이 점차 현대적 관료제로 발전했다는 사실에 주목할 필요가 있다. 유럽의 군주제국가에서 시작된 이 과정에서 '행정혁명'을 겪었고 이 과정은 시장체제와 기업의 산생 및 발전과 기본적으로 동시기에 전개되었으며, 이 기간 유럽패권의 '쟁탈전'도 뒤섞여 있었다.[39] 알다시피 현대시장경제는 법제경제로서 기업의 행위도 법률제도의 틀 안에서 진행되며, 현대관료제의 건립과 운행은 더욱 법률과 제도에 의존한다. 그리고 이 세 가지는 모두 효율, 합리성, 절차와 질서를 강조한다. 바로 이런 이유로 필자는 시장, 기업조직, 행정 등 3자 사이에는 산생과 발전의 동시성이 있을 뿐만 아니라 내재적인 논리적 연관성이 있다고 주장했었다. 3자를 관통하는 것은 합리성과 합법성(추상적 법규에 기반해 비

36　米夏埃尔·兰德曼著:《哲学人类学》, 张乐天译, 上海译文出版社, 1988 年, 第40页。

37　哈多克著:《历史思想导论》, 王加丰译, 北京：华夏出版社, 1989 年, 第8页。

38　罗杰·夏蒂埃著:《法国革命的文化起源》, 洪庆明译, 南京：译林出版社, 2015 年, 第96-102页。

39　伊曼纽尔·沃勒斯坦, 同上书, 第35页, 第300-302页, 第319-323页, 第347-348页, 第355页; 이 책 제2권의 3 장, 특히 134-140 쪽을 참조하라。

합리적인 요소의 영향을 최대한 배제한다는 의미에서)이며, 이는 현대화의 두 초석이 되었다.[40]

중세의 중후기부터 시작하여 유럽에서는 일련의 중대한 사건들이 발생하였고 이로 인해 현대화가 실현되었다. 수 세기에 걸친 변화 과정에서 가장 두드러진 것은 바로 관념의 근본적인 전환, 시장경제체제의 확립, 민족국가의 건립이다. 이로부터 서양은 세계를 선도하는 위치에 서게 된다.

<h2>3   문제의식과 접근법</h2>

서양에서 시작된 현대화는 전 세계를 휩쓰는 큰 흐름으로 되었다. 그러므로 이 역사적 흐름을 진지하게 思考해야 하겠지만, 동아시아 전통국가의 현대화에 집중해 논의를 전개할 것이다. 여기서 서양에 앞섰던 동아시아 국가들은 왜 18세기 중반부터 큰 위기를 겪었으며, 그 후 어떻게 그 위기에서 벗어날 수 있었는가 하는 의문이 우리의 호기심을 끈다.

마르크스가 지적하기를 영국이 인도에서 사회혁명을 일으킨 것은 전적으로 비열한 이익에 의해 그리고 아주 어리석은 방식으로 그 이익을 추구한 결과다. 그러나 문제는 여기에 있는 것이 아니라 아시아의 사회상태에 근본적인 혁명 없이 인류가 자기의 사명을 완수할 수 있겠는가 하는 데 있다. 만약 그렇게 할수 없다면 영국이 저지른 죄악이 아무리 크다 해도 혁명을 조성함에 있어서 역사의 무의식적인 도구의 역할을 맡았다.[41] 마르크스는 다른 문장에서도 '보편적인 인간의 해방'이나 '세속화' 등 문제를 논의했지만,[42] '인간사명'은 마르크스가 처음 만들어 낸 것이 아니다. 실제로 유대인이자 18세기 독일 계몽주의 지도자인 멘델스존은 사회의 화합과 진보, 개인의 自我발전이 함께 어우러지는 의미의 '인간사명'을 구상했었다.[43] 또한 계몽주의 시대의 사상가들은 그들이 보편적인 '사람'을 발견했으며, 인간의 본성을 탐구하는 과정에서 더 넓

40   金东日, "合理性与合法性 : 现代化的两块基石", 《南开学报》, 2005 年 第3期。

41   马克思, "不列颠在印度的统治", 《马克思恩格斯选集》第二卷, 北京 : 人民出版社, 1972 年, 第68页。

42   马克思, "论犹太人问题", 《马克思恩格斯全集》第三卷, 北京 : 人民出版社, 2002 年。

43   刘易斯·亨齐曼, "自主性、个性与自我决定", 詹姆斯·施密特编 : 《启蒙运动与现代性 : 18 世纪与 20 世纪的对话》, 徐向东、卢华萍译, 上海人民出版社, 2005 年, 第497页。

은 의미의 추상적인 '인류'를 찾았다고 믿었다.[44]

　어쨌든 '인간사명'은 진보적인 것이고 '근본적인 혁명'이 없었던 당시 아시아는 후진적이었다. 그리고 일반적인 의미에서의 혁명은 현대화를 시작한 후에 발생한 것이며, 현대화 과정에 거대한 추진작용을 일으켰다. 그렇다면 우리는 혁명을 어떻게 이해할 것이며 혁명과 현대화 사이에는 어떤 관계가 있는가? 전통사회를 벗어날 수 있게 한 현대화의 근본 원인은 무엇인가? 비열한 이익추구 외에 다른 중요한 원인이 있는가? 경제이익의 추구를 위한 경제현대화가 필연적으로 다른 분야의 현대화를 가져올 수 있는가? 또는 경제, 정치, 사회 등 분야의 현대화 사이에는 어떤 관계가 있는가? 우리의 주요 연구대상인 동아시아 삼국은 서양문명과 충돌하면서 국가재건의 길을 걸었으나 이러한 충돌은 동아시아 국가의 변신을 설명하기엔 충분치 못하다. 그렇다면 동아시아 국가이행과 재건에 영향을 미친 요인은 어떤 것들이 있으며, 왜 이들은 이른바 '정부주도모델'이라는 공통적인 특징을 띠게 되었는가? 이러한 동아시아 국가의 공통성에 비해 이 모델의 구체적인 다른 내용은 없는가? 만약 없다면 이 세 나라의 서로 다른 상태를 어떻게 설명할 것인가? 만약 있다면 그 다른 내용은 각 나라에 어떤 영향을 미쳤는가? 이 문제는 동아시아 삼국의 국가이행과 재건에 어떤 특수성이 있는가 하는 문제와 직결된다. 한 나라의 특수한 역사적 궤적과 문화전통에 따라 이러한 특수성은 분명히 존재할 것이다. 이로부터 동아시아에서 서양과 전혀 다른 현대국가를 건설할 수 있느냐의 문제로 확장시킬 수 있다. 여기서 말하는 현대국가란 당연히 현대에 존재하는 국가를 의미하는 것이 아니다. 그렇다면 우리는 현대국가를 어떻게 이해할 것인가? 또는 현대국가와 전통국가의 본질적인 구별은 무엇인가? 우리가 상술한 모든 문제를 자세히 논의하기는 어려울 수 있지만 위에서 제기한 일련의 문제들은 본 연구의 기본적인 문제의식을 이룬다.

　이상의 문제들을 연구하기 위해 본 연구는 주로 비교연구와 역사연구 접근법을 취할 것이다. 인류문화를 연구하기 위해 베네딕트는 세 개의 서로 다른 원시부족을 조사했다. 그는 이 부족들이 서로 다른 방향으로 적응해 가고 추구하는 목표와 길이 서로 달랐기 때문에 본질적으로 비교할 수 없다는 결론을 내렸다.[45] 이러한 인류학연구

44　米夏埃尔·兰德曼, 同上书, 第30-31页, 第33页。
45　露丝·本尼迪克特著:《文化模式》, 王炜等译, 北京:三联书店, 1988 年, 第206页。

를 통해 인류문화의 본질을 밝히고 이를 토대로 개체에 상대적인 문화양식을 설명했다는 면에서 그의 연구는 성공적이라고 할 수 있다. 그러나 베네딕트와 달리 우리는 현대화에 말려든 동아시아 국가를 연구하려는 것이다. 이 세 나라들은 일정한 시기의 구체적인 목표와 이를 실현하기 위한 경로는 다를 수 있지만 발전방향은 같다. 그것인즉 국가현대화다. 이렇기 때문에 동아시아 삼국을 비교할 수 있을 뿐 아니라 서양의 현대화 논리는 동아시아 국가를 고찰하는 참고계가 될 수 있다. 또한 우리는 국가 및 현대화와 관련되는 일부 중요한 이론문제를 고찰해야 할 뿐만 아니라 반드시 역사사실을 동원하여 이론관점을 뒷받침해야 한다.

우리의 주요 연구대상이 동아시아 전통국가의 현대화이기 때문에 다음과 같은 문제에 주의를 기울여야 한다. 유럽의 현대화가 '자연적인 역사과정'인 것과 달리 동양의 민족주의는 이들의 문화를 개조해야 하며, 이는 곧 모방해야 할 대상에 대해 모방하면서도 적대적이고 민족주의와 자유는 조화될 수 없이 서로 대립함을 의미한다.[46] 이 견해는 애개가 량수명(梁漱溟)의 사상을 심층분석한 뒤 개괄한 관점과 비슷하다. 즉 중국의 생존을 위해서는 반드시 서양을 모방해야 하지만 자기의 순수문화 또한 보존되어야 한다.[47] 그러나 학자들은 그들이 생각하는 기본적인 가치를 현대적인 요소들과 결합하려는 시도나 기존의 최상의 것과 새로운 최상의 것을 결합하려는 시도는 현대화 모식(模式)과 여타 사회구조들의 기이한 상호 의존성으로 인해 실패할 수밖에 없다고 지적한다.[48] 이 단언에 따른다면 후발국들은 자신의 '기본가치'를 포기하지 않으면 국가의 현대화를 실현할 수 없는 것일까? 이 문제는 결국 보편적인 현대성을 벗어난 특수한 국가현대화(이를 실현하는 길이 아닌)가 존재할 수 있는가라는 문제로 된다.

마지막으로 '서양이 부강해진 비결은 무엇인가'는 갑오전쟁(즉 청일전쟁) 후 중국 지식인들의 중요한 관심사였다. 그러나 이 질문은 역으로 중국을 비롯한 동아시아 국가들이 낙후된 원인이 어디에 있는가라는 문제로 치환할 수 있다. 반드시 부강하고자 하

---

46 帕尔塔·查特吉著:《民族主义思想与殖民地世界 : 一种衍生的话语?》, 南京 : 译林出版社, 2007 年, 第 2-4页。

47 艾恺著:《最后的儒家 : 梁漱溟与中国现代化的两难》, 王宗昱、冀建中译, 南京 : 江苏人民出版社, 2011 年, 第137页, 第213页。

48 S.N. 艾森斯塔德, "现代性的曲折性", 苏国勋、刘小枫主编 : 《社会理论的诸理论》, 上海三联书店、华东师范大学出版社, 2005 年, 第227页, 第229页; 吉尔伯特·罗兹曼主编 : 《中国的现代化》, 国家社会科学基金《比较现代化》课题组译, 南京 : 江苏人民出版社, 2003 年, 第4页。

는 나라들에게 있어 이 두 가지 문제에 관한 논의에서 얻을 수 있는 답은 비슷한 의미를 가질 수도 있다. 그러나 적어도 학문연구의 차원에서 본다면 두 질문 사이에는 강조점의 현저한 차이가 있을 뿐만 아니라 자기반성의 태도에도 분명한 구별이 있다. 게다가 전자의 경우 서양국가들의 부강한 표면적인 특징에 이끌려 맹목적으로 모방할 위험도 있다. 그리고 전자의 경우에 어떤 암묵적인 비교를 내포하고는 있지만 후자의 경우는 여러 측면에서 선진국과의 심층 비교를 통해서만 명확한 답을 얻을 수 있다. 그러나 여기서 강조할 것은 우리가 의식적으로 이 두 문제를 함께 思考한다면 이로부터 얻어진 답은 두 문제를 각각 고찰하는 것보다 틀림없이 더 전면적일 것이라는 점이다.

제 2 장

전통국가와 그 쇠락

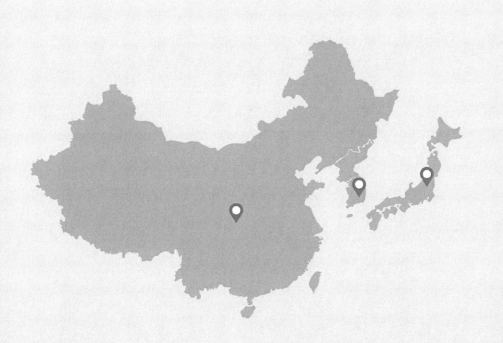

1 전통국가와 전통상태

천황가와 귀족을 포함한 일본인의 3분의 1이 한반도에서 왔다는 것은 학자들의 일치된 견해다.[1] 에가미는 야마토왕실의 선조가 한반도 남부에서 기타큐슈로 도래해 일본에서의 첫 발판을 마련했다고 말한다. 당나라 이전의 일본천황(부여, 고구려, 백제와 관련이 있는 혈통)은 실제로 왜한연합왕국의 왜왕이며, 왜왕이 진정한 의미의 천황으로 된 것은 야마토조정에서 반도와의 관계를 완전히 차단하고 텐찌천황(서기 668년에 공식적으로 즉위)이 일본열도의 주권자로 된 후의 일이다.[2] 중국에서는 전쟁이나 왕조교체 또는 엄중한 자연재해 그리고 효문제(孝文帝)개혁과 같은 인위적인 조치 등으로 인한 대규모 이민이 여러 차례 발생하여 민족통합을 촉진하고 현재의 다민족 국가를 형성했다. 확실한 것은 동아시아 삼국의 민족상황과 전통국가의 기본적 구도는 적어도 천여 년 동안 진화하여 마침내 현재의 상태에 이르렀다는 것이다.[3]

이러한 고대국가의 형성과 진화에 여러 가지 요인의 영향이 있을 수는 있지만 특히 전쟁이 중요한 원인이었을 것이다. 다른 나라를 정복하거나 자기 나라를 수호하기 위해 군사력을 동원해야 하고 세금 등 각종 자원을 징수 및 관리해야 하며, 이러한 업무를 처리하는 데 필요한 특수 인력을 배치하고 적절한 결정을 내리는 핵심층도 있어야 하기 때문이다. 이는 국가행정체계의 형성과 발전을 추진하는 객관적 요인이 된다.

그리고 천여 년에 걸친 진화과정은 결코 위에서 언급된 혈통이나 출신국가가 본서에서 논의될 근본적 이행 전후 기간의 동아시아 민족이나 국가와 동일시될 수 없다는 것을 의미한다. 장기적으로 어우러져 생활하는 과정에서 서로 다른 시기와 다른 민

1   S.N. 艾森斯塔特著：《日本文明——一个比较的视角》，王晓山、戴茸茸译，北京：商务印书馆，2008 年，第 194页；沟口雄三，"公私"，贺照田主编：《在历史的缠绕中解读知识与思想》，长春：吉林人民出版社，2011 年，第512-513页；埃德温 · O. 赖肖尔、马里厄斯 · B. 詹森著：《当代日本人：传统与变革》，陈文寿译，北京：商务印书馆，2016 年，第38页，第48页；부르스 커밍스, 同上书, 41 쪽, 49 쪽.

2   江上波夫著：《骑马民族国家》，张承志译，北京：光明日报出版社，1988 年，第104-116页。정문에서 야마토 조정이 한반도와의 관계를 완전히 끊었다는 것은 서기 663 년 신라와 당나라 연합군이 백제와 왜의 연합군을 패배시키고 (왜는 20,000여 명 규모의 군대를 파견하였다) 백제의 완전한 멸망을 초래한 '백촌강전투'와 관련이 있을 것으로 추정된다. 그로부터 30여 년이 지난 후 처음으로 '일본'이라는 국명이 등장한다.

3   동북아 초기의 인적 및 문화 교류에 관한 자세한 내용은 罗兹 · 墨菲著：《东亚史》，林震译，北京：世界图书出版公司，2012 年，223-226 쪽，263 쪽，266-270 쪽，273 쪽을 참조하라.

족들이 점차 본래 민족이나 다른 민족들과 구별되는 문화공동체를 형성하게 된다. 문화는 역사적 진화 과정에서 서서히 형성되며, 그 주체로서의 민족도 고정되어 있는 것이 아니다. 그러나 민족과 문화의 진화는 우리가 검토하려는 주요 내용이 아니다. 여기서 논의하려는 것은 장기간의 진화를 기반으로 건조되었고 중대한 이행이 발생할 때까지 유지되었던 동아시아 전통국가다.

전통국가의 현대화를 연구하기 위해 현대화가 시작되기 전의 국가를 전제로 할 수밖에 없다. 이러한 생각은 과거가 현재에 영향을 미치고 현재는 미래에 영향을 미친다는 상식에 근거한 것이다. 그러나 과거와 현재 그리고 미래의 관계는 이처럼 단순하지 않다. '과거'가 '현재' 안에 있고 미래에 대한 기대가 '현재' 속에 있기 때문이다.[4] 이것은 다른 측면에서 국가라는 사회실체를 구축하는 일이 얼마나 복잡한지를 보여주는 것이기도 하지만, 이로부터 전통국가의 중대한 이행 과정을 연구하기 위해 대체로 어떤 경로를 거쳐야 하는지를 알 수 있다.

전통과 현대에 관한 여러 가지 설명은 분명히 둘 중 하나(특히 후자)를 기준으로 정리된 것으로서 이러한 구별은 원래 思辨의 산물이다. 사람들은 자신이 어디에 있는지를 생각할 때 과거를 되돌아보게 되고 이로부터 현재와 다른 과거의 어떤 특징을 찾을 수 있을 것이며, 따라서 퇴적되어 있던 과거가 활성화되어 특정 전통과 특징으로 정리된다. 또한 오늘날의 사람들이 전통의 영향에서 벗어나기 어려운 원인은 전통이 역사 속에서 형성되고 생활양식으로 문화 속에 '잠복'되어 있기 때문이다. 그리고 사람들은 때때로 현실적 필요로 인해 어떤 전통을 '창조'하기도 한다. 그러나 그것은 어떤 역사적 잔해에 기초하여 만들어지는 것이기 때문에 이미 불분명한 전통적 요소가 혼재되어 있지만 현대적 색소도 포함되어 있을 가능성이 크다. 근본적으로 전통이 현재의 실천활동에 미치는 영향은 현재 사람들의 전통에 대한 의존 정도에 달려 있다.

그렇다면 전통이란 무엇인가? 시공간은 모든 實在와 관련된 틀이다.[5] 우리가 논의할 주제의 범위 내에서 전통국가는 동아시아라는 지리적 공간에 있으며, 시간적으로는 중대한 변화 이전에 비교적 안정적인 국가상태를 지칭하는 것이다. 여기서 말하는 전통은 전통의상이나 음식전통과 같이 모든 접두사 또는 접미사와 결합된 '체통'의 상

---

4   이는 아우스티누스가〈참회록〉에서 한 말이다. G.E.R. 劳埃德, "希腊思想中的时间观", 路易·加迪等著 : 《文化与时间》, 关乐平、胡建平译, 杭州 : 浙江人民出版社, 1988 年, 第189-190页。

5   恩斯特·卡西尔著 : 《人论》, 甘阳译, 上海译文出版社, 2013 年, 第71页。

태 또는 특성이며, '체통을 전승한다(傳承體統)'의 줄임 말로 사용된다. 따라서 전통국가란 수백 년 동안 전해져 온 국가'체통'의 기본상태와 핵심 및 특성을 지칭하는 것이다.

펀너는 중세유럽에도 국경이 변하지 않고 핵심영역이 있었으며, 사람들이 공동의 통치자를 인정했기 때문에 국가가 존재했다고 주장한다.[6] 그러나 중세에는 종교와 정치라는 서로 다른 영역의 분명한 구분을 몰랐으며,[7] 정치권력이 개인에게 귀속되고 이른바 국왕의 지방대표자가 독립된 통치자로 되었다.[8] 그리고 봉건제의 개념에서 왕은 봉건적 부착자(封建附庸)들보다 높았지만 세속에서의 계급은 성직자 계급보다 낮았다. 또 하나 주목해야 할 점은 서유럽의 왕과 군주는 같은 것이 아니다. 비록 서유럽에서 왕이 천년 동안 존재했지만 그들은 '동등한 자들 중 최고'일 뿐이고 대귀족들은 왕과 자리를 나란히 했다. 군주는 논란의 여지가 없는 유일한 통치자이고 광범위하게 인정되어야 하며, 왕이 군주로 된 뒤에야 왕국이 국가로 되었다.[9] 실제로 프랑스는 전통국가로서 17세기에 이르러서야 전제군주제를 완성했으며, 영국은 섬나라 특성과 서양문명의 주변적 특성으로 인해 13세기의 왕실정부는 비교적 높은 수준의 권력집중을 유지했다. 그러나 이 두 전통국가는 15세기 말까지 중앙관료제와 재정시스템 면에서 그 시기 교회와 유사한 수준에 도달하지 못했으며,[10] 바르잔에 따르면 영국의 군주제는 '명예혁명'으로부터 그 입지를 굳혔다.

위에서의 진술은 중세유럽의 세속영역에 정권과 같은 것이 전혀 없었다고 주장하는 것이 아니라, 귀족이나 지역 정치세력들과 복잡하게 얽혀 파편화된 상태를 설명하는 것이다.[11] 그러므로 유럽의 중세는 전통상태로 지칭되어야 하고, 전통국가는 존재하지 않았다고 보아야 한다.

유럽의 전통상태와 달리 우리는 동아시아 삼국이 오랜 기간 그 경계 내에서 정권의 합법화를 실현하고 상징적 의미를 갖는 정치공동체를 형성 및 유지해 왔음을 곧

---

6   塞缪尔·E·芬纳, 同上书卷一, 第5页。

7   亚历山大·柯耶夫著:《权威的概念》, 姜志辉译, 南京: 译林出版社, 2011年, 第56页。

8   约瑟夫·R·斯特拉耶, "欧洲国家形成的历史经验", 西里尔·E·布莱克编:《比较现代化》, 上海译文出版社, 1996年, 第160页。

9   雅克·巴尔赞, 同上书, 第289-290页, 第294页, 第299页。

10   沃格林,《中世纪晚期》, 第58页, 第141页, 第153页, 第161页, 第185页, 第二十一章; 그의《新政治科学》, 49쪽.

11   관련 내용은 马克·布洛赫, 同上书, 28장과 29장을 참조하라.

보게 될 것이다. 왕조정권이 바뀌는 동란기를 제외하고 각 나라의 영역 내에서 안정된 제도적 질서를, 동북아 지역에서 기본적인 국제질서를 유지하고 있었다. 이는 전통국가와 현대국가 모두 반드시 충족되어야 할 필요조건이다. 그러나 전통상태에서 전제군주제로 이행하여 이를 바탕으로 민족국가를 건설하는 과정에서 근본적인 변혁을 이룬 유럽과 달리, 19세기 중반까지의 동아시아 삼국은 적어도 수 세기 동안 그 '체통'을 계승해 왔다.

바로 이러한 동아시아 전통국가 상태에서 유럽민족국가들의 세력확장을 맞이하게 되며, 이로부터 동아시아 국가들은 중대한 이행을 하게 된다. 이와 같은 변혁 및 그 결과를 이해하기 위해서는 동아시아 전통국가들의 공통점과 각각의 특징이 무엇인지에 관한 인식이 필요하다. 우리가 이 질문에 대한 답을 얻을 수 있다면 그 공통점은 동아시아 전통국가들이 서양과 같은 현대화로 나아가지 못한 주요 원인을 이해하는 중요한 근거가 될 수 있다. 뿐만 아니라 각자의 특성 또한 국가의 중대한 이행기에 서로 다른 길을 걷게 된 이유를 설명하는 부분적인 근거가 될 것이다.

2 황권전제주의 체계

진(秦) · 한(漢) 이전의 중국에는 오늘날과 같은 국가개념이 전혀 없었다. 있는 것이라면 '천하'이며 진나라 전의 國은 제후들의 것이었다. 周나라는 分封을 통해 '천하'질서를 유지했으며, 서주(西周)시기의 '예의'는 기본적으로 지켜졌다. 이러한 사실에 근거해 보겔린은 중국의 '천하'는 보편적 통치의 예의와 문화적 측면을 강조하는 것이고, 이 '천하'는 國으로 대표되는 힘과 상대적인 것이며 후자를 권력조직으로 보았다. 그러나 진 · 한을 기점으로 중국의 제도적 특성은 근본적인 변화를 겪었고 이는 향후 2천 년 동안 중국의 기본적인 전통이 된다. 때문에 우리는 '천하'를 제국과 연계시켜 물리력에 의해 유지되는 '천하'는 제국이지 '예의'질서가 아니라는 보겔린의 견해를 받아들일 수 있다. 제국체제하의 '천하'는 질서의 주체가 아니라 정복과 조직의 대상이며, 그것은 정복자가 속한 사회를 포함한 사회의 무덤이지 독립적인 존재가 아니다.[12]

---

12 埃里克 · 沃格林著：《天下时代》, 叶颖译, 南京：译林出版社, 2018 年, 第194页, 第202-204页, 第251页,

그리고 중국의 '천하'관에서 정치관과 문화관의 서로 다른 '천하'를 구분할 필요가 있다. 정치체제로서의 제국체제는 처음으로 '천하'를 통일한 황제제도에서 비롯되며, 진·한 이후의 '천하'는 주로 정치관에서의 개념이다. 문화관에서의 '천하'는 그 명맥을 계속 유지해 오기는 했지만, 기본적으로 지식인 엘리트들에 의해 보존되어 왔다. 그러나 황권전제주의 체제에서 맥이 거의 끊기게 된다. 그 원인은 이 시기의 지식인 엘리트들의 마음에 '천하'를 품기 어렵게 되었으며, 특히 청나라 말부터는 정치관이든 문화관이든 간에 '천하'는 흔적도 없이 사라졌다. 그것은 당시 민족국가체계가 정치관으로서의 '천하'를 유지할 수 없도록 했고 중국의 대부분 지식인 엘리트들은 다른 관념체계를 따르기 시작했기 때문이다.

고대 중국의 국가관에서 중요한 것은 天이며, 이는 중국의 '천하'관을 이해하는 데 있어 관건이다. 여기서의 天은 합법성의 근원이자 天道의 원천이다. 예를 들면 공자와 묵자(墨子)에서 그것은 세계의 최고주재(主宰)를 의미하고 동중서(董仲舒)의 관점에서는 모든 것을 포괄하는 우주질서와 사회정치질서의 규범적 양식 중에 존재하는 것이며, 정호(程顥)와 정이(程頤)에게 있어 우주의 최고 실체를 가리키는 것이다.[13] 위의 관점에서 그 표현이 서로 다른 것 같지만 여기서 지식인 엘리트들의 '천하'관, 즉 '천하'는 이러한 天을 권위의 원천으로 삼아야 한다는 견해를 엿볼 수 있다. 이는 곧 정치관에서의 '천하'를 억제하고자 하는 암묵적인 기대로 볼 수 있다는 것이다. 그러나 중국고대 정치사와 사상사의 실제 상황에서 군사투쟁을 포함한 정치투쟁에서의 승리는 곧 天命이 향한 곳을 증명하는 것이며, 이와 같은 天命은 天에서 命을 얻은 天子가 '천하'를 통일하는 것을 의미한다. 이것이 바로 진·한 시대부터 전해져 온 고대중국의 국가다. 이런 의미에서 중국의 전통국가 본질을 반영하는 것이 바로 '국지대사, 재사여융(國之大事, 在祀與戎)'이라 할 수 있다. 여기서 祀는 天이 자기 쪽에 있다는 것을 세상에 알리는 상징적인 의식으로서 통치자 지위의 합법성 또는 정통성을 반영하는 것이며 戎은 天命에 대한 실력의 증명으로 된다. 이로부터 정치와 사회 및 관념이 하나로 통합되는 대통일이 이루어진다. '천하'를 통일하는 그 시기의 역사적 상황에서 사상가들이 일제

第394页, 第396页.

13　张岱年, "中国哲学关于人与自然的学说", 深圳大学国学研究所：《中国文化与中国哲学》, 北京：三联书店, 1988 年, 第45页. 중국의 天 관념에 관한 내용은 本杰明·史华兹著：《古代中国的思想世界》, 程刚译, 南京：江苏人民出版社, 2008 年, 52 쪽, 67 쪽, 264 쪽, 540 쪽을 참조하라.

히 통일을 주창하고 열강들이 주변국을 잠식하며 당시 사람들의 황제는 진(帝秦議)이라는 여론도 형성되었다.[14] 이로부터 대통일은 계속되는 戰國상태를 종식시키고 세상에 평화와 질서를 제공해야 한다는 시대적 수요에 순응했다고 할 수 있다.

그러나 이러한 대통일의 '천하'는 하늘을 떠받치는 支柱가 있어야 하며, 그 범위 내에서 질서가 이루어져야 한다. 이는 官場에서의 계층적 질서를 통해 실현되고 계층은 고저귀천의 구별이 있으며 尊君卑臣의 원칙도 있다. 그리고 禮 · 儀 · 樂 · 法 등의 제도적 장치와 위법자에 대한 처벌 및 상급자가 하위자를 다스리고 백성에 대한 도덕교화 등을 통해 질서가 이루어지도록 했다. 이로부터 대통일의 '천하'는 '조화로운' 질서를 이룬다. 이는 오로지 위계적 네트워크 속에 있는 사람들이 '본분을 지키고 규범을 벗어나지 않는다(守本分, 不逾矩)'는 의미에서의 '조화로운' 질서이기는 하지만 말이다. 이러한 질서를 유지하는 官場은 권력체계이지 합법성의 원천은 아니며, 황제를 정점으로 한 중앙집권과 官場의 위계질서가 방대한 '천하'를 유지하며 관리들은 유교사상을 정통으로 여기고 있었다. 따라서 이는 권력체계와 정신적 권위가 결합된 체제임을 의미한다.

그렇다면 官場등급의 질서 밖에 있는 사람들은 무엇인가? 맹자의 사상에서 토지, 백성, 政事를 국가와 천하의 근본 요소로 보고 이른바 '삼보(寶三)'라 하였다. 백성이 중요한 이유는 민심의 향배가 국가의 흥망성쇠와 정권의 득실 및 전쟁의 승패를 가리는 중요한 요인이며 물질적 부의 생산자이기 때문이다.[15] 중국정치문화 전통에서 여러 가지 설이 있고 또한 진나라 이전의 정치가와 사상가들의 언론과 사상을 어떻게 해석하든, 한 가지 공통점은 백성은 정치적 신분이 없는 중생을 지칭한다는 것이다.[16]

시대에 따라 아주 다른 양상이 있었지만 황제와 官場 그리고 백성 간의 관계에서 볼 때 윗 내용은 진 · 한 왕조 이후 황제국가의 기본적인 상태를 요약한 것이다. 이것이 곧 역대 중국전통국가의 기본적인 형태이자 주요 특징이며 대통일의 '천하'국가다.

그러나 漢나라 시대에 황제를 신격화하는 활동을 크게 벌임으로 인해 황제는 독재적 정치의 우두머리일 뿐만 아니라 천하도 공공연히 그의 개인소유로 되었다. 이러

---

14 雷海宗著 : 《伯伦史学集》, 北京 : 中华书局, 2002 年, 第44-45页。 아래에 나오는 천하가 황제의 개인 소유로 되었다는 내용은 이 책의 47-48 쪽을 참조하라.

15 王其俊 : "论孟子的国与天下观", 《东岳论坛》, 1992 年 第4期。

16 刘泽华主编 : 《中国传统政治哲学与社会整合》, 北京 : 中国社会科学出版社, 2000 年, 第197页。

한 나라에서 황제는 왕조권위의 유일한 핵심이다. 펀너는 한무제(漢武帝)를 시작으로 의사결정 권한이 외궁에서 내궁으로 이동했으며, 내궁과 외궁 사이의 경쟁이 적어도 한나라와 당나라 그리고 명나라의 멸망을 초래했다고 보았다.[17] 명나라 환관들의 관료화, 사대부화, 관직화 그리고 그 지위가 관료와 '평등'하며 환관은 통치중추에서 조정 역할과 관료에 대한 감독역할 및 황제에게 충고하는 역할도 맡았으니,[18] 펀너의 견해는 일리가 있다 하겠다. 그러나 이러한 견해가 이들 왕조 멸망의 주요 원인을 충분히 설명하는지와 상관없이 여기서 중요한 것은 내궁과 외궁의 경쟁은 실제로 황제의 지고무상한 지위를 반영한다는 점이다.

통치이념의 시각에서 본다면 漢왕조는 도교의 영향도 있었지만, 秦제국의 법가전통을 계승하여 점차 '법가정권으로 유교만을 숭배'하는 국가로 변모하였다. 그러나 위진남북조(魏晉南北朝) 시기에 이르러 불교가 서서히 중국사회에 침투했다. 그 후로 역대 왕조들 사이에 서로 다른 양상이 있기는 했지만, 통치자에게 익숙한 것은 법가와 권모술수였으며 피통치자에게는 유불도의 삼교合一이 유지되었다. 이 과정에서 수문제(隋文帝)의 정치적 목표가 결정적인 영향을 미쳤다. 수문제는 정치·문화·사회적 통합을 원했으며, 오랫동안 분열된 상태를 종식시키고 새로 건립된 정권에 대한 세 종교 교도들의 승인과 지지를 얻어야 했다.[19] 그러나 이념으로서의 정통적 지위를 차지한 것은 유교이며, 적어도 명과 청 두 왕조에서 이는 분명한 사실이다. 이러한 상황은 중국에서 안정적인 정권과 이념이 밀접하게 연관되어 있음을 보여주지만, 뒤에서 나오는 조선과 일본에 대한 고찰에서 알 수 있듯이 고대 동아시아 모든 나라에서 정권과 이념의 관계는 매우 밀접하다. 사실 이것은 동아시아 전통국가의 통치자들이 자신의 지위를 유지하기 위해 통일적 이념을 중시한 원인이기도 하지만, 천하의 평안을 위해 이념분쟁의 가능성을 미연에 제거한다는 의미도 있다.

중국의 역사에서 한나라와 당나라를 고대국가의 정치문화와 정치제도를 수립하고 발전시킨 시대로 보고 명나라와 청나라는 전형적인 황권전제주의적 체제라고 한다

---

17   塞缪尔·E·芬纳, 同上书卷三, 第77页。

18   廖心一、罗辉映, "略论明代宦官官僚化", 深圳大学国学研究所, 同上书。

19   유교와 불교 및 도교의 융합 과정에 대한 심층적 분석은 费正清编:《中国的思想与制度》, 郭晓兵等译, 北京 : 世界知识出版社, 2008 年에 실린 芮沃寿, "隋朝意识形态的形成"을 참조하고, 수문제의 정치목적에 관한 내용은 이 책의 65-67 쪽에 있다.

면 그 사이의 있었던 송나라는 비교적 특수한 왕조라 할 수 있다. 이러한 특수성은 신유학(新儒學)으로 특징되는 정치문화적 측면에서 분명히 다른 왕조와 구별된다.

송나라는 처음부터 '중문경무(重文輕武)'의 정책기조를 펼쳤다. 당시 송나라가 처한 국제적 환경이 열악했고 또한 다양한 '이단'의 도전을 받았다. 이러한 상황은 지식계의 정치적 각성과 문화적 불안을 초래했다. 신유학은 이 같은 배경에서 탄생한다. 머페이는 신유학의 핵심명제가 유교의 기본원칙을 재확인하고 정부의 도덕성과 책임감을 강조하며 개인의 이익보다 공익을 우선시하는 것이라 말한다.[20] 그러나 하개는 신유학의 본질은 전통적인 유교도덕의 형이상학적 이학(理學)이며, 그 목표는 득도하여 인간이 되는 것이라고 주장한다.[21] 이와 같이 신유학에 대해 조금 다른 주장을 하는 것은 북송과 남송의 서로 다른 신유학에 논의의 중점을 두고 요약했기 때문으로 풀이된다.

송나라 시대의 사대부들이 아주 강한 각성이 있었지만 황제와 재상이 나누어 갖고 있었던 권력은 점차 황제에게 집중되었으며, 관료들이 국정에 참여할 공간은 거의 사라져 의기소침한 정서가 사대부들의 보편적인 심리로 자리 잡았다. 특히 남송 시대 지식인들은 특정 분야의 특정 문제에만 관심이 있었고 선배들이 설정한 이념적 틀에 굳게 갇혀 있었다. 신유학은 책임을 매우 높이 추켜세웠지만 많은 사대부들은 이를 전혀 개의치 않았다. 이 시기 사대부들의 내성적이고 보수적인 성향과 달리 북송 시기 사대부들은 외향적이고 활동적이었다. 예를 들어 범중언(範仲淹)과 구양수(歐陽修)는 명성의 탐욕에 빠진 동료들과 달랐으며, 사대부는 마땅히 '천하를 걱정'하고 '구세'하는 데 자신을 바쳐야 한다고 생각했다. 도학의 창시자인 정이는 '관직을 맡으면 뜻을 잃는다'라고 말했다.[22] 남송 시기의 사대부들이 '구세'의 뜻을 포기한 것은 아니지만 군주의 지지를 받아야 도를 행할(得君行道) 수 있었다.[23] 물론 이것은 황권체제하에서의 권력구조와 사대부의 한계 문제다. 그러나 신유학 자체로 볼 때 사회모식이나 정치질서 틀 안에서의 도덕보다는 개인의 마음에 깊이 뿌리 박힌 성찰과 도덕을 강조한다. 그러

---

20 罗兹·墨菲, 同上书, 第147页。

21 贺凯, "晚明东林运动", 费正清编, 同上书 (2008 年), 第134页。 아래에 나오는 황종희의 명나라 재상제 폐지에 관한 평가와 東林運動에 관한 내용은 이 책의 126 쪽과 이 논문의 결론 부분을 참조하라.

22 包弼德著 : 《斯文 : 唐宋思想的转型》, 南京 : 江苏人民出版社, 2017 年, 第215-216页, 第225页, 第 377-378页。

23 余英时著 : 《朱熹的历史世界》, 北京 : 三联书店, 2004 年, 第850-853页。 아래에 나오는 '태조유훈'에 관한 내용은 이 책의 204 쪽, 290 쪽, 316 쪽, 378 쪽에 있다.

므로 신유학이 자기의 학문에 열중하면 할수록 객관적인 사회현실로 돌아가기 어려웠고, 그 철학적 이론을 실제와 연결시켜 검증하기 더욱 어렵게 되었다. 이와 같은 신유학은 계속 발전하여 주희(朱熹)를 대표로 하는 주자학이 13세기에 공식적인 '정통'으로서의 지위를 얻게 된다.[24] 그러나 주자학의 '정통'지위는 남송왕조가 직면한 국제상황과 통치자가 이런 상황에 대응하려는 시도, 즉 조정이 지식인들과의 관계를 회복하고 도학 수령들의 지지를 얻어야 했으며, 몽골의 군사 및 문화 침략에 맞서 싸울 필요성 등과 밀접한 관련이 있다.[25]

　　여기서 주목해야 할 것은 원나라와 명나라의 왕조교체로 인해 중국에서 신유학의 영향은 남송 이후의 왕조에서는 그리 크지 않았다. 또 하나, 송나라부터 대부분의 관리들이 과거제를 통해 선출되어 권력엘리트와 지식인 엘리트의 통합이 촉진되었다. 그러나 특히 명(明)·청(淸) 두 시기와 비교하면 송나라는 전형적인 황권전제주의 국가가 아니었으며, 이는 학자들의 자각과 통치자가 사대부들에 대한 태도에서 두드러지게 표현된다. 물론 통치자들의 이러한 태도는 주로 '대신과 언론관을 죽이지 말라'라는 송태조의 유훈에서 기인한 것이지만, 송나라는 실제로 모든 중국 왕조에서 지식인이 가장 자유롭게 재능을 발휘할 수 있었던 시대였다. 전제여부의 문제는 국가의 제도적 차원에서도 다른 양상을 보이며, 이는 재상제의 존폐에서 엿볼 수 있는 대목이다. 당나라 초기의 삼성제(三省制)와 본래 의미의 재상제 외에 송나라 재상은 군사권과 재정권을 잃었지만 여전히 하나의 제도로 남아 있었다. 그러나 명나라와 청나라에서는 재상제 자체가 폐지되었다. 황종희(黃宗羲)는 재상제 폐지가 바로 명나라가 정치적으로 허약하게 된 원인이라고 믿었으며(여기서 지적해 둘 것은 명나라 시기 東林運動의 본질은 정치투쟁이 아니라 도덕수호 투쟁이었다. 이는 뒤에서 언급할 조선의 붕당정치와 분명한 차이가 있다), 명·청 시대의 관리들은 송나라 어사들처럼 직언할 수 없었고 불규칙적인 황제의 칙령을 받아들이기를 거부하는 사례도 극히 드물었다.[26] 또한 한나라 시기 유교의 天이나 송나라

24　신유학 및 송나라 지식인들의 일부 상황 등 이상의 내용에서 그 출처를 따로 밝힌 것을 제외하고 주로 刘子健著 《中国转向内在：两宋之际的文化转向》, 赵冬梅译, 南京：江苏人民出版社, 2012 年, 8-10 쪽, 47 쪽, 59 쪽, 69 쪽, 77 쪽, 84 쪽, 101 쪽, 126 쪽, 150 쪽; 刘子健, "宋初改革家：范仲淹", 费正清编, 同上书 (2008 年), 90 쪽, 134 쪽의 내용을 참조하라.

25　田浩著：《朱熹的思维世界》, 南京：江苏人民出版社, 2011 年, 第279-282页, 第320-322页。

26　墨子刻著：《摆脱困境—新儒学与中国政治文化的演进》, 颜世安、高华、黄东兰译, 南京：江苏人民出版社, 1996 年, 第169-171页。

시기 유교의 '도리'와 같이 군주의 권력을 억제하려는 노력이 항상 존재했지만, 명·청 시대에는 황권을 제한할 수 있는 어떠한 제도장치와 관념도 없었으며 특히 주원장(朱元璋, 명태조) 시기부터 이념적 독재가 분명히 강화되기 시작한다.[27]

그리고 중국의 문화를 이해함에 있어 '지배계급의 문화'와 〈논어〉에서 구현된 사상과 같은 '고급문화'를 구별해야 한다는 슈워츠의 견해를 주목할 필요가 있다. 후자는 어떤 집단과 개인의 문화이며 '지식인'과 유사한 역할을 한다.[28] 이러한 구분의 의미는 두 문화를 다르게 취급하지 않는다면 지배계급의 문화를 여실히 파악할 수 없을 뿐만 아니라 '지식인'의 진정한 가치를 폄하할 수 있다. 두 문화는 서로를 보완할 수 있지만 자신의 목적을 위해 이용하거나 심지어 왜곡할 수도 있다. 예를 들어, 주원장은 〈맹자〉를 100곳 이상 삭제했다. 더 중요한 것은 특정 문화의 주창이 실제로 구현되었는지 또는 현실적 제도로 전환하였는가라는 것이야말로 어떤 이념이 특정 국가에 미친 영향의 정도를 이해하는 주요 근거라는 점이다.

요컨대 중국은 유례없는 지식인 엘리트들의 각성과 이전과 매우 다른 신유학이 출현했음에도 불구하고 정치체제와 통치철학에서 근본적인 변화를 겪지 않았다. 특히 명·청 시기는 황권전제주의 체제였음이 틀림없으며, 관료제는 의심할 바 없이 황제에게 예속된 집행기관이었다. 이것이 바로 베버가 고대중국의 관료제를 '가산관료제(家産官僚制)'라 명명한 이유다.[29] 그리고 적어도 이 시기의 황제에게 있어 나라는 자신의 것이었다. 필자가 보기엔 이것이 중국에서 유교의 영향이 제한적인 중요한 원인이다. 통치자의 권력이 절대적이고 또한 어느 정도 왜곡된 경전 등 상황에서 유교의 영향은 제한적일 수밖에 없다. 황권전제주의 체제에도 유교 정신이 포함되어 있음을 부정할 수는 없지만, 그 영향은 주로 백성에 대한 교화와 사회제도 면에서 구현된다. 비정청은 중국의 사회질서는 법과 물리력뿐만 아니라 통치자와 관원 개인의 행동에 의해 유지되며 엘리트는 유교의 이상(理想)을 지킨다고 말한다.[30] 그러나 통치자와 관원

---

27   송·명·청 시대의 재상제와 명·청 시기의 이념적 통제에 관한 내용은 余英时著：《中国思想传统的现代诠释》, 南京：江苏人民出版社, 2006年, 81-91쪽, 103-107쪽에 있다. 이 책의 104쪽과 107쪽에 〈맹자〉의 일부 내용을 삭제한 것과 명태조와 건륭황제가 국가에 관한 태도가 나와 있다.

28   本杰明·史华兹, 同上书, 第547页.

29   중국의 '가산관료제'와 그 결과에 관해서는 马克斯·韦伯著：《儒教与道教》, 洪天福译, 南京：江苏人民出版社, 2003年, 44-45쪽, 85-87쪽, 106-107쪽, 111쪽, 117-125쪽, 131-132쪽의 내용을 참조하라.

30   费正清编, 同上书(2008年), "引言：方法和内容", 第27页.

개인의 행동은 여러 가지 표현들이 있을 것이다. 또한 엘리트들이 유교의 이상을 지키는 것과 이러한 정신이 국가제도와 사회질서에서 관철되는지의 여부는 차원이 다른 별개의 문제다.

3 유교주의 관료제

주자학은 고려 말에 한반도에 유입되었고 조선왕조는 성리학(앞에서 논의한 신유학은 여러 학파가 있으며, 조선에서는 程朱이학의 계보를 따라 주로 성리학이라 지칭한다)의 깊은 영향을 받았다. 고려 시대의 불교와 유교는 공존하면서 사회의 일상생활에 영향을 미쳤지만 불교가 국교의 지위를 누렸다. 그러나 중국의 수·당 시기 유불도 삼교가 서로 융합된 안정적 상태와 달리 조선의 건국주도세력은 불교를 반대하고 분명한 유교적 입장을 취했다. 이러한 입장은 反元개혁의 행동에서 명백히 드러나며, 이것이 곧 신흥사대부(고려 말기 1170년에 시작되어 100년 동안 지속된 '무신통치'가 끝난 후에 굴기)들이 성리학을 이념으로 사회를 재건하려는 노력이다. 당시의 실제 상황으로 볼 때 배불(排佛)운동은 승려와 기존의 부패한 귀족들의 결탁으로 인한 폐단을 제거하기 위한 것이었으며, 신흥 군인집단과 이미 주자학을 받아들인 유교 학자들이 결합된 원인에는 부패한 귀족과 승려들의 여러 가지 악행도 있었다.[31] 이는 조선건국 당시 숭유배불 정책성향은 왕조를 바꾸기 위한 합법성의 기반을 마련해야 할 필요에 의해 취해진 것이기도 하지만, 동시에 그 시기에 만연해 있었던 적폐를 제거해야 할 현실적 필요성으로부터 출발한 조치이기도 함을 의미한다.

조선의 건국주도세력은 불교를 '아비도 임금도 없는' 비윤리적인 것이고 사원 또한 부역을 피하는 곳으로 여겼다. 그리고 성리학을 자기수양과 백성을 다스리는 학문으로 인정하고 객관적 세계와 인간세계를 긍정하는 지식체계라 믿었으며, 건국초기부터 성균관과 향교를 세워 유학의 진흥을 추진했다. 그들은 주자학의 三綱五倫에 근거하여 군신, 상하, 尊卑 등의 국가와 사회질서를 확립했으며, 그 주요 이론적 근거는 '명분론'이었다. 이른바 '명분론'은 공자의 正名에서 유래된 것이며, 확정된 신분계급

---

31 유명종저, 한국사상사 (개정판), 대구: 이문출판사, 1995 년, 212 쪽.

에 따른 유교의 윤리규범을 말한다.[32] 조선의 국가건설자들은 중국보다 유교에 더욱 충실한 국가체계를 구축했다고 자신했다. 그리고 학자들은 16세기에 등장한 왕양명(王陽明)학파의 주장을 '진리로부터의 중대한 이탈'로 보았다.[33]

시마다는 명나라 心學의 근본적 주제는 송나라 이후의 성리학 전통에 기반한 것이며 양명이 추구한 것은 聖學이 인간을 진정한 인간으로 되게 하는 자각의 학문이어야 한다는 것이라 주장한다. 그러나 필자는 양명학에 이미 평등관념이 있었다는 그의 견해에 동의할 수 없다. 이러한 주장은 기껏해야 인간을 고유의 양심을 갖고 있는 것으로 정의하고 궁극적인 의미에서의 인간본질의 평등이므로, 이는 心學 또는 인식론적 관점이기 때문이다.

조선의 학자들이 양명心學에 관하여 판단한 것은 공자를 최종권위로 하는 程朱理學의 '정통'을 추종함으로 인해 얻은 결론일 수 있다. 왜냐하면 양명은 공자의 최종적 권위도 거절했는데, 이는 그의 이른바 '공자의 말씀이란 6경에 불과하다'라는 말에서도 알 수 있다. 또한 그들이 양명철학 중 '반지성적 사상'을 인식하고 그에 대해 부정적인 입장을 취했을 수도 있다. 양명학은 아주 먼 상상 속의 과거를 이상화하면서 인간사회를 감정과 목적의 통일체로 이해하며 도덕적인 사회만을 강조한다.[34] 게다가 왕양명의 명언인 知行合一은 개인의 윤리를 말하는 것이지 제국을 개조하려는 뜻이 아니었다.[35] 어찌 되었든 옛 왕조를 뒤엎고 새로운 나라를 건설하는 조선의 엘리트들에게 있어서 왕양명의 사상이 그들의 요구에 당연히 부합하지 않았을 것이다.

또 하나, 중국과 조선에서 성리학이 구현된 영역과 깊이가 다르다. 송나라 시대에 권문세족이 거의 사라졌기 때문에 사회는 지방관원을 제약할 수 있는 힘이 없었고 그들은 백성들을 마음대로 괴롭혔다. 바로 이런 배경에서 범중언의 가족조직의 지위와 기능을 강화해야 한다는 주장을 이해할 수 있다. 그의 의도는 백성들을 보호하는 수단

---

32 이상의 내용은 오영교편, 《조선건국과 경국대전체제의 형성》(서울, 혜안, 2004년)에 실린 아래 두 편의 논문을 참조하라. 도현철, "조선의 건국과 유교문화의 확대"; 원재린, "조선전기 良賤制의 확립과 綱常名分論".

33 부르스 커밍스, 同上书, 67쪽.

34 윗 내용에서 양명心學 및 양명학파에 관한 내용은 島田虔次著 : 《中国近代思维的挫折》, 甘万萍译, 南京 : 江苏人民出版社, 2010年, 21쪽, 28-31쪽, 41-43쪽, 81-82쪽, 138쪽을 참조하라. 왕양명의 '반지성 사상'에 관한 내용은 倪德卫著, 万白安编 : 《儒家之道 : 中国哲学之探讨》, 周炽成译, 南京 : 江苏人民出版社, 2006年, 265쪽에 있다.

35 墨子刻, 同上书, 第75-76页。

으로서 가족조직을 고안했을 가능성이 높으며, 그와 그의 동지(범중언은 황제에게 자신과 동지들이 당을 구성했다고 인정하였다)들은 보다 적극적인 정부와 지역 사회에 대한 실질적인 도움을 호소했다.[36] 그러나 그의 이런 생각이 '주자가례'(즉 冠婚喪祭에 관한 '四禮')를 통해 제도화하는 과정에서 다소 형식화되었다. 또한 남송의 宗法은 사회를 구성하고 조직하는 원칙으로 주창되었다. 그것은 혈통을 바탕으로 같은 조상을 숭배하고 宗族 내에서의 尊卑長幼 질서를 이루는 것이었다. 이와 같이 중국에서 신유학의 제도화는 宗法제도를 구축하는 길을 걸은 것이며 주로 사회적 차원에서 구현되었다.

이에 반해 조선의 성리학은 士農工商의 사회계층을 구분하는 이론적 토대로 되었다. '4민' 중 士는 관직을 독점하는 관료계급이다. 이는 학문을 갖추고 과거시험에 합격된 지식인 계급이며, 부와 각종 특권을 누리는 이른바 사대부 계층이다. 이것이 양반귀족이다. 양반과 상민 사이에 특수한 기술에 종사하는 직업인 中庶가 있으며 이 역시 세습계급이다. 이에 엄격한 적자와 서자 및 상민과 천인의 구분이 결합되면서 조선은 점차 엄격한 위계사회로 고착되었다.

여기서 언급하는 士는 동아시아에서 아주 중요한 위치를 차지하고 있기 때문에 간단히 살펴볼 필요가 있다. 東漢에서 唐나라 말까지 士의 위상과 자의식에 중요한 변화를 가져온다. 士는 사대부로 변하고 친척과 족속들과 밀접한 관계를 맺게 되며 하나의 집단으로 사회엘리트를 지칭한다. 그들은 천하의 풍습과 교화를 자신들의 책임이라 여겼다. 그러나 이후에 일어난 변화는 송나라의 과거제를 광범위하게 추진하고 士人을 특별히 우대하는 정책과 밀접한 관련이 있다. 송태조의 武事는 억제하고 文敎를 진흥하려는 정책기조는 당나라 말기의 5代 번진(藩鎭)세력들이 지방을 할거하고 무인들이 중국을 횡행하는 상황을 배경으로 출현한 것이다. 구체적으로 북송시대의 士는 학자-관리이며, 그 사회적 신분성격은 문관가족이었다. 남송시대의 士는 문인이며, 그 사회적 신분성격은 지방엘리트였다. 學은 士의 기본적인 징표이며 그들만이 문화와 사회 및 정부에 대한 책임을 짊어질 수 있으므로 이들의 독점적 엘리트 위상은 정당하다는 것이다.[37] 어찌 되었든 士 또는 사대부는 동아시아에서 엘리트 계층을 통칭

---

36 이는 劉子健의 관점이다. 費正淸編, 同上書(2008年), 95쪽. 劉子健은 범중언이 자신의 아들을 훈계할 때 한 아래와 같은 말을 증거로 예시한다. "너희들은 조심하라, 향곡의 논의가 있어야만 백성을 다스릴 수 있으며 청렴함을 지키는 자만이 추천을 받을 수 있다."

37 包弼德, 同上書, 第46-47頁, 第408頁, 第411-413頁; 余英时, "中国思想史研究经验谈", 许纪霖主编:

하는 말이지만 동아시아 삼국에서 다르게 표현된다. 앞서 언급한 조선 사대부들의 우월한 위상과 달리 중국의 士는 서로 다른 민족 간의 결혼, 관원의 유동, 상업적 성공, 사회적 불안 등 원인으로 인해 16세기 이후로 사회계층 간 구분이 별 의미가 없게 되었다.[38] 따라서 그 후로 중국의 士人들은 사회계층에서의 월등한 위상을 얻지 못할 뿐만 아니라 안정적인 사회계층으로도 되지 못했다. 일본의 士에 관해서는 뒤에서 언급할 것이다.

조선 왕조체제의 주요 설계자는 정도전이며, 그의 이론은 기본적으로 성리학에 기반을 두고 있다. 그러나 그는 군주와 국가 및 백성의 관계를 군주는 나라에 의존하고 나라는 백성에 의존함으로 백성은 나라의 근본이자 군주의 하늘이라 정리한다.[39] 또한 그는 氣의 通塞·正偏·淸濁·厚薄 등 여러 가지 특징을 근거로 사람들의 智愚, 賢不肖, 高下, 貴賤과 지적·도덕적·계급적·신분적 차이도 설명할 수 있다고 보았다.[40] 여기서 우리는 조선의 시작에서 분명한 理氣론[41]과 백성을 강조한 맹자의 사상(民爲貴)을 엿볼 수 있다. 앞서 언급한 주원장이 〈맹자〉에서 없애버린 내용의 대부분은 이것에 관한 것이다.

조선의 건국이념과 관련하여 반드시 주목해야 할 것은 새로운 왕조의 법전으로 편찬되어 최종적으로 완성된 〈경국대전〉이다. 정도전은 건국초기에 〈조선경국전〉(태조 3년, 1394년)과 〈경제문감〉(태조 4년, 1395년)을 편찬했다. 그는 군주를 통일된 권력의 상징, 즉 군주의 지위를 국가 그 자체의 상징으로 규정하고 군주의 독재를 막기 위해 재상의 역할을 강조했다. 〈경제6전〉에 이어 성종 15년(1484년)에 〈경국대전〉을 완성해 간행하였다. 〈경국대전〉은 확실히 조선의 유교적 건국이념을 구현하고 있다. 조선

《世俗時代与超越精神》, 南京: 江苏人民出版社, 2008 年, 第157-162頁; 余英时, 同上书 (2004 年), 第317頁。

38 魏斐德著:《中华帝国的衰落》, 梅静译, 北京: 民主与建设出版社, 2017 年, 第22-25页。

39 백완기 저:《한국행정학의 기본문제들》, 서울: 나남, 1996년, 353-355 쪽. 정도전의 정치사상에 대한 자세한 내용은 이 책의 349-370 쪽을 참조하라.

40 한정길, "조선전기 도학적 세계관의 형성과 그 전개", 오영교편, 同上书, 306 쪽.

41 宋學에서 이른바 理는 곧 도리이고 氣는 구성물의 물질적 근원이다. 이와 관련한 사상은 줄곧 존재했지만, 氣에 관한 이러한 해석 (氣가 理氣철학의 두 기둥 중 하나)은 송나라에서 시작되었다. 理氣론에서 理는 불교에서 그리고 氣는 도교에서 일부 내용을 흡수하여 구축되며, 이러한 理氣론은 주희에 의해 완성되었다. 또한 氣는 물질의 근원인 동시에 생명력과 활동력의 근원이기도 하지만, 도리에 따라서만 사물이 성립되고 존재할 수 있다. 小野泽精一·福永光司·山井涌编:《气的思想:中国自然观与人的观念的发展》, 李庆译, 上海人民出版社, 2014 年, 第335-336页, 第339页, 第347页, 第412页。

건국의 초기부터 '재상정치'(정도전)와 '왕권강화'(태종)라는 대립된 주장과 조치가 있었고, 이 또한 유혈사태(정도전은 태종에게 살해당했다)로 번지기도 했지만 조선은 결국 이 두 극단에 가지 않았다.

조선에서는 아래와 같은 제도적 장치로 인해 왕권이 제약되어 있었다. 영의정, 좌의정, 우의정 3정승의 합의제를 시행하며 이 합의제는 조선의 최고정무기관으로 된다. 또한 왕의 자문기관인 홍문관, 감찰기관인 사헌부, 왕의 언행을 비판함으로써 왕권의 독주를 제한하는 기능을 맡고 있는 사간원 등 삼사를 두어 왕과 3정승 및 육조의 전횡을 막을 수 있게 했다. 그리고 상소제도와 성균관 유생들의 '공관'(空館, 유생들이 제사를 지내는 의례에도 참여하기 때문에 '공관'도 어느 정도의 압력으로 작용할 수 있다)도 왕권을 제한하는 역할을 할 수 있었다.[42] 여기서 우리는 위와 같은 제도가 정상적으로 작동된다면 독재정치가 등장할 수 없음을 알 수 있다.

조선이 건국되고 한 세기를 지나면서 성리학은 점차 대중화되며, 조선성리학의 체계화를 완성한 이황과 이이를 대표로 하는 16세기 후반에 이르러 사회체제를 안정시키는 이념과 思考방식으로 자리 잡게 된다. 조선에서 성리학은 다른 표현이 있었다. 예를 들어, 氣에 편향된 이이는 학문연구의 초점을 '위민'과 '민본'에 맞추었을 뿐만 아니라 실천을 더 중요시하고 실용적 정책방안을 제시함으로써 이후 조선실학의 발전을 추진할 수 있었다. 이에 반해 理에 편향되고 '조선의 주희'라 불린 이황은 주자학만을 열심히 모방하고 따랐으며, 양반귀족의 특권을 누리면서 백성들의 고통(이 시기 백성들의 삶은 매우 어려웠다)에 대해서는 별로 관심을 두지 않았다. 그가 지은 시 〈寄題四樂亭〉에서 農桑漁樵를 주제로 백성들의 안락한 생활을 표현한 것처럼 말이다.[43] 이는 같은 주자학이라 해도 주장하는 방점을 어디에 두느냐에 따라 서로 다른 학문성향으로 표현될 수 있고 또한 어느 정도 관념 간의 경쟁관계를 형성할 수 있음을 보여 줄 뿐만 아니라, 이로부터 이 시기까지의 조선은 관념의 경직된 상태에 빠지지 않았음을 알 수 있다. 어찌 되었든 유교를 숭배하는 전통으로 인해 조선은 명나라와 청나라의 교체기에 이르러 부득불 청나라와의 종번관계를 유지하지만, 중국문명이 야만인에 의해 짓밟

---

42   丁时采저:《韩国行政制度史》, 서울 : 法文社, 1985 年, 173-175 쪽, 185 쪽.

43   金万圭, "退溪와 栗谷의 理气论的 政治思想", 金云泰、姜信泽、白完基 외저,《韩国政治行政의 体系》, 서울: 博英社, 1982 年.

히는 것을 애도하여 적극적으로 유교를 수호하는 입장을 취했다.[44] 이는 이 시기 조선 지식계의 상황은 이미 이황과 이이 시대와 다른 관념상태라는 것을 보여주는 것이다.

향약(鄕約)이 조선과 중국에서 서로 다른 양상을 보인 것은 유교가 이 두 나라에 미친 영향과 깊이를 더 잘 보여준다. 향약은 북송의 여화숙(呂和叔)이 주례(周禮)와 예기(禮記) 등 고전에서 영감을 받아 제안한 것으로 촌민들이 상부상조하는 제도로 구상되었다. 이는 주희와 그 뒤를 이은 학자들이 지역사회의 윤리와 경제적 복지를 책임지는 방안으로 고안한 것이다. 이를 통해 지방 차원에서 정부의 保甲制에 의한 강제적인 감독(保甲制란 중국의 왕조 시기 가정을 단위로 10호 가정이 한 保를 이루며 保長을 두어 사회통치 수단으로 활용된 제도를 말한다)이 아니라 자발적인 윤리감독의 제도화를 기한 것이었다.[45] 그러나 호경균의 연구에 따르면 주희가 한 일은 향약의 고증과 정리뿐이었으며 현장에서 구현되지 않았다. 또한 호경균은 북송부터 중화민국에 이르기까지의 향약을 특별히 살펴보고 명·청 시기의 향약은 황제의 칙유를 전하는(講聖諭) 것으로 변질되었다고 지적한다.[46]

중국에서의 상황과 달리 조선에서는 유교교리를 대중화하기 위한 향약운동이 실제로 전개되었다(선조시기에 전국으로 널리 펼쳐졌다). 이는 성리학이념을 실현하려는 사회운동이며, 관료제에서 나타나는 문제를 해결하는 것을 목표로 삼았다. 사림세력은 이 시기에 점차 형성되어 중앙정계에 진출하며, 이로부터 붕당을 주축으로 한 정치질서가 형성된다. 물론 조선의 붕당정치는 구양수(붕당론의 주창자)의 이론에 근거해 설계 및 구축된 의도적인 산물이 아니고 애초에 합법적인 것도 아니었다. 조선의 士林(대체로 시골에 거주한 양반집단)은 주로 향약운동에서 앞장서 있던 시골 중소지주들로 구성되었으며, 이들은 점차 훈구세력(勳舊勢力, 양반관료면서 대량의 功臣田을 갖고 있는 집단으로 이들 대부분이 서울 주변에 거주하였다)을 몰아내고 중앙정부기구를 점령하였다. 사림세력은 '공론'과정에 적극적으로 참여해 훈구세력의 실정을 비판했으며 또한 여러 파벌들 사이에서 상호 견제하는 상황이 조성되었다.

국가 전체적인 시각에서 본다면 조선은 고려의 분권성격을 버리고(고려는 전체적으

---

44   아사오 나오히로 (朝尾直弘) 외저:《새로 쓴 일본사》, 이계황 외 옮김, 서울: 창비, 2003년, 253쪽.

45   包弼德, 同上书, 第420-421页; 艾恺, 同上书, 第149-150页。

46   胡庆钧, "从保长到乡约",费孝通、吴晗等著:《皇权与绅权》(增补本), 上海 : 华东师范大学出版社, 2015年。

로 중앙집권 체제였으나 지방의 관습과 사권도 중요한 영향을 미쳤다), 중앙집권을 강화하는 쪽으로 전환하였다.[47] 그러나 조선후기(1592년에 일어난 '임진왜란' 후부터)에 이르러 문벌정치와 족벌주의가 점차 만연하면서 붕당정치도 격화되어 견제역할을 할 수 없게 되었다. 뿐만 아니라 왕의 지위가 형식화되고 왕실의 권위도 추락했으며, 관료정치도 문란해지면서 백성들의 삶은 매우 어렵게 되었다.[48]

커밍스는 조선왕조가 500년 넘게 유지되어 온 '비결'은 주로 군주와 관료 및 왕실이 서로를 감시하고 학자들은 유교교리의 도덕적 입장에서 비판적인 의견을 제기할 수 있었기 때문이라 말한다. 또한 그는 조선의 건국 후 성리학 교리의 영향을 깊이 받은 모범적인 농업관료제로 번성했다고 주장한다.[49] 무어도 '농업관료주의'라는 용어를 사용했다(중국과 러시아 혁명에 관한 연구에서 언급된다. 그의 견해는 분명한 계급분석적 성격을 띠고 있다).[50] 무어의 '농업관료주의'는 유럽의 관료제와 비교하는 과정에서 아시아의 농업사회를 기반으로 건립된 관료제 개념으로 이해된다.

계급분석 방법은 한 국가의 전반적인 계급구조를 파악하고 국가의 정책성향 등을 연구할 때 도움이 된다. 그러나 특히 한 국가의 체제특징을 연구하고 해석하는 문제에서 단순히 그 국가의 경제기초와 계급구조 등을 근거로 그 성격을 규정하는 것은 바람직한 접근법이 아니다. 같은 경제기초나 비슷한 계급구조를 가진 나라들에서도 완전히 다른 국가체제를 구축할 수 있다. 다시 말해, 경제기초는 그 시대의 주요 생산조건과 자연환경 및 이와 관련된 사람들의 생활방식에 의해 결정되지만, 한 국가의 제도적 특성은 주로 국내의 정치역학관계, 국가건설자들이 믿고 있는 이념, 장기적인 역사적 진화과정 등에 달려 있기 때문이다.

여기서의 문제는 국민경제가 농업에 기반을 둔 시대에 존재했던 관료제를 모두 '농업관료제'로 요약할 수 있느냐다. '농업관료제'의 내용을 어떻게 이해하며 그것이 구현하는 정신은 무엇인가? 적어도 동아시아 삼국에 병존했던 관료제 사이에는 분명한 차이가 있었고 이러한 차이는 세 국가의 제도적 성격이 서로 다르다는 것을 말해

---

47 조선의 국가체제와 〈경국대전〉 등에 관한 내용은 오영교편, 同上书에 실린 정호훈, "조선전기 법전의 정비와 경국대전의 성립"을 참조하라.

48 丁时采, 同上书, 305-306 쪽; 尹在丰, "茶山의 行政思想", 金云泰、姜信泽、白完基 외저, 同上书.

49 브루스 커밍스, 同上书, 100-102 쪽, 195 쪽.

50 巴林顿·摩尔著:《民主和专制的社会起源》, 拓夫、张东东等译, 北京 : 华夏出版社, 1987 年, 第5页。

준다. 어쨌든 조선왕조의 국가구성과 사회운행의 원리 그리고 조선이 500년 이상 유지되어 온 '비결' 등으로 볼 때 조선의 국가체제는 유교주의적 관료제로 규정되어야 한다.

4 막번체제

대외 관계에서 줄곧 '왜' 또는 '야마토'라는 국명을 사용했던 일본은 서기 702년에 '일본'이라는 국명을 사용하기 시작한다. 대보(大寶)원년(701년)에 '대보령'이 내려지고 새로운 官名과 位號 및 服制 등이 시행된다. '일본'이라는 국호를 채택하기 전의 왜정권 또는 야마토왕조는 씨족제 국가였다. 이를 바탕으로 당나라의 율령제(律令制)를 도입하여 도쿠가와막부 이전까지 기본적으로 유지되어 온 것이 일본의 고대국가다.

율령제가 대표하는 것은 태정관(太政官)-국사(國司) 체제이며 율령제 외에도 씨족제가 있었다. 국사는 임기에 따라 교체되는 관료제 원리로 구축되었으며 씨족제가 구현하는 것이 바로 군사(郡司)다. 군사는 임기가 없고 지방귀족이 그 영역 내의 의사결정을 할 수 있는 제도를 말한다. 그리고 씨족제에 상응하여 '이에(家)'제도 있었다. 이는 같은 조상에게 제사를 지내고 그것을 가능하게 하는 가족재산을 유대로 형성된 생활공동체다. 또한 야마토왕조 시대에는 왕권이 왕에게만 장악되어 있지 않고 실제로 후궁과 왕자가 함께 그 역할을 맡았다. 천황만 왕권을 대표할 때 천황제도는 비로소 공식적으로 성립된다. 그러나 摂政이나 関白, 그리고 院 또는 征夷大将軍 등이 천황의 권력을 대행하는 일도 드물지 않았다. 율령제하에서 일본은 2관 8성(神祇官과 태정관 및 병부성과 재정성 등 8성)제도를 시행했지만, 태정관만이 천황의 직속으로 되었으며 이는 당시 국정의 최고기관이었다.

그러나 9세기부터 11세기까지의 일본은 통일되지 않았고 1180년에 일어난 반란은 이전의 쿠데타와는 다른 장기적인 군사행동이 일상화되었음을 의미한다. 이러한 배경에서 가마쿠라막부(12세기 말)가 산생되었지만 1430년대 초에 막을 내렸다. 그후 무로마치막부(1336년)가 뒤를 이어 1402년 명나라로부터 '일본국왕'이라는 칭호를 받았고(이는 곧 책봉을 받음으로 인해 명나라의 신하가 되었음을 의미하지만 1409년 그 후임은 자존심 때문에 이 협정을 파기한다. 일본이 책봉을 받은 주된 목적은 무역이었다[51]), 국가의 제사권도 막부에 이양되어 쇼오군이 사실상의 일본왕이 된 것처럼 보였다. 전쟁은 무로마치막부 후기에 시작하여 100년 이상 지속되었다(일본의 戰國시대는 공식적으로 오닌 1년, 즉 1467년에 시작되었다). 나중에 도요토미 히데요시가 당시 일본을 대부분 통일했지만, 일본의 통일과 평화의 시대를 진정으로 실현한 것은 도쿠가와 이에야스가 승리한 1615년의 일이다. 일본의 전쟁사에서 양측 모두 왕에게 명분을 두지 않던 1600년 전쟁에서 도요토미에게 충성하는 세력을 물리치고 도쿠가와 측이 패권을 장악했다. 이로부터 쇼오군의 권력이 公家와 武家 그리고 寺家의 위에서 통치하는 지위에 오르게 된다.[52] 이 것이 도쿠가와막부 시기의 쇼오군제도이며, 3대와 4대 쇼오군 시기에 제도화를 완성하였다. 또한 도쿠가와막부는 천황의 첫 번째 임무가 '학문에 정진하는 것'이라 분명히 규정하고 쇼오군과 다이묘오의 상하급 관계와 다이묘오가 번국을 다스릴 책임 등을 명확히 했다.[53]

아이젠슈타트는 메이지유신 전의 일본은 강력한 관료화와 중앙집권화를 형성 및 유지했으며, 이는 막부가 제후들이 중앙으로 진입하는 협상기구를 통제하는 데서 표현되고, 도쿠가와막부 시기는 봉건적이면서도 전제주의적이라고 주장한다. 그의 이런 판단은 중세유럽의 봉건제 시기와 비교하여 도출한 것이다. 그러나 이러한 일본의 상황을 동시대에 있었던 중국과 조선의 중앙집권화 및 관료제와 비교한다면 일본의 정도는 현저히 낮다. 관료제는 하나의 체계이고 봉건제는 그 범위 내의 여러 계층에서 분절된 통치권을 장악하고 행사하는 제도라는 점에서 볼 때 일본의 이런 상태를 이해할 수 있다. 1635년에 대폭 개정된 〈무가제법도〉는 모든 번국들은 반드시 에도의 법도에 따라 실행되어야 한다고 분명히 규정했다. 그러나 도쿠가와막부 시대에는 다이묘오가 번국에서의 사법, 재정, 농업, 교육 등의 문제에 대한 관할권을 가지고 있었으며, 이 시기의 번국은 250여 개나 되고 사무라이의 충성대상은 쇼오군이 아니라 다이묘오였다. 이와 같은 막부의 중앙집권과 다이묘오의 권력집중은 봉건적 번정(藩政)의

51 约翰·惠特尼·霍尔著:《日本—从史前到现代》,邓懿、周一良译,北京:商务印书馆,1997年,第96-97页。

52 도쿠가와막부의 창립과정에 관한 내용은 池田晃淵著:《德川幕府時代》(上),北京:华文出版社,2020年,第一章을 참조하라.

53 이상의 내용은 아사오 나오히로, 同上书, 72-73쪽, 82-90쪽, 141쪽, 143-144쪽, 148-149쪽, 151쪽, 158-159쪽, 194-213쪽, 224-236쪽; 吉田孝著:《日本の誕生》,東京:岩波書店,1997年,4-8쪽,127-137쪽, 169-171쪽, 174-175쪽을 참조하라.

행정통일을 추진하게 되며, 이를 17세기 후반에 기본적으로 완성한다. 이것이 메이지유신이 추진되기 전까지 유지되었던 국가전체의 중앙집권과 번국 내에서 높은 자치권을 누린 일본의 국가형태다.

한편 아이젠슈타트는 일본의 봉건계급관계, 법제도, 공의(公儀), 천황이 명목상 쇼오군에게 권한을 부여하는 고대상징주의, 막부시대의 국가 특성 등을 분석하고, 일본의 국가위상과 국가공동체의 관념은 서유럽과 중국의 전제주의와 매우 다른 것이라고 말한다.[54] '국가공동체'에 관해서는 뒤에서 언급되겠지만 이 시기 일본 상황을 이해하는 데 비교적 중요한 것은 공의다. 공의란 무엇인가(아이젠슈타트 저서의 중역본에서 公儀를 公議로 번역했는데 이는 오역이다)? 영주는 그들의 갈등을 해결하고 공동이익을 지키며 백성들에 대항하기 위해 상호 계약을 맺고 이를 통해 그들이 직면한 문제를 해결하려 했다. 이러한 조직과 장소에서 형성된 예의가 공의('이에'제도에서 '가내일'과 반대되는 의미 또는 內儀의 반대어라 할 수 있다)이며, 궁극적으로 특정 집단의 책임자에게 권한이 위임된다. 따라서 공의는 공공영역이 통치자보다 우세한 제도를 탐구한 것이 아니라 특권과 연맹이 점차 통치자의 범위 안으로 발전했다는 베일리의 견해는 일리가 있다. 그러나 시간이 지남에 따라 이 원칙은 점차 확대되어 쇼오군과 다이묘오의 행정적 측면을 상향식으로 제한하는 방향으로 발전했으며, 이후 기층생활이 안정되면서 공의는 상인과 농민으로 확대되었다. 여기서 지적할 것은 內儀와 반대되는 의미의 공의는 어떤 이익과 관련된 계층 내에서 각자의 이해관계와 관련된 문제에 대해 모종의 합의에 도달할 수 있는 기제의 의미를 띠고 있으며, 이는 일본의 특수한 권력관계와 '국가공동체'를 이해하는 데 도움이 된다는 것이다.

도쿠가와막부는 초기부터 충효와 예의를 강조하기 시작했으며, 이로부터 武威에 의한 통치, 즉 무단(武斷)에서 문치로 전환되었다. 또한 이 시기에 이르러 가신들의 주인에 대한 충성은 '이에'에 대한 충성으로 바뀌었으므로 '하극상'의 가능성도 사라졌다.[55] 그러나 도쿠가와막부 시대의 번국은 일본이라는 국가보다 더 중요한 정치단위였기[56] 때문에 이러한 충성이 국가에 대한 충성으로 이어지진 않았다. 어쨌든 우리가 논

---

54 艾森斯塔特, 同上书 (2008 年), 226-239 쪽. 앞 문단에서의 그의 견해는 이 책의 202-203 쪽과 222 쪽에 있으며, 베일리의 '公儀'에 대한 해석은 이 책의 233 쪽에 있다.

55 위에서 '公儀'의 함의를 포함한 내용은 아사오 나오히로, 同上书, 257-275 쪽, 305-306 쪽을 참조하라.

56 贝拉著：《德川宗教：现代日本的文化根源》, 王晓山、戴茸译, 北京：三联书店, 1998 年, 第28页。

의하는 주제에서 이 시기의 전환이 중요한 이유는 이로부터 형성된 것이 근대화를 시작하기 전까지 유지된 일본의 기본상태이기 때문이다.

또 하나 주목해야 할 것은 일본의 사무라이다. 일본의 사무라이는 중국 및 조선의 사대부와 매우 다르다. 이들은 일본 戰國시대의 병사에서 변형되었으며 도쿠가와 시대에는 農工商과 완전히 분리되어 통치계급이 되었다. 일본에도 '4민'이라는 말이 있었는데, 이는 1588년 도요토미가 사회구조를 동결하라는 명령을 내림으로써 계급의 법적 신분이 확정된 것이다. 사무라이도 文을 배웠지만 과거제를 준비하거나 지위 향상을 위한 것이 아니라 자기 수양과 관리직무를 수행하기 위한 것이다. 사실 도쿠가와막부 초기의 사무라이는 문맹이었고 전쟁을 전문으로 하는 계급이었지만, 200년이 넘는 평화시기를 거치면서 관료계급으로 전변된 것이다. 이는 번교(藩校)의 건립과 관련된 것이며, 번교의 창립자들은 정권과의 독립성을 유지하고 있었다.[57] 즉 사무라이의 지위변화는 국가제도의 변화와 관련된 것이 아니다. 사무라이들은 그들이 섬기는 주군이나 '이에'에 책임을 지며 그들은 실제로 가신(家臣)이다. 또한 가신집단 내에는 많은 등급이 있었으며, 상급 사무라이와 하급 사무라이의 지위가 변하는 상황은 극히 드물었다.[58] 사무라이들의 이러한 상황은 기본적으로 메이지유신 전까지 유지되었다. 여기서 중요한 것은 사무라이의 신분은 막부나 천황으로부터 얻는 것이 아니기 때문에 국가(막부든 천황이든 간에)나 '천하'가 자신의 책임이라는 관념이 생길 수 없었다는 점이다. 따라서 사무라이들이 말하는 奉公의 公의 의미는 중국이나 조선의 것과 매우 다르다. 또 하나, 사무라이(武士)의 칭호와 충성의 대상 등에서 볼 때 사무라이도 봉건제와 마찬가지로 중국의 周나라 시기와 어떤 '계승'관계를 갖고 있다고 할 수 있다. 오함의 설명에 따르면 역사상의 大夫는 王侯의 가신이며 士는 大夫의 가신이다. 그리고 士는 원래 武士이지 文士가 아니었다.[59]

이념적 시각에서 본다면 야마토 조정은 아스카 시대(6세기 후반에서 7세기 전반의 약 100년 사이)에 창시되었으며, 그 시기에는 불교문화가 지배적이었다. 그러나 불교가 인

57   马里厄斯・B・詹森和劳伦斯・斯通, "日本和英国的教育与现代化", 西里尔・E・布莱克编, 同上书, 第 314页, 第319页。

58   丸山真男著:《日本政治思想史研究》, 王中江译, 北京 : 三联书店, 2000 年, 第6页, 第271-275页; 상급 사무라이와 하급 사무라이에 관한 구체적 정황에 관해서는 贝拉의 同上书, 58-59 쪽을, 아래에서 나오는 '儒释不二'에 관한 내용은 이 책의 7-8 쪽을 참조하라.

59   费孝通、吴晗等, 同上书, 第51页。

도-서역-중국-한반도에서 일본으로 전파되는 과정에 다양한 국가와 사회를 거쳤기 때문에 불교에 유교와 민간도교와 같은 다양한 요소가 혼재되어 있었다.

　　라이쇼얼 등은 세상과 고립되어 있었던 일본이 문화적으로는 항상 생기발랄했다고 주장한다. 이는 막부의 참근교대(參觀交代)와 전봉(轉封)제도를 소개하면서 이 제도들이 일본 각 지역 간의 문화교류를 촉진했다는 견해다.[60] 이른바 참근교대란 다이묘오들이 번갈아 에도와 영지를 왕복하면서 에도에서 근무하도록 규정한 제도다. 이는 다이묘오의 재정을 약화시키고 다이묘오 세력을 통제하기 위한 조치다(그들의 가족을 에도에 거주케 하여 인질로 삼았다). 전봉은 막부의 명을 어긴 다이묘오를 몇백 리 밖의 먼 곳으로 다시 봉하는 일종의 징벌적 수단이다. 그러나 도쿠가와막부 이전의 일본은 항상 전쟁이나 무단통치를 하고 있는 상황에 처해 있었으니 이상의 두 가지 조치로 인해 문화교류가 촉진되었다고 한다면, 그 전의 일본은 국내에서 문화교류와 발전을 촉진할 기회가 거의 없었다는 뜻이기고 하다. 따라서 우리는 일본이 그 범위 내에서 문화적으로 '생기발랄'했다는 것을 인정하더라도 그것은 도쿠가와막부가 세워진 후에 나타난 것이다. 즉 이 시기에 이르러서야 이 제도들로 인해 일본 각지의 지식인들이 문화교류를 할 수 있는 사회적 여건이 형성되었다는 것이다. 이러한 여건에는 긴 평화와 번교의 성립 등도 포함된다. 또한 일본은 '임진왜란' 때 조선에서 대량의 서적을 약탈해 갔고(사무라이가 문맹이었기 때문에 가치 있는 책을 식별하기 위해 특별히 승려들을 파견하였다), 도자기 장인들을 일본으로 잡아갔으며, 이를 바탕으로 자기들의 문화를 발전시켰다. 근본적으로 세상과 고립된 상태에서 문화는 발전할 수 없다.

　　특히 16세기 초기의 일본에서는 주자학이 그 시기에 유행했던 천도사상과 결합되어 주목을 받았다. 여기서의 천도는 理와 같은 것으로 이해되었으며, 이 시기에 이미 儒學의 일본화 노력을 적지 않게 했다. 또한 유교의 정치권위, 정치권력의 합법성 및 통치자들의 책임 등 관념이 중국과 조선에서 아주 성행했지만 일본에서 심각한 변화를 겪었다. 아무런 책임도 지지 않는 천황은 말할 것도 없을 뿐더러 쇼오군과 다른 관리들도 위기 때에야 책임을 졌으며, 그마저도 명백히 천명한 방식으로 책임지는 것이 아니었다.[61] 도쿠가와막부 시기 일본에서 지배적 지위에 있었던 이념체계의 시

60　埃德温 · O. 赖尚尓、马里厄斯 · B. 詹森, 同上书, 第82页。
61　S.N. 艾森斯塔特, 同上书(2008 年), 第299页, 第302页。

각에서 본다면 중국과 조선에서 유행되었던 유교이념과 확실히 달랐다. 이 시기에 흥행을 맞았던 불교와 유교는 서로 타협되어 儒釋不二를 주장하였으나, 당시 일본의 유교는 사무라이에 대한 도덕교육의 의미를 가지고 있었을 뿐이다. 또한 후기의 國學과 난학(蘭學, 주로 네덜란드를 통해 수용된 서유럽 중심의 학문) 등과 얽혀 있었다. 따라서 전반적으로 일본에서 유교의 위상과 영향력은 매우 제한적이었다. 일본이 10세기 이후로 과거제를 시행하지 않은 것(그 전에 시행된 것도 별 의미가 없었다)도 이런 상황이 형성되도록 한 중요한 원인이다.

유불도 삼교가 일본에 어느 정도 영향을 미쳤고 율령제가 도입된 후 일부 법제적 요인도 있긴 하지만 이념적으로는 아주 불분명하다. 그리고 중국과 조선에 비해 일본의 神道가 특별한 것이기는 하지만 神道에는 많은 의식이 있을 뿐 교리는 없다. 이른바 神道는 도덕기준도 철학체계도 없는 자연숭배 또는 애니미즘 신앙인 것이다.[62] 마루야마가 지적한 바와 같이 일본의 神道는 아무런 내용도 없고 계속해서 뻗어 나가는 '텅 빈포대(空白布筒)'와 같은 것이라 할 수 있는데, '무한포용'의 특성과 '사상잡거성'을 가지고 있어 사상을 실질적으로 통합하기 어렵다. 다만 부정적인 동질화, 즉 이단을 배제하는 면에서 강력한 역할을 하는데 이것이 바로 일본사상의 주요 전통이다.[63] 일본의 전통문화를 논할 때 이 점에 특별한 주의를 기울여야 한다. 또한 도쿠가와막부 후기의 일본 통치자들은 외부에서 들어오는 문화에 적극적으로 개입했는데, 외래 문화에 대해 어떤 정책을 취할 것인가는 주로 일본사회에 어떤 영향을 미칠지를 고려하는 것이다.[64] 메이지 시대에서도 서양의 이념을 연구하고 개편하여 원래의 봉건이념과 비교했다.[65] 위에서 언급한 神道의 특성과 이러한 정권의 개입으로 인해 일본에서는 중심 교리가 없는 문화전통이 형성되었다.

---

62   罗兹·墨菲, 同上书, 第271页。

63   丸山真男著：《日本的思想》, 区建英、刘岳兵译, 北京：三联书店, 2009 年, 第21页, 第36-37页, 第64页。

64   唐纳德·金著：《日本发现欧洲：1720-1830》, 孙建军译, 南京：江苏人民出版社, 2018 年, 第1章。

65   特索·纳吉塔著：《当代日本政治的思想基础》, 贺雷译, 南京：江苏人民出版社, 2013 年, 第62页。

5　체제와 이념 특성

국가 형태의 시각에서 본다면 동아시아 삼국은 모두 군주제를 채택했지만 구체적인 내용에서 큰 차이가 있었다. 군주권력의 크기에 따라 비교하면 중국황제의 권력은 절대적인 것이었고 조선왕의 권력은 중간 위치에 있었던 반면, 일본천황은 실권이 없었고 막부쇼오군이 실질적인 전권(專權)을 가졌다. 쇼오군의 전권은 실제로 전쟁을 통해 확립한 패권적 지위다. 유교주의 관료제를 채택함으로 인해 조선의 왕이 신하들의 제약을 받은 것은 거의 제약이 없었던 중국황제나 일본쇼오군과는 확연히 다른 특징이다. 그리고 일본은 중국이나 조선과 같은 체계적인 관료제가 없었기 때문에 쇼오군이 전권을 장악하고 있었지만, 봉건제로 인해 막부의 실제 관할권은 제한적이었다.

동아시아 삼국은 신분계급제라는 분명한 공통점이 있는데, 이는 대체로 세습적인 것이었으며 또한 국가의 관료제나 권력구조 및 사회제도와 밀접하게 관련되어 있다. 기본적인 사회질서에 있어서 동아시아 삼국 모두 士가 '4민'의 윗자리에 있다는 통념을 갖고 있었으며, 士는 사실상 '4민' 중 지식을 갖춘 엘리트 집단이었다. 물론 무단통치를 실시하고 있었던 당시 일본의 사무라이는 그 시기 상황에 따라 설명이 가능하다. 1차 산업이 지배적이던 고대사회에서 기본적인 생활수요를 충족시키기 위해서도 '농'이 근본이 되어야 하고 '공'은 사회를 위해 부를 창출한다. 유교를 주요 구성원리로 구축된 사회에서는 백성들을 교화하는 목적을 위해서라도 '교묘하게 이익을 취'하는 '상'을 맨 아래쪽 위치에 두어야 하며, '고상한' 관직에 종사할 가능성을 박탈해야 했을 것이다.

위와 같은 위계질서는 조선에서 가장 철저히 시행되었다. 중국의 신분계급제가 조선만큼 심하지 않았던 원인은 귀족층이 지속적으로 타격을 받은 것과 황제의 전제적 권력 때문이라 할 수 있지만 후자의 원인이 훨씬 더 크다고 보아야 한다. 더욱이 명·청 시기의 중국 관가에는 삼엄한 尊卑 위계질서가 있었고, 원칙적으로 사회 전체에 개방된 과거제를 시행했기 때문에 사회의 수직적 신분유동 면에서 조선과 일본에 비해 보다 '개방적'이었다. 일본은 여러 계급의 귀족제도와 '가신단', 즉 사무라이집단 내의 엄격한 위계질서가 있었기 때문에 또다시 과거급제 여부를 통해 신분유동을 제한할 필요가 없었다. 동아시아 삼국 중 조선에서만 상인계급이 어떤 과거시험에도 참가할 수 없었다. 조선에서 어떤 과거를 볼 수 있는지에 관한 자격 자체가 신분계급의 징표이며, 적자와 서자의 구분 및 혈통본위 특징도 뚜렷했다. 이로부터 서로 다른 계급의 사람들이 수직적 신분유동을 할 수 있는 가능성을 기본적으로 차단했다. 위에서의 논의는 물론 포괄적인 것이며, 각 나라마다 시대에 따라 다른 양상을 보였다. 예를 들어, 막부 말기에 사무라이들이 처한 곤경이나 조선 중기부터 신분위계가 이완되는 상황 등이다.

　　일본은 자체적인 통치체계를 가지고 있었지만 전통국가 건설에서 가장 후진적이었다. '17조헌법'을 통해 12급 관료제(7세기 초, 씨족제 사회에서 인재를 모집하기 위해 설립된 제도)를 시행하지만, 이는 고구려와 백제 및 신라와의 외교관계를 의식해 설치한 것이다.[66] 또한 일본은 수 세기 동안 무단통치체제를 유지해 왔기 때문에 체계적인 관료제를 구축하기 어려웠다. 물론 봉건제의 실시로 관료제를 구축할 수 없었다는 설명도 가능하다. 어찌 되었던 진 · 한 이후의 동아시아 삼국에서 본래 의미의 봉건제가 일본에서만 지속된 원인이 여기에 있으며, 중국과 조선에서는 일찍이 체계적인 관료제를 구축했기 때문에 국가체제 면에서의 봉건제는 존재하지 않았고 시행할 수도 없었다.

　　여기서 과거제와 관련된 일본의 실태를 밝힐 필요가 있다. 8세기부터 당나라의 공거(貢擧)고시를 모사한 과거제를 시행했지만, 일본의 관직제도가 세습적인 것이었기 때문에 대체로 하급귀족들만 과거시험을 치렀고 시험에 합격한 사람은 중급귀족 계급에만 들어갈 수 있었다. 이와 관련해 주목되어야 할 것은 12세기 일본사에서 일어난 아래의 두 사건이다. 하나는 8세기부터 시작된 조정귀족과 대사원(大寺院)에 의해 권력이 독점되는 상황이 더는 존재할 수 없게 된 것이고, 다른 하나는 봉건주의적 정치권력과 토지관리에서의 새로운 제도의 출현이다. 이와 더불어 사무라이계급의 점진적인 부상(지방에서는 이미 10세기에 출현하였다) 및 권력행사에서 봉건적 주종관계의 강화와 함께 새로운 사법기관의 사유화와 전면적인 행정군사화를 초래하며, 이러한 제도는 수 세기의 완만한 과정에서 이루어진다.[67] 이는 지방의 실권이 영주나 세습적인 상류귀족의 손에 장악되어 있었기 때문에 그들의 자제들은 신분상승을 위한 과거시험에 응시할 필요성이 없게 되었음을 의미한다. 사무라이 계급의 부상과 수 세기 동

---

66   아사오 나오히로, 同上书, 68쪽.

67   约翰 · 惠特尼 · 霍尔, 同上书, 第59-61页, 第63页。

안 지속된 막부체제로 인해 과거제가 무의미해졌고 따라서 이후 일본에서는 과거제를 더 시행하지 아니 한다. 우리의 논의를 도쿠가와 시대에 국한시켜 보더라도 사무라이의 재생산은 지배적 지식의 재생산과 관련이 없으며 학문적 성취는 사회적 지위와 아무런 제도적 관계도 없었다.[68] 또한 이는 도쿠가와 시대의 지식인들이 주변화되었음을 보여주지만, 특히 정권과 관련하여 의도치 않게 상대적으로 독립적 상태의 그룹으로 되었음을 의미한다.

조선과 중국은 과거제와 유교전통 면에서 다소 유사하지만 거의 한 세기에 걸쳐 끊임없는 수정을 통해 〈경국대전〉이 최종적으로 완성된 후, 조선의 경우 중후기에 이르러 주자학이 국가와 민간 곳곳에 침투되어 있었다. 1653년 난파선으로 조선에 상륙한 하멜은 조선인들이 '교육에 대한 국민적 헌신'에 빠져 있었다고 표현했으며, 조선에는 1700년까지 600개 이상의 서원이 있었다. 이는 중국 서원의 전체를 합친 것보다 더 많았다고 한다.[69] 물론 이 같은 숫자에만 치우쳐 단순비교를 할 수는 없다. 청나라 초기에는 사립서원을 엄격히 제한하고 감독하는 정책을 시행했고,[70] 명나라 말기에는 士林(즉 東林黨)이 내시(閹黨)들의 무자비한 탄압을 받아 공직에서 물러나 사원에서 자선활동을 할 수밖에 없었기 때문이다.[71] 어쨌든 이 같은 상황에서 우리는 유교가 조선에 얼마나 큰 영향을 미쳤는지 알 수 있다. 디배리는 신유학이 제시한 사회제도를 사회실천에 옮길 때 조선인들이 그것을 성심성의로 받아들이고 진지하게 대하는 태도는 중국인들이 지금까지 해왔던 그 어떤 것보다 훨씬 뛰어났다고 지적한다.[72] 앞에서 살펴본 사실과 이상의 내용을 근거로 조선은 송나라의 일부 신유교 지식인들이 꿈꾸던 유교국가의 '이상'을 적어도 어느 정도 실현했다고 볼 수 있다.

조선과 비교해 중국의 왕조들은 오래 지속되지 못했고 왕조가 바뀔 때마다 전왕조의 귀족을 탄압했다. 한나라와 당나라 사이의 군주는 대체로 권문세가를 국본으로

---

68 子安宣邦著:《江户思想史讲义》, 丁国旗译, 北京 : 三联书店, 2017 年, 第173-175页。
69 부르스 커밍스, 同上书, 2001 년, 84-85 쪽.
70 艾尔曼著:《从理学到朴学 : 中华帝国晚期思想与社会变化面面观》, 赵刚译, 南京 : 江苏人民出版社, 2021 年, 第94页。
71 卜正民著:《为权力祈祷 : 佛教与晚明中国士绅社会的形成》, 张华译, 南京 : 江苏人民出版社, 2008 年, 第338-339页。
72 狄百瑞著:《东亚文明 : 五个阶段的对话》, 何兆武、何冰译, 南京 : 江苏人民出版社, 2012 年, 第55-58页。

삼고 유생과 法吏를 인용하여 政令을 행할 수 있었다.[73] 이것이 3세기부터 7세기 사이
에 '군주와 권문세족이 함께 천하를 다스린' 국면이며, 또한 황권의 위상이 이 시기에
상대적으로 약화되었음을 의미하는 것이기도 하다. 동한(東漢) 말부터 송나라까지의 六
朝 시대 사대부들은 비록 폐쇄적이긴 하지만 전국규모의 '사대부사회'를 이루고 있었
다.[74] 그리고 이 시기는 황권이 상대적으로 약화되고 사대부 권문귀족들의 지위가 상
대적으로 강화된 상태였기 때문에 두 행위자들 사이에 권력을 놓고 서로 경쟁하는 역
동적인 균형관계가 형성되었다. 더욱이 그 시기에 시행되었던 九品中正制와 장관이 부
하를 천거하는 방식이 갖고 있는 폐단으로 인해 수(隋)나라는 이 제도들을 폐지하고 그
대안으로 과거제가 시작된 것이다. 당나라 초기에는 권문세족이 강력했기 때문에 그
들을 수용했지만 동시에 그 독립성을 약화시켰다. 그러나 그 후 권문세족이 크게 쇠락
하여 송나라 이후부터 과거제를 전면 시행해야 했다. 이상은 중국이 과거제를 발명하
게 된 역사적 맥락이다. 여기서 士의 도덕과 지식이 귀족의 세습적 지위와 상인의 부
보다 높다는 것을 강조하는 과거제의 기본적 의미[75]를 부정할 수는 없지만, 송나라부
터 과거제를 전면 시행함에 따라 중국 지식인들은 황권에 굴복하여 생존하거나 자기
가 품은 뜻을 펼칠 수 있기를 바랄 수밖에 없게 되었다는 것을 의미한다. 이러한 변화
의 중요한 결과 중 하나는 그 후에 이어지는 각 왕조가 전제적 권력에 의존해 '천하'를
유지하는 패턴을 계속할 수 있게 되었고, 과거제는 중국의 지식인 엘리트들이 이러한
통치에 기여하는 주요 기제로 되었다는 것이다.

　　또한 남송 이후 시국의 큰 변화로 인해 중국에서의 유교는 조선과 같은 이념으로
서의 지배적 위상을 누릴 수 없었다. 예를 들어, 송나라에서 원나라에 이르기까지, 즉
13세기까지 理學家들은 福建과 江西를 포함한 일부 지역에서만 영향력을 행사했고 후
에 廣東의 南雄으로 침투했다. 그리고 원나라에서의 과거는 程朱理學을 위주로 한다고
했으나 그것의 지배적 지위는 허용하지 않았다.[76] 당시 유교의 실태는 '구유교'가 일부
학자에게만 국한된 반면, '신유교'는 점차 일반 중국인의 정신생활 속에 들어가 강한
생명력을 얻었다. 그러나 원나라는 불교를 특별히 우대하는 정책을 채택했으며 적어

73　朱志昊, "'白马之盟'与汉初政制", 《政治学研究》, 2014年 第2期。
74　吉川忠夫著：《六朝精神史研究》, 王启发译, 南京：江苏人民出版社, 2012年, 第3-4页。
75　余英时, 同上书(2006年), 第23页。
76　科大卫著：《皇帝和祖宗》, 卜永坚译, 南京：江苏人民出版社, 2010年, 第416页。

도 유교만을 섬기게 하지 않았다.[77] 더욱이 우리는 이미 남송 시대의 향약이 이론적 수
준에 머물다가 명·청 시대에 황제의 칙유를 전하는 것으로 바뀌었기 때문에 유교가
조선처럼 기층 사회로 침투할 기회를 얻지 못했음을 앞에서 보았다. 물론 황제의 칙유
에 유교적 내용도 포함되겠지만 이러한 관행이 향약을 통해 대중화하는 만큼 효과적
일 수 없다는 것은 부정할 수 없다.

일본에서는 유교가 도쿠가와막부 초기 사무라이계급에 어느 정도의 영향을 미쳤
지만 그들은 유교나 이른바 '사서오경'만 배우는 것이 아니었으며 유교는 백성들의 일
상생활에 침투하지 못했다.[78] 도쿠가와막부 시기 유교와 神道가 불교에서 형이상학과
심리학의 요소를 빌렸고 불교와 神道가 유교의 윤리학에서 많은 것을 차용하여, 유교
와 불교는 완전히 일본적인 것으로 변이되었다.[79] 더욱이 도쿠가와막부 전의 일본의
유교는 조정의 박사들이 漢·唐의 훈고지학(訓詁之學)으로 연구했으며, 민간에서의 연구
도 기본적으로 사찰승려들의 취미적 연구였을 뿐이다. 그러나 이런 연구들마저 도쿠
가와막부 중반부터는 고학파와 國學파의 반격을 받게 되었으며, 이로 인해 타협과 절
충적인 요소가 의도적이든 무의식적이든 주자학 학자들의 사상에 혼재되어 있었다.[80]
따라서 조선과 중국에 미친 유교의 영향과 비교한다면 그 정도는 분명히 훨씬 낮다.
국가와 백성들의 생활에 미친 영향의 정도로 판단한다면 일본은 많은 사람들이 오해
하고 있는 것처럼 유교국가가 결코 아니다.

동아시아 세 전통국가를 비교함에 있어 또 하나 주목해야 할 것은 정권합법성의
근거다. 중국에서 정권중심의 합법성은 명목상 天과 命에 두고 있지만, 정권의 생성과
운영이라는 시각에서 본다면 사실상 지배세력이 무력을 독점하고 국가권력을 통제하
여 위계를 핵심으로 하는 관료제를 통해 권위와 권력을 황제에게 집중하는 것으로 통
치목표를 실현한다. 그렇지만 공개적으로 표방하는 통치이념과 백성에 대한 교화에서
강조되는 것은 유교였다. 어쨌든 東漢 이후 남북조 시대에 황제의 위상이 상대적으로
허약함을 보인 것 외에, 진·한 이후 중국황제의 지고무상한 위상은 의심할 여지가 없
으며 이것이야말로 합법성의 원천이다. 일본에서는 천황의 조상이 곧 태양신이므로

---

77   李伯重著：《火枪与账簿：早期经济全球化时代的中国与东亚世界》, 北京：三联书店, 2018 年, 第186页。

78   金晩基："中国·日本과 比较해 본 韩国의 行政文化", 金云泰、姜信泽、白完基 외저, 同上书, 144 쪽.

79   贝拉, 同上书, 第74页。

80   丸山真男, 同上书 (2000 年), 第7页, 第20页。

그 정통성이 인정되기 때문에 중국과 달리 천황보다 높은 하늘이 없다.[81] 따라서 명목상 천황이 막부쇼오군에게 권한을 부여하게 된다. 조선은 유교의 교리를 근거로 통치질서를 유지하며 이것은 곧 정권 합법성의 주요 기반이다.

후쿠자와는 중국황제의 전제와 달리 도쿠가와막부 시대에는 정치적으로 무력한 황실과 정신적인 권위가 없는 막부가 서로 대치하고 견제했으며, 이로부터 일본은 자유와 진보를 향해 발전할 수 있는 일부 요소를 구비할 수 있게 되었다고 주장한다. 백성들은 이 두 실체를 수용하고 그들의 운동을 허용함으로써 둘 사이 어느 정도의 도리가 끼어들 수 있었기 때문이다.[82] 일본왕실이 얼마나 '견제'작용을 할 수 있느냐의 문제는 제쳐두고 여기서 나오는 백성들의 '허용'은 기껏해야 '근본적인' 차원일 뿐이다. 이는 당시 일본을 계몽하기 위해 후쿠자와가 만들어 낸 '이론적 고안'으로 보인다. 어쨌든 후쿠자와의 관점은 권위와 권력의 분리로 인해 이루어진 틈새가 '도리'가 생존할 수 있는 공간으로 되었다는 것이다. 사실 당시 일본에서 '도리'의 생존공간을 누릴 수 있었던 것은 지배자로부터 우월한 지위를 얻지 못하고 현실 제도와 거의 관련이 없는 주변화된 지식인들이었다. 뿐만 아니라 이 틈새는 조선의 유교보다 훨씬 덜 객관적이고 '합리'적이지도 못하지만 '도리'는 권위와 권력의 분리로부터 만들어낸 공간에 있었기 때문에, 일본은 적어도 조선처럼 교조적이지 않았으므로 기층 문화와 생활 면에서 더 자유로울 수 있었다.

윗 상황의 전체적인 구성으로 인해 일본의 느슨한 정도가 중국과 조선에 비해 분명히 더 높았으며 이는 변화의 가능성과 직결되는 문제다. 일본의 이러한 특성과 외부 영향에 대한 선택적인 개방은 체계화된 중심교리나 이념이 없는 문화전통과 국가구조의 봉건체제에 그 근본적인 원인이 있다. 디배리가 지적한 바와 같이 일본 왕실의 기원이 모호하고 '국체(國體)'는 새로운 요구에 보다 유연하게 적응할 수 있는 신화이지 이미 확립된 왕조체계가 아니며, 중국왕조와 같은 육중한 구조도 아니다.[83] 일본과 달리 조선은 국교인 유교적 교리와 기층까지 침투된 관료제 때문에 이러한 느슨함을 가질 수 없었다. 중국의 명 · 청 시기는 황권전제와 비교적 완비된 행정체계 및 법제

---

81   溝口雄三, "序言", 溝口雄三, 小島毅主編：《中國的思維世界》, 孫歌等译, 南京：江蘇人民出版社, 2006年, 第9頁。

82   丸山真男著：《福澤諭吉与日本近代化》, 区建英译, 上海：学林出版社, 1992年, 第60-61页。

83   狄百瑞, 同上书, 第77页, 第89页。

도 등으로 인해 환경의 변화에 유연하게 대응할 수 있는 여건을 갖출 수 없게 되었다.

동아시아 전통국가를 고찰함에 있어서 또 하나 주목해야 할 중요한 문제는 사회 분야에서 자치적 계급의 존재여부와 비판의 가능성이다. 중국에서는 상인의 아들이 과거에 급제하기 위해 공부할 수 있었으며, 이러한 상황은 이미 송나라 때부터 시작되었다. 또한 16세기와 17세기에는 상인과 유교지식인 사이의 경계가 모호해졌으며, 더욱이 청나라에는 국가재정에 기여한 상인을 위해 인원수를 따로 할당하는 '은과(恩科)'도 있어 상인들이 엘리트 계층에 들어갈 수 있었다. 아마도 이런 이유로 인해 워이페드가 지적했듯이 사무라이 문화와는 다른 독자적인 도시문화를 발전시킬 수 있었던 일본상인들과 달리, 중국상인들은 유교에 반항할 의지가 전혀 없었고 모든 문화적 포부는 정치와 관련되어 있었으며 예술작품도 진정한 독창성이 결핍했다.[84] 이는 명·청시대의 士人과 상인들이 자신들의 독립적인 특수계급의 지위를 얻지 못했을 뿐만 아니라 정치적 면에서 황권전제체제하에 '출세'하려는 성향을 갖게 되었음을 의미한다. 따라서 이들은 안정적인 계급으로 정치에 참여하기 어려웠으며, 정권에 대한 비판적인 자세는 더더욱 취할 수 없었다. 조선과 달리 17세기와 18세기 일본 상인들의 지위는 상대적으로 높았다. 일본의 입법자들은 실제로 工匠과 상인을 합쳐서 도시계급(町人)으로 취급하였다.[85] 그러나 일본 상인들의 이러한 지위가 계급으로서 정치참여의 기회를 얻은 것을 의미하진 않는다. 즉 '자주적 계급'으로 존재하고 자신들의 생업에 종사할 수는 있지만 비판할 권리를 가진 것은 아니다. 조선에서는 문과과거를 양반으로 제한했고 상민과 中庶계급은 무과와 잡과(의학, 번역, 음양점괘)에만 응시할 수 있었으며, 상인은 어떤 과거에도 응시할 수 없었다. 이는 사대부들의 확고한 지배적 지위를 보여주는 것이다. 심지어 현 국방장관에 해당하는 병조판서마저 문과출신의 관료들이 맡고 있었으며, 이것은 조선의 지배계급이 국방문제를 무시한 중요한 원인이었다.[86] 그러나 더 중요한 원인은 200년 이상의 평화시기를 누리면서 국방문제가 뒷전으로 밀려난 것으로 보아야 할 것이다. 어찌 되었든 여기서 중요한 것은 이러한 사대부들이 붕당정치와 결합되어 상대적으로 안정적 집단으로서 자치권을 유지하고 비판적 자세

---

84   魏斐德, 同上书, 第48-51页。

85   约翰·惠特尼·霍尔, 同上书, 第136页。

86   姜在彦, "朝鮮の近代史像を求めて", 和田春樹等編:《アジア近現代通史》, 東京: 岩波書店, 2011年, 第9-10頁。

로 정치현장에 참여할 수 있었다는 점이다. 아이젠슈타트는 일본 상인계급의 가족구성원이 사무라이로 될 수 있지만 이들은 모두 '주군'이나 '이에'에 종속되어 권력중심에 들어갈 수 있는 자치적인 권리를 박탈당해 상대적으로 자치적이고 비판적인 정치참여는 완전히 사라졌다고 보았다. 또한 그는 이와 관련된 중국의 상황을 논의할 때 文士가 원칙적으로 자치적이지만 확고한 자치적 자원기반을 가진 적이 없으며, 중국의 어떤 계층도 중심으로 진출할 수 있는 길이 모두 아주 제한적이었다고 지적했다.

위에서 아이젠슈타트의 관점은 전통국가와 현대국가의 본질적 차이를 이해하는 데 중요한 의미가 있다. 그는 유대문명에서 사회의 주요 부분과 다양한 엘리트 그룹은 모두 중앙정치와 종교숭배의 영역에 들어갈 권리와 이 분야의 중요한 활동 특히 입법(정치영역뿐만 아니라)과 관련한 활동에 참여할 권리를 주장했다고 말한다. 이러한 관념은 이데올로기와 제도적 면에서 公民개념에서 가장 충분히 구현된다는 것이 그의 견해다.[87] 우리는 많은 유대인들이 이 세상의 여러 분야에 중요한 기여를 했음을 알고 있다. 이러한 기여는 '상대적으로 자치적이고 비판적인' 참여의식이 없다면 불가능하다. 다만 이에 관해 다음과 같이 '막연'하게 추측할 수 있을 것이다. 오랜 기간 억압받은 유대인의 실제 처지가 비판적인 시각으로 다양한 문제를 바라보는 문화적 전통을 형성하게 했을 것이고 이교도 세계에서 동화되지 않고 보존된 독특한 신분이 이러한 전통적 문화성향을 강화시켰을 것이다. 어찌 되었든 아이젠슈타트의 관점은 고대유대인의 특수한 문명에 대한 논의에서 제기된 것이기는 하지만, '중심으로 진출한다'는 것이 무엇을 의미하는지 이해하는 데 도움이 된다. 이는 중심영역이 특정 집단에 의해 독점되고 있는지의 문제일 뿐만 아니라 사회의 주요 부분과 지식인 엘리트의 자치 및 정치참여 의식과 정도의 문제이며, 또한 거시적 수준에서의 사회구조와 정치제도와도 밀접한 관련이 있다.

土人계급의 상대적 안정성과 자치적 지위를 근거로 비판적인 정치참여를 할 수 있는 정도에 따라 우선 순위를 배열한다면 동아시아 삼국은 조선, 중국, 일본 순이라 할 수 있으며, 이는 土人들의 현실정치에 대한 영향력의 정도를 설명한다. 이러한 조선 土人계급의 위상은 주로 지식인들이 붕당을 조직할 수 있는 정당성을 근거로 한 것

---

87   S.N. 艾森斯塔特, 《犹太文明 : 比较视野下的犹太历史》, 胡浩、刘丽娟、张瑞译, 北京 : 中信出版集团, 2019 年, 第27页, 第69页, 第107页. 위에서 나오는 그의 견해는 그의 同上书 (2008 年), 218 쪽, 240-241 쪽, 304-305 쪽을 참조하라.

이다. 정권과의 관계에서 자치성을 향유할 수 있는 정도에서 중국士人들의 상황은 일본과 거의 비슷하다고 볼 수 있다. 왜냐하면 명·청 시대의 중국문인들은 붕당을 조직하여 비판적인 정치활동을 전개할 수 없었으며, 일본의 지식인들은 정권과 멀리 떨어져 주변화되어 있었기 때문이다. 일본지식인들의 이러한 상황은 사무라이들이 위계에 갇혀 있는 상황과 대조된다. 그러나 관념의 경직성 면에서 보면 중국이 조선보다 더 나아 보인다. 예를 들어, 왕심재(王心齋)와 같은 '포의'의 이름이 양명학파 중 사대부의 이름 위에 자리를 할 수 있었다.[88] 물론 당시 중국학계의 주류는 아니었지만 신분의 위계와 '명분론'이 엄청 심했던 조선에서는 이와 같은 일이 거의 불가능에 가까웠을 것이다. 아마도 이러한 전통이 명나라 말기의 학자들이 서양학문에 심취할 수 있었던 원인으로 보인다.

위와 같은 사대부 계층의 상황으로 인해 조선에서는 관료들의 당쟁이 매우 치열했다. 이를 그들이 처한 환경과 지위로 인한 적극적인 정치참여 행태라 할 수 있을 것이다. 이러한 행태는 '군주와 함께 천하를 다스린다'라는 주체의식의 발로라고 보아야 할 것이며, 건국이념이 이를 위한 정당성을 제공한다. 유교교리를 근거로 서로 투쟁한 하나의 중요한 결과는 조선왕조의 장기적인 유지였다. 그러나 중국에서 '국시를 함께 정함'은 실천에서 구현되지 않았고, 다만 황권에 대한 이론적 제약에 머물러 있었을 뿐이었다.[89] 고대중국의 유교전통은 유구한 역사를 갖고 있지만 너무도 강력한 황권으로 인해 이에 굴복한 士人들은 관직을 맡는 것으로 만족하거나 내관(內觀)의 길로 갈 수밖에 없었다. 묵자각은 북송의 士人들이 진취적인 행동을 취한 것 외에 송나라 士人들이 점차 11세기의 급진주의에서 이탈해 '온건한 현실주의'라 부를 수 있는 보수적인 정치성향으로 변했다고 말한다. 이는 사회적 화합, 깨끗한 정치, 경제적 번영이라는 전통적인 이상을 저버린 것과 같으며, 중국에서 신유학의 곤경은 진리를 바랄 수는 있지만 그에 이를 수 없음으로 표현된다.[90] 이후 원·명·청 시기의 중국 지식인들의 상황은 송나라보다 훨씬 열악했다. 그 결과 중국의 문화엘리트와 정치엘리트 사이

---

88 양명학파의 한 지맥인 태주(泰州)학파에서 백성학자들의 상황과 이에 관한 논평 등에 대해서는 島田虔次, 同上书, 56-64쪽을 참조하라.

89 余英时, 同上书 (2004 年), 第410页。

90 墨子刻, 同上书, 第144-149页, 第176页。

의 구분이 거의 없었기 때문에 국가에 필요한 張力도 형성할 수 없었다.[91] 일본에서는 기본적으로 막부의 배치에 따라 현 상태가 유지되었으며, 막부가 전례 없는 위기를 맞을 때까지 정치영역에서의 비판적 행동은 없었다.

이와 관련하여 정치의 전반적인 특성과 정권과 국가가 통합된 실제 상황으로 인해 국가의 안녕은 정권의 안정에 달려 있게 되었으며, 이는 다시 관원들의 관리능력과 국가에 대한 충성도에 달려 있게 된다. 그러나 전통국가에서는 후자가 전자에 비해 훨씬 더 중요하다. 그 이유는 간단하다. 관리가 부실해 생겨난 문제는 수리 및 복구할 수 있지만 충성심이 결여되면 정권 전체가 위태로워질 수 있기 때문이다. 이것은 전통국가가 이념의 통일을 중요시한 원인이기도 하다. 동아시아 삼국의 이데올로기 중에서 충과 효를 핵심으로 하는 유교가 각광을 받은 근본적인 원인도 여기에 있다.

전통국가는 권력과 도덕교화를 통해 질서를 유지하고 다른 한 편으로 다양한 의례를 통해 통치자를 신격화하며 이로부터 그 지배적 지위를 강화한다. 이것이 중세유럽의 파편화된 정권 상태에 비해 동아시아 전통국가들이 장기적으로 안정적인 상태를 유지할 수 있었던 주된 원인이다. 이는 다른 문명이나 이질적인 힘의 충격이 없다면 왕조가 바뀌더라도 국가체제와 관념체계는 계속 유지할 수 있다는 뜻이기도 하다. 이것이 바로 王朝輪回다.

6 쇠락의 주요 원인

17세기 중반의 유럽은 일련의 회의를 통해 긴 전쟁을 끝냈다. 그 결과로 〈베스트팔렌조약〉이 체결되며 이로부터 국가주권원칙이 확립된다. 보켈린은 군주의 권력이 절대왕정 군주제 방향으로의 강화는 17세기의 공통된 특징이라 말한다. 이 과정은 종교개혁이 가져온 혼란에 앞서 시작되었고 이 조약은 교황청의 대표자들이 국제무대에서 쫓겨남을 의미한다.[92] 군주의 권력을 상징으로 한 '힘'의 논리와 종교개혁을 징표로 하는 관념의 전환은 서로 별개의 길을 걸었지만 동시기에 서로 강화하는 상황으로 표

---

91   S.N. 艾森斯塔特, "社会系统的质与界限", 苏国勋、刘小枫主编, 同上书, 第207页。

92   沃格林, 《宗教与现代性的兴起》, 第20-21页。

현되었고, 이로부터 '제국화 기독교'가 완전히 붕괴되었고 유럽은 각자 민족국가 건설의 길을 걷게 되었다. 이후 대대적인 내부 개혁을 통해 국력을 대폭 강화한 유럽국가들은 전면적인 대외 확장의 길에 들어서게 되며, 동아시아에로의 세력확장은 이 국가들을 심각한 위기에 빠지게 했다. 그러나 쇠락의 근원은 이 세 나라 자체에 있었고 쇠퇴의 구체적 원인 또한 서로 다르다.

송나라는 유교가 정치적, 도덕적, 행태적 면에서 이데올로기화되고 군사외교를 제외한 모든 면에서 당나라보다 우월했으나,[93] 그 뒤 황권전제주의로 굳어졌다. 이러한 군주독재 체제로의 전환은 원나라에서 발원되었지만, 명나라의 시작부터 황제의 독재가 대폭 강화되면서 군신 사이의 의무와 상호 존중을 강조하는 유교의 이념을 제거해 버렸다.[94] 이러한 심각한 결함이 '임진왜란' 및 李自成이 이끈 농민봉기군과의 전쟁에서 국력이 엄중히 소모된 상황과 後金세력의 흥기 등 여러 요인과 겹치면서 명나라의 몰락을 초래했다. 그러나 명나라의 멸망이 제국의 몰락으로 이어지진 않았다. 왕조의 교체와 잇따른 '康乾盛世'(강희제부터 건륭제까지의 시기)로 인해 제국체제는 다시 번영할 수 있었지만 18세기 중후반부터 쇠약의 길을 걷게 된다. 특히 1780년부터 시작해 재정의 악화, 행정의 마비, 중앙의 권위가 주변부로의 지속적인 유실, 약탈적 국가의 외부 압력(서양에 의한 중국 전통적 신앙체계의 전복도 포함한다), 한족의 물밑 저항운동, 인구의 증가, 정권에 대한 지식인들의 무관심, 아편전쟁 등 여러 가지 요인의 영향으로 청나라는 쇠락하게 된다.[95]

아편전쟁 후 청나라 정부와 당대 엘리트들은 자강의 洋務운동을 추진하고 일부 현대화 조치를 취하지만 결국 제국의 멸망을 막지는 못했다. 공비력은 청나라 말기에 극복하기 어려운 세 가지 근본적인 의제와 세 가지 관건적인 난제가 있었다고 말한다. 뿐만 아니라 청나라의 장기적인 최소재정 정부제도하에서 많은 관리들이 생계를 위해 비정상적인 방법으로 돈벌이를 해야 했고 정부가 맡아야 할 적잖은 일들을 지방 엘리트들에게 떠넘겼으며 이로부터 많은 중개자가 추가되었다. 이 문제의 심각성은 이런

---

93 迪特·库恩著：《儒家统治的时代：宋的转型》, 李文峰译, 北京：中信出版社, 2016 年, 第2-4页, 第270页。

94 卜正民著, 《挣扎的帝国：元与明》, 潘玮琳译, 北京：中信出版社, 2016 年, 第90页。

95 韩书瑞、罗友枝著：《十八世纪中国社会》, 陈仲丹译, 南京：江苏人民出版社, 2021 年, 第六章; 塞缪尔·E·芬纳, 同上书卷三, 第101-104页; 罗威廉著：《最后的中华帝国：大清》, 李仁渊、张远译, 北京：中信出版社, 2016 年, 第6章。

편외인원(編外人員)들의 사회적 지위는 낮지만 상당한 실권과 현지지식을 갖고 있으며, 이들과 공식적으로 임명된 관리들 사이에는 극복할 수 없는 골이 있다는 사실이다.[96] 건륭시대의 현청에는 수백 명의 중개자를 고용하여 세수업무를 맡도록 했으며, 이러한 중개자들을 먹여 살리기 위해 백성을 더욱 착취할 수밖에 없었고 이는 계속되는 악순환을 가져왔다.[97] 또한 통치자의 위엄과 독단, 상급자에게 승진의 길이 장악되어 있고 청나라 정권이 조정의 안전만을 강조하는 등 상황에서 관원들은 냉소적이고 소심해져 활력을 잃을 수밖에 없게 되었다.[98]

위에서 언급한 내용에 비추어 볼 때 청제국이 안고 있는 것은 구조적인 문제다. 이는 황권전제주의 체제하에서 해결할 수 없는 문제이므로 이 체제의 종말은 피할 수 없는 결과로 보는 것이 맞다. 그러나 왕국빈은 청나라를 멸망시킨 것은 오래된 문제가 아니라 1890년대 이후에 나타난 대외 관계의 변화와 관련된, 즉 이로부터 국가가 新軍과 각 省의 의회를 통제할 수 없는 데서 비롯된 것이라 주장한다.[99] 이는 분명히 청나라 말기에 너무 많은 초점을 맞춘 견해로 보인다. 청나라 또는 어떤 나라의 쇠락과 멸망은 그 시스템이 붕괴될 때의 상황만으로는 설득력이 떨어질 수밖에 없다. 그 이유는 확고하게 세워진 국가는 그것을 지탱하는 다양한 기제나 정치 및 사회적 구조가 심각하게 침식될 경우에만 붕괴되며 이는 비교적 긴 기간 누적되어야만 가능하기 때문이다.

커밍스는 조선은 16세기 말 일본의 침략과 17세기 중반 後金軍의 침략 등이 복

---

96 魏丕信著：《18 世纪中国的官僚制度与荒政》, 徐建青译, 南京：江苏人民出版社, 2006 年, 第84-85页。
97 공비력이 말한 세 가지 근본적 의제란 정치참여의 확대가 어떻게 국가권력 및 그 합법성 강화의 목표와 어우러지게 할 것인가, 정치적 경쟁이 어떻게 공익과 조화를 이루게 할 것인가, 국가의 재정수요와 지역사회의 요구를 어떻게 조화시킬 것인가다. 그러나 그 이면에는 아래와 같은 세 가지 관건적 난제가 있었다. 어떻게 하면 두려워 조심하는 엘리트 계층으로 하여금 활력을 되찾아 국가와 사회를 해치는 권력남용에 대항하게 할 수 있을까, 교육받은 엘리트들이지만 정부에 흡수될 수 없는 수많은 지적 엘리트들의 정치적 힘을 어떻게 이용하고 통제할 것인가, 어떻게 하면 상대적으로 협소한 관료행정기구를 통해 방대하고 복잡한 사회를 통치할 수 있는가. 이 문단에서 따로 출처를 밝힌 것을 제외하고 주로 孔飞力著：《中国现代国家的起源》, 陈兼、陈之宏译, 北京：三联书店, 2013 年, 8-11 쪽, 14-23 쪽, 83 쪽, 86 쪽을 참조하라. 그의 말대로 '근본적인 문제'와 '관건적 난제'는 청나라 말기의 상황을 염두에 두고 요약된 것임은 분명하지만 청나라가 결국 멸망하게 된 중요한 원인을 이해하는 데 도움이 된다.
98 罗兹曼, 同上书, 第78页。
99 王国斌：《转变的中国：历史变迁与欧洲经验的局限》, 李伯重、连玲玲译, 南京：江苏人民出版, 1998 年, 第125页。

61

합적으로 작용하면서 심하게 쇠약해졌다고 지적한다. 그가 말한 전쟁으로 인해 백성들의 생활이 피폐해진 상황, 19세기에 발발한 심각한 내란, 토지증서의 광범위한 파괴, 기본적인 계급관계의 전복, 19세기 내내 어리고 나약한 왕들만 있었던 사실[100] 등은 조선이 쇠퇴의 길로 가게 된 중요한 요인임에 틀림없다. 그러나 조선은 비교적 전형적인 유교주의 관료제 국가이기 때문에 동아시아에서 특수한 체제와 이와 관련된 붕당정치 등도 추가로 설명되어야 쇠퇴의 원인을 더 충분히 이해할 수 있을 것이다.

조선은 건국 후 100년이 지나 중앙집권적 유교주의 관료제, 즉 〈경국대전〉을 징표로 하는 체제가 성종 때에 확립된다. 향약운동에서 굴기한 사림세력은 중앙정치에 진입해 훈구세력과의 정치투쟁을 불러오고 여러 차례의 타격을 입지만 마침내 정치통치권을 장악한다. 그러나 이들은 刑政으로 국가를 다스리는 것보다 백성을 어떻게 교화할 것인가에 중점을 두었고 성리학의 '명분론'으로 당시에 직면한 여러 가지 중요한 문제를 해결하고자 했다. 사실 구체적인 원인은 다르지만 조선 중후반에 일어난 여러 '사화'는 모두 '명분론'에 근거를 두고 벌인 치열한 당쟁의 결과였다.[101] 이후 양반귀족계급을 핵심으로 한 신분계급제는 조선사회 전체를 경화시켰다. 또한 건전한 비판기능을 할 수 있었던 붕당정치가 각자의 당파적 이익과 얽혀 변질되었으며, 17세기 말부터 적나라한 권력투쟁으로 변해 갔다. 더 심각한 문제는 18세기 후기부터 정치권력은 기본적으로 '노론' 일파에 장악되어 있었고, 이는 붕당 간의 균형을 깨뜨렸다('탕평책'이 시행된 '영정시대'에는 왕권이 상대적으로 강화되고 정치가 비교적 안정되었다[102]). 19세기 초에 시작된 '세도정치'도 '노론'이 주도한 것이다. 이로부터 관료집단의 부패가 기승을 부리며 지방관료들은 백성을 착취하기에 열을 올렸다. 이러한 극단적인 붕당정치는 왕과 왕실의 권위를 위태롭게 하기에 이른다. 이 과정에서 외척세력이 조정정치에 적극적으로 개입했으며, 조선 후기의 왕이 어렸던 것도 이러한 사태가 발생할 수 있는 조건을 제

---

100 부르스 커밍스, 同上书, 104-109 쪽, 115 쪽, 128 쪽.

101 이에 관한 내용은 오영교편, 同上书에 실린 김용흠, "조선전기 勳舊 · 士林의 갈등과 그 政治思想的 含意"를 참조하라.

102 李基白著:《韩国史新论》, 厉帆译, 北京 : 国际文化出版公司, 1994 年, 第232页。'영정시대'란 영조 (1724-1776년)와 정조 (1776-1780년)의 시대를 말한다. 이 시기의 당파는 노론, 소론, 남인, 북인 등이 있었으며 이러한 붕당 내에 또 분파들이 존재하는 복잡한 상황이 벌어진다. 어쨌든 '4 색' 붕당에 대한 평등한 대우로 인해 양반관료집단 사이에 세력균형이 형성됐다. 아래에 나오는 실학에 관한 내용은 이 책의 241-245 쪽을 참조하라. 또한 앞에서 언급한 '사화', 서원 , 향약, 당쟁 등에 대해서는 이 책의 213-218 쪽을 참조하라.

공했다. 왕조 말기에 이르러 문벌주의와 족벌주의가 판을 치게 되며 왕을 명목상의 지위로 전락시켰다. 이로 인해 조정은 저마다의 이익을 추구하는 정쟁의 소용돌이에 휘말렸고 이 또한 '세도정치' 및 궁정암투와 얽혀 왕조를 급속히 쇠락시켰다.

17세기 후반부터 18세기 초반까지 일본에는 도시상업의 발달과 함께 거대한 상업자본의 출현이라는 특수한 현상이 나타났다. 이로 인해 에도나 오사카와 같은 대도시(즉 城下町)가 형성됨과 동시에 방대한 도시빈민이 생겨났다. 참근교대와 전봉제도는 다이묘오의 재정궁핍을 초래하고 사무라이계급의 쇠퇴를 가속화시켰으며, 이런 상황의 출현에 상인들도 중요한 영향을 미쳤다.[103] 또한 이 시기 일본에서 출판업이 발전하는 현상이 나타나는데, 일부 도서는 당시 정치사회가 안고 있는 모순과 정부의 폐단을 비판하고 풍자하였다. 이 출판물들의 저자는 사무라이와 상인 등 지식인들이었고 구독자는 에도의 상류층이었다. 그 악영향을 우려한 정부는 '칸세이개혁'에서 출판단속령과 이학(異學)금지령을 내렸다. 또한 18세기 말부터 실질적인 정치권력은 쇼오군의 고문인 老中(타누마와 마쓰다이라)이 장악하고 있었으며, 이 시기는 뇌물정치가 특징이었다.[104] 그 후 막부는 텐뽀오개혁(1841년)을 통해 번국들의 전매권을 금지하여 웅번의 불만을 야기하고 이로부터 막부와 웅번의 이익갈등이 심화되었다.

도쿠가와막부 말기의 일본에서 또 하나 주목할 점은 여러 가지 '이교운동'(미토사상과 상인학파 등)이 있었음에도 국가재건 방법에 대한 자신들의 명확한 이념과 주장은 결핍되어 있었다는 것이다. 이 시기 일본에는 각종 지식이 널리 보급되면서 시정에 비판적인 지식인들은 대체로 체제에서 배제되었고 의견이 있어도 분명한 의사를 표명하는 대신 냉소적인 자세를 취했다. 그렇다 해서 이 시기에 비판이 전혀 없었다는 것은 아니다. 그 대표적인 것이 '존왕(尊王)' 주장이다. 그중에서 야마가다 다이니가 사회현실에 대한 비판이 큰 영향을 미쳤고 적지 않은 公家들도 이 주장에 공감을 표했으나, 이러한 비판은 실제로 막부의 위상이 동요되고 있음을 의미했고 이는 조정과의 관계를 다시 설정해야 한다는 뜻이기도 했다. 도쿠가와막부 말에는 자연재해(청나라 말기와 조선 후기에도 심각한 자연재해가 발생하였다)에 효과적으로 대처하지 못했고 그 결과 농민봉기와 도시폭동이 일어났으며, 잇따른 강제적인 외세의 핍박은 정권을 궁지로 몰아넣었다.

---

103 小林庄次郎 著:《幕末史》, 米彦军译, 北京：华文出版社, 2020 年, 第2-4页。
104 메이지유신 전의 정치적, 경제적, 사회적 상황에 대해서는 唐纳德·金, 同上书, 104-113 쪽을 참조하라.

　　여기서 이 시기의 동아시아 삼국의 관념상태 또는 지식구조를 간략히 살펴보는
것도 필요하다. 이러한 고찰은 중국과 조선 두 전통국가가 궁극적으로 쇠퇴에서 벗어
나지 못한 또 다른 중요한 원인을 보여줄 뿐만 아니라 세 나라가 외부 충격에 대응하
는 방식을 이해하는 데도 도움이 된다.

　　'임진왜란' 후 조선 학계에서는 점차 새로운 학문적 성향이 출현하게 되는데, 그
것은 바로 주자사상의 空理空論을 비판하고 영조시대에 전성기를 맞이한 실학이다. 실
학은 비판적, 실증적 및 실용적 정신을 갖고 있었고 그 주장의 초점에 따라 경세치용
(經世致用), 이용후생(利用厚生), 실사구시(實事求是) 등 학파로 나뉜다. 여기서 나오는 경세
치용과 실사구시 등 주장은 17세기 중국의 고염무(顧炎武)를 비롯한 학자들에 의해 제
시된 것이지만 그들이 관심을 가진 '사실'은 베이컨 등 학자들이 관심을 가졌던 '事實'
이 아니라 '중국문화전통에 관한 史實'이었다.[105] 이른바 '실사구시'는 아이르만이 말한
고증학이며 그 주된 의미는 정통 유교전통을 재검토하기 위한 '서막'을 여는 데 있었
다. 이는 理學체계가 해체되는 상황을 배경으로 어느 정도 서양문명의 영향을 받아 등
장한 것이지만,[106] 전통적인 유교의 틀에서 벗어나지 못했다. 정약용을 포함한 조선 실
학자들의 사상도 성리학의 한계를 극복한 것은 아니고 또한 고염무 등 학자들의 어떤
영향을 받았다고 볼 수는 있지만, 위의 중국 상황과는 달리 백성들의 삶에 실질적인
도움을 주는 데 중점을 둔 학문연구 성향이다. 그들의 주요 관심사는 정치와 경제 및
사회 제도의 역사와 현실적인 작용이며, 그들은 經學, 역사, 지리, 자연과학 및 농학과
같은 여러 분야에도 뚜렷한 족적을 남겼다. 실학파의 대부분 학자들은 그 시기의 정권
에 비판적 태도를 취하고 出仕하지 않았다. 실학에 가장 큰 기여를 한 정약용은 정조
때 각광을 받았지만 1801년 일어난 '신유사옥'에 연루되어 유배되었다. 그리고 서양
문명이 17세기부터 조선에 유입되었지만 초기에 서학을 용인했던 조정은 나중에 천
주교의 '평등'이념과 그 신념체계가 조선의 관념체계와 신분계급제에 유해하다는 것
을 깨닫고 18세기 말부터 천주교와 그 신자들을 탄압했다. 뿐만 아니라 서학에 대항
하기 위해 민간에서 '동학'도 생겨났다. 여기서 우리는 이러한 현상과 조치들이 국가
의 정체성이 흔들릴 것을 우려해 취해진 것이라는 점은 이해할 수는 있지만, 조선이

105　史华慈著 : 《寻求富强 : 严复与西方》, 叶凤美译, 北京 : 中信出版社, 2016 年, 第6页。
106　고증학에 관한 위의 내용은 艾尔曼, 同上书, 初版序, 18 쪽, 29 쪽, 39 쪽, 47-50 쪽, 199 쪽을 참조하라.

심각한 이념적인 경직상태에 빠져서 다른 이념체계를 수용하고 확산시킬 수 있는 공간이 거의 사라졌음을 알 수 있다.

일본은 17세기 초부터 네덜란드와 무역관계를 유지해 왔다(16세기의 네덜란드는 세계무역의 중심지였으며 이러한 세계경제의 중심적 지위는 1675년에야 끝났다[107]). 이를 근거로 우리는 일본이 200년간 지속된 무역과정에서 서양의 다방면의 영향을 받았을 것이라 추측할 수 있다. 서양문명은 실제로 일본에 상당한 영향을 끼쳤다. 스기타 겐빠꾸 등이 번역하여 1774년에 출판한 〈해체신서(解體新書)〉는 일본이 서양의 인문 및 사회관념을 이해하는 계기가 되었다. 일본은 이 책의 내용을 검증한 후 서양인의 인체에 대한 지식이 동양인의 인체구조와 완전히 일치한다는 것을 알게 되었으며, 서양의학이 중의학보다 더 과학적이라고 믿게 되었다. 일본의 위와 같은 상황과 달리 19세기 중반까지 중국인들의 서양인종에 대한 묘사와 서양의 지리에 대한 인식에는 심각한 왜곡과 오해, 심지어 그들을 악마화하는 경향이 있었다.[108] 일본이 서양문명에 대해 중국과 조선과는 다른 태도를 취할 수 있었던 것은 앞서 언급한 문화적 특성과 제도적 환경과도 관련이 있지만, 막부가 1720년에 도서금지령을 해제한 조치에서 비롯된 것이기도 하다(그러나 기독교교리와 관련된 도서는 여전히 금지된다). 이로부터 난학연구에 종사하는 적지 않은 학자들이 생겨났다. 그러나 이 시기의 일본에서 고전문학을 神道와 결합해 완전한 문화체계를 갖춘 國學을 찾으려는 노력이 있었고 이들은 중국풍습을 극도로 배척했다. 이처럼 복잡한 상황에서 기존의 유학자와 난학자 사이에 갈등이 있었고 후자는 중국중심설을 공격하면서 그것을 '조잡하고 편협한 학문'이라 비난했다. 18세기의 마지막 10년에 이르러 일부 난학자들은 유럽이야말로 일본이 전반적으로 배워야 할 귀감이라 주장한다.[109]

---

107 16세기 네덜란드의 암스테르담은 유럽경제의 상품시장, 환적시장, 자본시장 등 삼중 중심지였다. 이 시기의 네덜란드는 '철학자들의 천국'이기도 했는데 데카르트, 스피노자, 로크 등은 모두 네덜란드에 피신해 있었다. 네덜란드 경제의 패권적 지위에 관해서는 伊曼纽尔·沃勒斯坦, 同上书第1卷, 243-245 쪽, 상세한 내용은 이 책의 第2卷 2장을 참조하라. 당시 네덜란드의 각 省은 자치권을 누렸고 국무회의나 群省의회는 아무런 실권도 갖고 있지 못했으며, 상업적 이익을 무엇보다 우선시했다. 이에 관해서는 费尔南·布罗代尔 著：《15 至 18 世纪的物质文明、经济和资本主义》第三卷, 施康强、顾良译, 北京：三联书店, 2002 年, 208-210 쪽을 참조하라.

108 冯客著：《近代中国之种族观念》, 杨立华译, 南京：江苏人民出版社, 1999 年, 第2章。

109 이에 관한 내용은 아사오 나오히로, 同上书, 315-317 쪽; 唐纳德·金, 同上书, 13-14 쪽, 2 장, 28-32 쪽, 64 쪽, 134 쪽을 참조하라.

중국 지식인들이 서양에 대한 전면적인 접촉은 이미 명나라 말기에 시작되었다. 서양문명에 대한 배움과 연구는 이 시기 학자들 사이에서 유행이 되었고, 서광계(徐光啟)와 송응성(宋應星) 등의 이공계 계열의 저서는 물론이고 고염무와 황종희 등 학자들도 어느 정도 서양학문의 영향을 받았다.[110] 또한 명나라 말기부터 거의 200년 동안 유럽 가톨릭 교회의 예수교단에서만 470명 이상이 중국에 체류하고 있었으며, 그중에는 예술가, 과학자, 기술자, 측량사 등 다양한 분야의 전문가들이 있었다.[111] 이 같은 상황에 비추어 볼 때 당시 유럽에서 이룩한 여러 면의 성과를 중국 지식인들이 배웠을 것이라 추측할 수 있다. 그러나 중국에서 서양에 관한 책이 출판된 것은 아편전쟁이 끝난 뒤인 청나라 말기였다. 예를 들어 〈海國圖志〉와 〈瀛環志略〉, 그러나 이 두 권의 책은 중국 내에서 별로 이목을 끌지 못했고 되려 일본과 조선에서 큰 인기를 누렸다.[112] 더욱 놀라운 것은 1840년 영국 전함이 중국의 문을 두드릴 당시 청나라의 통치자는 영국의 지리적 위치와 나라의 크기조차 알지 못했다는 것이다.[113] 그러나 16세기 이후 중국은 동남아와 중국남부를 중심으로 유럽과 활발한 교역을 벌였으며, 이런 교역은 중국의 재정제도와 밀접한 관련이 있었다.[114] 뿐만 아니라 1692년 강희제는 선교활동을 허용하는 '용교령(容敎令)'을 내렸고, 1793년 건륭제도 매카트니를 통해 영국왕 조지3세에게 편지를 전달했다. 하지만 건륭은 영국과의 무역이 '天朝'가 영국에 하사하는 은혜라고 말한다. 이러한 상황에 비추어 우리는 서양에 대한 지식이 왜 위에서 밝힌 것처럼 열악한 상황이었는지 묻지 않을 수 없다.

학자들은 그 원인을 조공체계에서 찾는다. 조공체계는 중국인들로 하여금 자신이 天朝上国이자 유일한 문명국가이며 세계의 중심이라는 편협한 믿음을 갖도록 조장했으며,[115] 이로부터 굳어진 중앙왕조라 자부하는 관념으로 인해 다른 나라에 대한 정확한 정보를 획득하고 상세히 연구하는 일에 거의 관심이 없었다는 것이다.[116] 이른바 '

---

110 侯外庐著：《中国早期启蒙思想史：17 世纪至 19 世纪四十年代》，北京：人民出版社，1956 年，第28页。

111 宋念申著：《发现东亚》，北京：新星出版社，2018 年，第95页。

112 刘群艺著：《经济思想与近代化改革—中日韩比较研究》，北京：华夏出版社，2007 年，第106-107页，第154页。

113 王晓秋著：《东亚历史比较研究》，北京大学出版社，2012 年，第26页。

114 孔飞力著：《他者中的华人：中国近现代移民史》，李明欢译，南京：江苏人民出版社，2016 年，第4-5页。

115 罗兹·墨菲，同上书，第164页。

116 史景迁著：《追寻现代中国：1600-1912 年的中国历史》，黄纯燕译，上海远东出版社，2005 年，第85页，第137页，第242-243页，第278页。

조공'이란 天朝上国 관념의 발현으로 볼 수 있다. 이는 당시 동아시아에서 무역을 기반으로 하고 책봉을 받은 '외신'에게 정치적 '합법성'과 여타 수요를 제공하는 느슨한 국제질서였다. 동아시아에서 조공제도의 의례화는 대당개원예(大唐開元禮)를 주요 표징으로 하며, 조공제도의 목적은 예의의 방식을 통해 황제의 지고무상한 통치자 위상을 선언하는 것이었다.[117] 중국이 위치한 국제적 환경과 과거 역대왕조의 실태에 근거한다면 조공제도는 명·청 시대 황권전제주의 체제에서 절정에 달한 것으로 볼 수 있다.[118]

만약 명나라 말기부터 서양과의 학술 및 문화 교류를 활발하게 발전시켰다면 중국의 현대화 과정은 두 세기를 앞당겼을 것이다. 이것은 가정이지만 적어도 지식의 확산이 얼마나 중요한지를 보여준다. 산업혁명을 전문 연구한 란더스는 세계화의 진척이 중세 후기에 시작되었으나, 근동과 극동은 산업화에 필요한 문화와 제도적 기반이 결여되어 있었다고 지적한다. 또한 그는 중국은 전통문화로 모든 것을 이끌고 외래문화를 배척함으로 인해 거의 400년간 잠재적 발전의 기회를 잃는 대가를 치렀다고 강조한다.[119]

위의 동아시아 국가들의 상황과 대조적으로 1687년부터 1773년까지 중국에 관한 유럽선교사들의 작품은 321권이었다.[120] 17세기 중반 이후의 라이프니츠, 볼테르 등 계몽사상가들은 중국에 대해 많은 관심을 갖고 있었으며 계몽사상가들과 그 후의 학자들은 중국을 자주 언급했다. 또한 16세기부터 17세기까지의 천주교 선교사들이 전한 중국의 이미지는 유럽의 계몽운동에 큰 영향을 미쳤다.[121] 중국에 대한 초기 유럽학자들의 이해가 반드시 정확한 것은 아니겠지만 중국의 역사, 정치제도, 윤리 및 기타 여러 면에 대한 그들의 설명은 당시 중국의 실제상황과 아주 가까웠다. 위에서 언급한 중국에 대한 저작들 외에도 매카트니는 중국에서 많은 자료를 갖고 돌아가 편

117 岩井茂樹, "朝貢と互市", 和田春樹等編:《東アジア世界の近代》, 東京:岩波書店, 2010 年, 第137-138頁, 第141-144頁。
118 명백히《明會典》을 계승한《欽定大淸會典事例》는 포르투갈, 네덜란드, 영국 등을 '조공'국가 목록에 포함했다. 즉 무릇 중국과 호혜적인 무역을 한 국가를 모두 자신의 조공명단에 포함했으며, 이 나라들의 '조공' 노선도 규정했다. 이것은 웨얼스의 저서에 있는 내용이다. 滨下武志著:《中国、东亚与全球经济》, 北京:社会科学文献出版社, 2009 年, 第21页, 第24页。
119 大卫·兰德斯著:《解除束缚的普罗米修斯》(第二版), 谢怀筑译, 北京:华夏出版社, 2007 年, 第556页, 第560页。
120 忻剑飞著:《世界的中国观一近二千年来世界对中国的认识史纲》, 上海:学林出版社, 2013 年, 第115页。
121 参见弗里德里希·梅尼克, 同上书, 第73-74页；魏斐德, 同上书, 第116页；罗兹·墨菲, 同上书, 第327页。

역하여 출판하기도 했다.[122] 헬드의 다음 견해는 중국에 대한 위에서의 지식과 정보에 기반한 연구결과로 그리고 훗날 중국에서 일어난 상황에 대한 '예견'으로 볼 수 있다. 외부세계를 모르고 자기비교의 自負에만 빠져 있는 이 나라는 미래에 스스로 해체되거나 그들이 돌볼 수 없는 것을 식민지로 내어 줌으로써 전통관습의 속박에서 벗어날 수 있을 것이다.[123]

청나라 쇠락의 근본원인은 체제의 경직성과 이념의 후진성에 있다. 대통일 체제는 官場과 사회의 활력을 심각하게 제한했고 만주족의 정권성격은 한족들이 정치반란을 선동할 수 있는 핑계가 되었으며, 황권전제와 정권의 협소한 성격은 엘리트 계층과 사회의 광범위한 지지를 얻기 어렵게 했다. 조선이 쇠락한 주된 원인은 유교교리를 기반으로 하고 서로의 견제를 핵심으로 하는 유교주의 관료제가 나중에 하나의 정치세력에 의해 정권을 독점하는 상황으로 변질되고 이 체제를 지탱하던 신분계급제가 전쟁으로 파괴되었으며, 경직된 이념체계는 새로운 관념의 수용을 심각하게 저해한 데 있다. 일본의 문제는 조정과 막부의 이중구조와 국가의 봉건적 성격, 막부와 웅번의 이해 갈등 그리고 정권에 충성하는 안정적인 士人집단의 결핍에 있다. 따라서 정권이 위기에 처했을 때 국가는 정치적 분열상황에 직면하게 되었다. 이런 요인들이 막부말기의 다양한 지식이 널리 확산되고 조정과 막부와 신분계약 관계가 없었던 많은 사무라이들이 극심한 빈곤에 허덕이는 상황과 결합되어 결국 막부정권의 몰락을 초래했다.

체제와 관념 및 국내 정치구조가 전통국가나 정권을 계속 유지할 수 없게 만든 근본원인이고 이념의 심각한 경직이 중국과 조선의 편협한 시각을 초래한 주된 원인이다. 그리고 막부 중기에 나타난 방대한 상업자본이 있었음에도 그 시기 정권의 몰락을 피할 수 없었다. 따라서 동아시아 전통국가들의 문제는 결코 공상업의 문제가 아니다. 그러나 우리는 이미 서유럽에서 추진된 현대화가 전체 인류사회의 기본적 모습과 미래의 추세를 완전히 바꾸어 놓았다는 것을 알고 있다. 이와 같은 시각에서 동아시아 전통 삼국의 쇠퇴는 불가피하다고 해야 하겠지만 그렇다고 위에서의 논의가 무의미한

---

122 청나라 법률에 대한 분석은 史景迁, 同上书, 141-146 쪽, 150-155 쪽을 참조하라. 또한 매카트니 선교단은 일부 유럽역사가 (17 세기 예수회 선교사) 들이 중국을 과대평가했으며, 지식에서 중국인의 우세가 점점 상실되고 있다는 것을 '발견'했다고 한다. 이에 관한 내용은 韩瑞著 : 《假想的 '满大人'》, 袁剑译, 南京 : 江苏人民出版社, 2013 年, 83 쪽에 있다.

123 夏瑞春编 : 《德国思想家论中国》, 陈爱政等译, 南京 : 江苏人民出版社, 1997 年, 第89页, 第91页。

것은 아니다. 동아시아 국가들이 피할 수 없는 쇠락의 운명이라는 공통점은 반대로 현대화의 논리를 보여줄 뿐만 아니라 실제로 이 국가들이 앞으로 나아가야 할 기본방향을 제시해 주기 때문이다. 또한 이 국가들의 쇠락을 초래한 서로 다른 원인은 이들의 이행방식에 중요한 영향을 미칠 것이기 때문이다.

7 소결

　안정적인 정권과 그 관할권 내에서 폭력에 대한 합법적 독점 여부 및 함께 향유하는 역사와 국가상징 등의 시각에서 본다면, 동아시아에서 형성되고 유지된 것은 유럽 민족국가와 근본적으로 다른 전통민족국가다. 중국의 명·청왕조는 각종 교리에 의한 교화와 위계적 관료제의 강제성을 결합한 것이며 황제를 핵심으로 하는 황권전제주의 체제였다. 조선은 유교를 이념으로 사대부의 통치를 합법화하고 왕권과 양반귀족의 신분적 세습계급을 결합한 유교주의 관료제 국가다. 일본은 봉건국가이며 중심 이념이 결여된 막부쇼오군국가 또는 막번체제지만 역시 천황을 상징으로 한 민족국가다.

　우리는 일본의 관료화 수준이 중국과 조선보다 훨씬 낮았음을 보았다. 그러나 봉건제의 시행으로 인해 번국 내에서 향유하는 '자치'의 정도는 중국이나 조선의 지방사회보다 훨씬 높았다. 이처럼 높은 '자치'와 불완전한 행정체계가 결합되어 일본지식인들로 하여금 중국과 조선보다 훨씬 '자유'로운 사회적 공간을 향유할 수 있게 했으며 이로부터 서양문명을 더 쉽게 수용할 수 있었고, 일본의 '사상잡거성' 문화전통도 이러한 상황의 출현에 중요한 기여를 했다. 중국과 조선은 모두 과거제를 통해 관원을 뽑았다는 점만 보더라도 유교의 영향이 일본보다 훨씬 컸다고 할 수 있다. 그러나 중국의 경우 황권전제로 인해 수·당 이후 봉박제도와 태감제도가 있었다 해도 정치이론의 수준에 머물렀기에 적어도 명·청 시기에는 권력에 대한 방어선이 실제로 존재하지 않았다.[124] 따라서 국가와 사회의 기본질서는 주로 권력위계를 핵심으로 한 관료

---

124 吳晗, "论皇权", 费孝通、吳晗等, 同上书, 第35页。 이 책의 끝에 吳晗의 또 다른 논문("历史上的君权的 限制")이 첨부되어 있다. 그는 군주의 권력에 다음과 같은 다섯 가지 제한이 있었다고 말한다. 논의하는 제도(廷议), 대신들이 황제의 '聖旨'를 검사해 규칙에 부합하지 않는 것에 대해 의견을 제출하여 수정토록 하는 봉박제도, 守法의 전통, 태감, 즉 감찰제도, 敬天法祖의 신앙 등이 그것이다. 이 제도들은 군주의 권력을

제에 의해 유지되었으며, 유교의 영향은 주로 백성에 대한 교화와 宗法제도 등 사회적 면에서만 구현되었다. 이와는 달리 조선에서는 유교의 교리가 국가적 차원에서 주요 원칙으로 실질적으로 작동됐고 붕당정치도 있었다. 따라서 관리들의 행위에 대한 판단의 근거는 보다 '객관적'이었고 논쟁의 여지도 남아 있었다. 이것이 당쟁을 조장하는 원인으로 되겠지만 조선이 '유상(唯上)'과 '유권(唯權)'(모든 것을 위에만 기대고 권력만에 의존하는 행동 '준칙')의 수렁에 빠지는 것을 막는 기제의 역할도 할 수 있었다.

그러나 위에서의 문제는 엘리트집단의 분화 및 관련 영역의 건설과도 관련이 있다. 〈올무스종교협정〉이 체결된 후의 유럽에서는 실제로 봉건영주와 교회가 사람들의 삶을 '대표'했지만 13세기 후반부터 대학이 등장한다. 그중 영주는 가족통치라 할 수 있지만 교회와 대학은 개방되어 있었다.[125] 이로부터 이 세 엘리트 집단이 각자의 자주적 지위에 따라 사람들의 삶을 '인도(引領)'하는 기본적 패턴(三元)이 형성되고 유지할 수 있었다. 그러나 동아시아에서는 기본적으로 사람들의 삶이 정권에 의한 일원(一元)으로 '통령(統領)'되는 패턴으로 굳어진다. 이는 유럽의 전통상태와 동아시아 전통 국가들 사이의 엘리트의 분화 측면에서 현저한 차이가 있음을 의미하며 이러한 분화는 엘리트들이 계속해서 각자의 분야를 확장하고 구축할 가능성이 매우 다르다는 것을 보여준다. 특정 사회에서 엘리트가 차지하는 우월한 지위로 인해 그 선발방식과 유동방향, 엘리트와 정권 간 관계의 긴밀 여부, 사회적 지위상승의 길과 성공을 평가하는 기준의 단일성 여부, 신분계급이 엄격히 제한되는지, 개방적인 경쟁 기제의 존재 여부 등을 근거로 이러한 사회의 분화와 활력 등 여러 면의 성격과 정도를 가늠할 수 있다. 이는 적어도 어느 정도 사회 또는 국가의 전체적인 변화 가능성을 설명할 수 있는 요인이기도 하다.

유럽의 국가건설 과정은 통치자 가족 전체 구성원이 더이상 통치의 모든 임무를

제한하는 데 일정한 영향을 미쳤음이 틀림없으며 오랜 역사에서 여러 가지 다른 표현이 있었을 것이다. 그러나 적어도 동아시아의 다른 두 나라와 비교할 때 특히 명·청 왕조의 군주권력은 절대적이었다. 이 논문의 말미에서 吳晗은 '600년 전의 군주의 권력은 제한적', 즉 600년 동안 군주의 권력은 전혀 제한되지 않았다고 지적한다.

125 유럽의 중세교회는 서양 세계에서 가장 중요한 기구였지만 그 사회등급은 원칙적으로 모든 사람에게 열려 있었으며 교회의 모집체계는 그것의 교육체계에 의존했다. 约瑟夫·阿伽西著：《科学与文化》，邹晓燕译，北京：中国人民大学出版社, 2006 年, 第465页。

수행할 수 없을 때 시작되며 이로부터 국가는 公器로 발전할 수 있었다.[126] 유럽의 중세기는 정권이 파편화된 상태였고 전제군주제를 구축하는 과정에도 여러 가지 힘이 개입되어 있었기 때문에 대부분 세력들이 수용할 수 있는 제도를 통해서만 자의적 간섭 가능성을 배제할 수 있기 때문이다. 유럽의 국가건설 과정과는 달리 왕실만이 '천하'를 유지하기 어려웠을 때 중국에서는 '군주와 권문세가가 함께 천하를 다스리는' 상황이 벌어졌고 이것도 유지하기 어려울 때 과거제를 발명하여 황제를 핵심으로 하는 체제를 실현하기에 이른다. 이는 실제로 강력한 황권이 과거제를 통해 천하의 엘리트를 포섭함으로써 이룩한 천하통일이다. 조선은 중국에서 성리학을 도입했지만 왕권에 대한 여러 가지 제한조치를 취했고 양반귀족집단이 특수한 통치지위를 획득함으로써 군주와 사대부들이 '共治'하는 왕조체제를 실현했다. 이는 사실상 단일 왕실의 지배를 약화시킨 것이다. 반면 일본은 봉건제로 인해 번국에 큰 자치권을 부여하거나 부득불 승인함으로써 250년간의 안정된 상태를 유지했다. 따라서 이것은 왕실, 막부, 번국의 각 가족이 서로 다른 차원 또는 다른 성격으로 '나우어 향유'하는 통치라 할 수 있다.

위에서의 상황은 동아시아 삼국이 과거제의 발명, 성리학의 도입과 천착 및 봉건제를 실시함으로 인해 실제로 公器로서의 국가건설을 지연시켰다는 것을 의미한다. 전통국가 시기의 중국에서는 황권이 국가와 거의 같았기에 국가 전체가 황권과 운명을 같이 했다. 우리는 '천하를 걱정(憂天下)'하는 것을 자신의 책임으로 삼는 북송시대 지식인들의 모습에서 국가의 公器에 대한 일종의 기대는 찾아볼 수 있지만, 황권전제주의 시대에는 그러한 사상도 찾기 어렵다. 〈呂氏春秋 · 貴公〉에서 나오는 '천하는 천하인의 천하'라는 옛 글을 조금 변형해 반복한(즉 황종희의 '天下爲主, 君爲客', '천하'의 공적인 성격을 강조하고 황권제도를 비판한 그의 견해는 긍정되어야 할 것이지만 이는 윗 사상과 맹자의 '君爲輕'을 통합한 것으로 볼 수 있다) 것을 제외하고 말이다. 일본에서는 쇼오군의 권력독점으로 인해 外藩다이묘오들이 자신의 번국 내의 일에만 관심을 기울이고 일본국가 전체의 안위에 신경쓰지 않는 문제를 야기한다. 따라서 도쿠가와 말기 일본 해안에 외국 선박이 출몰할 때 사쓰마 번주 시마즈 치빈은 이런 상태의 심각한 단점을 인식했다.[127] 또한 도쿠가와 케이지가 '대정봉환'을 표할 때 요코이 코난이 유교적 입장에서 크게 환

---

126 托马斯 · 埃特曼著：《利维坦的诞生—中世纪及现代早期欧洲的国家与政权建设》, 郭台辉译, 上海人民出版社, 2016 年, 第6页。

127 本多辰次郎著：《维新史》, 米彦军译, 北京：华文出版社, 2020 年, 第21页。

영한 이유는 이로부터 천황과의 '군신지의'가 없는 私營之政을 폐하고 公共之政을 시작할 수 있기 때문이라 보았다.[128] 이 견해에서 유교적 시각의 한계를 엿볼 수는 있지만, 그 시기 일본 상황의 문제점을 인지한 것으로 볼 수 있다. 물론 이러한 公共之政의 실태와 그에 따른 일본의 근대화는 쿠데타를 통한 신정권의 출현과 당시 일본이 직면한 위기상황 등 복합적인 요인에 의한 것이지 '대정봉환'이나 '군신지의'에 의한 결과가 아니다. 조선은 왕실과 사대부들의 밀접한 결합으로 인해 사대부들이 나라에 자기 몫도 있다고 믿었다. 때문에 조선이라는 국가는 어느 정도의 公器적 '징후'를 갖췄다고 할 수 있다. 이는 중국과 일본의 관련 상황과 달랐다.

그러나 조선이 띠고 있는 국가 公器의 '징후'와 유럽이 公器로 발전한 민족국가 사이에는 본질적인 차이가 있다. 우리는 유럽 민족국가의 公器지위가 법치주의에 의해 뒷받침된다는 것을 알고 있다. 이로 인해 당파적 분쟁이 심각하더라도 궁극적으로 '대법원'과 같은 권위적 기관에 의해 분쟁을 해결하며 당쟁의 승패와 정책기조 또한 유권자의 몫이고, 이는 제도적 틀 안에 제한되어 있다. 물론 유럽의 이러한 상태도 수 세기에 걸쳐 건설된 것이다. 이에 반해 조선에서는 당쟁을 판단하는 주된 근거가 유교적 교리이며 최종 판결은 강력한 왕권에만 의존했다. 즉 정치세력 간의 관용이 결핍하거나 왕권이 나약하다면 당쟁은 극단으로 치닫게 되고 정치는 적나라한 권력게임 속으로 사라져 버리게 되며, 결국에는 是非曲直을 외면한 채 권력과 이익만 다투는 당쟁에서 공공이익이 심각하게 훼손된다. 이는 전통국가의 근본적인 한계를 보여주는 것이며, 붕당정치가 구양수가 말한 군자의 진붕(真朋)에서 소인배의 위붕(偽朋)으로 변질되었음을 의미한다.

전통국가를 논의함에 있어 앞서 일본의 전통국가를 살펴볼 때 언급한 권위와 권력의 분리를 주목할 필요가 있다. 흥미롭게도 이 둘의 분리는 중세유럽에서도 볼 수 있는 현상이고 조선 시대에도 실제로 성리학 교리가 권위의 성격을 띠면서 권력과 분리되었지만, 중국에서만 예외였다. 특히 중국 명·청 시대에는 권위와 권력이 완전히 하나로 통합되었으며 황권을 핵심으로 이루어진 대통일 체제였다.

여기서 언급된 권위와 권력의 분리는 도통(道統)과 정통(政統)의 분리와 다르다. 도

128 西田毅編著：《日本政治思想史》, 京都：ミネルヴァ書房, 2009 年, 第25頁。

통은 실제정치의 주류가 아니며,[129] 사대부들이 유지해 온 정치규범체계다. 중국의 황권전제주의로 인해 도통은 실제로 고대 중국정치 과정에서 권위의 역할을 할 수 없었다('도통은 수동적으로 기회를 기다린다'). 국가를 장악하고 있는 자는 도를 쓸 수 있고 쓰지 않을 수도 있으며, 도통은 최종적으로 정통에 굴복했기 때문이다.[130] 이는 분명히 조선의 유교교리가 실제 정치과정에 깊숙이 '참여'하는 것과 중요한 차이가 있다.

또 하나 언급되어야 할 것은 중국의 황권전제주의 시기에 사대부들이 '실종'되는 현상이다. 원나라부터 서리(胥吏)의 수는 급격히 증가하며('사대부의 서리화'와 '서리의 사대부화'로 표현된다), 명·청 시대의 행정사무는 서리들에게만 장악되어 있었다. 서리는 관원 같지만 관원이 아니고 행정기술은 알지만 행정정신을 모르며 그 교양은 글은 알지만 文을 모른다는 것이다.[131] 큰 차이가 있기는 하지만 이것을 현대적 담론으로 번역한다면 여기서의 서리는 전문 집행만을 담당하는 '행정'이고, 이와 대조되는 '정치'는 관원 또는 사대부들이 수행하는 것이 된다. 후자는 대체로 '군자불기'(君子不器, 학문과 소양이 있는 군자는 사용되는 그릇이 되어서는 안 된다는 뜻)에서의 군자에 해당하는 개념이다. 원나라 시기부터 나타난 서리가 급증하는 현상은 아마도 사람을 10등급으로 나누는 관습[132]과 관련이 있는 것으로 보인다. 이러한 구분법은 몽골인 국가에서 漢人 지식인 엘리트의 정신을 타격하고 정권을 공고히 하기 위해 만들어지고 확산되었을 것으로 추측된다. 위와 같은 현상은 명·청 시대에도 계속되었으니 이러한 관습의 영향 가능성을 배제하기 어렵다. 그러나 더 그럴듯한 해석은 황권전제정치가 이러한 상황의 출현과 밀접한 관련이 있거나 또는 그 주된 원인이라 보아야 한다는 것이다. 우리는 앞에서 명·청 시대의 사대부들이 그들만의 특별한 지위와 자의식을 기본적으로 상실했음을 보았다. 이는 명·청 시기의 전통국가 성격과 특징을 이해하는 데 있어 중요한 의미를 갖는다. 적어도 이 체제하의 官場은 어떤 정신에 근거해 행정을 해야하는지를 전혀 반성하지

---

129 공자가 '도학'을 창시하여 상고시대 '도통'의 핵심인 '도체(道體)'를 보존했다. 그러나 송나라 이후의 '도통론'은 주희가 처음 제안하고 황간(黃幹)이 완성한 것이다. 이에 관한 내용은 余英時, 同上书(2004年), 13-18쪽을 참조하라.

130 費孝通、吳晗等, 同上书, 第19-22页, 第27-28页。

131 島田虔次, 同上书, 第149-150页。

132 사람을 10등급으로 나눈다는 것은 官, 吏, 僧, 道, 工, 農, 匠, 娼, 儒, 丐 순으로 나눈 것을 가리키며, 이는 송나라 유민지식인들이 지어낸 자조적인 말이다. 그러나 어느 정도 원나라의 실제 상황이 반영되었다고 보아야 할 것이다.

않았으며 행정은 맹목적으로 집행만 하는 도구로 변질되었다. 이는 사실상 그런 반성을 할 수 있는 기제를 없애 버린 것이다.

동아시아 전통국가들의 가장 두드러진 공통점은 정치권력의 독점이고 이러한 독점적 지위는 다양한 상징과 기제를 통해 神聖化되었다. 이로부터 다른 정치주체가 권력에 개입할 가능성을 배제하게 되며 이는 엄격한 위계질서를 통해 이루어진다. 전통국가의 모든 사람은 정권에서 공식적으로 인정된 신분 네트워크에 따라 자신의 위치를 확인하며 이러한 계급적 신분은 통상적으로 세습된다. 또한 이러한 신분질서를 보장하기 위해 정권이 이념의 영역을 엄격히 통제하거나 공식적으로 인정된 관념만이 도입되거나 존재할 수 있게 하는 것 역시 전통국가의 특징이다. 이러한 공통점은 동아시아 전통국가들이 적어도 수 세기 동안 안정을 유지할 수 있었던 주된 원인이며, 이 국가들이 시간이 지남에 따라 경직될 수밖에 없는 근본적인 원인이다. 그리고 이것은 중국과 조선에 비해 일본에서 매우 다른 양상을 보여주지만 그 이상의 의미는 없다. 일본은 중국이나 조선과 근본적으로 다른 이념이나 선진화된 제도를 발전시킨 것이 아니라 후자에 비해 후진적인 다른 유형일 뿐이다.

이상에서 볼 수 있듯이 동아시아 전통국가들의 쇠락은 필연적인 것이며, 그 근본적인 원인은 체제와 이념체계 및 정치구조에 있었다. 이는 국가들이 다시 태어나려면 이에 대한 개혁이 이루어져야 함을 시사한다. 그러나 동아시아 삼국은 위에서 언급한 공통점을 갖고 있을 뿐만 아니라 앞에서 살펴본 각자의 특성도 있다. 이러한 특성은 '독립변수'로 각국의 국가이행에 중요한 영향을 미친다. 즉 각자의 특성은 '현재'에 계속 '잠복'해 '미래'에 영향을 미치는 '과거'라는 것이다.

제 3 장

국가의 이행논리

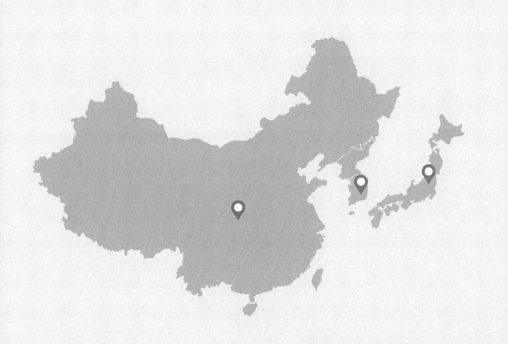

1 이행방식

비열한 이익추구는 분명히 현대화를 추진한 하나의 강력한 힘이다. 이 힘에 이끌려 서양 국가들이 전면적인 대외확장과 식민지화를 일으킴으로 인해 전 인류는 격변의 시대에 들어서게 되었다. 스카치폴은 이 과정에서 중국과 일본은 모두 식민지로 전락하는 결과를 피했다고 주장한다.[1] 국가주권을 완전히 상실했는가에 따라 이렇게 말할 수는 있겠지만 이 같은 주장은 정확한 것이 아니다. 일본이 서양과 '불평등조약'[2]을 체결했을 뿐만 아니라 중국은 '반식민지' 국가로 전락되었기 때문이다. 외국열강들은 만주와 50개 항구에서 중국에 대한 사실상의 식민통치를 실시했다. 여기서의 '반'은 '절반'을 의미하는 것이 아니라 중국의 담론에서 식민주의의 파편적, 비공식적, 간접적, 다층적인 특성을 나타내는 것이다.[3] 이러한 식민통치의 '불완전'한 성격에 따라 식민통치에 대한 중국인의 대응도 파편화된 상태를 보인다.[4] 조선은 동학농민운동이 일어나 구정권을 무너뜨릴 수 있게 되었을 때 정부가 청나라 군대를 끌어들여 이를 진압하려 했다. 이것을 핑계로 일본이 조선에 군대를 파견하였고 이로부터 발발한 청일전쟁에서 승전국이 된 일본이 조선에 관한 주도권을 장악하게 되었다. 이는 조선이 식민지로 전락한 직접적 원인이다.

위에서의 상황은 비록 쇠퇴의 주원인이 동아시아 전통국가들 자체에 있었지만 제국주의 세력의 대외확장이 동아시아 삼국의 생존위기를 불러왔음을 보여준다. 때

---

1 西达·斯考切波著：《国家与社会革命：对法国、俄国和中国的比较分析》, 上海人民出版社, 2015 年, 第 21-22页。

2 일본은 저관세로 서양열강들로부터 상품을 수입하고 이 국가들의 치외법권을 허용했으며, 외국세력이 일본을 잠식한 방식은 중국을 분할할 때와 같았다. J·马克·拉姆塞耶、弗朗西斯·M. 罗森布鲁斯著：《寡头政治：帝国日本的政治选择》, 邱静译, 南京：江苏人民出版社, 2017 年, 第26页。 물론 미일 사이의 '평화조약'(1854 년 6 월)이 전쟁의 실패로 체결된 것이 아니기 때문에 영토분할이나 배상금에 관한 조항은 없었고 일본의 쇄국정책을 깼을 뿐이다. 일본은 1858 년에 서방 5 개국과 무역조약을 체결했으며, 그 내용은 청나라 말기의 '천진조약'과 매우 흡사했고 이 역시 불평등조약이었다. 이에 관한 내용은 伊原泽周著：《近代朝鲜的开港：以中美日三国关系为中心》, 北京：社会科学文献出版社, 2008 年, 2-3 쪽을 참조하라.

3 史书美著：《现代的诱惑：书写半殖民地中国的现代主义 (1917-1937)》, 何恬译, 南京：江苏人民出版社, 2007 年, 第24-25页, 第39页, 第41-45页。

4 중국에는 인도와 같은 일관적이고 보편적인 반제국주의 담론이 출현하지 않았으며, 제국주의에 반항하는 군사행동을 직접적으로 지지하지도 않았다. 周策纵著：《五四运动：现代中国的思想革命》, 周子平等译, 南京：江苏人民出版社, 1996 年, 第291页。

문에 이 국가들은 우선 자신을 구해야 했으며, 이로부터 동아시아 삼국은 국가 변혁기에 접어들게 되었다.

청제국은 두 차례의 아편전쟁과 태평천국운동의 타격을 입으면서 곧 무너질 것만 같은 상황에 처해진다. 식견이 있는 인사들은 이 시기에 국가부강을 위한 자신들의 견해를 밝히기도 했다. 그러나 이러한 견해의 대표자라 할 수 있는 위원(魏源)과 풍귀분(馮桂芬) 등은 일본의 요코이 코난과 비교할 때 당시 세계의 일반적 추세와 서양문명의 선진성 및 '화이'관념과 쇄국정책에 대한 비판 등 여러 면에서 분명한 한계가 있었다.[5] 뿐만 아니라 그들은 지방에서의 半官方人員의 선거를 주장했지만 구체적인 실현방안을 모색하지 않았으며, 오로지 국가부강에 도움이 된다는 것만 인식하고 있었을 뿐이다.[6] 엄복(嚴復)과 곽송도(郭松濤)로 대표되는 당시 중국지식인들은 '서양이 부강한 비결'을 매우 진지하게 탐구했다. 그러나 엄복은 말년에 이르러서도 근본적인 '급무(急務)'에 몰입한 나머지 황제체제의 복고도 변호하고 나섰다. 원세개(袁世凱)가 질서와 권력집중을 대표한다고 믿었기 때문이다.[7] 그러나 현실적 차원에서 더 중요한 문제는 청나라 통치자들이 자신들의 안전만을 생각하고 피상적이거나 눈앞의 목표만을 추구했다는 데 있다. 또한 조정을 장악한 자희(慈禧)태후를 비롯한 보수파들은 개혁세력을 탄압했다('무술변법'에 대한 탄압, 그러나 '신축조약'이 체결된 후 자희는 여러 가지 개혁조치를 시행했다[8]). 1905년 '五大臣出洋' 이후 청나라 조정은 헌정의 필요성을 인식했지만 청제국은 적기에 개혁의 길을 걷지 못하고 결국 무너지게 된다. 이로부터 중국은 혼란한 상황에 빠져들며 '혁명'시대에 접어들게 되었다.

중국의 이 '혁명'시대는 수십 년간 지속되었으며 전국은 기본적으로 전쟁상태에 처하게 되었다. 전쟁은 분명히 국가전환에 어느 정도의 영향을 미치겠지만, 결국 전쟁이기 때문에 이 같은 중대한 변화를 설명하기엔 한계가 있다. 여기서 제기되는 문제는 중국의 이러한 역사적 과정을 어떻게 볼 것인가, 특히 중국의 국가이행 논리를 어떻게 설명할 것인가?

19세기 초 실학파 정신을 계승한 학자들이 외국과 소통하고 서양문물을 받아들

---

5   李少军: "魏源、冯桂芬与横井小楠对外观之比较",《武汉大学学报》, 1998 年 第3期。

6   孔飞力, 同上书 (2013 年), 第105-106页; 罗威廉, 同上书, 第194页。

7   史华慈, 同上书 (2016 年), 第16页, 第27页, 第209页, 第216-220页, 第224-226页。

8   魏斐德, 同上书, 第228页。

여야 한다고 주장했는데, 그 대표적인 예가 박규수 등의 '자주개국론'이다. 그러나 당시 조선정부는 천주교교인들을 탄압했을 뿐만 아니라 서양과의 소통을 계속 거부했다. 그 후 1875년에 발발한 '운양호사건'을 계기로 이듬해 일본과 '강화조약'을 맺게 되면서 공식적인 개국이 이루어진다. 이 조약은 조선이 외국과 체결한 최초의 통상조약이다.[9] 그러나 커밍스는 한국근대화의 시작이 1894년이라 말한다(조선의 자주적 위상을 보여주고 일본과 중국에게 자신을 얕잡아 볼 수 있는 빌미를 주지 않기 위해, 1897년 조선왕은 스스로 황제라 선포하고 국호를 '대한제국'이라 개칭하였다). 이 해에 일어난 동학농민운동은 한국의 민족주의를 자극했을 뿐만 아니라 한국 최초의 진정한 근대개혁의 길을 터주었기 때문이다. 이는 일리 있는 주장이다. '동학'은 서학이 점차 그 영향력을 넓혀 가는 상황에서 서학에 대항하기 위해 최지우가 창시한 것이다. 그것은 '경천사상'을 기초로 유교와 불교 및 도교의 내용을 융합해 만들어 진 것이며 주장의 핵심은 '人乃天', 즉 평등사상이다. 부패한 관리들의 착취가 농민봉기를 초래했고 동학교도와 농민봉기의 결합이 대규모 농민운동으로 발전했다. 이 운동의 대표들이 정부대표와 담판할 때 제시한 요구들 중에는 노비계약의 폐지, 반일, 천민의 처우개선 등 분명한 정치적 주장이 있었다. 그러나 1880년대에 이미 여러 가지 근대화 양상이 있었지만 왕조정부는 근대화를 추진할 수 있는 능력이 없었다. 1894년의 '갑오경장'을 시행한 후 한국은 약간의 근대화를 이루기는 했지만, 이것은 일본의 도움으로(모든 정부부처에 일본인 고문이 있었다) 사법체계를 개편하고 일련의 법률 및 기타 조치를 취하여 이룬 것이다.[10] 그러나 결과적으로 나라를 잃게 된다.

식민지로 전락되면서 35년간은 국가주권을 잃은 상태였다. 그렇다면 그 후의 한국은 이 굴욕적인 기간을 자신의 역사에서 도려낼 수 있을까? 이것이 가능하다면 일본의 식민지배는 한국에 아무런 영향도 미치지 않았다고 할 수 있는가? 그렇다면 우리는 그 후의 한국역사를 어떻게 설명할 것인가? 그럴 수 없다면 식민지 역사는 훗날의 한국에 어떤 영향을 미쳤는가? 보다 중요한 질문은 지금 우리가 보고 있는 한국은 조선시대와 완연히 다른데 이는 어떻게 이루어진 것일까?

---

9 강화도사건과 '朝日修好条约('강화조약'이라고도 한다)'의 조인과정 및 조약의 내용에 대해서는 伊原泽周, 同上书, 81-108 쪽을, '자주개국론'에 관해서는 이 책의 54-56 쪽을 참조하라.

10 위에서의 커밍스의 견해와 한국 근대화 시작 이후의 상황에 대해서는 부르스 커밍스, 同上书, 163-194 쪽을 참조하라.

중국, 한국과 달리 일본은 메이지유신으로 완전히 다른 길을 걷게 된다. 막부 말기 통상조약의 문제로 천황이 정치무대에 등장하게 되고 조정과 막부 및 번국들 간의 복잡한 관계 속에서 막부파와 도막파(倒幕派)가 형성되어 격렬하게 싸웠다. 그러나 이른바 왕정복고(王政復古)는 1867년 12월에 있은 쿠데타로 실현된 것이다. 메이지유신 후에는 이전과 완전히 다른 국가형태가 나타났다. 이것은 국가와 사회의 재건이었으며, 유신은 정치와 경제 그리고 문화와 사회를 포함한 대변혁이었다.[11] 이는 일본학자들의 견해다. 그러나 아이젠슈타트는 메이지유신이 국가와 사회의 근본적인 재건을 일으켰지만 새로운 원칙에 따라 국가와 사회를 재건하는 혁명은 아니라고 주장한다.[12]

여기서의 문제는 유신이 새로운 원칙에 입각한 혁명이 아니라고 한다면 일본에서의 국가와 사회는 어떻게 중대한 변화를 가져올 수 있었을까? 또한 일본의 이러한 변화를 어떻게 해석해야 할까?

중대한 위기에 처한 동아시아 삼국은 이로부터 탈출할 수 있는 길을 찾아야 했고 그 지름길은 부강한 나라로부터 그것을 실현할 수 있는 '비결'을 배우는 것이었다. 그러나 이 과정에서 중국은 1868년 최초의 '서양방문단'을 파견하지만 이 방문단의 주요 임무는 서양인을 위로하고 중국이 한창 '번영'하고 있다는 것을 홍보하는 것이었다. 이 시기의 조선은 유럽과 미국에 고찰단을 파견하지 않았고 1880년과 그 이듬해에 일본에 '신사유람단'을 파견했다.[13] 이와 같은 중국과 한국의 상황과 달리 일본은 1871년에 이와쿠라 도모미를 전권대사로 하고 당시 정권의 핵심인물을 포함한 사절단을 파견했다. 이들의 주된 임무는 구미 5개국과의 불평등조약을 변경하고 서양의 문물과 제도를 고찰하는 것이었다.[14] 오쿠보 도시미치는 해외 고찰의 목적이 '식산흥업'임을 분명히 했고 기도 타카요시가 고찰에서 깨달은 것은 '헌법'의 중요성이었다 (오쿠보, 기도, 이토 히로부미는 모두 全權副使였고 이토는 1882년 수종만 데리고 다시 유럽으로 건너가 이

---

11   아사오 나오히로, 同上书, 357-366 쪽, 369-391 쪽.
12   S.N. 艾森斯塔特, 同上书 (2008 年), 第329页。
13   류군예는 '이와꾸라사절단'과 비교하여 '신사유람단'은 불평등조약을 개정하려는 시도는 없었고 발전할 수 있는 방법만을 찾고 있었으며, 멤버들은 고찰에서 영국모델이나 독일모델 중 어느 것을 선택할 것인가 하는 고민도 없었다고 지적한다. 그는 실제로 조선에 영향을 미친 것은 유길준의 '서유견문'과 개화파의 경제사 상이라고 말한다. 刘群艺, 同上书, 第120-128页。 참고로 조선 후기 실학을 대표하는 정약용의 실학경제사 상은 이 책의 110-120 쪽에 있다.
14   중국과 일본 대표단의 상황에 관해서는 王晓秋, 同上书, 33-35 쪽과 109-113 쪽의 내용 및 伊原泽周, 同上书의 5 쪽을 참조하라.

들 나라의 헌정을 특별히 고찰하였다).[15] 이러한 고찰을 통해 '이와쿠라사절단'은 당시 유럽이나 미국에 비해 일본이 30년 뒤처져 있다고 믿었다. 당시 일본과 구미의 격차가 이만큼 차이가 있는지는 별개의 문제로 치부할 수 있다. 하지만 적어도 청나라의 '서양방문단'이나 조선의 '신사유람단'과 비교하면 그 목적이 보다 명확하고 포괄적이었으며, 반드시 장기적인 내정개혁을 해야 할 필요성을 인식했다.

동아시아에서 일어난 국가이행의 시작을 思考할 때 서양의 충격을 받기 전의 전통국가 상태에 주목해야 하지만, 여기서 강조할 것은 '문명의 무거운 부담'[16]이라 부를 수 있는 관념의 버거운 짐이다. 조선 말기의 지식인들은 국가발전의 길을 모색할 때 변화된 환경에 적응하기 위해 다양한 노력을 기울였으나 주자학이념의 영향에서 벗어나지 못했으며, 이는 그 시기의 일본지식계의 상황인식보다 많이 뒤처져 있었다.[17] '문명의 무거운 부담'이 없으면 당연히 더 쉽게 선진문명을 받아들이고 개혁을 추진할 수 있겠지만, 이는 단순히 관념의 문제만이 아니다. 그것은 조선과 중국에서 정권과 유교적 관념체계의 긴밀한 관계로 인해 국가의 성격 및 관원들의 지위 등과 관련된 문제이기 때문이다. 그러나 앞서 살펴본 바와 같이 일본에서는 무사도(武士道)[18] 등 여러 가지 관념체계가 공존하고 막부체제로 인해 느슨한 국가구조를 가지고 있었다. 긴밀하게 짜여진 구조와 비교할 때 느슨한 구조가 변화할 가능성이 훨씬 크고 새로운 지식체계를 수용하는 데도 더 유리할 것임은 분명하다.

국가이행이라는 화제에서 먼저 언급되어야 할 질문은 왜 이행해야 하고(기존 정권이 중대한 위기를 효과적으로 대처하지 못했기 때문에 반드시 이행해야 한다는 시각에서 본다면 이 질문이 별 의미가 없을 수도 있다. 하지만 기존통치집단에게 있어서 또는 이행과정이 순조롭게 진행될 수 있을지와 관련된 문제에서 이 질문은 아주 중요한 것이다), 어떻게 이행할 것이며, 이행한 다음 어디

---

15 坂野潤治著:《日本近代史》, 東京:筑摩書房, 2012年, 第113頁, 第116-119頁.

16 순자(荀子)가 보기엔 상앙(商鞅)이 그의 계획을 실행하고 성공할 수 있었던 것은 바로 秦나라의 주변국 위치로 인해 상류층만이 중국문명의 영향을 받아 '문명의 무거운 부담'이 없었기 때문이다. 本杰明·史华兹, 同上书, 第448頁.

17 朴忠锡, "朴泳孝の富国强兵论", 朴忠锡, 渡边浩编:《文明、开化、平和－日本と韩国》, 東京:慶応義塾大学出版会, 2003年.

18 소위 무사도란 사무라이계급의 신분 윤리에 관한 서술이며 이것엔 선불교와 주자학을 비롯한 다양한 사상이 포함된다. 그 핵심내용은 섬기는 주인을 위해 죽는 것이 사무라이에 가장 합당한 목적이라는 것이다. 도쿠가와 시기의 무사도와 근대 일본에서 무사도가 갖고 있는 위상 등 문제에 대해서는 贝拉, 同上书, 111-121쪽을 참조하라.

로 가느냐다. 이와 같은 추상적인 질문보다 현실적으로 더 중요한 것은 나라의 생사가 달린 이행을 누가 주도할 것이고 나라를 재건할 수 있는 정치주도세력이 제때에 나타날 수 있는가와 같은 시급한 문제가 있다. 마지막 질문은 분명히 이행 전의 국가정치구조와 밀접하게 관련되어 있다. 위에서의 추상적인 질문보다 이 문제가 이행방식에 더 직접적인 영향을 미칠 것이다. 국가의 이행방식은 어떤 실제적인 정치적 힘을 통해서만 나타날 수 있기 때문이다.

유럽과 달리 중국에는 중국실제에 깊이 뿌리내린 정치적 반대파가 없었기 때문에 제국이 붕괴된 후 혼란이 오래 지속되었다.[19] 우리는 중국의 士人들이 황제나 정권으로부터 엘리트로서의 합법성을 획득하며 그 대가로 제국의 권력에 기꺼이 복종하는 것을 앞에서 보았다. 따라서 이러한 상황에서 정치적 반대파가 나올 수 없었다. 조선왕조 말기의 상황은 중국과 유사하며 이는 유교주의 관료제를 골격으로 하는 신분계급제와 밀접한 관련이 있고 왕조 말기에 형성된 세도정치의 결과이기도 하다. 기존 정치세력과 다른 대체세력의 부재는 중국과 조선으로 하여금 위기를 효과적으로 대처할 수 없도록 했다는 것이다. 일본도 유럽처럼 '사회적 저항세력'을 형성하지 못했다는 점에서 중국과 비슷하다.[20] 그러나 기존의 봉건적 정치구조와 번국의 사무라이들이 막부에 종속되지 않은 상황 그리고 미약하지만 막부정권과 다른 천황권위의 존재는 이러한 약점을 보완할 수 있는 조건으로 되었다. 즉 이러한 여건들이 일본으로 하여금 단기간 내에 혼란한 상태를 수습할 수 있도록 했다는 것이다.

동아시아 삼국의 현대화 과정에서 직접적으로 이행을 촉발시킨 외부적 충격보다 더 중요한 것은 이행방식이다. 충격은 기껏해야 이행의 계기를 설명할 뿐이지만 방식은 이행과정의 성격을 구현하기 때문이다. 실제로 방식은 사람이나 사회적 행동과 관련된 것이다. 자연은 방식과 관련될 수 없다. 방식은 의지와 관련되고 목적성이 있다. 또한 문화전통과 사회적 배경이 국가이행 과정에 개입하지 않을 수 없기 때문에 같은 목적이라 할지라도 다른 행동양식이 있을 것이다. 실제로 어떤 주체가 취하는 행동양식은 당면한 과제에 대한 이해와 관련되어 있으며, 어떤 목적을 달성하기 위해 필요한 여러 가지 수단을 동원하게 된다. 이에 따른 특정한 행동이 취해지면 인간 또는 사회

---

19 巴林顿·摩尔, 同上书, 第143-144页。
20 丸山真男, 同上书 (2009 年), 第46页。

의 행동양식이 나타난다. 따라서 어떤 주체의 행동양식은 환경과 다양한 요인의 상호 작용 과정과 관련되어 있다. 서로 다른 행위자들이 자신의 목표를 결정하고 특정 수단을 동원하는 과정에서 다른 행위자와 만나거나 잠재적 행위자를 활성화할 것이다. 또한 기존의 행위자를 배제하는 등 여러 가지 관계 속에서 그들과 독특한 상호 작용 과정을 겪게 된다. 이로부터 각자의 이야기를 만들어 가게 된다. 그리고 이 과정에서 서로 다른 목적을 가진 여러 행위자들 간의 상호 작용은 그 시기의 정치적 과정으로 되며 그 결과로 일정 시기의 어떤 상태가 형성된다. 그러나 여기서 언급하는 방식은 전통국가에서 현대국가로의 이행방식이므로 그것이 나타나는 과정은 길고도 복잡할 수밖에 없다. 하지만 달성해야 할 대체적인 상태는 각각의 전통국가에서 출발하여 새로 받아들여진 지식을 기반으로 설정된다. 또한 선진국들의 부강한 상태를 참조계로 하기 때문에 이러한 이야기에는 기본적으로 일관된 논리가 있을 것이다. 이러한 논리가 이 장에서 살펴보게 될 주요 내용이다.

　현실세계는 하나의 과정이고 이 과정이 곧 현실의 實有를 생성한다.[21] 그러나 큰 범위에서 본다면 어떤 안정적 상태의 형성은 복잡하고도 현저한 변화과정의 산물임이 틀림없다. 여기서 언급한 안정된 상태도 변화 및 이와 관련된 과정을 배제할 수는 없지만 국가상태의 안정 여부는 상대적인 개념이다. 특정 국가가 전통상태에서 현대로 이행하는 과정을 살펴보는 것은 바로 그 결과로 되는 동아시아 삼국의 안정적 상태와 성격을 이해하기 위한 것이다.

2　유신과 역행

　1853년 미국의 페리함대가 우라가(浦賀) 항구에 입항한 후 막부는 5년 뒤에 서양 열강과 포괄적인 통상협정을 체결했다. 그러나 막부의 이런 행동은 '혁신파'와 '보수파' 모두에게서 비판을 받았다. 이 과정에서 막부와 조정의 갈등이 드러났을 뿐만 아니라 중하급 사무라이들도 이 투쟁에 말려 들어 '존황주의' 명목으로 모이게 되었다. 당시 일본의 정치세력은 거의 만장일치로 '양외(攘外)'를 주장했지만 마침내 그것이 불

21　怀特海著：《过程与实在》, 李步楼译, 北京：商务印书馆, 2011年, 第38-39页。

가능하다는 것을 깨닫게 된다. 하여 개국과 통상을 통해 외국에 대항할 수 있는 군사력을 키울 수 있으며, 이를 위해 반드시 개혁해야 함을 인식하게 되었다.[22] 어쨌든 왕정복고 쿠데타를 통해 왕실과 公卿 그리고 웅번번주로 구성된 새로운 권력중심이 세워지며, 이로부터 여러 번국들의 상대적 독립성을 해소한 국가통일이 이루어졌다. 그러나 이와 같은 일본의 통일은 하나의 정치세력에 의한 국가권력의 독점이 아니라 주요 정치세력들의 연합체 성격을 띠고 있었다. 또한 어떠한 정치적 이념을 기반으로 하지도 않았으며 국내외 정세하에 당면한 문제를 해결하기 위해 형성된 것이다. 그리고 구정권을 무너뜨린 상황에서 새로 출현한 정권의 상징적 지위를 대신할 정치적 주체가 없었기 때문에 천황이 이 연합체의 핵심으로 될 수밖에 없었다. 이는 본래 미약한 천황의 권위가 권위와 권력을 겸비한 국가적 상징으로 탈바꿈했다는 것을 의미한다.

야스타는 에도시대 중반에 오사카를 중심으로 한 국내 통일시장이 거의 완성되었고 그 뒤에 통일시장이 형성되어 국가통일의 요구는 이러한 시장통일의 조건하에서 제기된 것이라 주장한다.[23] 그러나 브로데일이 프랑스를 상세히 고찰하고 얻은 결론에 따르면 단일 시장과 국가통일 사이의 관계는 그렇게 기계적이거나 단순하지 않다. 그는 정치적으로 말하면 프랑스는 유럽에서 처음으로 출현한 현대국가지만 경제적 토대 측면에서 1789년까지 완전한 민족시장의 형성과는 거리가 멀었다고 지적한다.[24] 보다 현실적인 시각에서 본다면 막부 시기 국가의 대체적인 통일은 도요토미 히데요시가 죽은 뒤에 일어난 패권전쟁(세키하라전투를 포함한 정치투쟁)의 결과였다. 그리고 막부 말기에 나타난 통일은 국가가 중대한 위기에 처한 당시의 정세와 관련된 것이지 에도 시대나 막부 후기에 형성된 국내통일시장과 관련된 문제가 아니다. 이러한 국가통일과 통일시장의 괴리는 실제로 정치영역과 경제영역의 핵심가치와 운행논리의 차이를 반영하는 것이다. 물론 이와 같은 견해는 정치와 경제 간의 관련성을 부정하는 것이 아니다.

앞서 언급한 바와 같이 도쿠가와를 비롯한 번국은 다이묘오들이 그 지역 내에서

---

22 正村公宏著：《世界史のなか日本近代史》, 東京：東洋経済新報社, 1996年, 第53-57頁。

23 依田憙家著：《日中両国近代化比較研究序説》, 東京：竜溪書舎, 1986年, 23쪽. 그리고 일본이 근대화를 추진하기 전후의 상황에 관해서는 이책의 28-30쪽, 56-58쪽, 91-95쪽, 100쪽, 103-105쪽을 참조하라.

24 費尔南·布罗代尔, 同上书, 第276-278页, 第357页。

전권을 장악하고 영지를 통치했으며 번국들 또한 에도의 법을 따랐다. 그 결과 이 체제하에서 비공식적이지만 대체로 비슷한 행정제도가 형성되었다. 그리고 새로 탄생한 정권은 자체의 군사력이 없었기 때문에 번국에 의존할 수밖에 없었다. 특히 도쿠가와 막부를 토벌한 주요 세력인 사쓰마와 조슈의 군사력에 의존했다. 바로 이 두 번국 하급 사무라이들의 활동에 의해 천황에 대한 지지를 형성했으며, 이들이 새 정부와 여러 번국들을 연결하는 주요 고리가 되었다. 이미 독립적인 정치세력이 된 사무라이 계급의 반란위험을 제거하기 위해, 새 지도부는 수세기 동안 무기를 소지하고 사무라이를 모욕하거나 어떤 부적절한 언행을 했다는 등에 근거한 자신의 판단으로 사람을 죽일 수 있는 사무라이의 특권을 취소했으며 동시에 전국적인 징병제를 시행했다. 사무라이들이 소득과 지위를 상실함으로써 받는 충격을 완화하기 위해 정부는 그들의 가족에게 국채를 발행하는 것으로 보상했다. 중하급 사무라이들의 적극적인 활동에 의해 이루어진 왕정복고는 이들 세력과 기존 신분제와의 분명한 모순을 낳았고, 이를 해결하기 위해 새 지도부는 사회불평등의 공식적 기반을 폐지할 수밖에 없었다. 즉 직업에 대한 배타적 제도기반을 제거해야 했다. 실제로 메이지유신이 시행된 후 일본은 1871년에 공식적으로 '4민'제도를 폐지했다.[25] 하지만 이것은 당시 일본이 현대적 의미에서의 사회적 및 정치적 평등을 달성했다는 것을 의미하는 것은 아니다. 당시 일본에는 귀족이 있었을 뿐만 아니라 극복하기 어려운 '비공식'적이지만 확고한 위계관념이 있었고 이러한 관념은 일본 사회에서 현실적인 힘으로 오랫동안 지속되었기 때문이다.

막번체제에서의 번국과 지방행정의 기능적 분업이 메이지체제에서 정치와 행정의 역할분리 기초가 되었다. 1881년에 이르러 정권 지도자들 사이에서 점차 정부가 추구해야 할 목표, 즉 장기적인 산업발전, 군사기술과 조직개발 등을 통해 부국강병의 정책목표를 실현코자 하는 기본적인 합의를 이루었다. 이 목표를 달성하기 위해 일본은 1885년 12월 태정관제를 폐지하고 서유럽식의 내각제를 도입하며 이토를 총리로 하는 최초의 내각을 수립했다. 또한 국가 엘리트를 양성하기 위해 제국대학을 설립하고 1887년의 '문관시험보급 및 견습규칙'과 1893년의 '문관임용령'을 통해 문관

---

25 위에서의 내용은 正村公宏, 同上书, 53-57 쪽, 120-124 쪽; B.S. シルバーマン著：《比較官僚制成立史—フランス、日本、アメリカ、イギリスにおける政治と官僚制》, 武藤博己等译, 東京：三嶺書房, 1999 年, 191 쪽, 194-195 쪽, 200-203 쪽, 228 쪽, 232-233 쪽 등을 참조하라.

고시제를 시행했다.[26] 그리고 메이지유신을 개시한지 10여 년이 지난 후 관영공장과 반관반민공장을 민간에 경매하여 주로 민간기업이 운영토록 했다. 이 시기 일본은 통화제도, 통신과 교통망의 확립 등을 주요 내용으로 하는 경제발전 정책을 채택해 경제성장을 추진했다.

그러나 관료제 등 제도건설 면에서 정치인은 1899년에 공포된 문관징계령과 문관분한(分限)령에 의해 관료를 해임할 수 없었지만 관료들의 승진은 거부할 수 있었다. 또한 과두정치인은 자신이 주도해 통과한 법률을 적극적으로 집행하는 관료엘리트를 승진시킬 수 있는 권한을 갖고 있었다. 따라서 승진하기 위해 관료들은 정치인의 지시에 따라야 했다. 그리고 1868-1932년 기간 일본의 금융, 면화, 철도 3개 분야의 정책변화는 실제로 당파적 이해관계와 밀접한 관련이 있었으며 정치는 확실히 행정에 개입했다. 또한 기업합병 및 카르텔 형성과 관련된 정책 등 중요한 산업육성정책은 과두지도자들이 권력을 장악하고 있던 시기에 채택되지 않고 정당내각 시기에 채택된 것이다. 그러나 이 정책들은 일본경제 전체의 이익에 기초한 것이 아니라 정당의 자금원이 될 수 있는지의 입장에서 출발해 만들어 진다.[27] 그렇지만 성문헌법의 형태로 삼권분립체제를 개척한 미국이 1883년에 이르러 〈문관제도법〉을 통과시켜 '정당분장제(政黨分贓制)'를 종식시켰다는 점을 고려하면 이 시기 일본의 상황도 별로 이상할 것이 없다. 어쨌든 당시 중국이나 한국에 비해 일본은 정부와 정치 면에서 높은 수준의 제도화를 이룬 것은 분명하다.

그러나 메이지체제에는 다음과 같은 심각한 결함이 있었다. 낡은 관념을 그 정신적 원칙으로 삼았다. '이에'와 '나라(군주)'를 위해 개인을 희생한다는 사무라이 이념이 그것이다. 그리고 이 체제에서 모든 권력은 천황에게서 나오나 천황은 어떠한 권한도 행사하지 않으며, 헌법은 천황을 대신해 권한을 행사하는 重臣의 선출방식도 명확하게 규정하지 않았다. 따라서 이 체제하에서 국정책임의 귀속이 매우 모호했다. 그리고 실질적인 권한은 추밀원(樞密院), 귀족원, 중의원 등에 분산됐으며, 다른 집단들이 의사결정 과정에 참여하는 것을 저지했다. 또한 국회에서 제1당의 대표는 천황이 임명한

26　中邨章編著：《官僚制と日本の政治：改革と抵抗のはざまで》, 東京：北澍出版, 2001年, 第75-84頁。

27　1868년부터 1932년까지 3개 분야의 정책변화에 대한 위의 내용은 M·람자이어、F·로젠블루스著：《日本政治と合理的選択》, 河野勝等译, 東京：勁草書房, 2006年, 83쪽, 85쪽, 94쪽, 216-222쪽을 참조하라. 아래에서 나오는 强國家에 관한 내용은 이 책의 58-59쪽을 참조하라.

후에야 총리직을 맡을 수 있었다. 이 시기의 내각은 천황의 보필기관이지만 동시에 집행권을 가졌으며, 대신은 천황에게만 책임을 졌다. 그러나 이 시기의 천황은 '반신반인' 또는 '現人神'이었으며, 적어도 심각한 허구성을 지닌 국가기관이었다. 또 하나 주목해야 할 것은 과두지도자들이 군부에 아주 강한 독립성을 부여했는데 그 목적은 바로 군이 대중의 영향을 받는 것을 방지하기 위함이었다는 것이다.[28] 이와 같은 권한으로 인해 군부는 내각의 감시로부터 벗어날 수 있는 독립성을 확보했으며, 이러한 독립성은 1930년대에 이르러 더욱 뚜렷해졌다.[29]

과두정치의 관점에서 람사예르 등은 메이지헌법 수립 전후의 상황과 이 헌법의 구체적인 조항을 분석하고 나서 과두정치의 내분이 메이지헌법을 이해하는 관건이라 말한다. 그리고 전쟁 전의 일본관료들의 자주성과 영향력은 통상적으로 생각하는 것만큼 강하지 않았으며 일본은 强國家가 아니라고 주장한다. 그러나 강약의 문제는 상대적인 개념이다. 또한 국가의 강약문제에서 '국가'는 전적으로 행정관료에만 한정되어 있지 않으며, 사회 또는 시장을 상대로 한 官方이라는 점에 유의해야 한다. 어쨌든 메이지체제하의 일본은 확실히 强國家였다. 후지타는 메이지유신의 현저한 의미가 절대주의와 민족주권국가의 형성에 있으며 이러한 근대국가는 자유민권운동에 대항하는 과정에서 완성되었고, 위계 사슬에서 꼬마천황으로서의 절대자를 생성하여 상대적 절대자의 보편화를 초래했다고 지적한다.[30] 후에 일본에서 출현한 파시즘은 이러한 절대주의 국가체제에 뿌리를 두고 있다. 어찌 되었던 이러한 强國家로 인해 이 시기 일본의 민간사회는 官方의 요구에 순응할 수밖에 없었다.

일본이 국가이행 초기에 직면한 가장 큰 문제는 외세에 대항할 수 있는 정치체제를 구축하는 것이었다. 이를 위해 조정과 막부의 이중적 중앙정부 구조를 일원적 정권으로 전환하고 강력한 중앙집권적 정부를 수립해야 했다. 이러한 요구는 1868년부터 1888년 말까지 '폐번치현(廃藩置県)'을 통해 실현되었으며 1871년의 번국 폐지는

28 메이지체제의 심각한 결함에 대해서는 正村公宏, 同上书, 114-116 쪽, 118-120 쪽; 佐佐木克著：《日本近代の出発》, 東京：集英社, 1992 年, 276-277 쪽; 埃德温·O. 赖肖尔、马里厄斯·B. 詹森, 同上书, 276-278 쪽을 참조하라.

29 일본에 관한 지금까지의 주요 내용은 金东日, "国家构建的要件：以日本的近代化过程为例",《广东社会科学》, 2012 年 第3期에서 온 것이지만 많은 수정과 추가가 있다.

30 藤田省三著：《天皇制国家の支配原理》第二版, 東京：未来社, 1975 年, 第10-34頁, 第48-50頁。아래에 나오는 '건국시말'의 내용은 이 책의 49-52 쪽을 참조하라.

사실상 2차 쿠데타였다. 이 결정은 비밀회의에서 내려졌다. 그러나 다이묘오들이 폐번을 받아들인 것은 저항할 힘이 없었거나 천황에 대한 충성심 때문도 아니었으며, 중앙으로부터 오는 압력과 폐번에 순응함으로 얻는 후한 대우 그리고 서양열강이 불러온 국가적 위기감 때문이었다.[31] 이전의 봉건제에 비해 이 시기의 나라는 새로운 의미를 갖게 되었다. 이와쿠라는 오쿠보 등이 추진한 폐번치현을 '건국시말'이라 불렀다.

도막파의 표면적 이유는 개국이냐 양이(攘夷)냐 하는 문제에 대한 입장이며 양이의 주장은 어떤 의미에서 도막의 중요한 구실로 되었다. 그러나 이후 대부분의 정치세력들은 기존의 입장을 바꾸어 개국의 입장에 서게 된다. 조정은 1867년에 이르러서야 개국의 입장으로 돌아섰지만 도쿠가와 요시노부가 이끈 막부는 그 전에 이미 개국정책을 수립하고 정치와 군사적 측면에서의 근대화를 추진했었다.[32] 이는 곧 당시 일본의 주요 정파 간 투쟁은 사실 개혁을 할 것인가 말 것인가의 문제가 아니라 이러한 개혁을 누가 주도하고 어떤 국가체제를 구축할 것인가의 문제였음을 말해 준다.

메이지정부는 안정적인 정치국면이 이루어진 뒤 '식산흥업', '문명개화', '부국강병'의 3대정책을 적극 추진했다. 이 3대정책 중 첫 번째와 세 번째는 요코이 코난이 1860년에 발표한 '국시삼론'에서 나온 것이다. 그러나 그가 주장한 것은 侯伯一致, 즉 '상원'은 되지만 '하원'은 아니라는 입장이었다.[33] 이는 민중을 배척하거나 官方주도의 개혁만 해야 한다는 주장이다. 이토 히로부미는 자희태후 시기의 대신에게 황제가 국민에게 헌법을 하사하면 계속 국민 위에 군림하고 속박받지 않을 수 있다고 말하면서 최고권력을 절대 민중의 손에 넘겨서는 안 된다고 강조했다.[34] 이들 주장은 메이지유신을 추진한 기본동기를 보여주는 것이다. 이 과정에서 '자유민권운동'이 1870년대 말부터 서서히 일어나지만 1880년대에 들어서 약화되기 시작했다. 1881년 오쿠마가 정권에서 축출된 쿠데타도 이러한 배경에서 일어난 것이다. 이 사건의 영향으로 흔들

---

31 이 과정에 관한 내용은 约翰·惠特尼·霍尔, 同上书, 208-209쪽에 있다.
32 이상의 내용과 아래에서 나오는 메이지헌법에 관한 자세한 내용은 아사오 나오히로, 同上书, 350-379쪽, 388-419쪽을 참조하라. 아래에 나오는 일본의 계몽운동, 자유민권운동, 다이쇼민주주의에 대한 내용은 이 책의 489-507쪽, 그리고 淳于森泠著 : 《宪政制衡与日本的官僚制民主化》, 北京 : 商务印书馆, 2007年, 32-64쪽, 77-95쪽 등을 참조하라.
33 坂野润治, 同上书, 第46-48页。
34 费正清著 : 《伟大的中国革命 (1800-1985)》, 刘尊棋译, 北京 : 世界知识出版社, 2000年, 第191页。

리는 민심을 달래기 위해 정부는 10년 후 의회를 개설할 것이라는 칙령을 발표했다.[35]
이후 일본은 1889년 메이지헌법을 공포하고 이듬해 공식적으로 시행하였다. 훗날 다
이쇼민주주의가 있었지만 이 역시 메이지체제하에서 일어난 것이다. 사실 메이지 시
대의 계몽운동과 다이쇼민주주의는 제2차 세계대전 후 민주적 입헌정부가 시행될 때
의 일본에 낯설지 않았다는 면에서 민주주의 '뿌리'로서의 의미가 있을 수는 있지만
당시 일본의 역사진척에 큰 영향을 미치지는 못했다. 이 시기 일본 정당정치가 붕괴된
주된 원인은 관동대지진, 경기침체, 관동군이 중국 동북지역에 만주국을 구축하면서
초래한 정치적 혼란 그리고 정당 간의 극심한 투쟁이었다.

위의 상황을 근거로 본다면 일본은 메이지유신을 시작으로 내각제와 국가관료
제, 군사조직, '헌법'과 이와 관련된 제도를 포함해 전반적으로 국가기구를 다시 구축
했다. 그러나 '천황'기관도 계승했으며 이는 명백한 복고였다. 메이지체제하의 일본은
그 전의 막번체제와 완전히 다르고 국가구조의 봉건적 성격도 제거되었지만 체제와
관념체계에 심각한 문제가 있었다.

무어는 일본의 파시즘이 혁명의 부재와 현대화를 원했지만 사회구조를 바꾸려
하지 않았기 때문이라 주장한다.[36] 혁명의 시각에서 국내 상황에 주안점을 둔 것과 달
리 고백은 이 시기(1931-1945년) 일본의 이행에 대해 국제적 시각에서 설명한다. 산업
화를 실현한 국가들이 이 시기에 일어난 대공황에 맞서기 위해 정부개입을 강화하여
규제경제가 출현하며, 독일의 총체적 전쟁이론이 일본의 규제경제에 결정적인 영향
을 미쳤다. 이로부터 경제가 전략적 중요성을 부여받으면서 채택된 것이 당시 독일과
이탈리아와 비슷한 국가 관여, 즉 파시즘이라는 것이다.[37] 그러나 일본의 위와 같은 경
향의 출현에 직접적인 영향을 미친 요인으로 메이지유신부터 이미 뚜렷하게 나타난

---

35 그러나 과두 정치인들이 의회개설 요구에 양보한 것에는 또 다른 설명이 있다. 즉 의회를 여는 것이 자신들
    의 정치생명을 보호하는 가장 좋은 방법이라는 것이다. J·马克·拉姆塞耶、弗朗西斯·M. 罗森布鲁斯, 同
    上书, 37 쪽. 일본관료제의 독립성 등 문제에 관한 내용은 이 책의 5 장을 참조하라. 일제 시기 일본군의 상
    황은 17 쪽, 59-60 쪽, 자세한 내용은 이 책의 2 장과 3 장을 참조하라. 저자들은 과두지도자들이 1931년
    까지 거의 모두 사망한 사실에 주목한다. 이로부터 일본군은 어떤 기관의 견제도 받지 않고 완전히 독립하
    며 군부가 반대로 내각을 통제했다는 것이다. 입헌제도의 선택을 둘러싼 오쿠마와 이토의 논쟁에 대해서는
    特索·纳吉塔, 同上书, 72-73 쪽을 참조하라.

36 巴林顿·摩尔, 同上书, 第355页, 第358页, 第362页。

37 高柏著:《经济意识形态与日本产业政策:1931-1965年的发展主义》,安佳译,上海人民出版社, 2008 年,
    第10页, 第18-23页。

전쟁국가 성향, 고도로 집권화된 절대주의 국가체제, 군의 강한 독립성 등에 주목해야 한다. 일본의 대외침략은 커밍스가 말한 당시 국제의 '총체적 정세'와도 관련이 있다. 영국과 미국이 주도한 세계체계에서 전세계가 식민주의와 제국주의에 의해 분할되어 있었으며, 이것이 일본의 정책 결정자들이 유럽에서 전쟁이 발발한 몇 개월 후 작전 계획을 내놓도록 자극한 중요한 배경이라는 것이 그의 설명이다.[38] 일본이든 독일이든 파시즘이 출현할 당시의 정치정세는 국제관계의 화제가 국내정치적 이슈를 넘어섰고 특히 변화를 시작한 시기 일본의 사회구조는 전통적 상태였다. 이 둘의 결합이 일본으로 하여금 발전의 '정치관리' 방식으로 가도록 했다는 것이 벤딕스의 견해다.[39]

독일에서 혁명이 발생하지 않았고 결국 파시즘의 길로 갔다는 점에서 무어의 관점은 어느 정도 일리가 있지만 혁명이 일어나지 않은 나라들이 모두 파시즘으로 갈 것인지는 또 다른 화두다. 그리고 우리는 산업화를 실현한 다른 나라들이 파시즘의 길로 가지 않았다는 것을 알고 있다. 이는 파시즘으로 간 나라들의 국내 상황을 제외하고 관련 상황을 논이할 수 없음을 의미한다. 그러나 여기서의 논의에서는 혁명이 일어나지 않았다는 사실이 중요하며, 이는 일본의 국가이행방식의 두드러진 특징이다. 그리고 이러한 이행은 그에 필요한 사회적, 정치적 구조와 문화적 전통 등을 조건으로 하고 있기 때문에 일본이 파시즘의 길로 간 원인은 적어도 자국의 여러 가지 상황을 통해서만 충분히 설명될 수 있다. 어쨌든 당시 일본이 처한 국제환경과 국내모순, 위에서 서술된 학자들의 견해, 특히 위에서 고찰한 일본의 메이지헌법 국가체제와 관념체계 등이 메이지체제하에서 파시즘으로 가게 된 기본적인 원인으로 된다.

제2차 세계대전이 끝난 후 일본은 연합군(사실상 미군)에 의해 점령되었다. 그동안 중요한 개혁이 수행되었으며 이로부터 현재 일본의 기본적인 국가 형태가 형성되었다. 즉 일본은 패전국으로서 연합군의 강력한 압력을 받아 맥아더가 이끈 참모부가 작성한 초안을 근거로 제정된 1947년 신헌법을 통해 전후 국가건설의 길에 들어섰으며, 1948년에 제정 및 공포된 〈국가공무원법〉도 '후버초안'에 근거한 것이다. 그러나 일본정부는 냉전과 6.25전쟁의 상황을 틈타 반독점법을 두 차례 개정하여 기업집단의 형식으로 전시경제체제를 부활시켰고 맥아더의 승인으로 자위대도 창설하였다. 또

---

38 布鲁斯·卡明斯, 同上书, 第70-71页。

39 Reinhard Bendix, *Nation-Building and Citizenship: studies of Our Changing Social Order*, University California Press, Berkeley, Los Angeles, 1977, pp.248-249.

한 전쟁 후 숙청되었던 고위 관료들의 대부분이 정부로 복귀했으며 이후에는 보수적인 자민당을 결성하였다.

일본은 구미국가들을 제외하고 적어도 아시아에서 유일하게 근대화를 이룩한 나라이며, 정치체제와 정책방향의 변화는 모두 권력핵심이 주도했다. 벨라는 일본만이 전통적 지도층의 주도하에 현대화를 성공적으로 추진했으므로 전통사회 자체의 구조로부터 일본의 변화가 설명되어야 한다고 주장한다. 그러나 긴 경과와 전통사회 내의 거대한 문화적, 사회적 변화없이 일본 스스로 현대화를 달성할 수는 없었을 것이며, 이 변혁의 동기는 황권을 회복하고 국력을 증강하는 것과 같이 정치적인 것이었다고 그는 주장한다.[40] 중대한 변화가 발생하기 전의 사회구조는 그 후의 변화와 관련이 있기 때문에 벨라의 관점은 일리가 있다고 볼 수도 있다. 하지만 황권을 회복하는 것 자체가 유신을 추진한 주된 목적이 아니었으며, 그것은 부강을 달성하기 위해 동원된 중요한 수단의 하나였음을 우리는 앞에서 이미 보았다. 우리가 고찰한 내용에 근거하여 필자는 일본의 '텅빈포대' 문화적 특성과 국가권력구조 및 봉건제 등이 더 강조되어야 한다고 생각한다. 물론 벨라도 자신의 저서에서 이 내용들을 언급했지만 아마도 그의 연구주제 때문에 논의의 방점을 '도쿠가와종교'에 둔듯 하다.

우리가 반드시 직면해야 할 것은 궁극적으로 미국이 주도한 전후 개혁에 의해 일본의 국가이행이 이루어졌다는 기본적인 사실이다. 좀 더 넓은 시각에서 본다면 네덜란드와의 무역관계에서 오랫동안 서양의 영향을 받았고 미국의 강제적 개혁 등 외부의 영향이 일본의 특수한 문화와 정치구조와 결합되어야만 일본의 국가이행과 근대화를 충분히 설명할 수 있다. 따라서 이른바 '도쿠가와종교'를 일본 국가이행의 주요 요인으로 간주해서는 안 되며, 그것은 기껏해야 많은 요인들 중 하나일 뿐이다. 적어도 이론상으로는 문화가 갖고 있는 본래 함의로 인해 국가이행이라는 중대한 변혁문제를 충분히 설명할 수 없다. 국가이행은 체제와 立國원칙 및 기타 중요한 기제를 떠나서 논의할 수 없는 문제이기 때문이다.

---

40 罗伯特 · N. 贝拉, "日本传统社会与现代社会的关系", 苏国勋、刘小枫主编, 同上书, 第322-323页; 贝拉, 同上书, 第225-226页。

3 **수동적 독립과 자주적 이행**

1910년 8월 한국은 일본의 식민지가 되었다. 그러나 사실상 일본은 1905년 11월부터 한국에 '보호정치'를 강행하고 외교권을 장악했으며 1907년부터는 한국의 법령제정권과 관리임명권을 행사했기 때문에, 한국의 국가주권은 식민지로 되기 전부터 이미 심각한 위협을 받고 있었다. 이러한 배경하에 1907년부터 1910년까지 한국 곳곳에서는 항일투쟁이 벌어졌고 많은 사람들이 의병행렬에 참가했다. 그러나 1910년 이후에는 대부분 만주 등 해외로 이주해 항일투쟁을 계속 이어갔다.

일제강점기 마지막 15년 동안 한국은 농촌진흥운동, 산업화, 인구증가, 시장확대, 도시화 등 많은 변화를 겪었다. 또한 1945년까지 일본을 제외한 모든 아시아 국가 중에서 한국은 가장 좋은 교통 및 통신 인프라를 갖추고 있었다.[41] 그리고 망국시기 다른 나라에 간 사람들은 다양한 정치이념을 접하고 수용했지만 일제식민통치에 적극 협조한 정치세력들조차도 민족과 동포의 개념을 동원해 자신들의 견해를 주장했다. 또한 마르크스-레닌주의 등 좌익이론과 파시즘과 같은 우익이론과 결합된 민족주의도 있었다.[42] 이로부터 우리는 각양각색의 이념을 추종하는 사람들이 복잡하게 얽혀 있는 상황과 그 시기의 주요 화제는 민족독립이라는 것을 엿볼 수 있다. 이는 당시 두드러진 이데올로기적 갈등의 특성을 반영한 것이기도 하다.

한국의 현대화 과정을 고찰함에 있어서 피해 갈 수 없는 문제는 이 시기에 있었던 일본의 영향을 어떻게 볼 것인가다. 이 질문에 답하기 위해 마르크스의 '역사의 무의식적인 도구'를 차용할 필요가 있다. 이 개념이 도입되면서 위의 질문은 다음과 같이 약간 조정되었다. 일본은 한국의 국가현대화에 '역사의 무의식적인 도구'로써 어떤 역할을 했는가? 또는 일본은 한국의 현대화 진척에 어떤 '긍정'적인 영향을 미쳤는가? 이러한 시각의 조정은 아래의 논의에서 일본이 한국의 경제발전에 어떤 영향을 미쳤으며, 일본식민통치가 한국에 가해진 민족압박과 착취 등 문제들을 기본적으로 제외할 것임을 의미한다. 또한 이로부터 우리의 논의초점을 한국의 국가이행에 맞

---

41 식민지 시대에 관해서는 부르스 커밍스, 同上书, 3 장; 이승렬: "식민지 근대론과 민족주의", 역사비평, 2007 년, 가을호를 참조하라.

42 홍석률: "민족주의 논쟁과 세계체제, 한반도 분단 문제에 대한 대응", 역사비평, 2007 년, 가을호.

출 수 있을 것이다.

　위의 문제를 살펴보기 위해 필자는 일본이 조선 사회구조의 파괴와 현대관료 제 건설에서 어떤 영향을 미쳤는가에 중점을 둘 것이다. 이 두 가지에 주목하는 이 유는 경직된 주자학 이념과 신분계급제가 국가현대화의 중요한 장애물임이 틀림없 고, 현대관료제는 국가현대화의 필수불가결한 중요한 부분이며 강력한 수단이기 때 문이다.

　서학의 점진적인 유입과 함께 조선 후기에 이르러 유교관념이 약해지기 시작한 다. 하지만 천주교를 받아들인 사람들의 대부분은 이른바 사회 하층민이었고 일부 지 식인도 있었다. 앞에서 언급된 '동학'은 원래 서학에 대항하기 위해 창안되었다. '동 학'은 후에 '천도교'로 변화되어 곧 언급될 '3.1민족독립운동(이하 '3.1운동'으로 약칭한다) 을 실질적으로 준비하고 주도했다. 기독교계와 불교계도 이 과정에 참여했다. 이는 기 존의 '정통'이념은 식민지로 전락되기 전에 이미 파괴되기 시작했음을 보여주는 것이 다. 그리고 신분계급제의 중요한 사슬 중 하나였던 노비계약은 '임진왜란'과 '병자호 란'(1636년) 전쟁에서 파괴되기 시작했지만 '평등' 요구를 분명히 제시한 동학농민운동 기간에 대규모로 불태워졌다. 그러나 두 차례의 전쟁을 겪은 후 국가재정이 극도로 어 려운 상황에서 조선의 신분계급제는 심각하게 약화되었다. 이는 당시 조선정부가 채 택한 아래와 같은 조치에서 뚜렷이 나타난다. 즉 국가에 쌀이나 돈을 헌납하면(그 구체 적인 조치는 '납속책'과 '공명첩'이다), 면천이나 면역을 받을 수 있었으며 상민에서 양반으로 신분상승을 할 수도 있었다. 그 뒤 영조말기부터 별 의미가 없게 된 노비제도는 일본 의 지지하에 시행된 '갑오경장'에서 공식적으로 폐지된다. 이후 항일투쟁 과정과 일제 강점기 생존경쟁에서 조선의 국가를 지탱하는 기둥 중 하나였던 신분제는 완전히 파 괴된다. 이런 측면에서 볼 때 한국의 현대화에 걸림돌이 되는 신분계급제와 이와 관 련된 관념 등 전통을 파괴하는 데 일본이 실제로 어느 정도의 영향을 미친 것은 분명 하다. 그러나 한국의 자주적 행동이 더 중요하며 서학과 전쟁 등 다른 요인들의 영향 도 있었다. 또한 식민지 시기 일본은 한국의 행정제도를 식민통치에 유리한 제도로 개 조했으며 이 과정에서 사법체계, 철도국, 경찰제도 등과 같은 현대적 행정기구와 제 도를 도입했다.

　위에서 언급한 '역사의 무의식적인 도구'의 영향은 1960년대까지 계속되었다. 커 밍스가 말했듯이 일본이 한국에 이식한 '개발주의' 식민정책, 즉 국가주도의 자본주의가 한국의 60년대 경제발전의 원동력이 되었다. 사실 식민지 시대의 한국은 자체의 근대화 지향성과 제국주의의 이식·수용의 흐름, 제국주의에 저항하는 성향 등이 경쟁적으로 공존했고 이러한 과정의 주체는 한국인 자신이었다.[43]

여기서 일제강점기 최대 규모 독립운동인 1919년 '3.1운동'을 언급할 필요가 있다. 이 운동은 몇 달 동안 지속되었을 뿐만 아니라 거의 모든 계층의 한국인이 참여했다. 이 운동에서 7,600명 이상의 한국인이 사망했고, 16,000명 이상이 부상당했으며, 46,000명 이상이 체포되었다. 이 운동은 민족독립이 전체 민족의 보편적 염원임을 보여주는 것이며, 그 직접적인 결과 중 하나가 한국임시정부(1919년, 상하이)의 탄생이다. 여기서 주목할 것은 비록 '대한제국'이 망한지 9년도 되지 않았지만, 왕조로서의 한국을 회복하려 한 것이 아니라 '민국'을 세우고자 했다는 점이다. 이로부터 우리는 시대의 변화를 엿볼 수 있을 뿐만 아니라 나라를 잃게 만든 왕실이 지식인과 백성들의 마음 속에서 어떤 위치를 차지하는 지도 알 수 있다. 그리고 '3.1운동'을 계기로 한국의 항일무장단체들이 급속히 발전했으며(그러나 비폭력항쟁을 통한 민족독립을 주장하는 계파도 있었다), 이 운동은 세계에서 유행되는 다양한 이념이 한국의 지식계와 사회에 널리 전파되는 계기로 되었다. 이 운동의 직접적인 결과 중 하나는 일본으로 하여금 무단통치를 포기하고 '문화정치'로 전환토록 했다는 것이다. 그러나 몇 가지 조치를 취하기는 했지만 근본적인 정책변화는 일어나지 않았다.[44] 여기서 이 운동과 앞서 언급된 동학농민운동은 맥이 닿아 있음을 강조한다. 이는 한국의 국가이행 과정의 성격을 이해하는 데 중요한 의미를 가지기 때문이다.

알다시피 1945년 일본의 항복으로 한국은 식민지 국가에서 광복을 맞이하게 되었지만, 미국과 소련 두 강대국은 38선을 경계로 자기들의 세력범위를 이미 확정하고 있었다. 또한 일제강점기가 끝남에 따라 돌연히 해방을 맞이한 상태에서 한반도의 다양한 정치세력은 자신들의 정치적 견해를 자유롭게 표현할 수 있었다. 그러나 해방의 의미를 어떻게 정의할 것인지, 친일파를 어떻게 처리할 것인지, 어떤 나라를 세울 것인지 등 주요 현안에 대한 기본적인 합의를 이루지 못했을 뿐만 아니라 오히려 매우 혼란한 상황으로 빠져 들었다. 또한 미국과 소련에 부응한 정치세력이 남과 북의

---

43 김성보: "탈 중심의 세계사 인식과 한국근현대사 성찰", 역사비평, 2007년, 가을호.

44 丁时采, 同上书, 429-430쪽. 그리고 일제강점기와 미군정 시기 한국관료제의 상황 등에 관해서는 이 책의 第4篇第5章과 第5篇(共三章), 451-452쪽, 468쪽; 李基白, 同上书, 361-362쪽을 참조하라.

정권구축을 주도하게 되며 외세와 손을 잡지 않은 정치세력은 점차 정치무대에서 사라지게 된다.

　　미군정이 한국을 인수한 후 선택할 수 있는 통치기구로는 기존의 '총독부'와 이 시기에 널리 세워진 '인민위원회' 두 가지가 있었다. 미군정은 전자를 택했고 이러한 선택에는 미군정의 한반도 남부에 좌파혁명 분위기가 짙게 드리워 있다는 판단이 깔려 있었다. 실제로 미군정이 실시한 여론조사에 따르면 한국인의 70%는 전에 겪어본 적이 없는 사회주의를 선택했고, 14%만 자본주의를 선택했으며, 7%는 공산주의를 선택했다.[45] 당시 한국백성들이 왜 이런 선택을 했는지는 분명하지 않다. 식민지 성격의 자본주의가 약탈의 가혹함을 강화했기 때문일 수도 있고, 당시 한국백성들의 생활여건이 '자본'과 거리가 멀었기 때문일 수도 있다. 그러나 더 가능성이 높은 해석은 역사적 공동체의 문화전통과 그 시기에 널리 세워진 '인민위원회'의 영향일 것으로 보인다. 어찌 되었든 군정의 목적을 순조롭게 수행하고 혁명의 조류를 막기 위해 미군정은 일제강점기의 행정제도를 따랐을 뿐만 아니라 식민통치 시기의 일본인 관리와 식민지배에 적극 부역한 한국인들을 채용했다. 커밍스는 미군정의 1차적 목표가 한반도 남부를 반공요새로 만드는 것이라고 지적한다. 이를 위해 한국을 점령한 초기부터 이 목적에 부합하는 군대, 경찰, 정당 등 조직을 건립했으나 이 조직들은 1960년대까지 큰 변화가 없었다.[46] 그러나 미군정은 한국에 자유민주주의를 기본원리로 하는 삼권분립체제를 도입했고, 행정민주화를 위해 여러 가지 위원회(중앙경제위원회, 중앙경찰위원회 등)를 설치했으며, 미국식 직업분류제도인 현대인사행정제도도 도입했다. 이러한 개혁조치들은 한국의 현대화에 중요한 의미를 갖는다. 이는 실제로 사회에 대한 強國家 현상을 초래했지만 식민통치 후의 국가건설 의미도 분명히 띠고 있다.[47]

　　미군정을 실시한지 3년이 지난 후 '제헌국회'를 통해 헌법이 제정되고 이 헌법에 따라 초대 대통령이 선출되어 공식적인 대한민국정부가 수립되었다. 이로부터 한국은 자유민주주의를 기본 틀로 하는 정치체제를 확립하였다. 그리고 일제강점기와 미군정기의

45　김기협, "홍석현의 〈한반도 평화 오디세이〉 독후감", 프레시안, 2018 년 11 월 9 일.

46　부르스 커밍스, 同上書, 282-283 쪽, 288 쪽. 위에서 나오는 '개발주의'에 대한 내용은 이 책의 289 쪽에 있다.

47　미군정 시기의 상황에 관해서는 韓国政治学会編, 同上书에 실린 아래 두 편의 논문을 참조하라. 심지연, "해방의 의미와 해방정국의 전개"; 김왕식, "미군정 경찰의 정치적 위상".

요소를 기본으로 하고 다른 나라 행정조직의 일부 요소를 참작한 정부조직을 구성했다.

비록 미군정이 3년밖에 지속되지 않았지만 이 3년은 기본적으로 새로운 나라의 성격과 훗날 정권의 우익적 성격을 결정짓는 계기가 되었다. 이러한 특성은 민주화를 실현하기 전까지 한국 역대정권의 운영과 정책방향에서 나타났다. 일본식민지 시기가 한국에 미친 심각한 영향(조선왕조 시기의 '강화조약'과 '갑오경장'의 영향까지 거슬러 올라갈 수 있다)까지 고려한다면 한국의 국가이행은 위에서 거론한 두 가지 외부 요인의 영향을 배제할 수 없을 것이다. 이로 인해 한국의 자주적 '근대화'도 뉴트럴이 생겼으며 민족국가로서의 연속성을 상실했다. 어쨌든 한국의 정치·행정제도는 기본적으로 이를 바탕으로 구축되었으며, 앞으로 나아가야 할 길은 이를 기반으로 한 자주적인 현대화다.

여기서 '근대화'와 '현대화'에 관한 시대구분의 단어선택에 대해 간략히 논의할 필요가 있다. 필자는 한국에서 민족자주적인 '근대화'가 일어나지 않았거나 일어났다 하더라도 일본에 의해 비틀어진 '근대화'라고 주장한 바 있다. 실제로 박정희 정부부터 추진한 경제현대화만 있을 뿐이며, 그 시기에 상용되었던 '조국근대화'는 '민족중흥'을 위해 일본에서 차용한 것으로 볼 수 있다.[48] 물론 이는 자주적인 경제발전에 주안점을 둔 견해다. 일본은 자신들의 발전문제에서 '현대화'가 아닌 '근대화'라는 단어를 사용한다. '메이지 이후는 현대사에 속'하지만 '현대'라는 단어는 일본에서 '현대를 넘어서'라는 특수한 의미를 가진다.[49] '현대를 넘어서'는 전후 일본경제가 서양을 추월할 때까지 계속된다. 이와 관련하여 중국에서는 아편전쟁이 발발하기 전까지 고대라 하고 '5·4운동'을 현대의 시작으로 보고 있다. 이 같은 시대구분법은 일리가 있다. 기본적인 체제와 관념 및 물질과 정신적 생활에서 고대는 2천 년 동안 그 대체적인 전통을 이어 왔기 때문이다. '5·4운동'부터 현대화를 실현하기 위한 노력을 했으며 명확한 현대화 목표도 설정되었고, 특히 '신문화운동'은 분명한 현대화 흔적이 각인되어 있다. 중국의 근대는 고대와 현대의 '단절'을 의미하며 서양'현대화'의 충격을 맛보는 시기였다. 하지만 아직 발전방향을 정하지 못했거나 서양국가들의 일부 피상적 특징을 맹목적으로 모방하는 시기이기도 하다. 때문에 이 시기를 고대에서 현대로 '과도'하는 단계로 볼 수 있다.

48　金东日, "韩国 '三流政治'的一种解读", 《学海》, 2011年 第1期。

49　丸山真男, 同上书 (2009年), 第101页; 丸山真男, 同上书 (2000年), 第17-19页。

시대구분에서의 단어선택은 실제로 과거 특정 시기에 대한 인식과 각국이 선정한 국가목표를 반영하는 것이다. 예를 들어, 일본의 '근대화'는 확실히 일본의 근대에 일어난 것이다. 그리고 일본의 '현대를 넘어서', 한국의 '조국근대화'(일본근대의 메이지유신을 참조한 의미가 있지만 잃어버린 근대를 '보충'하는 것으로 볼 수도 있다), 중국의 '4개현대화' 등은 분명히 당시 사람들이 추구하고자 했던 목표를 의미한다. 위의 동아시아 상황과 달리 서양에서는 '근대'와 '현대'를 개념적으로 구분할 필요가 없다. 그것은 5세기 동안 지속된 '자연적인 역사과정'이기 때문이다. 보겔린은 서양역사가 통상적으로 1500년을 공식적인 분계로 하고 그 뒤로는 서양사회의 현대단계라 지적한다.[50] 이상의 논의는 특히 동아시아 삼국에서 반드시 '근대'와 '현대'를 구분해야 할 이유이며, 서양현대화와 비교하여 이 세 나라 국가이행방식의 특수성을 설명하는 것이기도 하다.

제1기 정부로 출범한 이승만정권은 반공이념과 복잡한 정치상황으로 인해 친일파를 청산해야 하는 역사적 책임을 수행하지 못했다. 또한 국정운영에서 정부의 정치도구화와 부패, 당시 여당의 사당화, 반대파에 대한 압제 등에서 표현된 독재, 전횡, 무능의 다양한 행위로 인해 국민의 거센 저항을 받았고, 마침내 1960년 '4.19혁명'으로 축출되었다. 이어 집권한 '제2공화국'은 박정희의 군부 쿠데타로 9개월 만에 무너진 내각제 정부다. 장면의 집권기에는 각종 정치적 요구가 쏟아지면서 사회질서가 매우 혼란스러웠다. 이 같은 배경하에 박정희가 이끈 군부집단이 무혈쿠데타를 일으켜 국권을 장악하고 3년의 군정(1961-1963년)을 실시한 후 새 헌법에 따라 대통령이 되었다(1963-1972년, '제3공화국'). 그 뒤 장기 집권을 위해 또다시 헌법을 개정하고 '유신체제'를 실시했다(1972-1979년, '제4공화국'). 그러나 이 체제는 박정희가 정보부장에 의해 사살되어 막을 내리게 된다. 유신체제는 독재정권임이 틀림없지만 박정희가 집권할 때 한국경제의 현대화 토대가 마련되었다는 평가가 일반적이다. 현직 대통령이 사살되어 나타난 혼란스러운 정세 속에서 군사쿠데타를 통해 정권을 장악하고 광주에서 수백 명을 학살하고 출범한 것이 전두환정권이다. 그 후 다시 헌법을 개정하여 이른바 '제5공화국'을 수립했다(이것이 후임인 노태우 대통령을 비롯한 정치세력을 '5공세력'이라 부른 이유지만 노태우는 '87년체제'에서 대통령에 당선되었다). 그러나 한국은 1987년 '6월항쟁'을 통해 민주화를 실현함으로써 국가체제의 근본적인 이행을 실현한다. 이후 오랫동안 한

---

50   埃里克・沃格林, 《新政治科学》, 第140页。

국의 민주화를 위해 투쟁해 온 김영삼은 노태우와 손잡고 '삼당합병'을 통해 대통령이 되었고, 김대중도 박정희 시기의 중요한 인물인 김종필('삼당합병' 중 한 당의 대표)과 연대해 대통령이 되었다.

위의 내용은 일제강점기 이후에 한국이 급격한 변화를 겪었음을 보여준다. 이러한 변화에는 '한강의 기적'과 같은 한국경제의 거대한 변화도 포함된다. 헌팅턴은 1960년대 초 한국과 가나의 경제지표가 유사했던 것을 보고 큰 충격을 받았다고 한다. 그 뒤 30년 만에 한국이 세계 14위의 경제강국으로 성장했기 때문이다.[51] 한국의 경제발전에서 군사조직의 역할도 언급되어야 한다. 한국전쟁이 끝나갈 무렵 한국사회의 거의 모든 조직이 와해되었지만 유독 군대만 1950년 10만 명에서 1953년 60만 명 이상으로 급증했다. 모든 남자들이 한국군대 특유의 교육을 받았고 실제로 군대는 전후 30년 산업훈련학교의 역할을 맡았다. 이 시기 한국군 장교들은 반자본주적이었고, 국력강화를 강력히 추구했다.[52] 물론 위의 상황에서 비롯된 경직되고 권위주의적인 문화 및 극우와 반공이념의 심화, 군인 엘리트들의 정치화, 군사문화의 심화 등이 한국사회에서의 확산 및 국가운영에 미친 부정적인 영향을 부인할 수는 없을 것이다. 하지만 군대문화의 확산은 정책집행력의 강화에도 긍정적인 영향을 미쳤다.[53]

한국의 이행과정에서 또 하나 유의해야 할 것은 통일된 유교이념이 왕조의 몰락과 함께 쇠퇴한 후 복수의 종교가 그 자리를 채우고 세속인들의 마음을 달래는 기능을 수행한 사실이다. 이 종교들은 군사독재와 금융위기와 같은 특정 시기에 세속권력이 넘을 수 없는 피난처(경찰은 학생운동과 노동운동의 구성원을 체포하기 위해 종교 '성지'에 발을 들이지 못했다)와 곤경에 처한 사람들을 돕는 자선단체로서의 기능을 수행했다. 그리고 정치적 이념에서 좌에서 우로의 다양한 성향이 공존하며, 이는 한국에서 정치적 갈등이 빈번하게 발생하는 중요한 원인 중 하나가 된다. 그러나 동시에 민주적 헌정질서의 틀 안에서 이러한 다양한 관념체계는 서로 다른 이념을 믿는 여러 집단과 결합되어 마침내 한국의 민주화를 추진하는 중요한 힘을 형성한다. 또한 한국의 야당은 군사

51 阿玛蒂亚·森著:《身份与暴力—命运的幻想》, 李风华、陈昌升、袁德良译, 北京:中国人民大学出版社, 2009 年, 第92页。
52 부르스 커밍스, 同上 424-425쪽, 437-438쪽, 한국의 경제발전에 대한 그의 논평은 이 책의 455-456쪽, 459 쪽, 483 쪽을 참조하라.
53 한국의 군인통치체제에 대한 평가는 김호진, 同上书, 377-380 쪽을 참조하라.

독재 시기에도 취소된 적이 없었다. 이러한 여러 세력들이 결합되어 독재에 대항하는 투쟁이 지속적으로 이어지도록 했다. 이들 야당, 지식인, 종교계, 학생운동, 노동운동 등은 한국이 궁극적으로 민주화를 실현할 수 있었던 귀중한 조직적 자원이었다. 위와 같은 상황은 특히 조선후기의 단일하고 경직된 이념 등 상황과 극명한 대조를 이룬다.

또 하나 지적해야 할 것은 위에서의 간략한 서술에서 알 수 있듯이 한국은 오랫동안 보수기득권 세력에 의해 지배되어 왔다는 점이다. 김영삼과 김대중이 일부 보수세력과 손을 잡고서 대통령이 된 것도 이 때문이다. 이러한 기득권 세력의 뿌리는 미군정과 제1공화국 시기에 형성되었으며, 일제식민통치 시기의 그림자도 뚜렷하다. 예를 들어, 한국정부수립 이후 박정희를 비롯한 많은 고위장성들이 일본 관동군에서 복무했다. 실제로 건국과 동시에 '반민족행위 특별조사위원회('반민특위'로 약칭, 1948년 8월)'를 설치했지만, 이승만정권과 일부 친일파들의 방해로 친일파를 처벌하지 못하고 1년 만에 해산되었다. 뿐만 아니라 많은 독립운동가들이 친일경찰의 박해를 받았다.

한국이 중대한 변화를 이룬 방식은 두 가지다. 첫 번째는 폭력을 동원한 두 차례의 군사쿠데타이며, 이로부터 형성된 것이 군사정권이다. 공과 과로 평가하자면 경제발전을 이룩한 것은 공이다. 이 과정에서 기술관료주의와 행정의 효율성이 충분히 발휘되었다. 또한 군사정권 시대에 사회에 질서를 가져온 것도 공으로 보아야 한다. 이는 당시 군사정권의 성격으로 설명할 수 있다. 과는 이러한 성과를 이루기 위해 동원된 수단, 즉 강압적 독재통치다(특히 '유신체제'와 '5공체제'). 이는 주로 의회, 정당활동, 언론매체, 사회시민단체에 대한 통제와 억압 및 이 과정에서 자행된 인권유린 등이다.

두 번째 방식은 민중운동이다. 이러한 주요 사건은 폭력을 수반하지 않았지만 한국정치사에서 획기적인 의미를 가진다. '4.19혁명'은 보통시민들이 평화적인 항의시위를 통해 이승만독재정권을 뒤엎은 민중운동이고, '6월항쟁'은 민주화 운동이다. 특히 후자는 장기적인 군부통치를 유지해 온 한국에서 실로 기적과도 같은 사건이다.

한국은 주로 위의 두 가지 변화를 통해 비교적 짧은 기간에 산업화와 민주화를 이룩했다. 한국의 독립은 스스로의 투쟁을 통해 얻어진 것이 아니고 국가제도와 정부행정 등 여러 면에서 미국과 일본의 강력한 영향을 배제할 수 없다. 하지만 전통국가에서 현대국가로의 이행은 자주적인 행동을 통해 이룩한 것이며, 이러한 이행은 한국의 진정한 독립을 의미한다. 국가는 건립하고 구축하며 건설되는 정치공동체이며, 이로부터 비로소 새로운 국가가 탄생된다.

4 정치운동

청나라 말기에 무술변법운동, 조정이 추진한 新政 그리고 입헌운동 등이 있었지만 모두 실패했다.[54] 신해혁명은 혁명의 가장 기본적인 목표를 달성했지만, 각 省과 중앙정부 사이의 대부분 행정연결이 단절되어 민국 초기의 중국은 사실상 각 성의 연방제 체제였다.[55] '대혁명'이 기본적인 승리를 달성하면서 국가건설이 시작되었다(1928년 10월). 이로부터 영토분단을 막았고 이 과정에서 '집중화된 지방주의'가 통일된 중앙집권적 국가체제의 수립에서 주도적 역할을 하였다. 1937년에 이르러 이전의 체제에 비해 안정된 체제가 수립되었지만 구체적인 면에서 여전히 많은 결함이 있었다.[56]

이후의 중국은 전면적인 항일전쟁과 해방전쟁 등 장기전 상태에 빠졌다. 이 전쟁의 성격은 다양하지만 모두 공동체의 파괴와 현대화를 추진해야 하는 최소한의 국가안정을 잃게 되었다. 또한 전쟁의 특수성으로 인해 전쟁 양측은 조직력을 강화하고 동원해야 하며, '명령-복종'이라는 행동패턴을 강조하게 된다. 이는 이 시기의 주된 내용이 특정한 질서를 위한 제도건설이 아니라 물리력을 동원한 행동지향적임을, 그리고 진영논리가 지배적이었음을 의미한다. 중국공산당(이하 '중공'으로 약칭한다)의 경우 특히 延安시기에 진행된 '정풍운동'은 이러한 경향을 더욱 강화시켰다. 그 과정에서 중공내부의 응집력도 전에 없는 수준으로 높아졌으며, 이는 파벌이 많았던 국민당 군대를 패배시킬 수 있었던 중요한 요인 중 하나다.

그러나 중공이 최종적으로 승리할 수 있었던 원인은 국민당이 극복하기 어려운 심각한 문제가 있었기 때문이기도 하다. 국민당정권의 말단은 지방의 향신(鄕紳)들이 장악하고 있었고 백성들과 심각하게 괴리되어 있었다. 즉 국민당의 사회적 기반이 심

---

54 상세한 내용은 杨天石著：《帝制的终结》, 长沙：岳麓书社, 2013 年, 2 장, 5 장, 9 장을 참조하라.

55 欧内斯特・P. 杨, "辛亥革命后的政治风云：袁世凯时期, 1912-1916 年", 费正清：《剑桥中华民国史》(1912-1949 年, 上卷), 杨品泉等译, 北京：中国社会科学出版社, 1994 年, 第201-204页。아래에 나오는 민국시기 국가건설 상황에 관해서는 이 책의 702-711 쪽을 참조하라.

56 易劳逸, "南京十年时期的国民党中国, 1927-1937 年", 费正清, 费维恺编：《剑桥中华民国史》(1912-1949 年, 下卷), 刘静坤等译, 北京：中国社会科学出版社, 1994 年, 第147页, 第161-165页。그리고 아래에 나오는 항일전쟁 시기에 국민당이 치른 대가에 관해서는 이 책의 11 장을, 비앙커의 관점은 이 책의 273 쪽, 중국농민운동에 관해서는 이 책의 6 장을 참조하라. '집중화지방주의'에 관해서는 李怀印, "集中化地方主义与近代国家建设", 《近代史研究》, 2018年 第5期를 참조하라.

각하게 결여되어 있었으며, 이는 항일전쟁 시기 농촌지역에서 아주 큰 대가를 치르도록 했다. 뿐만 아니라 국민당의 국가기구는 내부로부터 붕괴되었고 그들의 정치적 목적은 정책이 아니라 권력쟁탈과 이익다툼이었다. 물론 이 모든 허점의 이면에는 전통적인 정치구조와 장개석(蔣介石)의 정치관이 있었다. 그리고 중공군이 국민당군을 최종적으로 패배시킬 수 있었던 것은 항일전쟁 후기에 소련군이 동북지역에 개입하고 항일전쟁 기간 국민당의 군사력이 약화된 요인도 있다.[57] 또한 國民革命軍이 기본적으로 전국을 통일한 후, 특히 장개석과 왕정위(汪精衛)가 협력하는 1932년부터 1937년까지 중앙정부의 과제는 국가권력이 어떻게 사회를 동원하고 통제하여 중공군을 토벌하고 항일의 군사적 수요를 충족시킬 것인가 하는 문제였다. 때문에 행정체계 및 지방 당조직의 건설과 같은 몇 가지 중요한 행정개혁을 단행했다. 하지만 중앙에서 당의 영향력이 비교적 큰 데 비해 지방에서의 당의 영향력은 현저히 낮았다.[58] 특히 중공의 조직력에 비하면 이것은 국민당의 큰 약점이었다. 또 한 가지 짚고 넘어가야 할 것은 당시의 국민당군은 병력과 무기장비에서 절대적인 우위를 점하고 있었다는 것이다. 이는 국민당군이 결국 패배하게 된 주요 원인을 반드시 군사적 대결 밖에서 찾아야 하며, 적어도 군사적 측면에만 국한되어서는 중공의 승리를 충분히 설명할 수 없음을 의미한다.

이후의 국가건설 흐름에 중요한 영향을 미친 요인들에 대해서 다음과 같은 상황도 고려되어야 한다. 중국의 '家天下'체제로 인해 백성들의 국가동질감이 그리 강하지 않았으나 일본이 일으킨 전면적 대중전쟁은 큰 위기감을 조성하여 전례 없는 동질감을 고양시켰다. 이것은 10년 동안 숙적이었던 國共 두 당의 두 번째 협력이 이루어진 원인이다. 심지어 늘 중도를 지키던 량수명마저 국민당이 '당위의 당'이 되어야 하며, 전쟁에서 통일된 지휘권을 행사하여 민족의 연합을 수호해야 한다고 주장했다.[59] 뿐만 아니라 이 시기의 긴박한 정세 때문에 중국의 지식계는 기본적으로 '이성(理性)적

---

57 易劳逸著：《毁灭的种子：战争与革命中的国民党中国 (1937-1949)》,王建朗、王贤知、贾伟译,南京：江苏人民出版社, 2009 年, "原序" 第2页, 第28-29页, 第57页, 第112-113页, 第154页, 以及结论部分。중공과 국민당이 농민에 대한 서로 다른 정책과 그 결과에 관해서는 이 책의 2 장과 3 장을 참조하라.

58 刘文楠, "南京国民政府的国家政权建设", 《南京大学学报》, 2014年 第6期。남경정부 시기의 당정관계에 관해서는 弓联兵, "现代国家与权威危机—近代中国国家建设的政治逻辑及受挫原由", 《人文杂志》, 2011年 第1期를 참조하라.

59 량수명의 입장에 대해서는 艾恺, 同上书, 214 쪽, 1920 년대 중국농촌지역과 농촌건설에 종사하는 량수명 등에 관한 정황은 이 책의 165-166 쪽, 상세한 내용은 이 책의 10 장과 11 장을 참조하라.

비판에 대한 '信心'을 포기했고, '5·4운동'이 강조한 개성의 해방은 일시적이나마 잊히게 된다.[60] 이 시기 중국의 가장 큰 문제는 민족의 생존이었다. 그리고 중대한 위기 상황에서 다양한 관점과 정치세력이 출현했지만 결국은 무력을 장악한 國共 양당의 투쟁으로 귀결되었다.

위의 상황으로부터 우리는 건립될 나라가 '민족국가' 형태로 나타날 것이고, 중공의 입장에서 더 중요한 것은 강력한 조직력과 광범위한 군중기반을 갖추고 있었으므로 이러한 '민족국가' 건설이 가능해졌다는 것을 알 수 있다. 그 당시 중국 농민은 인구의 대다수를 점하고 있었기 때문에 농민을 제외하고 '민족국가'를 건설할 수는 없었다. 또한 역사는 중공에게 이러한 사명을 부여했다. 비앙커가 지적했듯이 농민운동과 그토록 많은 농민의 지원이 없었다면 중공은 정권을 잡을 수 없었지만 공산당인이 없었다면 농민은 결코 혁명사상을 낳을 수 없다. 중공이 이 역사적 사명을 짊어질 수 있었던 원인에는 농촌에서 '근거지'를 건설할 수밖에 없었고 추구하는 혁명의 목적에 따라 자연스럽게 이 책임을 떠맡았던 것도 포함된다. 사실 중공이 건립된 초기에 많은 중공당원들이 이미 농민과 노동자를 조직하고 동원하는 사업에 뛰어들었고 '대혁명' 시기 첫 번째 '國共協力'이 유지되던 동안에 대중을 동원하여 혁명을 지원하는 사업을 주로 중공당원들이 맡았다. 이로 인해 적어도 이 기간 동안 국민당이 대중과 이탈하는 결과를 초래했다. 또한 농민들이 광범위하게 혁명에 동원된 것은 과세와 토호(土豪) 그리고 탐관오리들의 부패가 대중을 선동하는 주요 의제로 된 당시의 상황과 밀접한 관련이 있다.[61] 애개에 따르면 1920년대 후반부터 많은 사람들이 농촌에서 빈곤이 초래한 부정적인 현상을 보았다. 군벌의 지배와 수탈이 여러 가지 사회와 정치적 면에서의 부정적인 현상을 초래했다. 향신들이 시골을 버리고 떠난 것과 현정부 소재지에서의 부르주아화, 광활한 농촌을 무시하고 피해를 입히는 도시 지역의 확장, 농촌경제에 대한 제국주의의 영향, 농촌수준의 하락 등이 그것이다. 따라서 많은 사람들이(량수명, 陶行知, 晏阳初 등으로 대표된다) 농촌건설 운동에 뛰어들었고 1930년대부터 민국정부도 농

60　舒衡哲著：《中国启蒙运动：知识分子与五四遗产》, 刘京建译, 北京：新星出版社, 2007 年, 第272-279页。 그리고 이 책의 288 쪽에 중국의 개혁개방이 시작될 시기 주양(周扬)의 다음과 같은 말을 적고 있다. '5·4 운동'의 계몽목표는 아직 실현되지 못했다. 주양은 중국문학예술계연합회 주석 등 중요한 직책을 역임한 인물이다.

61　杜赞奇著：《文化、权力与国家：1900-1942 年的华北农村》, 王福明译, 南京：江苏人民出版社, 2010 年, 第213页。 아래에 나오는 '大郷制'에 관한 내용은 이 책의 89 쪽에 있다.

촌개혁 운동에 개입했다. 위의 내용은 농민들이 광범위하게 혁명에 참여하게 된 중요한 원인을 설명하는 것이기도 하다.

이 과정에서 일본도 '역사의 무의식적인 도구'로서의 역할을 맡았다. 무어는 일본이 중공을 위해 낡은 상류층을 소탕하고 피압박자들을 단결하게 하는 기본적인 일을 했다고 말한다.[62] 그러나 낡은 상류층을 소탕하는 작업은 일본의 본격적인 중국침략 전, 즉 신해혁명과 대혁명 시기부터 시작되어 이후의 전쟁과 토지개혁운동 등의 과정을 거치면서 기본적으로 완성된 것이다. 일본이 '大鄕制'를 수립하는 과정에서 특히 화북지역의 宗族세력 등을 '소탕'했지만, 중국에서의 '낡은 상류층'은 이보다 훨씬 넓은 개념으로 이해되어야 한다. 하지만 일본의 침략이 당시 중국의 '피압박자들을 단결'시키는 데 일조했음은 분명하다.

전쟁을 통해 정권을 얻을 수는 있지만 국가의 건립은 합법성이 있어야 한다(제1차 '중국인민정치협상회의'에서 채택한 〈공동강령〉을 기초로 새로운 국가의 중앙정부를 조직하고 그 수립을 공표하였다. 1949년). 또한 정권의 기반을 공고히 하고 체제와 국가기구가 원활하게 작동할 수 있는 다양한 기제를 구축해야 한다. 그런데 여기서 주목해야 할 것은 이 과정이 매우 특별한 방식으로 추진되었으며, 바로 이러한 방식으로 중국의 국가이행방식을 충분히 설명할 수 있다는 점이다. 건국 전후에 전개된 일련의 정치운동을 살펴봄으로써 우리는 건국과정의 기본적인 측면을 이해할 수 있을 것이다.

중화인민공화국을 건립하기 전에 중공은 解放區에서 토지개혁운동(1946-1948년)을 실시했다. 이 시기의 토지개혁정책은 적어도 객관적으로 필요한 것이었다. 왜냐하면 1930년에 국민정부가 반포한 토지법이 너무도 진보적이고 실용적이어서 중공은 아무런 수정도 거치지 않고 그대로 받아들였기 때문이다.[63] 그리고 이 운동이 중공에게 많은 이익을 가져다준 것도 사실이다. 하지만 양규송의 상세한 연구에 따르면 이 운동은 모택동(毛澤東)의 의도적인 정책결정에 의해 추진된 것이 아니었고 농민을 동원하여 전선에 투입하기 위한 것도 아니었다. 그 원인은 계급분석과 계급투쟁의 관념 및 그 정책의 시행, 고도로 집권화된 제도 그리고 중공의 고위층이 농촌의 실제 상황에 익숙하지 않았던 것 등에 있다. 물론 중공의 토지개혁과 집단화 조치 및 혁명발전

---

62 巴林顿 · 摩尔, 同上书, 第178页。
63 易劳逸, 同上书, 第69页。

단계와 사회주의에 대한 이해는 소련과 러시아혁명모델의 영향을 많이 받았다. 또한 건국 후에 진행된 토지개혁운동에서 지주와 부농의 가정성분을 구분하는 문제도 농민을 동원하여 농촌 구세력을 타도하고 그들의 더러운 형상을 만듦으로써 신정권의 지도적 권위를 세우기 위한 것이었다. 때문에 가난한 농민들의 구세력에 대한 극도의 증오를 불러일으켰다. 토지개혁의 기본적 요소는 진압의 방식으로 지방 엘리트를 경제적, 정치적 세력으로 규정해 분쇄하는 것이었다.[64] 그러나 이 토지개혁과 혼인제도개혁이 결합되면서 개인을 가족의 속박으로부터 해방시키는 의미도 갖게 되었다.[65] 그리고 이 시기에 발발한 한국전쟁은 중공에게 반드시 해결해야 할 반동분자를 진압하는 운동(鎭反, 이 운동에서 70만 명을 사형에 처하고 120만 명을 투옥했으며 120만 명을 통제하였다)과 토지개혁을 할 수 있는 절호의 기회를 제공했다. 이로부터 통일된 정권을 건립했으며, 이러한 성향은 건국초기의 간부임명 정책에도 뚜렷이 반영되었다. 정권을 튼튼히 하고 집권통일이라는 목적을 실현하기 위해서 이 시기에 취한 간부임명의 기준은 중앙정부에 대한 충성심이었다. 이는 중앙의 지휘하에 진행된 각종 계급투쟁 과정에서의 표현으로 판단되었다.[66]

그러나 건국과 함께 정치운동을 거의 매년 연속적으로 발동했다. 이러한 운동은 계급투쟁을 주요 내용으로 하는 정치논리로 전개되었으며, 주로 당조직을 핵심으로 한 정권체계를 통해 진행되었다. 그러나 이른바 '10년동란'(즉 '문혁'으로 약칭되는 '무산계급문화대혁명') 기간에는 당조직조차 기본적으로 마비된다.

건국 후에 추진된 다양한 운동 중에서 특히 주목해야 할 것은 대약진운동과 1957년의 반우파운동, 1959년의 당내반우경운동 그리고 10년간 지속된 '문혁'이다.[67] 중공중앙은 하루빨리 낙후된 경제상황을 개선하기 위해 사업의 중심을 경제건설로 옮기기로 하지만 이 과정에서 무모(冒進)하고도 비정상적인 여러 가지 현상이 전국적으로

---

64 孔飞力, 同上书 (2013 年), 第2页, 第8页。

65 罗兹曼, 同上书, 第318页。

66 위에서 출처를 밝힌 것 외에, 이 문단의 주요 내용은 아래 출처에서 온 것이다. 杨奎松著：《中华人民共和国建国史研究》, 南昌：江西人民出版社, 2009 年, 第99-103页, 第109页, 第126-128页, 第141页, 第145页, 第164页, 第172页, 第183-184页, 第216-217页。

67 건국부터 개혁개방 전까지 전개되었던 "大躍進", "三面红旗", "反右運動", "文革" 등에 관한 내용은 邱石 編：《共和国轶事》第一卷, 北京：经济日报出版社, 1997年, 315-329 쪽, 331-347 쪽, 349-386 쪽을, 아래에서 나오는 모택동의 말은 이 책의 260 쪽에 있으며, 同上书第二卷, 272-340 쪽, 559-584 쪽을 참조하라.

나타났다. 그리하여 '反冒進'주장이 제기되었는데,[68] 이른바 '대약진'은 이 주장에 대한 반등, 즉 "反'反冒進'"으로 출현한다. 이것은 정치논리로 경제건설을 추진하여 심각한 부정적 결과를 초래한 대표적인 사례다. '대약진'은 이른바 '3년 자연재해'와 맞물려 수천만 명의 목숨을 앗아갔다. 이는 실제로 대기근이었으며 현재까지 정확한 사망자 통계조차 없다. 이 엄중한 잘못을 바로잡기 위해 열린 廬山회의에서 갑자기 방향을 바꿔 당내 우경기회주의를 반대하는 투쟁이 펼쳐졌는데, 그 직접적인 계기는 팽덕회(彭德懷)가 모택동에게 쓴 편지, 즉 '만언서'였다. 이후의 정책변화로 볼 때 중공중앙도 이전 정책기조의 착오를 인지했다. 그러나 여기서 주목해야 할 것은 이 투쟁과 1957년의 반우파운동과 함께 거론되는 이유, 즉 이로부터 당내와 당외에서 어떤 이견도 있을 수 없었고 공개적인 비판은 더더욱 할 수 없었다는 점이다. 또한 이 운동과 투쟁을 '반우(反右)'라 명명한 것은 국정운영에서의 '좌'적 경향을 의미하는 것이며 조만간 '극좌'인 '문혁'이 발발할 것임을 예시한다.

필자는 중국의 국가이행방식을 이해함에 있어 논의해야 할 또 다른 매우 중요한 문제가 있다고 생각한다. 이 화제는 모택동의 '공업과 농업을 하는 것이 전쟁보다 더 어렵다고 믿지 않는다'라는 말에서 유래된다. 이는 주로 경제건설을 화두로 말한 것이지만 건국 후에 추진된 일련의 정치운동과 연계시켜 고려한다면, 국가건설에 대한 그의 기본적인 思考방식, 즉 군중을 동원하는 정치논리로 당면한 국정과제를 해결하고자 하는 성향을 알 수 있다. 경제건설을 포함한 국가건설은 다양한 측면의 많은 지식을 필요로 하며 다양한 주체들의 상호 협력과 작용을 위한 제도적 기반을 튼튼히 해야 한다. 이를 바탕으로 각계각층 사람들의 지혜와 힘이 충분히 발휘되어야 하며, 통치자나 정권의 강제력을 일정 범위 안에 제한할 수 있어야 한다. 즉 제도를 통해 자기구속을 함으로써 국가건설에 필요한 제도적 권위를 수립해야 한다는 것이다. 물론 적대세력 간의 장기적인 전쟁에서 최종적인 승리를 거두며 전쟁 중에서 발전하고 장대해진 중공조직은 고도로 집중되어 있었다. 또한 실제 정치지형에는 정치적 억제력도 없었다. 그리고 건국 초기부터 점차 형성된 모택동에 대한 개인숭배도 이러한 상황의 출현에 중요한 기여를 했으므로 국정운영에서 절제되고 합리적인 조치를 취할 수 없

---

68   "冒進、反冒進、反 '反冒進'"의 상세한 과정에 관해서는 邱石编 : 同上书第一卷, 259-293쪽, 아래의 廬山회의의 상세한 내용에 관해서는 이 책의 411-450쪽, 沈志华 : "周恩来与 1956 年的反冒进一记中共中央关于经济建设方针的一场争论",《史林》, 2009 年 第1期를 참조하라.

게 되었다. 한편 모택동의 윗말에서 우리는 그가 서양현대화의 이념과 제도적 기반을 명석하게 이해하지 못했다고 말하지 않을 수 없다.

그러나 개인의 자유와 이기주의의 가치에 대해 1911년 전에 엄복과 량계초(梁啓超) 등 선구자들에 의해 논의되었다.[69] 그리고 이택후, 선도화, 슈워츠 등에 따르면 모택동은 이 내용들을 알고 있었다.[70] 그렇다면 어디서 문제가 생긴 것일까?

여기서 중국의 현대화가 시작되는 시기 정계와 지식계의 사상상태를 살펴보면서 이 문제를 이해할 필요가 있다. 이는 주로 이 시기에 초청하고자 했던 두 '선생'(즉 민주주의와 과학을 표현하는 '德先生'과 '賽先生')에 대한 이해에서 표현된다. '민주주의'는 '5·4운동' 시기(당시에는 民治主義라고도 불렸다) 신지식인들이 가장 많이 사용했던 슬로건 중 하나였지만, 충분하게 논의되지도 않았고 그 진정한 의미를 제대로 이해하지도 못했다.[71] 당시 대다수 지식인들은 '인민'을 '하층민', 즉 빈민, 노동자, 농민 등으로 이해했다. 이러한 성향은 억압받는 다수의 인민에 대한 이 시기 지식인들의 도덕적 동정심을 반영한다. 이 시기 중국의 지식계는 민주주의 사상에 담긴 인민주권 개념을 그 극단으로 유추해 이해하는 경향이 있어 '민주'를 포퓰리즘적으로 해석했다.[72] 그리고 부강을 중시한 것은 '5·4운동' 후 각성한 중국 지식인들의 기본적인 특징이었으며, 이 시기에 과학은 唯科學主義의 위상을 확립한다. 1923년에 출판된 책에서 호적(胡適)은 중국의 지난 30년 동안 '과학'이 거의 전국적으로 일치한 신봉이 되었다고 말한다.[73] 그러나 문

---

69 艾恺, 同上书, 第63页。

70 1949년 모택동은 중국민주혁명 수십 년간의 경험을 요약할 때 엄복은 홍수전(洪秀全), 강유위(康有為), 손중산과 함께 근대 중국의 대표적인 선구자라고 말한다. 당시 그 자리에 있었던 사람들은 모택동의 이 말에 모두 의아한 표정을 지었다. 이는 이러한 인식이 보편적인 것이 아니라는 것을 보여준다. 또한 모택동은 적어도 엄복의 저작에 대해 잘 알고 있었으므로 위와 같은 견해는 그가 신중하게 사고하고 내려진 결론이라 할 수 있다. 엄복은 중국의 주요 계몽사상가이며, 청년시절의 모택동은 엄복의 번역서를 매우 중히 여겼다. 李澤厚著：《中国近代思想史论》, 北京：人民出版社, 1986年, 249-250쪽, 257-259쪽. 또한 선도화는 19세기 후반과 20세기 초반 모택동의 일부 글에서 표현된 철학적 성향에서 어떤 저자들에 의해 전파되고 개변된 서방자유주의 사상이 있었다고 말한다. 费正清, 费维恺编, 同上书, 791-795쪽. 슈워츠는 진독수에게서 '미신'을 타파하는 무기로써의 '과학'과 개인을 해방하여 경제발전을 촉진하는 '민주'도 명확하게 설명되었으며, 이러한 견해가 그 시기 가장 영향력이 컸던 《新青年》에 게재되었다고 말한다. 本杰明·I·史华慈著：《中国的共产主义与毛泽东的崛起》, 陈玮译, 北京：中国人民大学出版社, 2013年, 3쪽. 아래에서 서양의 발전을 이해하는 진독수 등 선진지식인들의 사고성향에 관한 내용도 여기에 실려 있다.

71 周策纵, 同上书, 第319页。

72 左玉河："论五四时期的民粹主义", 复旦大学思想史研究中心主编：《五四运动与现代中国》, 上海人民出版社, 2009年, 第37页。

73 郭颖颐著：《中国现代思想中的唯科学主义(1900-1950)》, 雷颐译, 南京：江苏人民出版社, 1995年,

제의 심각성은 바로 이러한 唯科學主義 관념은 '과학적 방법과 언어에 대한 노예적 근성이 다분한 모방'[74]이라는 사실에 있다. 아마도 중국이 사회영역의 정책에 '과학적'이라는 접두사를 붙이는 오랜 관습은 여기서 비롯된 것일 수 있다. 오늘날 중국에서 마르크스주의에 대한 믿음도 이러한 관념의 고착화에 기여했을 것이다. 만하임은 마르크스주의는 과학에 대해 거의 종교적인 신념을 갖고 있다고 말한다.[75] 그러나 더 중요한 역사적 뿌리는 '5·4운동' 시기에 전개된 과학파와 현학파의 논쟁(科玄論戰)에서 과학이 최종적으로 마르크스주의 유물론의 별칭이 되었고 이데올로기(공산주의)와 과학(역사유물론)은 하나가 되었다는 것에 있다.[76] 이로부터 唯科學主義가 성행했다. 그러나 과학의 권위가 개인의 자치보다 우선적이라는 과학주의와는 달리 과학의 특수성은 사물에 대한 체계적인 이해와 자신에 의해 창조된 성과에 대한 비판적인 태도를 유지하는 데 있다.[77] 이러한 과학의 본래 의미와 비교할 때 위에서 언급한 중국 지식인들이 인식하고 있는 '과학'은 그것에 반드시 복종하고, 따르고, 받아들여야 하는 어떤 권위적 색채를 띠고 있다. 물론 미신과 전통문화에 대한 부정을 의미하는 것이기도 하다.

이와 관련하여 또 하나 잘못된 인식은 서양의 발전이 산업혁명에서 비롯되었다는 것이며, 이는 적어도 중국에서 비교적 보편적이다.[78] 우리는 이미 서양열강이 절대적인 경제력과 군사력을 동원해 동아시아 국가들의 전통적 상태를 강제로 깨뜨리는 과정을 보았다. 이러한 사실과 그 심각한 결과가 동아시아 국가엘리트들의 마음에 깊이 새겨져 이로부터 과학기술을 맹신하는 관념이 형성된 것이다. 뿐만 아니라 과학에 대한 잘못된 이해와 이데올로기의 영향 등이 얽혀서 특히 중국에서 이러한 관념의 고착화를 초래했다. 우리의 주제와 관련하여 여기서 지적해야 할 것은 과학과 기술은 각

第8-16页。

74 弗里德里希·A. 哈耶克著：《科学的反革命：理性滥用之研究》, 冯克利译, 南京：译林出版社, 2003 年, 第6页。

75 卡尔·曼海姆, 同上书(2009 年), 第131页。만하임의 견해는 "社会主义从空想到科学的发展"에서 엥겔스의 다음과 같은 주장, 즉 마르크스의 유물사관과 잉여가치 이론으로 말미암아 '사회주의는 과학이 되었다'라는 견해에 근거한 것일 수 있다. 恩格斯, "家庭、私有制和国家的起源", 《马克思恩格斯选集》第三卷, 北京：人民出版社, 1976 年, 第424页。그리고 생산자료와 기계 등에 대해 강조한 내용은 이 글의 세 번째 부분을 참조하라.

76 李泽厚著：《中国现代思想史论》, 北京：东方出版社, 1987 年, 第50-65页。

77 约瑟夫·阿伽西, 同上书, 요약의 3-4 쪽, 6 쪽.

78 필자는 수년 동안 학부, 석사, 박사, MPA 강의에서 서양발전의 주된 원인은 어디에 있는가라는 질문을 던졌다. 돌아온 답은 기본적으로 산업혁명과 강력한 무기 및 기술 등 물질적 측면에 집중되어 있었다.

자의 발전에 필요한 정신적 기질과 사회제도 면에서 심각하게 대립하기 때문에 이 둘을 같은 것으로 볼 수 없다는 점이다. 과학과 기술 사이에 상호 의존성이 존재하고 이 둘의 결합이 사회와 사람들의 삶에 중대한 영향을 미친다는 사실을 부정할 수는 없다. 하지만 여기서 양자의 서로 다른 성격을 강조하지 않을 수 없다. 머튼이 요약한 과학의 4가지 제도적 규칙은 과학과 기술의 본질적인 차이점을 이해하는 데 도움이 된다. 그것인즉 보편성, 공유성, 무사리성(無私利性), 논리적인 회의(懷疑)주의다.[79]

여기서 현대화를 산업혁명의 산물로 이해하고 자국의 현대화를 추진하는 과정에서 물질과 기술의 힘에 더 주목하는 것은 잘못된 관념임을 지적한다. 우리는 산업혁명이 18세기 중후반(특히 80년대)에 일어난 역사적 사건이며, 산업혁명은 대외확장과 관념의 심각한 변화 그리고 정치·경제적 단위 등의 구조적 전환을 전제로 한 것임을 알고 있다. 인류의 역사에서 중대한 사건의 시간적 순서는 역사적 발전논리를 함축하고 있기 때문에 왜곡되어서는 안 된다. 또한 서양은 서로 다른 힘들의 상호 작용으로 산업혁명 전에 전제군주제 국가를 구축한 상태였으며 민족국가로 가고 있었다. 위에서의 여러 요인들이 뒤섞여 인류사회의 발전방향에서 근본적인 변화를 초래했다는 것이다. 시대의 변화와 국가건설과 같은 문제에서 현대성 관념 및 이를 위해 필요한 문화적 환경과 제도적 기반의 중요성은 절대로 기술이나 산업혁명보다 덜 중요한 것이 아니다. 오히려 전자가 후자의 전제이기 때문에 전자가 후자보다 더 중요하다고 말해야 한다.

여기서 특히 중요한 것은 슈워츠가 지적한 진독수(陳獨秀)를 비롯한 당시 중국의 선진지식인들이 18세기 이전의 어떤 것에서도 서양발전의 비결을 탐구하려 하지 않았다는 사실이다. 이는 산업혁명과 프랑스혁명이 중국 지식계가 서양에 대한 관심의 초점이 되었으며, 이것이 중국의 지식계와 정계가 서양발전의 근원을 충분히 이해하지 못한 관건임을 시사한다. 위에서 본 모택동의 인식과 청나라 말기부터 엄복과 손중산(孫中山)을 비롯한 중국엘리트들이 기본적으로 국가집권을 주장한 사실에 비추어 볼 때, 우리는 국가재건 시기의 중국정치권이 서양의 문화와 제도 및 발전의 역사적 맥락에 대해 진지하고 깊이 있게 논의하지 않았음을 알 수 있다. 그리고 실제로 국가부강이라는 '급무'에 너무 편향되어 있었다. 그 과정에서 중국 지식인들은 '5·4운동'의 이

79 罗伯特·K.默顿著：《社会理论和社会结构》,唐少杰、齐心等译,南京：译林出版社, 2008 年, 第712-722页。

상을 포기했고 건국 후에는 지식인들이 독립적으로 思考하고 자신들의 목소리를 낼 수 있는 사회적 공간을 잃어버렸다.

위에서의 논의를 통해 필자가 여기서 밝히고자 하는 것은 다음과 같은 견해다. 앞에서 본 모택동의 인식을 건국 이후 30년 동안 인문사회과학에 종사하는 많은 지식인들이 받았던 지속적인 탄압(1952년의 '사상개조운동'부터 시작해 '문혁'이 끝날 때까지 이러한 정책기조가 기본적으로 지속되었다) 및 건국초기부터 30년간 정치학, 행정학, 사회학을 아예 폐지하는 상황과 연계시켜 고려한다면, 개혁개방을 시작하기 전에 추진된 정치운동은 중공의 이념과 정치구조 등 시각에서 설명되어야 한다. 국가건설에 관한 전반적인 思考방식은 어떤 지도자나 지도집단의 무지의 소치로 단순하게 치부해버릴 수 없는 일이다.

중공이라는 한 당에 의해 주도된 건국이기 때문에 자신들의 이데올로기를 근거로 건국시기에 해결해야 할 주요 과제를 설정할 수 있었다. 그리고 그 당시에 이미 형성된 냉전양상과 그에 따른 정세의 변화 등 여러 요인들이 복합적으로 결합되어 위에서 살펴본 중국의 국가이행과정이 생성되었다. 따라서 건국부터 개혁개방 전까지의 실제 행동내용을 근거로 이 시기를 진정한 혁명시기, 즉 낙후된 상태를 개변하기 위한 다양한 '실험'이 행해진 것으로 보아야 한다. 게다가 동원된 수단은 평화적이고 이성적인 토론과 거리가 멀거나 적어도 짙은 강제성을 띠고 있었다. 어려운 전쟁년대를 거쳐 새로운 '민족국가'를 건설하는 시기에 행한 전통을 파괴하고 새로운 정치질서를 건설하는 두 가지 행동에서 자신들의 정치적 이상을 실천에 옮기려는 혁명의 내용이 뚜렷했다.

위의 견해가 지속적으로 전개된 중국의 정치운동을 '변호'하는 것처럼 보일 수도 있고 또한 강압적인 운동방식과 수직적 권력구조를 주축으로 사람과 사회를 변화시킬 수 있을지라는 강한 질문도 할 수 있다. 그리고 이러한 운동들이 중국에 많은 부정적인 영향을 미친 것도 사실이다. 그러나 위에서 밝힌 견해는 아마도 이 기간의 역사에 대한 납득할 수 있는 합리적인 해석이라 할 수 있을 것이다. 그렇지 않다면 '사상개조운동', '대약진운동', '문혁' 등 오늘날에 볼 때 너무나도 황당한 여러 정치운동을 이해하기 어렵다.

위에서의 고찰에 근거해 '문혁'의 종결은 혁명년대가 진정으로 끝났음을 의미하며, 국가적 차원에서 이로부터 중국이 비로소 현대화 건설의 시대에 접어들었다고 말할 수 있다. 국가이행방식의 시각에서 본다면 건국 후에 추진된 정치운동과 관련 정책이 가져온 영향으로 일어난 변화가 바로 중국혁명의 성격을 갖도록 했으며, 이로부터 황제체제로부터 현재 국가상태로의 전체적인 질서변화를 가져왔다는 것이다. 특히 현재의 중국상태로 볼 때 건국 후의 혁명년대가 건설시기의 국가체제와 기제에 결정적인 영향을 미쳤다는 것을 부정할 수 없다.

군주제를 뒤엎은 신해혁명부터 '문혁'까지의 전반적인 상황을 생각해 보면 독자들도 대체로 위에서의 견해에 동의할 것이라 믿는다. 실제로 묵자각과 서형철도 비슷한 주장을 했다. 특히 중대한 '화제'에 대한 평가문제에서 유사한 견해라도 그 근거는 다를 수 있다. 묵자각의 견해는 급진주의와 온화한 현실주의 문화전통에 주요 근거를 두고 있으며, 서형철의 견해는 '5·4운동'과 중국의 계몽운동을 주제로 논의된 것이다.[80] 그러나 필자는 현대화라는 맥락에서 그 과정을 주도한 중공의 실제 행동내용 또는 국가이행의 논리를 주요 시각으로 위에서의 견해를 제기한 것이다. 필자 역시 전통관념의 영향과 계몽이 아직 완성되지 않았다는 그들의 일부 견해에 동의하지만 중국혁명과 같은 문제에 대한 논의는 현대화 맥락에서 思考되어야 하며, 이를 위해서는 더 다양한 시각이 동원되어야 한다는 입장이다.

5 혁명과 발단

중국은 일찍이 '湯武革命'(중국 최초의 夏商周 세 왕조의 교체를 이룬 두 차례의 '혁명'을 일컫는 말)이라는 설이 있었지만 이후의 왕조변화에 대해 '혁명'이라 부르지 않았다. 왕조의 교체나 王朝輪回는 중국 2천 년 동안의 '법칙'이 되어 이 자체가 진지하게 해석되어야 할 과제다.

중국에서 혁명의 본래 의미는 왕조의 천명을 끊는다(革天命)는 뜻이다. 그러나 서양에서는 18세기 말 두 차례의 위대한 혁명이 일어나기 전까지 이 개념을 몰랐으며, 혁명의 본래 의미는 복벽이었고 실제로는 일종의 '불가항력성' 또는 '하나의 저항할 수 없는 운동'을 강조한 것이었다.[81] 프랑스혁명 후 인간의 의지와 무관한 역사진보의 관

---

80   墨子刻, 同上书, 第180页; 舒衡哲, 同上书, "序言"。

81   汉娜·阿伦特著:《论革命》, 陈周旺译, 南京: 译林出版社, 2011年, 第12页, 第17页, 第31-32页, 第36-37页。아래에 나오는 발단에 관한 그의 관점은 이 책의 8-10쪽, 그리고 그가 '인민' 등 문제에 관한 견

념이 분출되었는데,[82] '역사발전의 법칙' 등은 이런 관념의 표현일 수 있다. 브로데일은 산업혁명에 대해 논하면서 그것은 일련의 단기적 변화이자 분간하기 어려운 장기적인 과정인 보통 의미에서의 혁명이라 말한다.[83] 이처럼 장기적 변화에 따라 일어나는 근본적인 변화의 가능성은 부정할 수 없지만, 이 같은 경제적 의미의 변화는 상징성이 뚜렷한 정치・사회 구조의 근본적인 변화와 분명히 다르다.

아렌트는 발단문제는 혁명현상과 밀접한 관계가 있으며 혁명은 우리가 발단의 문제를 직접 대면할 수 있는 유일한 정치적 사건이고 이러한 발단은 반드시 폭력과 내재적 연결이 있다고 말한다. 그러나 카시얼에 따르면 고대 그리스에서 발단은 단순한 시간적인 시작이 아니라 하나의 '제1원리'이며 연대적 개념이라기보다는 논리적 개념이었다.[84] 일반적인 차원에서 발단은 새로운 시작을 의미하므로 이전 상태와 다른 상태의 시작, 즉 연속성의 단절과 이후 새로운 상태의 개시를 의미한다. 이와 같은 발단의 출현은 어떤 '필연'적인 원인을 내포하고 있으므로 이것과 관련된 후속 과정에 중요한 영향을 미칠 수밖에 없기 때문에 우리는 '제1원리'라는 견해를 받아들일 수 있을 것이다.

국가 또는 사회적 차원에서 혁명은 사람들의 의식적인 집단행동이기 때문에 인지하기 어려운 진화과정과 확연히 구별된다. 그러므로 혁명을 현 상황을 개변하고 어떤 상태를 재건하려는 집단적 노력으로 이해할 수 있지만, 인간 자신과 관념의 변화를 포함하는 것으로 이해해야 한다. 이런 변화 없이는 사회와 국가를 변화시키는 행동이 있을 수 없으며 원래 상태와 다르면서 자신에게 속한 또 다른 세계를 만들 수 없기 때문이다. 또한 적어도 혁명주체 세력의 입장에서 볼 때 혁명에 발전의 의미가 부여되어야 한다. 혁명은 그 전 상태에서의 어떤 중대한 결함을 전제로 하고 이러한 결함을 극복하기 위한 집단적 행동은 반드시 발전적 의미를 얻어야 하기 때문이다.

이상의 내용은 넓은 의미에서의 혁명 개념이 갖고 있는 대체적인 뜻이라 하겠다. 그러나 본 연구의 취지로 볼 때 우리는 혁명과 현대화의 관계를 설명해야 한다. 혁명은 사회전환과 국가이행을 이해하기 위해 반드시 해명되어야 할 문제이고, 따라서 사

해 및 마르크스의 혁명관에 대한 해석 등은 이 책의 49-52 쪽, 62 쪽, 67-73 쪽, 79 쪽을 참조하라.

82 本杰明・I・史华慈, 同上书, 第195页。

83 费尔南・布罗代尔, 同上书, 第623页。

84 恩斯特・卡西尔, 同上书 (1999 年), 第65页。

회과학이나 정치학 이론에서 피해 갈 수 없는 과제이기 때문이다.

〈공산당선언〉(이하 '선언'이라 약칭한다)에는 다음과 같은 마르크스의 기본사상이 천명되어 있다. 어떤 사회의 정치와 정신의 역사적 기초는 그 역사적 시대의 경제적 생산과 그로 인한 사회구조이고 이른바 사회구조는 주로 일정한 경제구조를 바탕으로 서로 대립하는 계급구조를 가리키는 것이며, 프롤레타리아트가 계급투쟁을 통해 전체 사회를 압박과 착취에서 해방하지 않는다면 자신도 부르주아지의 압박과 착취에서 해방될 수 없다.[85] '선언'에서 우리는 프롤레타리아트를 부르주아지에 대립되는 개념으로 사용하기는 했지만, 피지배자 또는 '현대사회의 가장 낮은 계층'으로도 이해된다는 것을 알 수 있다. 그런 점에서 프롤레타리아트는 아렌트가 프랑스혁명을 이해하는 키워드인 '인민'과 다소 비슷하다고 할 수 있다. 그는 '인민'은 公民이 아니라 하층민이며, 이 단어는 동정에서 생겨난 불행과 비참함의 대명사라 말한다. 여기서 '군중', '인민', '公民'에 대한 서로 다른 인식은 혁명과 현대화 등 문제를 이해하는 데 매우 중요하다는 점에 유의해야 한다. 그리고 쌍네트에 따르면 '노동계급', '프롤레타리아트', '근로대중'과 같은 용어는 마르크스가 사용하던 당시에는 주요한 위치에 있지 않았으며 유행하지도 않았다.[86] 그러나 계급투쟁은 마르크스의 발명품이거나 발견이 아니며 실제로는 아리스토텔레스가 살아 있을 때 이미 존재했던 개념이다.[87]

토인비는 여러 문명의 역사를 분석한 후 어떤 문명이 해체되는 가장 두드러진 특징은 사회체가 세 부분으로 분열되는 것이라고 지적한다. 그 하나는 소수의 지배자들이며 그 뚜렷한 특징은 군국주의자들과 위장교체자(冒牌頂替者, 그러나 고상한 유형도 있다. 이들은 통일국가를 유지하는 법가와 행정가 그리고 철학사상을 갖고 있는 탐색가들이며 이들을 창조적인 통치 엘리트라 할 수 있다)이며, 다른 두 사회집단은 내부와 외부의 프롤레타리아트다. 프롤레타리아트를 특정 사회·역사적 단계에서의 사회적 구성원으로 본다면 그것은 사회 중에 '있'지만 사회에 '속'하지 않는 사회집단을 가리키는 것이다. 프롤레타리아트의 진정한 표징은 심리적인 자각상태이며 이러한 자각이 자극해 나타나는 증오의 심

---

85 '선언'은 마르크스와 엥겔스가 공동으로 서명한 것이지만, 엥겔스의 해석에 따르면 그 기본적인 사상은 마르크스의 것이다. 弗·恩格斯：《〈共产党宣言〉》"1883 年德文版序言"，《马克思恩格斯选集》第一卷，北京：人民出版社，1972 年，第232页。

86 理查德·桑内特著：《公共人的衰落》，李继宏译，上海译文出版社，2014 年，第315页。

87 汉娜·阿伦特著：《马克思与西方政治思想传统》，孙传钊译，南京：江苏人民出版社，2007 年，第4-5页。

리로서, 사회의 세습적 지위에서 배제됨을 의미한다. 토인비가 사용한 프롤레타리아트 개념의 두드러진 특징은 사회의 하위층 또는 비창조적인 다수이기 때문에 지식인이라 해도 소수통치자의 대리인일 경우 내부프롤레타리아에 속한다.[88] 프롤레타리아트라는 명칭의 유래에 대해 펀너는 로마공화국(중기)을 고찰할 때 로마 '백인단'의 5개 계급 중 가장 낮은 계급이 '프롤레타리아트'라 불렸으며, 그들은 자녀 외에 아무것도 없는 사람들이었다고 말한다.[89] 또한 원래 의미의 부르주아지는 19세기가 아니라 12세기(시가지에 사는 부유한 사람들)에 나타났다고 한다.[90]

마르크스가 살았던 시기는 산업혁명에 따른 빈부격차 및 이로부터 여러 가지 사회문제가 심각한 자본주의 사회였기 때문에 계급적 대립은 주로 프롤레타리아트와 부르주아지의 적대로 표현되며, 프롤레타리아트가 혁명을 통해 자신들의 권익을 쟁취해야 한다고 주장하는 것도 당연하다고 볼 수 있다. 그러나 마르크스 이후 '선언'에서 언급된 혁명은 적어도 노동계급이 다수를 차지하는 국가에서 일어나지 않았다. 또한 우리는 러시아혁명에서 '부르주아지'가 소멸되었다 하더라도 국유제를 채택하고 위계적 국가관리체계 등으로 인해 '소수지배자'가 생성되었음을 알고 있다. 그리고 혁명의 결과가 마르크스가 여러 저술에서 표현한 '자유인연합체'를 탄생시키지 못했다. 이른바 '자유인연합체'란 진실된 집단의 조건하에서 각 개인은 그 연합에서 그리고 그러한 연합을 통해 자유를 얻는다는 것이며, 낡은 부르주아 사회를 대신할 이 연합체에서 개개인의 자유로운 발전은 모든 사람들의 자유로운 발전의 조건이다.[91] 이상의 진술에서 우리는 이 개념이 기대하는 것이 결코 특정 계급의 지배가 아니라 '모든 사람'이 자유를 향유할 수 있는 '연합체'라는 것을 알 수 있다.

그러나 '자유인연합체'는 마르크스가 처음으로 만들어 낸 개념이 아니다. 마르크스가 이 개념을 사용하기 전에 계몽사상의 영향을 깊이 받은 훔볼트가 이 개념을 이미 사용했었다. 그는 한 민족 내에서 자유인연합체의 실현이 더 어려울 것이라고 말한다. 이것이 '선언'에서 말한 '민족을 구분하지 않은' 인류('선언'에서 '사회최하층'으로서의 프

---

88 汤因比著：《历史研究》(中), 曹未风等译, 上海人民出版社, 1987年, 第171页, 第407-409页。

89 塞缪尔·E·芬纳, 同上书卷一, 第261页。

90 雅克·巴尔赞, 同上书, 第294-295页。

91 '자유인연합체'에 관한 논술은 单行本인 《資本論》에도 있지만 人民出版社의 다른 판본 (1953年, 1972年, 2009年)에서 서로 다르게 번역하고 있다. 예를 들면 "自由人的公社", "自由人的團體" 등이다. 정문에서 밝힌 이 개념의 뜻은 《马克思恩格斯选集》第一卷, 第82页("费尔巴哈"), 273 쪽 ('선언')에 있다.

롤레타리아트)가 반드시 '연합하여' 자유를 쟁취해야 할 이유라 할 수 있다. 또한 훔볼트는 인간의 진정한 목적은 자신의 힘을 최대한으로 그리고 가장 균일하게 키우는 것이고 이를 위해 자유가 첫째이자 필수 불가결한 조건이며, 국가는 다른 목적을 위해 그것을 제한해서는 안 된다고 말한다.[92]

그리고 우리는 '선언'에서 '산업생산의 혁명', '부르주아지는 역사상 아주 혁명적인 작용을 했다' 등과 같은 '혁명' 개념의 다양한 용도를 볼 수 있다. 그렇다면 '혁명'은 무엇을 의미하는 것일까? 적어도 만족할 수 없거나 불합리한 원상태를 '뒤엎는' 것이다. 또는 어떤 상태의 근본적인 변화를 의미하는 것으로 볼 수도 있으므로 긍정적인 역사적 진보라고 보아야 한다. 여기서 우리는 '선언'에서 나오는 다음과 같은 진술에 특별히 주목할 필요가 있다. '그들(부르주아지)은 미개화 또는 반개화된 국가를 문명한 국가에 종속되도록 했고 농민의 민족을 부르주아지 민족에 종속되게 했으며 동양을 서양에 종속되도록 했다.' 이 문장이 바로 앞에서 인용한 마르크스의 '근본적인 혁명' (영국이 인도에서 맡았던 '역사의 무의식적인 도구'의 역할)의 기본함의를 이해할 수 있도록 하기 때문이다. 마르크스는 당시 중국을 '가장 반동적이고 가장 보수적인 요새'라 믿었고, 이에 반대되는 상태로 '자유, 평등, 박애'를 핵심으로 하는 '공화국'이라 말한다.[93] 여기에 한정된 담론의 범위 내에서 이러한 의미의 '혁명'은 '프롤레타리아 혁명'과 분명히 다르지만 프롤레타리아트를 '사회의 최하층'으로 간주하고 '모든 인류'의 시각에서 본다면 그 기본적인 의미는 달리 해석할 수도 있다.

현재 통상적 의미에서의 이해에 근거한다면 '농민의 민족'이나 또는 '부르주아지 민족'은 존재하지 않는다(이런 개념은 한 국가에서 다수를 차지하는 '계급'이 누구인가 하는 의미에서 그리고 이로부터 띠게 되는 국가의 성격 등 시각에서 사용된 것임을 우리는 물론 알고 있다). 그리고 '동양'과 '서양'의 구별은 있지만 이는 결코 지리적 의미에서만 사용된 개념이 아니다. 또한 계몽운동과 그 후에 활동했던 사상가들의 마음에는 분명히 '미개화 또는 반개화된 국가'와 '문명국가' 사이의 본질적인 차이가 있었다. 그리고 그들은 후자는 진보적이며, 전자는 후진적이고 야만적이라고 생각했다. 우리는 계몽주의 학자들이 '인류의 구원'이라는 숭고한 목표를 가지고 자신들의 연구에 종사했음을 알고 있다. 적어도 확

92　威廉·冯·洪堡著：《论国家的作用》, 林荣远、冯兴元译, 北京：中国社会科学出版社, 1998 年, 第30页, 第54页, 第57页。 이 책은 1792 년에 처음으로 출판된 것이다.

93　马克思：“国际述评（一）”, 《马克思恩格斯全集》第7卷, 北京：人民出版社, 1959 年, 第265页。

실한 것은 이 사상가들의 견해가 동양국가에 대한 저주도 아니고 '문화패권'이나 서양중심주의의 산물도 아니며,[94] 냉철한 思考를 거친 후에 내려진 결론이라는 것이다.

　아렌트는 마르크스의 혁명관을 다음과 같이 설명한다. 마르크스는 프랑스혁명이 자유국가를 세울 수 없었던 원인은 사회문제를 해결하지 못했기 때문이라 믿었다. 그의 이론에서 이데올로기적 요소, 즉 과학적 사회주의, 역사적 필연성, 상부구조와 '유물주의' 등에 대한 신념은 이에 비해 모두 부차적인 것이다. 마르크스는 사회문제를 정치역량으로 변화시키려 했으며, 이러한 변화는 '착취'라는 단어에 포함되어 있다. 즉 빈곤은 폭력적인 수단을 가진 '지배계급'에 의한 착취의 결과라는 것이다. 자유가 아니라 풍요가 이제 혁명의 목표로 되었다. 아렌트의 이러한 주장은 위에서 언급한 프롤레타리아트의 함의, 피착취 및 피압박 계급에 대한 마르크스의 주장, 당시 유럽의 가난한 사람들의 실제 생활상황 등 사이에는 확실히 논리적으로 통하는 연결이 있다. 게다가 우리는 마르크스의 사상에서 사회 최하층 사람들에 대한 인도주의적 관심이나 도덕적 동정심을 쉽게 찾아볼 수 있다.

　위의 검토를 근거로 우리는 특히 사회와 정치 영역에서의 마르크스의 혁명관을 인간의 '해방'과 관련된 중대한 변혁으로 이해할 수 있다. 바로 이러한 이유로 그는 최하층 프롤레타리아트의 해방과 '인류의 해방'을 동일시했으며, 마르크스의 중점은 '프롤레타리아트'가 아니라 '인류의 해방'에 있었다. '프롤레타리아트'는 마르크스가 '인류의 해방'을 위해 고대 그리스와 로마 역사에서 차용한 개념으로 보인다. 마르크스는 고전역사에 아주 익숙한 학자이며 로마의 정치혼란 역사에 특별한 연구가 있었다.[95] 그러나 그가 자본주의 '사회구조'에 대한 심층적인 정치경제학적 분석을 통해 얻어진 몇 가지 기본이론이 당시와 그 후 시대의 특성 및 일부 국가의 상황과 이들 나라 엘리트들의 해석과 결합되어 강력하고 광범위한 영향을 일으켰다. 이런 의미에서 당시에는 '현대성'과 같은 개념이 존재하지 않았기 때문에 마르크스가 직접적으로 어떤 '현대화

94　싸이더는 동방이라는 단어가 서방문화의 영향을 많이 받았음을 부인할 수 없다고 말한다. 동방은 특정 방식으로 가르치고, 연구하고, 관리하고, 평가되었으며 이로부터 동방에 고유한 특성이 부여되었다는 것이다. 때문에 이는 특정 정치세력과 정치활동의 산물이라는 것이 그의 주장이다. 爱德华·W. 萨义德著：《东方学》，王玉根译，北京：三联书店，1999 年，第266-268页。 그가 말한 '동방'은 영국과 프랑스의 동쪽에서 인도 사이에 있는 이슬람 세계를 뜻한다.
95　이는 Draper 와 Lekas 의 견해다. 大卫·阿米蒂奇著：《内战：观念中的历史》，邬娟、伍璇译，北京：中信出版集团，2018 年，第14页。

이론'을 내놓지는 않았지만, 그의 사상을 현대화와 연결시키는 것은 충분히 가능하다. 특히 마르크스의 '자유인연합체' 등에 관한 시각에서 본다면 이 같은 견해는 성립된다.

현대화이론이 등장한 후 아이젠슈타트는 문명의 시각에서 혁명을 설명한다. 혁명은 정치체제를 포함한 포괄적인 중대한 변혁이며, 이로부터 정치체제와 사회구조의 변화 및 새로운 문명방안의 현실화와 융합을 촉진한다. 상징적 기호와 합법성 기반의 변혁은 통치자의 책임관념에 대한 새로운 제도적 기반을 가리키는 것이지 결코 통치집단을 변경하는 데 국한된 것이 아니다.[96] 이것을 현대적 의미에서의 그리고 정치·사회 영역에서 발생한 혁명에 관한 기본적인 요약으로 볼 수 있다. 월레스텐은 18세기 말부터 19세기 초까지는 혁명의 시대였다고 주장한다. 영국의 산업혁명과 프랑스혁명은 같은 것이며, 국가구조의 이행은 2세기 동안 지속된 변화과정의 연속이다. 프랑스혁명은 결코 계급 간의 투쟁이 아니었으며, 계급투쟁이 프랑스가 봉건제에서 자본주의로의 이행을 위한 선결조건도 아니었다.[97] 필자는 월레스텐의 관점에 논의의 여지가 남아 있다고 생각한다. 예를 들어, 우리는 산업혁명과 프랑스혁명을 구별해야 한다. 즉 정치혁명, 사회혁명, 산업혁명 등의 서로 다른 성격의 역사적 사건과 개념을 구분해야 한다는 것이다. 그러나 현대화의 맥락에서 산업혁명과 프랑스혁명을 본다면 이는 별개의 문제로 된다. 현대화의 관점에서 종교개혁과 계몽운동 등을 여기서 언급된 두 차례의 혁명과 연결시킨다면 월레스텐의 견해를 받아들일 수 있다는 것이다. 이스렐은 지적하기를 프랑스혁명에 영향을 미친 요인은 많았지만 계몽운동만이 전체 무대의 중심에 두어야 할 유일한 근본적인 원인이다. 그것은 세속성과 인권을 기반으로 현대성을 실현하기 위한 지속적인 시도였으며, 이를 기회균등과 '사회자유'의 최대화와 결합시켜 이성과 사상의 자유 및 민주주의에 기반해 발동한 광범위하고도 보편적인 해방운동이었다.[98] 따라서 계몽운동에 뿌리를 둔 프랑스혁명은 정치 분야에서 현대화의 상징적인 '제1원리'를 정착시켰다고 말할 수 있다.

지금까지 살펴본 내용을 근거로 우리는 반드시 국가의 이행방식을 국가와 사회의 상호 작용 과정과 결합하여 그리고 현대화의 맥락에서 혁명을 이해해야 한다. 또한

---

96 S.N. 艾森斯塔特著：《大革命与现代文明》, 刘圣中译, 上海人民出版社, 2012 年, 第6页, 第12页, 第17页。
97 伊曼纽尔·沃勒斯坦, 同上书, 第41页, 第112-123页。
98 乔纳森·伊斯雷尔著：《法国大革命思想史：从〈人的权利〉到罗伯斯皮尔的革命观念》, 米兰译, 北京：民主与建设出版社, 2020 年, 第681-682页, 第693页。

여기서 논의된 것은 전통국가에서 안정적인 민족국가로의 근본적인 변화이기 때문에 일련의 사건을 포함할 수밖에 없다. 실제로 유럽의 현대국가도 최소 200년 이상의 형성과정을 거쳤으며 혁명을 비롯한 일련의 사건을 통해 현재 상태로 만들어진 것이다. 에트맨은 장기적인 시각에서 볼 때 강력한 중앙정부와 처음부터 수많은 강력한 참여적인 사회적 힘이 결합되어 유럽에서 국가정권의 평형적 기초구조의 확장과 경제성장을 촉진했으며, 이것이 유럽역사가 오늘날의 국가건설자들에게 제공하는 가장 중요한 교훈이라고 강조한다.[99] 국가적 차원의 혁명은 원래 위계적 억압에 의해 유지되는 전통국가를 타파하기 위한 대규모 집단행동이기 때문에 다양한 사회세력의 참여 없이는 이전의 국가와 확연히 다른 국가를 실현하는 것은 불가능하다.

혁명이라는 큰 흐름에 가담한 각양각색의 사람들은 자신들의 입장에서 국가가 당면한 주요과제를 설정하고 무력동원을 비롯한 정치투쟁에서의 승자는 다음 시대를 주도하며 자기들의 뜻을 실현하고자 한다. 이로부터 일정 시기 국가건설의 어떤 안정적인 상태가 나타나게 된다. 혁명이 우리에게 강한 끌림을 주는 이유는, 매력적인 일련의 사건들보다 더 중요한 것은 혁명에 관한 연구를 통해 혁명 이후 국가의 기본 상황을 설명할 수 있다는 데 있다. 그것이 바로 일정 시기 이들의 어떤 상태를 형성케 하는 '제1원리'이기 때문이다. 물론 혁명 이후의 사회상황에 영향을 미치는 다른 요소도 많이 있다. 또한 혁명과 그 뒤에서 행해지는 다양한 실천활동은 분명히 실험적 성격을 띠고 있기 때문에 이 둘 사이는 단순한 선형관계가 아니다.

동아시아 국가들의 전통적인 상태가 오늘의 입장에서 볼 때 보잘 것 없이 초라한 것 같지만 수백 년 동안의 안정된 상태를 유지해 왔을 뿐만 아니라 서양이 현대화를 시작하기 전의 상태보다 훨씬 우월했다. 그러나 동아시아 전통국가들은 왜 중대한 변화를 시작해야 하고 어디로 이행해야 하는지에 대한 어떤 이론적 근거나 관념적 지침도 제시하지 못했다. 이들의 혁명적 변화는 자기의 국가와 민족을 구하기 위해 취해진 집단적 행동이었을 뿐이다. 그리고 이 과정에서 동원된 정치이념 심지어 어휘와 담론체계도 모두 서양에서 유입된 것이다. 바로 이와 같이 막을 수 없는 현대화의 큰 흐름이 동아시아로 '범람'되어 수많은 동아시아 엘리트들로 하여금 '숙면' 상태에서 깨어나게 했으며, 이로부터 동아시아 전통국가들의 근본적인 변화를 가져오게 한 것이

99 托马斯·埃特曼, 同上书, 第379页。

다. 따라서 중대한 변화가 일어난 후 '어디로 갈 것인가'에 관한 답은 금방 깨어난 흐리멍텅한 상태에서 얻을 수 없고 이 큰 흐름의 경위에 관한 고찰을 통해서만 얻을 수 있다. 위에서 언급한 마르크스와 아이젠슈타트 등 사상가들이 제시한 견해는 계몽사상과 함께 이 답의 귀중한 원천이 된다. 이들은 '인류를 구원'하기 위해 고안된 것이며 현대화를 배경으로 제시된 것이기 때문이다. 그렇지 않으면 중대한 국력낭비를 초래하거나 심지어 잘못된 길로 들어서서 돌이킬 수 없는 심각한 결과를 맞이할 수 있다. 사실 우리는 20세기 아시아 국가들의 '혁명'실천에서 이와 같은 많은 예증을 보아 왔다.

6 　동아시아의 해방과 자유

아렌트는 다음과 같은 '역설'을 제기한다. 현대혁명은 압박으로부터 해방되어 자유를 구축하는 것을 최소한의 목표로 하며 이는 항상 자유와 해방과 연관된다. 하지만 슬프게도 혁명이 일어나지 않은 국가에서 자유가 더 잘 지켜지며, 혁명에 성공한 국가보다 혁명에 실패한 국가에 더 많은 公民의 자유가 있다.[100] 이 '역설'을 화제로 여기서 살펴볼 문제는 혁명과 자유의 관계를 어떻게 설명할 것인가? 그리고 위와 같은 혁명과 자유 및 해방의 논리가 성립된다면 이를 동아시아 국가에도 적용할 수 있을까?

유럽의 현대화 과정은 다음과 같은 기본적인 역사논리를 구현한다. 압박은 인간 본성에 대한 교회의 억압이었기 때문에 이러한 압박에 반항해서 얻은 해방은 공동체에서 인간 및 그 언행의 가치를 긍정하게 될 것이므로 이로부터 인간의 자주성과 자유권리를 얻게 된다. 그리고 이성주의의 승리는 이러한 자유와 자주성의 필연적인 결과이며 국가는 이로부터 현대화로 가게 된다. 유럽의 상황은 대체로 이와 같은 논리를 '증명'했다고 할 수 있다.

물론 역사적 논리와 실천적 과정이 완전히 일치할 수는 없으며, 유럽의 발전과정도 굴곡진 긴 여정을 걸어왔다. 그리고 현대화를 전적으로 특정한 '혁명'에만 귀결시킬 수는 없다. 사실 유럽에서 이 길을 걸을 수 있었던 것에는 '행운'이라는 우연적인 요소도 있었다. 예를 들어, 영국의 헨리 8세는 새 왕후와 결혼하기 위해 교황에게 등을

100　汉娜·阿伦特,《论革命》,第21-23页,第99页。

돌리게 되었고 동시에 교회를 통제하기 위해 적극적으로 종교개혁을 추진하고 수도원을 강제로 해산하는 조치를 취했다. 또한 유럽과 기타 지역의 현대화 개시에서 중요한 의미를 가지는 대외확장이 포르투갈에서 시작된 것은 다른 나라의 귀족들이 더 쉽게 확장할 수 있었던 반면, 포르투갈은 유럽주변의 지리적 위치와 국가의 역량과 안정 및 작은 나라여서 토지가 부족했고 대외확장이 귀족들에게 가져다줄 이익도 분명했기에 유럽 밖으로 눈을 돌릴 수 있었다. 그리고 섬나라인 지리적 위치와 석탄 및 증기기관차의 우연성도 영국의 산업화에 중요한 영향을 미쳤다.[101] 또한 앞서 언급한 '역사의 무의식적인 도구'의 역할도 이러한 우연성의 부분적 내용으로 된다. 종교개혁이 가져온 혼란은 말할 것도 없고 영국의 '명예혁명' 이후 100여 년 동안 유럽 각지에서 봉기와 소동이 일어났으며, 그중에는 교회 외의 다른 억압에 대한 반항도 있었다. 이는 유럽의 현대화도 위에서 요약한 것처럼 단순명료하지 않았음을 말해 준다.

그러나 피비린내를 풍긴 프랑스혁명이 결국 〈인권선언〉을 낳은 것처럼 유럽국가들의 발전과정에도 우여곡절이 있었지만 인간의 본성을 해방하고 자유를 얻는 것에서 가지는 혁명의 중요한 의미는 반드시 강조되어야 한다. 위에서 언급한 우연성과 굴곡진 과정으로 현대화의 역사적 필연성을 부정할 수 없다는 것이다. 사실 헨리 8세의 행동은 당시 유럽에서 일어난 종교개혁과 세속세계의 교회권력에 대한 저항 등을 배경으로 한다.[102] 아이젠슈타트도 서양의 자본주의나 혁명을 초래한 환경과 조직이 일련의 우연한 요인들에서 비롯되었다는 점을 인정한다. 하지만 그것은 또한 경제와 정치적 추세 및 생태조건과 관련된 것이며, 기본적인 문명 전제와 이 문명의 제도적 의미 등과 모두 연관되어 있다.[103]

위에서의 논의에 근거한다면 해방은 적어도 자유의 전제조건 중 하나일 것이다. 그러나 해방은 부숴 버리기 위한 것이 아니라 인간 중심의 세계를 건설하기 위한 것이다. 유럽의 자유는 큰 범위에서 해방의 결과라고 할 수 있지만, 혁명이 그것의 유일한 원인은 아니며 위에서 언급한 우연적 요인을 포함한 많은 중요한 요인들의 포괄적인

101 伊曼纽尔·沃勒斯坦, 同上书, 第35页, 第37-38页; 彭慕兰著: 《大分流: 欧洲、中国及现代世界经济的发展》, 史建云译, 南京: 江苏人民出版社, 2010 年, 第82页。

102 昆廷·斯金纳著: 《现代政治思想的基础》, 段胜武、张云秋、修海涛等译, 北京: 求实出版社 1989 年, 第327-341页。

103 S.N. 艾森斯塔特, "西方的起源—当前宏观社会学理论中西方的起源问题, 新教伦理再思考", 苏国勋、刘小枫主编, 同上书, 第266-269页, 第291页。

영향이 있었음을 시사한다. 뿐만 아니라 그것은 제도건설과 다양한 반자유의 행위를 속박함으로 얻어진 상태라고 보아야 한다.

그러나 해방과 자유의 관계에서 동아시아 삼국은 위의 상황과 아주 다르다. 알다시피 동아시아 전통국가에는 유럽처럼 교회가 사람들의 일상에 심각한 영향을 미치는 상황이 없었다. 동아시아에서 사람들의 삶에 큰 영향을 끼친 것은 자연재해, 관리에 의한 착취와 억압, 외국이나 주변 異族들의 침략, 내전으로 인한 전란 등이었다. 그리고 전통국가의 정부는 이러한 문제에 대해 일정한 책임을 지며 그에 상응하는 노력도 어느 정도 해야만 했다. 동아시아의 진짜 문제는 하향식 지배와 사람들 사이의 위계질서를 당연한 것으로 여겼기 때문에 '모든 사람이 평등하다'는 관념은 종래에 없었다. '평등'에 대한 정치적 주장이 있었다 하더라도 서양문명이 유입된 이후의 일이다. 외세의 충격이 가져온 거대한 위기 앞에서 이들이 추구한 것은 개인의 자유가 아닌 민족이나 국가의 독립과 존엄이었다. 현대화가 시작된 후에 개인의 자유권리에 대한 요구가 있었다 하더라도 적어도 일정 시기에는 부차적인 위치에 밀려 버렸다. 요컨대 상대적으로 안정된 상태로 진입하기 전의 동아시아 전통국가는 유럽과 같은 속박과 억압이 없었기 때문에 왕조의 변화가 있었다 하더라도 유럽과 같은 해방을 얻을 수 없었으며, 이러한 해방을 통해 얻어지는 公民의 자유와 권리를 실현할 수는 더욱 없었다.

근본적으로 위에서의 상황은 동아시아 전통국가에서 추상적이거나 일반적인 '사람'을 발견하지 못한 관념 상태와 관련이 있다. 이런 상태에서 인간의 보편적인 자유권리 관념이 형성될 수 없기 때문이다. 동아시아에서 '사람'은 항상 특정 계층이나 집단 또는 기타 신분체계 중의 일원이었다. 알다시피 '암흑기'의 유럽에서도 사람들은 종교적 질서와 봉건적 예속관계에서 자신의 지위와 사회적 역할을 확인한다.

흥미롭게도 해방은 동아시아 삼국에서 아주 다른 의미를 갖는다. 중국에서 '5·4운동'의 중심 목표는 개인의 해방이었다. 하지만 이는 전통사회의 속박에서 개인의 관념을 유교적 윤리관으로부터 해방시키는 것이었으며, 이것은 확실히 중국의 가정과 윤리적 면에서의 혁명적인 변화를 가져왔다.[104] 이후 여기서 말하는 '해방'은 '봉건'이라는 단어가 무지, 후진성 등의 동의어가 된 것과 같이 (사회발전단계론 의미에서의 기계적

104　金耀基: "论中国的'现代化'与'现代性'—中国现代的文明秩序的建构", 《北京大学学报》, 1996年 第1期。 '5·4' 시기 지식인들이 유교적 가정 윤리관에 반항하는 내용은 舒衡哲, 同上书, 126-137 쪽을 참조하라.

모방은 말할 것도 없고) 개념의 본래 의미가 변질되었다. 중국에서 '해방'은 중공군이 국민당군과의 전쟁에서 승리하여 특정 지역을 점령했다는 사실, 즉 이로부터 중공이 원래의 통치자를 대체해 인민은 그들을 대표하는 공산당을 통해 나라 '주인'의 지위를 얻었음을 의미한다. 심지어 '해방전후'와 같이 서로 다른 시대를 나누는 특수용어로 되었다. 개혁개방이 시작되면서 기존의 속박된 관념을 타파하는 '사상해방'이라는 개념도 사용되었다. 한국과 그 민족의 경우 '해방'은 1945년 8월 15일(이는 종종 '광복'과 같은 의미로 사용되며 1949년 한국정부가 법정공휴일로 지정하였고, 개혁개방 후 중국에서 조선족이 집거하는 연변에서는 '노인절'로 정해 매년 기념하고 있다)에 일어난 사건, 즉 일본의 항복으로 식민지배의 종식을 가리키는 전문용어로 사용된다. 현재 한국에서는 이런 의미로 '해방'이 쓰인다. 예를 들어, 미군정 시절 한국의 정치상황을 흔히 '해방정국'이라 한다. 일본에서는 '해방'이라는 단어를 별로 사용하지 않는다. 그리고 일본의 모든 神道 사상가들은 어떤 혁명이론도 단호히 반대한다.[105] 이것은 아마도 '천명을 끊는다'는 혁명의 본래 의미와 일본천황의 전통적 지위에서 비롯된 神道의 기본 입장일 것으로 추정된다. 그러나 메이지유신과 다이쇼민주주의 시대의 일부 사람들은 막부 말기의 긴장이 해소됨으로 얻은 '해방감'이나 '아시아 국가의 독립과 해방' 그리고 '조선을 중국의 폭정에서 해방시킨다'는 의미에서 이 단어를 사용하기도 했다. 그러나 이른바 아시아 민족을 해방한다는 것은 아시아 맹주국으로서의 일본의 입장과 밀접한 관련이 있다.[106] 그리고 위에서 사용된 '해방'은 자유와 관련된 역사적 사건이 아니다. '해방감'을 제외하고 여기서 사용된 '해방'은 대외침략이나 타국민을 억누르고 약탈 및 중대한 전쟁범죄를 저지르는 의미에서의 역사적 사건일 뿐이다. 일본에서 기념할 만한 역사적 사건은 메이지유신을 통한 근대화이며 '해방'이라고 부를 수 있는 역사적 사건은 발생하지 않았다.

위에서 보다시피 중공에게 있어 해방은 새로운 나라를 건설할 수 있는 수단으로 국가권력을 장악하거나 '해방구' 등의 특정 지역에 대해 통제했음을 의미하며, 한국에서는 식민통치에서 벗어나 자기 나라를 되찾았음을 의미한다. 다시 말해 중국과 한국이 해방을 통해 얻은 것은 자기 나라를 건설할 수 있는 주도권을 장악한 것을 의미하거나 민족자결권, 즉 민족의 존엄을 지킬 수 있는 최소한의 조건이 주어진 것이지 公

---

105 이것은 와타베의 견해다. S.N. 艾森斯塔特, 同上书 (2008 年), 第307页。
106 野村浩一著:《近代日本的中国认识》, 张学锋译, 南京 : 江苏人民出版社, 2014 年, 第6页, 第25-31页, 第41页。

民의 자유권리를 실현한 것이 아니다. 일본의 경우 8월 15일(1963년부터 매년 '전국전몰자 추도회'를 거행하였다)은 메이지유신을 통해 달성한 근대화가 중대한 좌절을 맞음과 동시에 패전국 및 전범국으로서 속박된 체제를 받아들인 것을 의미한다.

유럽의 종교개혁과 혁명 그리고 동아시아 삼국의 윗 상황에 비추어 여기서 밝히고자 하는 것은 다음과 같은 견해다. 압박의 성격이 해방의 성격을 규정하고 해방으로부터 얻어진 어떤 결과의 성격은 기본적으로 이에 의해 결정된다. 따라서 위의 '역설'에서 아렌트가 말한 자유를 단순히 公民의 자유로 치환할 수 없으며 다른 나라에 일반화시켜서도 안 된다. 우리는 해방과 자유의 관계를 지나치게 단순화할 수 없을 뿐만 아니라 다른 시각에서 이 문제를 살펴볼 필요가 있다.

여기서 우리는 이 문제를 동아시아 삼국의 민중운동을 통해 고찰할 것이다. 민중운동은 국가와 사회의 상호 작용을 설명할 수 있기 때문이다. 또한 이 장에서는 국가이행의 논리를 살펴보려는 것이며, 앞에서 이와 관련된 기본적인 사실과 이론을 정리했다. 그러나 국가와 사회의 상호 작용 문제에 관해 간헐적으로 언급했지만 국가이행을 촉진할 수 있는 사회역량에 대해서는 구체적으로 다루지 않았다. 한 가지 주의를 요할 것은, 여기서 살펴보려는 것이 자유와 관련된 주제이기 때문에 언급되는 민중운동은 동원된 운동이 아니라 상향식 운동이다. 사실 동원된다는 것은 어떤 강제적 조직력이 작용한다는 것을 의미하며, 이는 公民의 자유와 권리를 위한 자발적인 집단행동과 분명히 다르다. 특히 중국의 변혁과정에서 정치중심이 주도한 운동은 여기서 언급한 자유와는 거리가 멀었고 이 과정에서 자유권에 대한 심각한 침해가 많이 발생하였음을 우리는 알고 있다.

일본에서는 쿠데타를 통해 정권이 바뀌었을 뿐만 아니라 이른바 메이지헌법도 국민의 참여 없이 제정·공포되었다. 실제로 이 헌법은 군주제를 강화하고 민권을 약화시킨 당시 독일헌법을 모방한 것이다. 1870년대 후반에는 자유민권운동이 등장한다. 이 운동은 주로 豪農계층의 정치참여 의식이 강화되고 언론의 발달 및 도시 지식인의 활동에서 기인한 것이다. 하지만 정부의 탄압[107]과 정당 간의 극단적 대립 그리고 경제 사회 상황의 악화 등으로 인해 쇠퇴한다. 1880년대 중반 자유민권운동이 다시 부활

---

107 메이지 시대의 일본정부는 계몽학자들이 대의정부에 대해 언급하는 것을 절대 허용하지 않았으며 관용적이었던 자유출판정책도 포기했다. 舒衡哲, 同上书, 第39-40页。

하여 1887년에는 언론의 자유와 토지임대료의 인하 및 외국과 체결한 불평등조약의 개정 등을 제안한 이른바 '건백운동'으로 발전했다. 이와 함께 서양의 天賦人權理論에 기반한 근대화와 언론매체들의 확산 등이 있었지만 민중운동은 점차 의회정당정치로 수렴되었다. 물론 의회정당정치도 현대화의 내용 중 하나이긴 하지만 그것은 메이지 체제하의 官方의 한 축이기 때문에 사회운동으로 볼 수 없다. 또한 1880년대 이후 일 본국민의 이상은 아시아의 맹주로 되는 것이었다(그 표현이 바로 러일전쟁 후 러시아와 체결한 평화조약에 불만을 품은 민중들이 도쿄에서 집회하고 이것이 대규모 폭동으로 이어진 1905년 9월 '히비야사건'이다). 일본은 청나라와 러시아와의 전쟁에서 승리해 이런 꿈이 현실로 되는 것처럼 보였다. 흥미롭게도 요시노 사쿠조가 제시한 민주주의 이론이 이 시기의 사상계에 상당한 영향을 미쳤지만 '천황제', 즉 '천황주권' 개념과 충돌하여 '민본주의'라는 용어를 사용한다. 이는 메이지체제와 이념의 한계를 보여주는 것이다. 또한 1920년대에 의회정당정치, 즉 다이쇼민주주의가 잠시 등장했지만 세계경제의 불황, 대외확장정책, 군부의 통제불능 상태 등 요인의 영향으로 인해 붕괴되었다. 이때 '황도파'와 '통제파'의 대결은 1936년 '2.26쿠데타'를 정점으로 억제할 수 없는 지경에 이른다. 이리하여 군부는 정치에 결정적인 영향력을 행사하게 되며 일본은 마침내 돌이킬 수 없는 길을 걷게 된다. 위에서의 상황으로부터 우리는 일본에서 다양한 항의운동이 있었지만 公民자유의 실현이라는 시각에서 이들은 거의 의미가 없었음을 알 수 있다.

중국에서 진정한 자발적 운동은 '5·4운동'이며, 이는 중국현대화의 획기적인 사건이다. '5·4운동'과 거의 같은 시기에 전개된 '신문화운동'은 문화의 근본적인 변혁을 통해 중국을 재생시키려는 운동이다.[108] 이 운동은 '5·4운동'보다 약 4년 전에 이미 시작되었다. 이택후는 '신문화운동'과 학생들의 愛國反帝運動을 합쳐서 '5·4운동'으로 간주했다. 그러나 그는 구원이 계몽을 압도했으며 뒤이은 혁명이 계몽운동과 자유의 이상을 밀어냈다고 지적했다.[109] '신문화운동'은 문인과 백성 사이의 가장 큰 장벽을 허물기 시작했고 언어개혁은 '5·4운동'의 정치적 영향력을 가속화시켰다.[110] 따라서 이 운동은 물론 '5·4운동'과 함께 중국의 후속 발전에 지대한 영향을 미쳤지만 여기서의 주제와는 다른 범주에 속한다. '5·4운동'은 지식인을 중심으로 추진

108 佐藤慎一著：《近代中國的知識分子与文明》, 刘岳兵译, 南京：江苏人民出版社, 2011年, 第19页。
109 李泽厚, 同上书(1987年), 第7页, 第25页, 第41页。
110 舒衡哲, 同上书, 第93-94页。

한 것이며 그 주요 내용은 '구원(救亡)과 계몽'이다. 그러나 민중이 이에 호응하지 않음으로 인해 민중운동으로 발전되지 못했다. 여기서의 주제와 관련하여 지적할 것은 당시 지식인들이 어떤 생각으로 운동을 추진했는지 민중이 이 운동에 어떤 반응을 보였는지와 상관없이, 현대화의 맥락에서 본다면 '5·4운동'의 진정한 의미는 중국 청년지식인들의 각성에 있다. 이로부터 중국혁명의 거센 흐름이 형성된다. 여기서의 논의주제가 '5·4운동'을 평가하려는 것은 아니지만, '5·4운동'과 '신문화운동'은 愛國과 反帝의 의미가 아닌 바로 이런 의미에서 연결될 수 있다는 것이 필자의 견해다. 또한 이 두 운동의 핵심인물은 모두 친한 친구(량수명, 호적, 李大釗, 진독수, 蔡元培)들[111]이었기 때문에 기본적으로 일치한 정신이 이 두 운동에 스며 있었을 것이라 짐작할 수 있다. '신문화운동'은 당시 중국 지식인 엘리트들이 중국이 낙후되어 있다는 사실과 그 중요한 원인 중 하나를 인지했다고 보아야 한다. 또한 이 운동을 통해 백성들이 지식을 쉽게 습득할 수 있다는 의미에서 중국계몽의 토대를 마련하는 가치를 갖고 있다. 때문에 '신문화운동' 자체를 중요한 '계몽운동'으로 볼 수 있다. '파리평화회의'는 그 당시 중국지식인들의 총체적 각성을 촉발한 계기, 즉 당시 지식인들로 하여금 중국의 실태를 인식하도록 했다. 특히 갑오전쟁에서의 참패를 겪으면서 민족의 '구원'이 주요 화두로 되었기 때문에 '신문화운동' 시기부터 두 先生을 모셔 드리자 했다. 이는 곧 중국이 의식적으로 현대화를 추진하기 시작했음을 의미한다.

이후 중국에서 일어난 대부분의 운동은 조직된 것이며 '구원'과 부강과 같은 더 급박한 주제에 밀려 잊히고, 기본적으로 아래로부터의 자발적인 그리고 성공적인 민중운동은 없었다. 중국의 계몽운동은 전쟁과 건국 후의 일련의 정치운동 등 중대한 역사적 사건으로 인해 실제로 완성되지 못하고 남겨진 '역사문제'가 되었다는 점을 인정하지 않을 수 없다.

한국의 역사에서 앞서 언급했던 '4.19혁명'과 '6월항쟁' 그리고 전두환의 '12.12 쿠데타'(1979년)에 항의하는 1980년 '5·18광주항쟁' 등 여러 차례의 대규모 민중운동이 일어났다. 이러한 민중운동에서 군을 동원한 강압적인 탄압에 항거하기 위해 민중이 무기를 든 '5·18광주항쟁'을 제외하고 기본적으로 평화적 행동이었다. 이러한 운동은 의심할 여지 없이 억압에 반항한 것이었다. 더 중요한 것은 이들이 시민단체와 전국

---

111 艾愷, 同上书, 第48页。

대학생대표자협의회 등과 같은 일부 조직화된 핵심을 가지고 있었지만, 특정 정당이나 정치지도자가 주도한 것이 아니라 민중들의 자발적인 참여하에 추진되었다는 것이다.

　유교주의적 관료제 국가로서 조선은 신분계급제로 인해 엄중한 압박적 성격이 있었다. 이러한 압박은 일제 강점기에 더욱 심화되었으며(창씨개명과 학교에서 민족언어를 사용하지 못하도록 한 조치 등을 통해 민족의 정체성을 말살시키려 한 시도 등을 포함하여), 후에 있었던 군사독재는 더 말할 것도 없다. 바로 이러한 억압에 저항하는 과정에서 한국은 오늘날 누리고 있는 자유를 쟁취한 것이다. 왕조 말기부터 한국으로 유입된 다양한 主義는 여전히 사람들의 의식 속에 남아 있었고 특히 건국 당시에는 항일독립운동 중심세력 대부분이 정권구성에서 배제되었다. 즉 한국은 근대로부터 지속적으로 반항세력이 존재해왔다. 또한 현대한국의 건국에서 확립된 자유민주주의의 틀은 적어도 저항세력이 존재할 수 있게 한 '명분'(유교적 의미는 벗었지만 '명분'은 오늘날의 한국에서 중요한 논쟁이나 행동에서 자주 사용되는 말이며, 그것은 언행의 정당성 근거를 가리키는 것이다)을 제공했다. 이로부터 독재정권 시절에도 야당이 존재할 수 있었고 정부에 비판적인 입장을 취한 언론들도 종종 탄압을 받기는 했지만 여전히 살아남을 수 있었다. 따라서 위에서 열거된 것은 한국의 민중운동을 설명하는 데 없어서는 안 될 요소들이다. 구체적인 민중운동에 한해서는 그에 따른 설명이 필요하다. 예를 들어, 서울대 재학생 박종철이 경찰의 고문으로 사망한 사건은 '6월항쟁'의 도화선이 되었다. 그리고 보통 시민들이 이러한 사건에 대한 인식 및 발생한 사건들의 구체적인 사회적 배경 등을 모두 자세히 분석해야 할 것이다.

　중국과 일본에 비해 확연히 다른 한국 민중운동의 특수성에 관해 보다 깊은 역사적, 문화적 전통에서 이해할 필요가 있다. 앞서 언급한 바와 같이 한국의 근대 발단은 동학농민운동을 표징으로 하며, 특히 억압에 반항하는 의미에서 이는 후에 이어진 민중운동과 무관치 않다고 보아야 한다. 이러한 전통에는 유교교리만을 인정하는 붕당정치 전통도 포함되어야 한다. 일본과 중국의 근대화 또는 현대화의 시작을 되돌아보면 이러한 '제1원리'가 한 나라의 미래 발전방향에 어떤 의미가 있는지를 이해하는 데 도움이 될 것이다.

　이 부분에서 우리는 다음과 같은 결론을 내릴 수 있다. 적어도 자유를 쟁취하는 차원에서 민중운동은 혁명과 같은 의미를 갖는다. 혁명이 종종 폭력을 수반하는 것을 제외하고 상향식 방식, 상징적 기호의 변혁, 새로운 합법성 기반의 건립, 기본적인 정치틀을 변혁하고 자유를 쟁취하는 면에서 혁명과 민중운동 사이에는 중요한 차이가 없다.

7 소결

동아시아 삼국은 이행 전의 국가정치구조, 이념과 그 경직도, 이행이 이루어진 시기의 국내외 사회적 배경, 이행에 필요한 사회자원 여건 등으로 인해 국가이행 방식에서 각자의 뚜렷한 특징을 보인다. 물론 이들만으로 변혁과정의 결과를 충분히 설명할 수는 없다. 하지만 이들 내용에 관한 고찰을 통해 최소한 국가의 이행방식을 주도한 정치세력의 성격과 에너지를 이해할 수는 있을 것이다. 또한 이는 이행을 이룬 후의 국가상태와 운행방식에 결정적인 영향을 미치게 된다.

우리는 일본이 비교적 짧은 기간에 성공적인 국가변혁과 근대화를 이룩할 수 있었던 관건이 '잠재적인' 정치적 핵심의 존재와 사무라이 집단이 막부정권과의 예속관계가 없었고 막부 말기에 곤경에 처한 상황 등이 국가이행의 자원으로 되었음을 알 수 있었다. 이와는 달리 중국과 조선은 그런 여건을 갖고 있지 못했으므로 국가가 무너지거나 나라가 망한 뒤에야 새로운 정치세력을 조직하고 국가재건의 길로 갈 수 있었다. 이는 당시 동아시아 삼국에 대한 외세의 압력이 비슷해 보였지만 이러한 압력은 전통국가의 국내 정치상황, 특히 기존 지배세력을 대체할 수 있는 정치세력의 존재여부, 정권과 이념 및 엘리트집단 간 관계의 긴밀 여부 등 여러 조건들의 결합이 각국의 이행방식을 결정했음을 의미한다. 이에 따라 각자 국가재건의 기본 경로가 정해졌다. 한 나라의 변혁은 단순히 당시 사람들의 행동 선택에만 달려 있는 것이 아니라 국가이행 전의 기본 상황을 배경으로 이루어지는 것이다.

일본의 메이지유신은 상향식의 근본적인 변화를 겪지 않았고 이른바 다이쇼민주주의도 유산되었다. 자국의 존속을 위해 허위적 성격이 짙은 (그 권위가 어떻게 세워진 것인지에 대한 분명한 설명이 결핍하고 천황 위에 또 다른 하늘이 없다는 관념 등 의미에서) 천황권위를 앞세우는 동시에 유럽식 모델을 도입했다. 이는 매우 기이한 조합이다. 이 과정에서 사무라이의 '이에' 또는 다이묘오에 대한 충성은 천황에 대한 충성으로 바뀌었고 번국은 현대행정체계로 대체되어 국가체제에 존재했던 봉건제가 제거되었다. 또한 일본의 이러한 상황과 이후에 일어난 중요한 현상은 독일의 상황과 다소 유사하다는 점도 주목할 만하다. 영국과 프랑스와 달리 독일은 혁명이 일어나지 않았고 독일 사회의 핵심층은 군인 계급이었으며,[112] 이후 파시즘의 길로 갔다. 이러한 상황은 혁명의 부재와 사회의 핵심층이 군인계급 성격 사이에 어떤 상관관계가 있음을 보여준다. 혁명이 발생하지 않았다는 것은 전통적 관념과 사회구조가 여전히 국가운행의 주축임을 의미하며 핵심 계층의 군인성격은 국가 전체를 극단적인 사회로 이끌 가능성이 크다고 설명할 수 있다. 이로부터 유추할 수 있는 것은 사회핵심층이 군인 또는 문인이라는 사실은 국가의 성격과 강제성의 정도 등에 중요한 영향을 미칠 것이라는 점이다. 어쨌든 일본은 변혁에 필요한 주요 자원을 구비했고 '사상의 잡거성'과 같은 문화적 특성 및 기타 중요한 사회 · 정치적 조건으로 인해 부강을 실현할 수 있었지만 자주적 해방은 달성하지 못했다. 일본에서 '해방'이라 부를 수 있는 역사적 사건의 부재는 심각한 상징적 의미를 갖고 있으며, 이로부터 제2차 세계대전 후의 일본의 사회 · 정치적 상황을 어느 정도 설명할 수 있을 것이다. 따라서 이행기의 근본적인 변화라는 측면에서 본다면 일본에서 일어난 것은 부강에 국한된 그리고 심각한 결함을 안고 있는 '근대화'일 뿐이다.

한국은 국가이행 과정에서 식민통치와 미군정을 경험하며 이 과정에서 전통의 핵심인 유교적 이념체계와 신분계급제가 부서졌다. 또한 일제식민통치와 미군정 등 여러 가지 중요한 요소가 한국의 변혁 과정에 깊숙이 개입했기 때문에 이 두 가지 요인이 한국의 변혁에 '역사의 무의식적인 도구' 역할을 했다. 이 때문에 제2차 세계대전이 종식되면서 맞은 '해방'은 자주적으로 민족국가를 건설할 수 있는 자유를 얻었음을 의미하지만, 민족국가 건설의 발단은 자주적이지 못했으며 국제냉전양상과 국내정세의 혼란한 상황으로 제한된 범위 안에서 현대화의 길을 갈 수밖에 없었다. 그러나 한국은 헌정질서를 파괴하고 집권한 군사정권하에서 경제발전의 토대를 마련하며 상향식 민중운동으로 군사독재를 뒤엎고 진정한 자주적 해방을 실현했다. 이로부터 한국은 중국과 같은 혁명이나 일본과 같은 유신을 겪지 않았음에도 자주적인 국가이행을 실현했다고 말할 수 있다.

일본이나 한국과 달리 중국은 실제로 혁명을 겪었다. 그러나 이 혁명은 단일적인 사건을 지칭하는 것이 아니라 '대혁명'을 비롯한 일련의 사건과 과정으로 구성되며 건국 이후 전개된 일련의 정치운동도 이에 포함된다. 뿐만 아니라 이것은 중공이 주도한 중국혁명의 주요 내용이다. 주로 중공의 정치적 이념과 이에 합류한 주요 세력(농민)으

---

112 卡尔 · 曼海姆, 同上书 (2009 年), 第19-20页。

로 인해 낡은 사회구조와 정권체계를 성공적으로 무너뜨렸다. 특히 농민이 중국혁명에 광범위하게 참여한 것은 중국 사회구조의 변화와 직결된 것이기 때문에 그 중요한 의의가 강조되어야 한다. 일련의 혁명과정을 통해 중국은 이전과 다른 국가를 수립했으며, 이러한 변화과정에서 가장 근본적인 특징은 중공조직이다. 중공은 전쟁에서뿐만 아니라 건국과정에서도 아주 특별한 역할을 했다. 이러한 원인으로 인해 '해방'은 중국에서 특별한 의미를 갖게 되었다.

동아시아 삼국에 있어 이른바 국가이행은 국가라는 정치공동체를 재건하기 위한 의식적인 활동이기 때문에 지식구조와 조직상황이 강조되어야 한다. 지식구조는 국가재건의 실천적 방향과 정책기조를 결정짓는 주요 요소로서 이러한 지식구조에서 지식인의 독립성과 에너지뿐만 아니라 서로 다른 지식체계 간 경쟁적 상태의 존재 여부에 주목해야 한다. 조직의 분포와 성격 및 에너지는 국가이행 방식을 결정하는 중요한 요인이며, 지식인의 독립성과 조직의 자주성 및 이를 기반으로 형성되는 상호 작용의 정도는 사회의 활력과 국가변혁에 필요한 張力과 같은 중요한 문제들을 결정하기 때문이다. 사회와 국가 간의 관계라는 차원에서 본다면 활기찬 사회는 국가에 더 풍부한 선택 기회와 가치 있는 지적 추진력을 제공하여 여러 가지 가능한 발전경로를 탐색할 수 있게 한다. 우리는 특히 경직된 체제와 이념으로 특징지어지는 전통국가의 변혁 과정에서 이것을 분명히 보았으며 이는 깊이 새겨야 할 심각한 교훈이다.

새로운 발단과 그 후에 이루어지는 사회상태라는 시각에서 볼 때 혁명의 급격한 변화와 다양한 에너지의 거대한 방출 그리고 그 사회구조와 역사적 문화를 배경으로 하기 때문에 혁명으로 인해 초래되는 결과가 같을 수 없다. 우리는 혁명의 성격이 파괴되어야 할 대상의 성격, 즉 '압박자' 또는 '속박자'가 무엇인지에 주로 의존하며 이로부터 얻는 '해방'도 상응한 낙인이 찍힌다는 것을 보았다. 즉 '해방'에서 얻어지는 결과의 성격은 '압박자' 또는 '속박자'의 성격에 의해 결정된다. 사실 나폴레옹의 군대를 축출하고 나서 독일의 사학가들은 독일의 통일을 강력히 지지하고 억압받는 모든 민족을 위해 자유를 쟁취하고자 노력했으며, 그들이 수호하려 한 것이 바로 '민족원칙'이었다.[113]

국가와 사회의 차원에서 혁명은 총체적 또는 구조적 특성을 띤 '압박자' 또는 '속박자'에 대한 반항에 의해 촉발된다. 따라서 기존 기본질서의 '상징'으로 되는 교회, 막

---

113 热拉尔·努瓦利耶, 同上书, 第2页。

부, 군주제, 식민통치, 독재정권 등이 혁명의 첫 타겟이 된다. 때문에 혁명은 필연적으로 전체적 변화의 성격을 띠게 되며, 이러한 변혁은 결코 단기간에 달성할 수 없게 된다. 또한 원질서를 대표하는 통치자들은 대개 기득권을 포기하지 않기 때문에 혁명에는 종종 폭력이 수반된다. 그러나 우리는 혁명과 폭력을 반드시 구분해야 한다. 한국의 여러 민중운동에서 우리는 국가의 근본적인 변화가 반드시 반항자의 폭력과 연결되어 있지 않았음을 이미 보았다. 더욱이 혁명은 기존의 '압박자'나 '속박자'만을 타도하기 위한 것이 아니다. 보다 근본적인 의미에서 혁명은 '부당'한 것을 개변하고 '응당'한 것을 건립하려는 대규모 집단적 노력이다. 기존의 '압박자' 또는 '속박자'를 타도하는 것은 새로운 질서를 구축하기 위한 필요조건일 뿐이다.

포퍼는 불행과 폭력을 줄이고 자유를 증가시키려는 희망(마르크스와 그의 추종자들이 추구했던)을 믿지만 혁명은 불필요한 고난을 증가시키고 심각한 폭력을 초래하며 자유를 괴멸시킨다고 말한다. 혁명은 사회체제와 전통적 구조를 파괴한다. 또한 혁명에서는 모든 것이 의문시되고 혁명의 목표도 혁명이 파괴하려는 사회에서 나오며 그것도 사회의 일부이기 때문이다.[114] 혁명과 자유의 관계에 관한 아렌트의 '역설'은 포퍼의 이 같은 관점에서 부분적으로 '설명'되었다고 할 수 있다. 그러나 우리가 고찰한 동아시아 삼국과 유럽의 관련 상황에 비추어 본다면, 특히 혁명과 자유의 관계 문제에서 중요한 것은 새로운 가치가 혁명 전 국가의 제도적 기반과 권위적 지위를 대체했는지 여부다. 그러므로 중세기 역시 유럽의 현대화에 중요한 '기여'를 했지만, 위와 같은 관점을 주장하는 포퍼도 훗날의 서양현대화 과정에서 확립된 핵심가치와 근본제도 등은 중세기의 '구성부분'이 아니었음을 부정할 수 없을 것이다. 또한 민족국가의 건설에서 법치가 종교의 권위적 지위를 대체했다(이 진술은 포퍼가 논의한 혁명의 범위를 넘어섰지만 국가 현대화 차원에서 논의의 범위를 넓혀야 한다). 혁명의 가치를 무한히 과장할 수는 없지만 혁명 없이는 낡은 체제를 파괴할 수 없다는 점에서 국가와 사회의 대변혁에서 폭력을 수반하는 혁명의 가치를 부정할 수는 없다.

우리가 혁명을 사회와 그중 어느 한 분야에서의 근본적인 변화 그리고 진보적인 것으로 넓게 이해한다면 이것을 일반적 의미에서 발생한 모든 혁명의 공통성으로 볼수 있다. 이와 같은 의미에서 앞서 살펴본 동아시아 삼국의 변혁 시작은 혁명의 개시

---

114 卡尔·波普尔, 同上书, 第489-490页。

로 이해할 수 있다. 이러한 개시는 동아시아 삼국이 현대국가로 이행하는 발단이기 때문이다. 이들 삼국은 각기 다른 양상과 특징을 갖고 있지만 이러한 변화는 중대한 이행을 하기 전의 상태를 파괴하거나 적어도 상당한 정도의 부정을 했으며, 유례없는 국가구축의 원칙과 체제를 도입했다. 그리고 동아시아 삼국의 미래발전은 이 원칙의 가리킴에 따라 각자의 제도적 틀 내에서 계속 발전할 것이다. 그러나 문제는 결코 끝나지 않았다. 중대한 변화가 일어난 후 어디로 갈 것인가는 포스트혁명 시대의 사람들이 반드시 직면해야 할 문제다. 하지만 그것은 발단이라는 '제1원리'를 기반으로 탐구할 수밖에 없으며 이것이 바로 발단의 의미다. 뿐만 아니라 우리는 반드시 현대화의 맥락에서 혁명을 이해해야 한다. 이러한 맥락에서 벗어난다면 동아시아 삼국에서 일어난 중요한 변화를 충분히 설명할 수 없으며, 그러한 변화의 다양한 표현과 의미도 명쾌히 해석할 수 없기 때문이다.

종교개혁과 계몽운동은 전통상태에서 현대로의 거대한 변화에 지대한 영향을 미쳤고 마침내 그 성과를 확립한 획기적인 사건이 프랑스혁명이다. 바로 이 세 가지 역사적 사건을 통해 '관념의 혁명'이 실현되었으며 이는 인간 自我변화의 주요 내용이다. 적어도 현대화의 관점에서 본다면, 이 '관념의 혁명'의 핵심은 인간해방과 이성주의의 승리다. 유럽중세에서의 이성은 항상 계시의 노예였으나 17세기 관념에서의 '자연'은 진리의 기원과 기초를 가리키는 것이며 계시의 도움을 받을 필요가 없는 진리였다.[115] 여기서 우리는 계몽시대의 '자연상태'와 '천부적 인권'의 진정한 가치를 이해할 수 있으며, 이는 실제로 '계시'에서 벗어나는 것의 대명사다.

그렇다면 관념의 변화가 한 나라의 변혁에 결정적인 요인이 되는 것일까? 그렇지만은 않다. 특정 관념은 반드시 실제 정치세력과 결합되어야 하기 때문이다. 또한 원래의 지배세력을 대체할 수 있는 정치세력이 있는지, 계급구조(유럽의 귀족이나 지방권력과 국왕과의 역학관계, 한 나라에서 농민과 부르주아 계급이 차지하는 비율 등), 지식인 엘리트와 지배집단과의 관계, 안목이 있는 정치지도 집단이나 開明한[116] 통치자의 존재 여부, 국제

115　E · 卡西勒同上书, 第234-235页.

116　이른바 '開明專制' 또는 '합법적인 전제주의'는 독단적인 독재자가 아닌 법의 권위를 말하는 것이며, 혁신가나 反전통주의자인 이 용어는 19세기에야 등장했다. 디드로는 고민 끝에 예카테리나 2세에게 당시 러시아 상황에 따라 러시아 국민이 정치에 더 많이 참여하도록 해야 한다고 제안했다. 阿瑟 · M · 威尔逊, "从今天的现代化理论看启蒙思想家", 西里尔 · E · 布莱克编, 同上书, 第180页, 第186页.

적 압력이 국내 정치적 공간의 관용 여부 등 국가의 변혁을 실현할 수 있는 다양한 여건이 이 과정에 영향을 미치기 때문이기도 하다.

위의 주제와 관련하여 또 하나 주목해야 할 것은 혁명 후의 새로운 질서는 혁명 전의 구질서와는 완전히 다른 합법성에 기반해 건설되어야 하므로 혁명도 새로운 의미나 가치를 적극적으로 모색하고 구축하는 과정이라는 점이다. 따라서 이러한 의미나 가치는 특정 혁명의 성패를 판단하는 기본 기준이 된다. 그리고 새로운 가치는 관련 분야에서 사람들의 행동과 관련 영역의 질서에서 구현되어야 하므로 혁명이라는 화제에서 인간 본성이라는 근본적인 문제를 회피할 수 없다. 홉스의 인성이론이 그의 정치철학의 기초인 것처럼[117] 바로 인간본성의 관건적 의미 때문에 많은 계몽사상가들은 먼저 인간본성에 대해 논의한 다음 국가와 사회에 대한 견해를 내놓은 것이다.

위에서의 논의에 근거해 여기서 강조할 것은 국가의 구축가능성과 이 과정에서 사람의 중심 위치다. 이 시점에서 모택동과 량수명 모두 중국문제의 핵심을 인지했다고 할 수 있다. 이는 모택동의 '의지제일주의(唯意志論)' 성향과 군중운동의 지속적인 발동,[118] 량수명이 장기적으로 농촌건설에 참여하고 합작사를 건설해야 한다는 주장(이 문제에서 량수명은 온건한 방법을 주장했지만 모택동은 급진적인 방법을 채택했다) 등 사실에서 엿볼 수 있다. 애개는 군중이 그들 공익의 최종 주재자(主宰者)이므로 문화혁명을 통해 새로운 사람을 만들어야 하고 좋은 사회는 전체 사회의 지속적인 정신적 변화를 통해서만 실현될 수 있으며, 모택동사상의 중요한 측면은 대중에 의존하고 관료정치에 있는 명령주의를 역겹게 여기는 것이라고 지적한다.[119] 현대화에서 관념의 근본적 변혁이 중요하다는 관점에서 본다면 사람을 변화시켜 사회변화를 실현하려는 생각과 관료주의를 반대하는 입장에는 당연히 문제가 없다. 문제는 군중운동 방식과 지식인에 대한 강제적 사상개조를 통해 '새로운 사람'을 만들 수 있는가? 또한 만들어 내려는 '새로운

---

117 列奧·斯特劳斯著：《霍布斯的政治哲学》, 申彤译, 南京：译林出版社, 2012 年, 第10页。

118 모택동의 '의지제일주의' 성향에 관해서는 莫里斯·梅斯纳著：《毛泽东的中国及其发展－中华人民共和国史》, 张瑛等译, 北京：社会科学文献出版社, 1992 年, 232-241 쪽, 17 장과 18 장의 내용을 참조하라. 슈람도 혁명이 무엇보다도 심리적 과정이라는 모택동의 생각이 '문혁'뿐만 아니라 '사상개조'와 '정풍'에 영향을 미쳤다고 지적한다. 斯图尔特·施拉姆著：《毛泽东》, 中共中央文献研究室《国外研究毛泽东思想资料选辑》编辑组编译, 北京：红旗出版社, 1987年, 第141页。

119 艾恺, 同上书, 第146页, 第149页, 第151页, 第154页, 第196页。농촌건설 및 합작사에 대한 량수명의 제안에 대해서는 이 책의 11 장, 247 쪽을 참조하라.

사람'은 어떤 것인가? 어쩔 수 없이 사회변혁의 수단으로 동원된 '군중'은 정서와 정치적 논리에 의해 냉정한 판단을 할 수 있는 이성이 심각하게 교란될 수밖에 없으며(이것은 '군중'이 주재되었음을 의미한다), 이런 상태에서 '새로운 사람'을 만들어 사회변혁을 달성할 수 있겠는가? 더불어 살아가야 하는 인간의 변화라는 시각에서 본다면 제도적 변화를 통해 사회와 사람의 변화를 기하고 관료정치에 존재하는 문제를 해결하는 것이 당연히 더 중요하다. 블룸은 신성하고 불가침한 인간본성은 절대로 주재될 수 없으며, 이는 인류의 주관 능동성이 뛰어넘을 수 없는 한계라고 지적한다.[120] 여기서 인간본성의 구체적인 의미가 무엇이든 간에 주재된 사람은 현대화 의미에서의 '새로운 사람'은 아니다. 마지막으로 우리가 묻지 않을 수 없는 것은 모택동은 '군중'이나 '인민'을 매우 중시했지만 그의 사상에는 '公民'이라는 개념이 있었는가? 公民이 없는 나라는 이른바 부강을 실현할 수도 있겠지만 현대화를 실현할 수 있을까?

한 세기에 걸친 격변의 과정에서 자기보존과 변화를 추구하는 자체가 고통스러운 '선택'이 되었다. 사실 동양이건 서양이건 전통상태의 다양한 '주재'를 타파하고 고독한 상황에 처해지는 것이 원래 해방을 얻는 동시에 반드시 스스로 살길을 찾아야 하는 처지다. 동아시아 국가들의 기존 상황과 국가이행 방식에서의 양상이 현저히 다르며 이러한 변혁방식은 각자의 원인이 있었다. 하지만 이 국가들이 이행을 시작하게 된 주된 원인과 이행 시기에 직면한 세계의 기본적인 구도로 인해 국가의 이행은 주로 민족국가의 재건과 자구(自救)를 특징으로 했다. 그 주된 내용은 '인류의 구원'이 아니었으며 유럽국가들처럼 관념의 변혁과 혁명을 통해 인간의 자유권리를 직접적으로 획득한 것도 아니었다. 이는 서양의 '제1원리'와 다른 동아시아의 발단이자 국가현대화를 계속 추진해야 하는 주된 이유이기도 하다. 그러나 현실적 차원에서 더 중요한 것은 바로 이러한 원인으로 인해 부강이 동아시아 국가현대화의 대명사로 되었다는 점이다. 부강을 실현하기 위해 그리고 전통의 영향으로 인해 동아시아 국가들은 모두 집권의 길로 갔다. 이를 통해 동아시아 국가들을 괴롭히는 또 다른 '압박자'인 '빈약한 상태'를 타파할 수 있었다.

요약건대 객관적인 정세에 있어서 국가이행방식은 주로 변혁기 원국가의 상태와 주요 과제 환경에 달렸다. 하지만 동아시아 삼국의 내부상황으로 볼 때 국가이행

---

120 艾伦·布卢姆著：《美国精神的封闭》, 冯克利译, 南京：译林出版社, 2011年, 第184-185页。

방식에 관건적 영향을 미친 것은 국가재건을 주도한 정치세력의 성격과 에너지, 사회의 조직화 정도, 지식구조 그리고 엘리트계층이 국가변혁을 위해 제공하는 張力의 크기 등이다. 이러한 관점에서 국가변혁의 과정은 불가항거적일 뿐만은 아니다. 그것은 어떤 곤경에서 벗어나기 위한 출로를 집요하게 탐색하고 어떤 관념의 인도하에 자신들의 생활환경을 다시 만들어 가는 집단적 행동이며 또한 다양한 요소들이 뒤섞여진 과정이다.

제 4 장

국가재건의 주요 측면

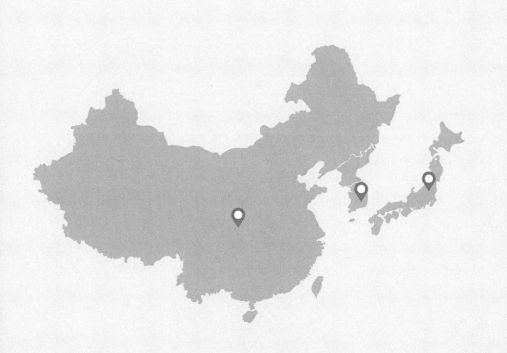

고찰의 시각

　　험난한 이행과정을 거쳐 동아시아 삼국은 비교적 안정된 상태에 진입한다. 국가의 기본 상태를 이해하기 위해서는 재건 후 상태의 대체적인 윤곽이 여러 측면에서 설명되어야 하는데, 이것은 주로 국가의 기본 성격과 운행방식과 관련된 문제다. 이러한 상태를 고찰하는 주요 시각은 어떤 것들이 있을까?

　　재건 이후의 상태를 살펴보기 위해 먼저 이전 상태와의 연속성 또는 단절의 정도를 이해해야 한다. 동아시아 삼국에서 이 문제를 논의할 필요성은 근본적으로 국가재건이라는 사실에서 비롯된다. 국가재건이 아니라면 재건된 상태와 이전 상태 사이에 어떤 계승관계가 존재하는지를 思考할 필요가 없고 또 어떤 측면에서 새로운 상태를 구축해야 하는가라는 문제는 제기되지도 않을 것이다. 그리고 재건 전과 후의 국가 간에 중요한 차이가 없다면 의미 없는 단순한 윤회일 뿐이다. 중요한 것은 새로 구축되는 국가는 반드시 의식적으로 이전 국가와의 연관성 특히 동아시아 국가들을 뒤처지게 만들었던 주요 요인들을 제거해야 한다. 그러나 다른 한편으로 재건된 국가는 과거의 自我를 승계해야 한다. 이는 역사적 방식으로 제시되는 과거의 경험이 현실을 살피는 데 필요한 여러 가지 지식을 제공할 뿐만 아니라, 과거의 중요성은 새롭게 재건된 국가의 정체성을 확립하는 데 도움을 주기 때문이기도 하다. 또한 재건된 국가와 과거 국가의 연속성은 동아시아 민족국가의 역사적 정치공동체의 성격을 설명할 수 있을 뿐만 아니라 구미국가의 현대화 과정과 다른 역사적 사실을 제공한다.

　　그러나 전통적 민족국가의 현재 재건이기 때문에 이 문제는 미래국가에 대한 어떤 志向과 연관될 수밖에 없다. 미래의 중요성은 사람들이 미래에 대한 상상을 갖고 있기 때문에 과거의 경험과 현재의 상황 및 현실적인 필요에 따라 미래의 비전을 어떤 집단행동의 현실적 지침으로 확립하는 데 있다. 이로부터 미래는 현재에 깊숙이 개입되고, 현재 사람들의 실천활동에 영향을 미치게 된다. 현재는 결코 獨行者가 아니며 과거와 미래와 함께 손잡고 갈 수밖에 없다.

　　재건되는 국가가 공백상태에서 구축될 수 없는 주된 원인은 사람들이 중요한 역사적 기억에서 벗어날 수 없기 때문이다. 그러나 이러한 역사적 기억은 단순히 '역사적'이거나 '기억'에 그치는 것이 아니다. 그것은 전통문화의 영향을 깊이 받는 동시에 현재에 유행되는 다양한 思潮의 영향을 받아 형성되거나 재구성되기도 하기 때문이다. 동아시아 국가들의 재건 문제에 있어서 역사기억의 어떤 내용은 과거에 겪었던 고통과 굴욕 그리고 부강한 서양국가들의 형상과 얽혀 국가재건 활동에 깊숙이 각인되어 재건주도 세력들의 의식 속에 잠겨 있으며, 한때 자랑스러웠던 민족역사와 함께 공존한다. 역사의식의 중요성은 그것이 옳은 것인지의 여부를 떠나서 현재의 실천활동에 영향을 미치는 요인이라는 점에 있다.

사실 새로운 국가에 대한 기대로 인해 적어도 재건 후 중국혁명의 담론에서 연속성보다는 이전 국가와의 단절이 더욱 강조되었다. 그러나 중국을 연구하는 많은 학자들은 이전 국가와의 연속성에 주목한다. 학자들은 현재의 중국은 여전히 과거 국가의 계승자이고 이들 사이에는 혈연관계가 있으며, 가도판사처(街道辦事處, 건국 후 현재까지 도시지역에서 기본적으로 유지되는 중국정부의 말단조직)는 황제시대 保甲制의 변형이라고 지적한다.[1] 한국의 자주적 현대화 과정은 35년간 중단되었다. 이 치욕적인 역사가 한국으로 하여금 '3·1운동'의 정신과 대한민국임시정부의 법통을 계승한다고 헌법에 명시한 것과 같이 의식적으로 민족국가의 연속성을 유지하도록 했을 것으로 보인다. 일본의 국가 연속성은 국가재건의 주도세력과 '국체'에서 분명히 나타났다.

구체적 기능 면에서 '국가의 형성'은 국가기능 중 적어도 일부를 수행하고 있는 조직을 합병 또는 인수하는 것이다.[2] 이런 기능은 인간공동체에서의 객관적인 수요를 의미하는 것이기 때문에 모든 국가의 공통성을 어느 정도 설명하는 것이기도 하다. 그렇다면 전통국가의 현대적인 재건은 더 말할 것도 없을 것이며, 이는 국가 연속성의 현실적 주요 원인이 된다. 문제는 다만 어떤 국가가 처해진 환경에 적절히 적응하여 이런 기능을 잘 수행할 수 있는지의 여부다. 더 중요한 것은 새로운 국가가 기존에 있었던 국가를 능가할 수 있을지는 건국의 이념적 기반에 크게 좌우될 것이라는 점이다.

노스는 현재와 미래의 선택을 연결하는 사회제도의 여러 가지 연속성이 현재와

---

1   현대 중국과 이전 국가 사이의 연속성에 대해서는 아래의 문헌을 참조하라. 王国斌, 同上书, 第130-139页; 费正清, 同上书(2000 年), "前言" 第10页; 罗兹曼, 同上书, 第274页, 第342页; 詹姆斯·R. 汤森·布莱特利·沃马克著:《中国政治》, 顾速、董方译, 南京: 江苏人民出版社, 2010 年, 第250页; 濮德培, "中国的边界研究视角", 乔万尼·阿里吉·滨下武志、马克·塞尔登主编:《东亚的复兴: 以 500 年、150 年、50 年为视角》, 马援译, 北京: 社会科学文献出版社, 2006 年, 第63页, 第66-67页。

2   玛格丽特·利维, "统治的掠夺理论", 道格拉斯·诺斯等著:《交易费用政治学》, 刘亚平编译, 北京: 中国人民大学出版社, 2011 年, 第134页。

미래를 연결하며 제도진화의 역사적 담론에서만 과거를 이해할 수 있다고 말한다.[3] 특히 문화적 측면에서 민족국가의 연속성이 표현되기도 하지만 사회實在로서 국가의 안정과 변화는 주로 제도에서 구현되며, 제도는 국가를 구축하는 자재(質料)다. 감성적 재료와 달리 서로 다른 제도는 사회實在의 독특한 성격과 지적 및 도덕적 가치를 구현할 수 있고 또 구현해야 한다.[4] 인간행동과 공동체 및 그 운행방식과 관련된 제도는 본질적으로 이러한 요구를 포함하고 있다. 하지만 우리는 제도를 어떻게 이해할 것인가?

신제도주의에서 논의되는 제도의 중점이 다르고 기제, 경로 의존성, 문화 등이 모두 서로 다른 학파의 제도내용이다. 노스도 제도에 많은 내용을 포함시키고 있다. 공식적 규칙과 비공식적 제약 및 시행을 포함하는 복잡한 제도적 틀이다. 또한 제도개념에 헌법, 성문법, 보통법 그리고 法規章程 등 다양한 수준의 '규칙'을 포함했다. 그러나 제도에 너무 많은 내용을 포함하기 때문에 아주 다른 내용을 나타내는 문화, 체제, 기제 및 특정 규칙과 같은 개념을 구분할 필요가 있다.

위코는 우리가 제도라고 부르는 것의 본질은 그것의 역사에 지나지 않는다고 말한다. 제도가 만들어지는 특정한 시기와 방식이 이로부터 산생되는 제도의 성격을 규정한다는 것이다.[5] 어느 나라의 제도든 그 출현 시기와 방식을 떠나서 충분히 설명될 수 없으며, 제도의 중요한 변화에 대한 배경분석 또는 역사적 맥락에 관한 고찰을 통해서만 제도진화의 논리를 해석할 수 있다. 이것이 앞에서 이 국가들의 이행방식과 재건과정을 고찰한 주된 이유이며, 이로부터 우리는 이들의 기본적인 제도적 수요를 이해할 수 있다. 뒤에서 보겠지만 국가의 총체적 제도 성격으로 인해 동아시아 국가들의 불연속성은 연속성에 비해 더 강한 매력으로 세계에 알려지게 되었으며, 각자의 논리로 생존하고 운행되며 발전해 왔다.

인간이 자신과 자신이 살고 있는 세계를 이해하고 자신의 능력을 발휘하려는 노

---

3   道格拉斯 · C · 诺思著：《制度、制度变迁与经济绩效》, 杭行译, 格致出版社、上海三联出版社、上海人民出版社, 2008 年, "前言". 아래에서 그의 제도에 관한 견해는 이 책의 81 쪽과 86 쪽을 참조하라.

4   카시얼은 實在는 단일하고 동질적인 것이 아니라 무한히 다양하며, 인간문화는 그것이 만들어지는 물질이 아니라 그 형식과 건축구조에서 그 특유한 품성과 도덕적 가치를 얻는다고 말한다. 그가 말한 것은 감성재료이며 논의의 주제는 인간문화다. 그가 자신의 견해를 밝힐 때 든 예는 헬렌 켈러다. 恩斯特 · 卡西尔, 同上书 (2013 年), 第60-61页。

5   위코의 견해와 아래에 나오는 그의 핵심사상은 以赛亚 · 伯林著：《启蒙的三个批评者》, 马寅卯、郑想译, 南京：译林出版社, 2014 年, 57 쪽, 177 쪽을 참조하라.

력은 모두 확정된 목표와 관련이 있다. 위코의 이 핵심사상은 문제가 없지만 목표와 능력 간의 관계는 훨씬 복잡하다. 목표의 선택이 많은 요인의 영향을 받을 뿐만 아니라 같은 주체의 능력도 다른 환경에서 아주 다른 표현들이 있으며 국가 수준에서는 더욱 그렇다. 이 장에서 논의될 중점이 국가의 기본상태이므로 위에서 언급한 내용 외에도 다음과 같은 구체적인 문제들이 논의되어야 한다. 국가재건을 마치고 안정적인 상태로 진입한 동아시아 국가들은 왜 그리고 어떤 제도적 상태를 구축했는가? 이와 같은 제도장치의 총체적 특징은 무엇이며 각자의 나라에 어떤 영향을 미쳤는가? 어떤 영향을 미칠 수 있는 국가는 그에 상응하는 능력이 있어야 하지만 이를 위해 상응한 자주성을 갖고 있어야 한다. 그렇다면 동아시아 국가들은 어떻게 각자의 자주성을 획득했으며 그 구체적인 상태는 어떠한가? 또한 이러한 국가능력은 국가의 안정된 상태에서만 발휘될 수 있는데 국가의 기본상태를 유지하기 위한 관건적 제도는 무엇인가?

위에서의 여러 가지 질문에 대한 답을 얻고 동아시아 삼국의 상태에 대한 기본적인 이해에 도달한다면 이것을 바탕으로 이들 국가의 발전방향과 현대성 및 현대국가와 같은 중요한 이론적 문제를 논의할 수 있을 것이다. 즉 이 장에서 논의되는 내용은 국가이행의 과정과 밀접한 관련이 있을 뿐만 아니라 국가현대화 문제를 보다 깊이 있게 논의하기 위한 포석의 의미도 있다.

2 건국의 기본이념

구정권의 몰락이나 원정치공동체의 붕괴로 인해 기본적인 정치·사회질서를 재건해야 하지만 이러한 질서는 대체로 국가구축자의 의도, 즉 건국이념을 반영하고 있다. 그리고 동아시아 국가재건 시기는 이데올로기가 성행하던 시대였다.

현실적인 면에서 이데올로기는 다음과 같은 두 가지 기본적인 기능을 수행하고 있다. 하나는 어떤 관념이 현실적인 지배관계의 수립과 지탱에 기여하는 방식이다. 때문에 이데올로기는 명확한 정치적 목적을 가지고 있다. 다른 하나는 현 상태에 관한 견해를 근거로 어디로 가야 하는지를 제시한다. 이처럼 이데올로기는 공동의 노력을 통해 달성해야 할 어떤 상태를 사람들에게 보여주기 때문에 강한 상징성을 띠고 있다. 이는 실제로 현 상태에 대한 어떤 지식과 관점에 기초해 그리고 논리적 추론을 통해 모종의 '이상적인 상태'를 제시하는 것이다. 이것으로 사람들을 동원하고 서로를 모르는 사람들이 이 상징의 주위에 모이도록 한다.[6] 위와 같은 기본적인 기능 때문에 이데올로기는 강제성을 띠게 된다. 이러한 강제성은 단순히 관념영역에만 머무르는 것이 아니라 현실적인 의미가 있다. 그것은 이데올로기가 어떤 현실적 문제를 思考할 때의 기본적인 틀을 설정함으로써 정치세력들의 실제행동은 이 기본관념이 '용인'하는 범위 내에서 취해져야 하기 때문이다. 어떤 정치세력들의 존재와 행동의 정당성은 신봉하는 이데올로기에 의해 크게 좌우되기 때문에 자신들의 이념에 따르지 않을 수 없게 된다. 또한 특히 정치세력 간의 대립과 상호 작용하는 과정에서 이데올로기는 자기강화적인 성향을 띠게 되며, 이로부터 신분의 정통성과 독특성을 형성하고 유지할 수 있다. 특히 국가의 중대한 이행과정에서 이데올로기 투쟁이 있을 수밖에 없다. 그것은 이러한 변혁이 사람들로 하여금 미래의 행동방향을 선택하도록 강요하기 때문이다. 그리고 이념의 추상적 특징 때문에 그것을 실천에서 구체화할 필요가 있으며, 이러한 과정에서 이념은 공동체의 분열을 불러오는 요인으로도 작동한다.

국가의 구축과 건설에서 이데올로기는 국가체제에 어떤 가치와 의미를 부여하기 때문에 그것의 긍정적인 의미를 부정할 수는 없다. 하지만 신봉하는 이념이 너무 협소하거나 지나치게 강조되면 현실적인 행동을 위한 선택범위는 이에 따라 제한된다. 우리가 전통국가 시대의 조선과 중국에서 보았듯이 특정 관념체계에 지나치게 편향되면 다른 세계를 탐색하고 다른 관념이나 지식을 받아들일 가능성에 심각한 영향을 미치게 된다. 로즈만은 청왕조가 사상통제기계를 조종한 하나의 결과는 정부업무의 해이와 적당히 얼버무려 책임을 회피하는 풍조가 만연하게 했으며 결과적으로 정치와 사회의 운행에 직접적인 손해를 끼쳤다고 지적한다.[7] 그러나 이러한 부정적 효과는 이념을 과도하게 강조한 결과라고만 볼 수는 없다. 그것은 반드시 관련 체제 및 기제와 함께 결합되어야 긍정적 또는 부정적 효과를 낳을 수 있기 때문이다. 또한 집단 행동의 지향성은 사람들의 현실적 이익과 어떤 집단에서의 권력관계를 배제할 수 없기 때문이기도 하다.

---

6   이데올로기의 기본내용에 관해서는 아래 문헌을 참조하라. 約翰 · B. 湯普森著 : 《意识形态与现代文化》, 高銛译, 南京 : 译林出版社, 2012 年, 第30-36页, 第50-75页; 汉娜 · 鄂蘭著 : 《極權主義的起源》, 林驤華 譯, 蘯北 : 時報出版公司, 1995 年, 第645-648页等。

7   罗兹曼, 同上书, 第93-94页。

마루야마는 '후진국'일수록 목적의식, 즉 기존 모델을 목표로 하는 근대화를 추진하기 때문에 강한 이념적 성격을 띠게 되며, 목적의식의 근대화는 목적과 수단 중 하나를 선택해야 하는 근대화지만 '자연성장적'인 나라의 근대화는 이런 문제가 존재하지 않는다고 말한다.[8] 여기서 말하는 목적과 수단의 관계 문제는 후진국에서 흔히 겪는 문제다. 이로부터 부국과 강병, 자유, 민주주의 등의 가치순위를 어떻게 배정할 것인가 또는 서로 다른 가치를 동시에 추구할 수 있는가 등의 문제가 제기될 수 있다. 이는 국내외의 다양한 압력 속에서 어떤 선택을 할 것인가의 문제다. 이러한 선택에 지배적인 정치세력의 가치성향이 반영되어 일정 시기 정책기조로 표현되며, 이는 또 어떤 나라를 구축할 것인가라는 중대한 문제와도 밀접히 관련된다.

후진국의 현대화 과정에서 이념이나 어떤 主義가 작용할 가능성이 확실히 더 크며 형세의 압박에 의해 이러한 가능성은 구체적인 실천활동에서 억지로 어떤 이데올로기에 맞추려는 경향으로 표현된다. 이러한 차이가 나타나는 근본적인 원인은 후진국 엘리트들은 어떻게 하면 가능한 한 빨리 낙후된 현실에서 벗어나 선진국을 따라잡을 수 있을 것인지를 고민하기 때문이다. 그러나 앞에서 길을 개척하는 국가의 지식인 엘리트들의 고민은 현실이 어디로 가고 있고 또한 어디로 가야 하는지에 대한 문제들이다. 이를 위해 시끄러운 현실정치를 떠나 역사의 전체 과정에 대해 깊이 성찰하고, 보편적으로 받아들일 수 있는 어떤 이론을 만들어 내야 한다. 이것이 유행되는 대부분 이론이 기본적으로 선진국에서 생산되는 주된 원인이라 할 수 있다. 반대로 정치적 현실에 지나치게 얽매이면 사회의 전체적인 흐름을 인지하기 어렵게 된다.

그러나 위에서 우리가 이념과 관련된 내용을 논의한 목적은 동아시아 삼국의 국가재건 과정에서 현재의 국가형태를 확립한 이유를 설명하려는 것이다. 이것은 실제로 두 가지 문제를 포함한다. 하나는 동아시아 삼국의 엘리트들이 어떤 특정한 역사적 환경에서 무슨 원인으로 또는 어떤 관념에 근거해 구체적인 정치적 행동을 취하게 되었는가? 이는 어떤 정치세력이 특정한 역사적 시기에 왜 모종의 정치이념을 선택하거나 따랐는가 하는 문제로 표현될 수도 있다. 다른 하나는 어떤 이념과 특정한 정치세력의 결합이 재건된 나라에 어떤 영향을 미쳤는가? 위의 두 가지 질문은 정치세력들

---

8   丸山眞男, 同上书 (2009 年), 第112-114页。 아래에 나오는 그의 '절대왕정에로의 집중'에 대한 견해는 이 책의 30-32 쪽과 40 쪽에 있다.

이 어떻게 형성되었는지에 대한 문제와도 분명히 관련되어 있다.

동아시아 삼국의 뚜렷한 공통점은 이들 국가변혁의 직접적인 원인이 모두 강력한 외세의 압력에 의해 국문을 열었다는 점이다. 수백 년 동안 각자의 방식으로 그 기본적인 상태를 유지해 온 동아시아 국가들은 제국주의 세력과의 역사적 '만남'에서 자국의 후진성을 분명히 보았다. 이러한 상황에 대한 반응에서 일본은 다른 두 나라보다 유리한 위치에 있었다. 그 원인 중 하나가 바로 이데올로기 색채가 약했다는 데 있다.

청나라의 태평천국운동이나 한국의 동학농민운동과 달리 일본의 농민봉기는 '평등' 및 기타 정치적 요구를 분명하게 제기하지 않았다.[9] 그러나 워이페드는 중국의 농민봉기를 도쿠가와 시대의 농민봉기와 비교한 후 다음과 같이 주장한다. 중국의 농민과 官府 사이의 합의가 암묵적인 것이었기에 官府는 계약을 이행할 의무가 없었다. 하지만 당시 일본의 농민과 다이묘오 사이에는 계약이 더 명확했기 때문에 일본의 농민봉기는 명백한 정치적 요구를 제기할 가능성이 더 높았다.[10] 하지만 일본의 '계약'이 상대적으로 명확했기 때문에 '계약'의 내용을 넘어선 어떤 보편적인 정치적 요구를 제기할 수 없었던 건 아닐까? 또한 일본 천황의 지위는 수 세기 동안 명목상의 것이었고 막부가 실질적인 전권을 장악하고 있었다. 그러나 19세기 중반부터 '존왕' 주장이 출현하지만 막부의 탄압을 받는다. 이는 적어도 왕실과 막부 간의 모순의 표현으로 볼 수 있으며, 텐뽀오개혁 등 과정에서 막부와 다이묘오 사이의 이해갈등도 깊어졌다. 막부는 바로 이와 같은 복잡한 상황 속에서 미국과 다른 열강들의 개국압력을 받게 된 것이다. 도쿠가와 정권은 외국과의 조약문제에서 광범위한 반대에 직면했다. 천황도 미국과의 화친조약을 반대하지만 막부는 강행한다. 이 와중에 막부가 志士들을 체포하고 公卿을 엄벌하여 여론이 전반적으로 악화되는 상황에서 웅번과 천황이 당시 일본 정치의 전면에 나서게 된다. 이는 정치의 중심이 점차 교토로 옮겨가고 있다는 것을 의미하며 도쿠가와 막부의 힘이 약해져 전과 같이 자의적일 수 없다는 뜻이기도 하다.[11] 위의 상황은 메이지유신이 추상적 관념체계나 어떤 主義에 기초한 것이 아니라는 것을 보여준다. 그것은 곤경에 처한 상황에서 어떻게 부국강병을 신속하게 실현할 것인가라는 문제에서 출발한 것이다. 심지어 '대정봉환'을 통해 출현한 천황도 이 목적을

---

9 일본의 경우에 관한 견해는 巴林顿·摩尔, 同上书, 409 쪽에 있다.

10 魏斐德, 同上书, 第61页。

11 本多辰次郎, 同上书, 第43-60页, 第65-69页。

위해 만들고 동원된 '전통'이었다(살아 있는 일본국왕을 공식적으로 광범위하게 '천황'으로 지칭된 것도 메이지유신에서 시작되었으며 그전에는 다른 여러 가지 칭호가 있었다). 천황은 이로부터 신정권의 합법성 기초가 되었다.

일본의 과도기 이념과 관련하여 여기서 이른바 제사성국가(祭祀性國家)에 대해 간단히 언급할 필요가 있다. 고야스는 제사성국가는 제정일치(祭政一致) 체제의 국가를 일컫는 것이며, 그것은 정치적 국가인 동시에 제사적 국가와 통합된 기초를 추구하는 국가라고 말한다. 신기(神祇)천황제 국가의 건립은 유신정부의 이데올로기적 목표였으며, 그것은 국민의 사회 · 정신적 생활을 억압하고 제한하는 초정치적인 힘을 가진 국가라는 것이다.[12] 이데올로기로서의 神道와 신격화된 천황은 메이지유신 초기부터 점령군 당국이 '神道지령'(일본은 이로부터 '정교분리'의 원칙을 확립하였다)으로 천황주권을 폐지하기 전까지의 일본에서 특히 '신민통합' 및 군국주의 등과 관련하여 실제로 중요한 영향을 미쳤다. 그러나 우리는 메이지 시대 일본정권은 매우 '세속'적인 국가목표를 확정하고 있었음을 앞에서 보았다. 천황은 이 목적을 달성하기 위한 하나의 수단으로 충분히 활용되었을 뿐이다. 그리고 이른바 신기천황제도 세속적 권력을 압도할 수 있는 독자적인 관념과 자신의 조직체계를 형성하지 못했으므로 메이지 시기의 일본을 제사성국가로 보기 어렵다. 유신 전의 일본은 많은 번국으로 구성되어 있었고 일본 전체에 대한 국가적 관념이 결여되어 있었기 때문에 분명한 위기를 감지한 그 시기의 상황에서 어떤 상징을 중심으로 한 국가적 일체감을 조성할 필요가 있었다.

마루야마는 일본의 '제국헌법' 체제를 확립하는 과정에서 '국체'로서의 천황은 서양을 모방하고 메이지헌정으로 나아가는 시기에 유럽문화에서 기독교정신의 '대체품' 즉 '기축'(基軸, 정신통일의 상징) 기능을 위해 만들어진 것이라고 말한다. 이 과정에서 막번체제하의 '천하는 천하인의 천하'가 막말 양이 시기에 '천하는 일인의 천하' 또는 '일군만민'의 관념으로 탈바꿈하게 되며, 이는 유신시기의 절대왕정집중을 위한 사상 준비였다는 것이 그의 견해다. 앞서 언급한 바와 같이 유럽의 민족국가 구축과정에서

---

12   子安宣邦著：《国家与祭祀》, 董炳月译, 北京：三联书店, 2007年, 第93页, 第110页, 第114页。 그리고 아래에 나오는 이른바 '국체론'은 마사히사 사토시의 〈新論〉에서 유래했다. 고야스의 분석에 따르면 이 책을 쓰게 된 동기는 영국의 미토번 상륙 (1824년)과 러시아 사절의 홋카이도 방문 (1792년)으로 인한 위기감에서 비롯되었다고 한다. 이른바 '국체'는 나라의 근본적 체제이며 여기서 주장하는 것은 천황을 정통으로 하는 신민통합이다. 이에 관한 내용은 이 책의 69-79쪽을 참조하라.

상층 엘리트들이 고취한 '민족원칙'은 신흥국가의 건립을 촉진했으며, 새로운 정치원칙은 민족국가 구축의 견고한 토대를 마련하였다. 그리고 기독교는 개혁의 대상으로 공공영역에서 축출되어 민족국가 '기축'으로써의 역할을 하지 못했다. 따라서 메이지정부는 국민통일을 원만히 실현하기 위해 오래된 천황전설을 새롭게 구축했지만 '민족원칙'에는 관심이 없었다고 할 수 있다. 그 해결책으로 나온 것이 곧 천황상징이다. 이것이 바로 일본이 전통정치세력의 주도로 사회혁명을 효과적으로 저지시킬 수 있었던 중요한 이념적 근원이다. 그러므로 이른바 '국체'는 신민들에게 천황을 상징으로 한 정권에 절대적으로 복종토록 하기 위해 동원된 것이며, 이른바 권력을 집중해 부강을 실현하기 위해 만들어진 수단으로 보아야 한다. 이로부터 내부적으로 결속력을 강화하는 작용을 했고 일본정부(특히 제2차 세계대전 시기)도 적극적으로 개입하여 이를 활용했다. 그 대표적인 것이 〈국체의 본의〉다.

베네딕트는 메이지정부는 개혁과 어떤 이념을 연결시키고자 하지 않았으며, 개혁의 유일한 목적은 일본을 세계에서 중요한 나라로 만드는 것이라고 말했다.[13] 아이젠슈타트도 지적하기를 다시 구축하려는 사회질서 기반의 오리엔테이션과 이에 대한 고려는 대부분 실무적인 것이었으며, 일본을 생존가능한 국가로 만들려는 노력이었지 결코 새로운 원칙에 기반한 사회질서, 즉 그 전과 다른 방향으로의 발전은 아니었다.[14] 그러나 이것은 이 시기의 일본에 어떠한 主義도 없었다고 주장하는 것이 아니다. 1897년에 설립된 일본사회정책연맹은 공개적으로 자본주의와 사회주의를 모두 반대한다고 선언했고 이러한 입장이 일본 발전주의의 이론적 토대로 되었다.[15] 이는 일본이 국가부강을 달성하기 위해 신중하게 이념을 선택했음을 보여준다.

앞서 살펴본 바와 같이 한국의 국가이행은 일본 및 중국과 전혀 다른 '수동적인' 길을 걸었지만 이러한 '수동'성은 결코 국가재건 과정에서 이념이 결여되었다는 것이 아니다. 반대로 국가재건 시기에 정치세력과 그들이 신봉하는 主義가 너무 많았고 여러 정치세력의 심각한 대립이 문제가 되었다. 어쨌든 미소 두 나라와 공조한 정치세력이 남북한에 각자의 정부를 수립하게 되며 이들과 손잡지 않고 민족분열을 극복하고

---

13   鲁思·本尼迪克特著：《菊与刀：日本人的柔美与暴力》, 廖源译, 北京：中国社会出版社, 2005 年, 第76-77页。

14   S.N. 艾森斯塔特, 同上书(2008 年), 第219页, 第251-260页, 第320-323页。

15   高柏, 同上书, 第48页。

자 한 정치세력, 즉 김구를 대표로 한 임정세력은 점차 쇠퇴의 길을 걷게 되었다. 한국에서의 국가건설 과업은 미군의 지원을 받은 정치세력, 즉 이승만과 그의 추종자들이며,[16] 이들은 확고한 반공입장을 취했다.

알다시피 남북이 각각의 정권을 수립한 후 3년 동안 치러진 전쟁은 동서양의 두 진영을 배경으로 싸웠다. 미소대결은 원래 심각한 이념적 대결이지만 세력영역을 놓고 벌인 패권경쟁 등 국제정치적 요인도 다분히 존재했으며 이 둘은 밀접하게 연관되어 있었다. 그리고 비록 어느 한 정치세력도 국가통일을 포기하지 않았지만 그 시기에 굳어진 냉전진영이 한반도를 민족분단이라는 국가건설의 길로 가게 했으며, 서로 다른 정치세력 간의 심각한 대결이 이러한 분단에 현실적 가능성을 제공했다. 또한 위의 상황은 남북정권의 대치라는 실제 상황과 결합되어 한국의 국내정치에 무시할 수 없는 중요한 영향을 미쳤다.

중국에서 원세개의 황제복벽 황당극이 대충 끝난 후 이로부터 '해방'된 그의 부하들이 중원의 패권을 놓고 싸웠으며 이들은 모두 정치적 이념이 없었다. 명확한 정치적 이념을 기반으로 국가재건의 목표를 추구한 것은 처음에는 손중산의 국민당뿐이었다. 손중산 시기에 군대는 국민운동에서 그다지 중요한 위치에 있지 않았다. 그의 순위는 당, 정부, 군대였으나 장개석의 영도하에 이 순위가 완전히 역전되었다. 그리고 장개석이 정권의 유일한 지도자가 되어 모든 것을 능가하는 존재로 되었다. 1929년 이후의 국민당은 실제로 남경정부의 홍보와 역사연구 기구로 전락되고, 장개석에게 정당성을 제공하는 기구이기도 했다.[17] 이와는 대조적으로 중공에게 있어 정부(邊區정부)와 군대는 당의 영도하에 있게 된다. 실천적 의미에서 그것의 전형적인 표현은 모택동이 주도한 '삼만개편'(1927년 9월, 그 주요 내용은 중공의 '黨支部를 중대에 건립')이다. 그러나 1926년 7월에 개최된 집행위원회 확대회의에서 채택된 '농민문제에 관한 결의'에서 농회에 당지부를 두어 그 행동의 지도핵심이 되어야 한다고 제안하였다. 진독수 또한 당이 '중화전국총회'와 '농민협회'와 같은 군중운동에 대한 통제를 유지해야 한다고 주장했다. 이것이 중공의 '당이 모든 것을 영도'하는 모식의 시작이다. 바로 이

---

16 이승만은 처음에 자신의 정치세력이 없기 때문에 당시의 한국민주당(한민당이라 약칭함)과 합세하였다. 한민당의 주 구성원은 언론계와 일본의 식민통치를 적극적으로 도운 친일파, 자본가계급, 일본과 미국에서 공부한 지식인 등이다.

17 易劳逸, 同上书, 第198页; 费正清、费维恺编, 同上书, 第136页。

때문에 중공군은 줄곧 독립적인 정치세력으로 되지 못했다. 이는 특히 1920년대부터 제2차 세계대전 말까지의 일본과 박정희 및 '5공' 시기의 한국에서 군이 독립적인 정치세력을 결성한 것과 대조적이다.

　　여기서 우리가 보는 것은 중공의 매우 특별한 행동양식이다. 무장투쟁 방식을 통해 국가재건의 주도권을 장악하는 과정에서 정치이상은 항상 (1927년 이후, 그전에는 중공의 정치목표가 상대적으로 추상적이고 모호했다[18]) 이 과정에 관통되어 있었으며, 전쟁 중에서도 중공의 지도층은 분명한 정치적 이상을 인식하고 추구했다. 물론 중공이 추구한 이상은 마르크스-레닌주의에 입각한 사회주의 건설이며, 이는 '하층'계급의 해방으로 구체화되기 때문에 계급투쟁이론은 필수적인 것으로 된다. 그러나 이것에 뒤지지 않는 또 다른 목표가 있는데, 그것인즉 부강한 나라를 건설하는 것이다. 사실 이는 19세기 말부터 수많은 중국엘리트들이 추구한 목표였다. 슈워츠는 중공은 레닌주의 원칙에 따라 조직되고 마르크스-레닌주의의 일부 기본교리를 신앙하며 농민군중에 기반을 둔 '엘리트집단'이라고 지적한다. 모택동은 결코 경직되고 교조적인 이데올로기의 '신도'가 아니며, 이로부터 모택동을 대표로 하는 중공이 추구한 또 다른 목표, 즉 국가의 부강을 목표로 하는 민족주의를 설명할 수 있다.[19] 더욱이 당시 소련공산당이 주도한 코민테른이 이미 중공의 창건과 그 후의 전쟁과정에 관여하고 있었기 때문에 소련공산당의 조직원칙과 소련의 국가 이미지가 중공의 조직구축과 자기나라 미래에 대한 지도부의 상상에 강렬한 영향을 미쳤다. 후술하는 중국의 체제와 기제 특징과 관련하여 여기서 이른바 소련공산당의 조직원칙 또는 레닌주의 원칙을 이해할 필요가 있다. 이는 정권구축과 지도부 구성에서 '민주집중제'의 조직원칙,[20] 즉 정치투쟁에서 승리한 소규모의 연맹과 대규모 정당과 단체를 결합하는 원칙을 말한다. 이 같은 원칙으로 인해 최고 지도층의 지위는 매우 안정적이다.[21]

18　'대혁명'의 자세한 과정은 費正淸編, 同上书(1994 年) 11 장을 참조하고, 1927 년 이전의 중국공산주의에 대해서는 이 책의 10 장을 참조하라.

19　本杰明·I·史华慈, 同上书, 第152頁, 第160-161頁。위에서 나오는 진독수의 주장 등은 이 책의 40-41 쪽과 142-143 쪽을 참조하라. 1920-1927 년대 레닌주의의 당조직이론과 스탈린주의의 이론적 실천, 그리고 혁명엘리트와 군중이 결합하는 원칙 등이 중공에 미친 영향은 이 책의 67 쪽에 있다.

20　여기서 밝혀야 할 것은 이는 집중을 강조하는 것이지 公民의 자유권리에 기반한 민주주의가 아니며, '민주집중제'에서 말하는 '민주'는 민주적인 풍격이다.

21　布鲁斯·布恩诺·梅斯奎塔·詹姆斯·D. 莫罗·伦道夫·M. 西瓦森、阿拉斯泰尔·史密斯, "政治制度、政治生存与政策成功", 布鲁斯·布恩诺·德·梅斯奎塔、希尔顿·L. 鲁特主编：《繁荣的治理之道》,叶丽娟、

전체적으로 볼 때 중공의 정치이념과 '5·4운동' 시기 민주주의에 대한 편면적인 이해, 18세기 말 두 차례의 혁명을 중심으로 서양발전의 기원에 대한 중국 선진지식인들의 인식 등이 위의 요소와 결합되어 중공의 정치적 성향에 포괄적인 영향을 미쳤다. 마르크스주의의 기본 이론, 엘리트 집단으로서의 중공과 그 군중적 기반, '혁명'담론과 조직원칙, 하층계급의 해방, 부강한 나라 건설의 추구 등이 국가가 큰 위기에 빠진 상황에서 '자연'적으로 한데 뒤섞여 중공과 그 건국이념을 형성케 했다는 것이다.

주로 이데올로기와 정치노선 등으로 인해 중국의 국가재건 방식은 강한 '혁명'적 색채를 띠게 되었다. 이것이 중공이 주도한 건국 전 시기를 중국에서 흔히 '혁명년대'라고 부르는 이유다. 그러나 이 '혁명년대'라는 용어는 실제로 군주제를 타도한 '신해혁명' 및 1920년대 '대혁명' 시대의 '혁명'담론과 역사적 연속성을 가지며, 대부분의 중공지도자들은 이 시기부터 혁명활동에 참가했기 때문에 '혁명'담론의 연속성이 더욱 강화되었다.

위에서의 고찰을 근거로 국가재건의 주도세력이 의식적으로 지키고 추구한 이데올로기 성향의 강도로 본다면 중국, 한국, 일본 순위임을 알 수 있다. 따라서 중국의 '혁명실험'이 가장 길었으며 한국의 반공 성향은 일본보다 훨씬 강했고 일본은 부강에 몰입할 수 있었다. 부강에 대한 끈질긴 추구에서 중국과 한국이 일본보다 뒤처지지 않았지만 중국은 혁명을 하느라 바빴고 개혁개방 이후로 이 과제를 '미루'게 되며, 한국은 군사쿠데타를 통해 정치적 안정을 이룬 후에야 진정으로 경제건설을 추진할 수 있었다. 이런 시각에서 우리는 특히 한국과 중국에서 '애국주의'가 성행한 것을 이해할 수 있다. 민족국가를 건설하는 과정에서 식민지와 반식민지의 경험으로 각인된 상처는 각종 힘을 응집할 수 있는 효과적인 수단으로 바꿀 수 있었으며, 오랜 역사를 가진 전통국가는 이를 위한 든든한 상징을 제공하기 때문이다. 물론 일본은 불명예스러운 역사 때문에 전후에 '애국주의'를 고양할 수 없었다. 이를 과거의 국가주의로부터 파시즘으로 갔던 역사적 교훈을 받아들인 것으로 볼 수 있다.

국가재건 과정을 주도한 특정 정치세력의 시각에서 본다면 일본은 전쟁 전과 크게 다르지 않다. 그러나 미국이 일본의 국가재건 과정에 강제로 개입해 미국의 이념이 전후 일본의 국가성격과 운행방식에 결정적인 영향을 미쳤다. 패전국의 처지와 일본

王鑫等译, 北京 : 中国人民出版社, 2007年, 第66-68页。

문화의 '텅빈포대' 특성은 이 과정을 비교적 순조롭게 진행될 수 있게 했다. 한국의 국가재건 역시 미군정과 일제강점기의 국가체제, 관료제 및 그 구성원 등 요소들이 국가재건 과정에 '참여'한 것과 같이 일본과 유사한 성격을 갖고 있다. 그러나 일본과는 달리 조선시대 유교교리를 집요하게 추구하는 전통과 국가재건 시기 항일독립운동 세력을 배제하고 좌익정치 세력에 대한 가혹한 탄압(무력을 동원한 진압을 포함[22])으로 인해 한국 각계각층의 사람들은 강한 이념의식을 갖고 있었으며 당시의 정치적 혼란도 이것으로 설명이 가능하다. 때문에 군사정권을 통해 반공목표와 경제발전에 강제로 '통일'시켰다. 당시 한국의 국가안보 수요와 경제상황이 이 두 '통일'의 우선적인 '명분'으로 되게 했으며 민주주의 등 이념은 부차적인 위치로 밀려났다. 일본이나 한국과 달리 소련의 이데올로기 등이 중요한 영향을 미쳤지만 중국의 국가재건은 전쟁 중에서 성장한 중공이 추구한 정치적 이념에 의해 결정되었다.

위에서의 상황으로부터 볼 때 일반적 의미에서의 이데올로기는 국가적 차원에서 '통치관계'에 정당성을 부여하는 뜻을 담고 있으며, 이는 안정적인 국가상태에서 큰 의미를 갖는 것도 사실이다. 그러나 국가변혁 과정에서 더 중요한 것은 이데올로기의 상징성과 어떤 국가를 건설하고, 국가를 어디로 이끌어 갈 것인가에 관한 내용이다. 어디로 갈 것인가 하는 문제에 대해 적어도 일정 기간 동아시아 삼국의 분명한 공통점은 민족국가의 부강이라는 목표였다. 이 공통점과 역사전통 그리고 체제특징 등과 결합해야만 국가건설 과정에서 등장한 '동아시아 발전모델'을 설명할 수 있다.

국가재건을 주도한 특정 정치세력은 대내외적 환경에 의해 형성된 것이며, 국가재건의 기본이념과 정치세력의 형성 및 이 양자의 결합은 이러한 조건하에서 이루어진 동일한 과정(한국의 상황은 비교적 특수하지만, 미군정과 식민지라는 두 가지 외부 요인이 국가재건 과정에 미친 영향과 이승만과 박정희 및 그 추종자들의 성향 등으로 설명될 수 있다)으로 볼 수 있다.

---

22 미군정과 건국 초기의 한국에서 이와 관련한 두 가지 대표적인 사건이 있었다. 하나는 '제주항쟁'이다. 1947년 3월 1일에 거행된 '3·1 운동'추모집회에서 경찰의 사격으로 6명의 제주도민이 숨졌다. 같은 해 4월 3일 제주에서 남로당이 이끈 무장봉기가 일어나 미군철수와 남부단독정부 수립을 반대한다는 등의 정치적 주장을 한다. 이 봉기를 진압하는 과정에서 25,000-30,000명의 무고한 사람들이 사망하는 비극이 발생했다. 이 사건은 5년여 시간이 지난 후에야 끝이 났다. 두 번째 사건은 1948년 10월 19일 한반도 남부에 있는 여수와 순천에서 일어난 '여순반란사건'이다. 이는 '제주반란' 진압을 거부하고 독립정부 수립을 반대한 무장봉기다. 이 두 사건은 사실상 해방 직후 이념적 또는 좌우의 대립으로 인해 발생한 비극이며, 이를 통해 당시의 정치적 혼란과 미군정 및 이승만정권의 반공입장을 엿볼 수 있다.

그리고 국가가 당면한 주요 현안과 전통문화도 이 과정에 중요한 영향을 미쳤다. 또 다른 시각에서 보면 동아시아 삼국의 각자 역사와 미래비전은 이 과정을 주도한 정치 세력과 결합되어 그들의 기본이념 형태로 이들 나라를 재건하는 실천에 깊숙이 개입 해 있었다. 이는 곧 국가이행기를 주도한 정치세력, 그들이 추구했던 기본 목표와 이 데올로기 그리고 이로부터 형성된 정치구도 등이 안정적 상태로 들어간 국가의 기본 적 성격과 운행방식에 결정적인 영향을 미칠 것임을 시사한다.

3   체제와 기제

국가의 기본형태가 안정적으로 되었다는 것은 체제의 확립을 의미하며 이데올로 기는 체제에 어떤 의미를 부여한다. 여기서 말하는 체제는 국가의 기본적 성격과 운 행방식을 규정하는 개념으로 전체성, 상징성 또는 원칙성, 이념 및 권력핵심과의 밀 접한 관련성 등 특징이 있다.[23] 특히 국가 형태에서 이데올로기의 의미가 아무리 중요 해도 결국 관념형태이기 때문에 국가와 그 유형을 제시하고 설명하는 개념적 역할을 '담당'하긴 어렵다. 이에 반해 체제는 위와 같은 내용과 특징 때문에 틀로서의 기본적 인 의미를 가지므로 국가의 대체적인 상태를 이해하고 설명하는 데 적절한 개념으로 선택될 수 있다.

사회학 제도주의는 문화도 하나의 기제로 이해한다. 문화에는 특정 집단의 사람 들이 공유하는 속성이 있으며, 인간관계 또는 사회문제에 대한 思考의 방식 등 면에서 기제와 유사한 성격을 갖고 있다. 그러나 문화는 현실에서 어떤 집단의 생활양식이거 나 또는 장기간의 역사적 누적으로 형성된 '자연'적인 행동양식이므로, 사람들이 개혁 이나 구축활동을 통해 효과적으로 작동하며 실제문제를 해결하는 데 도움이 되기를 바라는 기제와 구별된다. 문화가 모든 종류의 실생활에 뚜렷이 감지할 수 없는 방식 으로 영향을 미치는 것은 바로 이 때문이며, 이는 우리가 전통의 영향을 경계해야 하 는 주된 이유이기도 하다. 좀 더 극단적으로 말하면 현실에서 존재하는 모든 정치사 회적 문제는 문화에서 그 뿌리를 찾을 수 있다. 그러나 그것은 결국 역사 속에서 형성

---

23   金东日, "论体制及其先进性", 《学海》, 2012年 第1期。

된 것이므로 문화의 영향은 궁극적으로 다른 문화와의 교류 및 생활환경과 관념의 변화 여부 등에 달려 있다. 어쨌든 적어도 구축과 가소성(可塑性)의 측면에서 문화는 체제 및 기제와 분명히 동일한 수준의 개념이 아니며 같은 수준에서 비교할 수도 없다. 또한 현실적 측면에서 제도에 스며든 문화적 요인과 현실에서 작동하는 제도를 어떻게 분리해야 하는지 등 구체적인 문제의 차원에서 여러 가지 어려움이 있다 하더라도, 문화는 끊임없이 수정하고 개선하며 운영되는 제도와 구분되어야 한다. 그러지 않는다면 우리는 제도들 간의 연속성과 변이의 원인을 명확히 설명하기 어렵고, 제도에 실제로 존재하는 결함을 간과할 가능성이 높다. 만약 제도와 문화를 구분하지 않는다면 현실에 존재하는 문제를 특정 문화의 영향으로 치부해 버릴 위험이 있으며, 이것은 적극적인 제도구축과 다른 가능한 방법을 모색하려는 의식적인 노력을 태만하게 하는 데서 표현될 수 있다.

또한 구체적인 규칙은 사람들의 특정한 행동을 제한 또는 규제하기 위해 제정되거나 존재하며 일련의 규제된 행동들이 서로 연결되어 일정한 질서와 과정을 형성한다. 하지만 그 규제의 직접적인 대상은 자연인의 특정한 행동이며 이러한 규칙들은 체제 및 기제와 다른 미시적 수준의 개념이다.

기제는 중간 수준에 속하거나 적어도 특정 규칙보다 차원이 높은 개념이며, 그 작용 대상은 자연인의 특정 행동이 아니라 같은 종류의 행위다. 여기서 말하는 같은 종류의 행위란 조직이나 사회영역의 질서를 유지하고 작동하기 위해 필요한 의사소통, 정책과정, 운행경로와 방법 등을 둘러싸고 발생되는 행위를 말한다. 이는 모두 특정 측면에 속하는 서로 다른 행위 유형이며 특정 조직이나 사회 분야에서 분화되고 기능적으로 독립된 행위유형이다. 이와 같이 자연인의 구체적인 행동과 구별되는 행위를 類行爲라 약칭한다. 특정 수준에서의 개인 행동에 적용되는 제도적 규범을 이러한 類行爲에 적용할 수 없다. 類行爲는 일반적으로 조직적 행위 또는 조직과 관련된 행위이며, 조직 내의 복잡한 과정과 조직 간의 상호 작용 과정은 그 구성원 또는 개인의 행위에 귀결시킬 수 없는 성격을 갖고 있기 때문이다. 조직행동은 개인의 행동으로 구성되지만 개인행위가 자동적으로 질서정연한 조직과정을 형성할 수는 없다. 조직은 바람직한 행동경로 또는 절차와 같은 복잡한 행위기반을 마련해 원하는 질서의 형성을 유도한다. 이것이 곧 기제다. 이상의 논의를 통해 우리는 특정 체제하에 많은 기제가 있음을 알 수 있다. 하지만 이들의 구축 가능성은 類行爲의 분화정도와 기제 건설자들의 이에 대한 인식과 노력 그리고 이들과 관련된 특정 사회의 문화적 여건 등에 달려 있다. 그러나 국가적 차원에서 기제의 유형과 성격에 가장 큰 영향을 미치는 요인은 체제다.[24] 어쨌든 한 국가나 사회의 많은 행위자들은 특정 기제 플랫폼에서만 질서 있게 행동할 수 있으며, 국가는 많은 기제의 작동에 의해서만 정상적으로 운행될 수 있다. 따라서 기제의 건설이 없다면 국가건설은 있을 수 없다.

국가의 체제가 특정 정부를 구성하는 방식, 정부를 포함한 다양한 행위자들의 권한범위, 기본적인 행동경로 등을 결정하지만 이러한 틀 내에서 또는 행동플랫폼 위에서 조직된 정부 또는 기타 행위자들의 행동내용이나 정책성향을 직접적으로 결정하지는 못한다. 또한 현실 속의 행위자들은 각자의 가치관과 이익에 따라 다양한 창의적 행동을 취하고 사람들 사이의 상호 작용 과정에서 예상치 못한 상황이 발생할 수 있다. 따라서 여기서 언급된 체제, 기제, 구체적인 행동규범 등 서로 다른 수준의 제도를 구축할 때 우리의 지식 및 의도와 대조해 여러 가지 편차가 발생할 수 있다. 그러므로 반드시 이들을 다르게 취급하고 신중하게 검토해야 한다. 기제와 관련하여 또 하나 유의해야 할 것은 현실 속에 존재하는 많은 기제에서 정치성이 강한 의사결정 행동과 자연재해에 대처하는 행동과 같이, 체제핵심과의 관련성 정도에서 아주 큰 차이를 보인다는 점이다. 따라서 체제의 핵심에서 멀리 떨어져 있거나 이념적 색상이 보다 옅은 다른 체제하의 기제건설 경험을 도입할 수 있지만, 다른 체제에서의 의사결정기제 또는 주요 책임자의 선발기제 등의 건설 경험을 도입하기는 어려울 것이다. 물론 이러한 기제가 자연재해에 대처하는 기제의 건설 등에도 영향을 미칠 것이다. 어찌 되었든 어떤 기제를 고찰할 때 서로 다른 기제들이 체제핵심 및 이데올로기와의 관련성 정도를 구분할 필요가 있다. 또한 논의의 주제에 따라 '제도'라는 포괄적 개념을 사용할 수는 있지만 국가건설에서 위에서 언급한 개념의 서로 다른 의미를 인식해야 한다.

노스는 기본적 제도를 바꾸는 데 드는 비용이 이차적 제도를 바꾸는 것보다 훨씬 더 크며 이는 기본적 습관의 神聖化의 존재원인일 뿐만 아니라 제도 구축자의 의도이기도 하다고 말한다.[25] 여기서 체제는 기본적인 제도장치, 그리고 기제를 이차적인 제

---

24 위에서 논의된 기제의 함의 및 체제와의 관계 등 내용은 주로 金东日, "论机制", 《广东社会科学》, 2014 年 第5期에서 온 것이다.

25 道格拉斯 · 诺思, "制度变迁和经济增长", 盛洪主编 : 《现代制度经济学》 (上卷), 北京大学出版社, 2004 年, 第292页。

도장치로 이해할 수 있다. 그러나 필자는 기본적 제도장치의 변경이 더 어려운 근본적인 원인은 그것의 기본적인 지위로 인해 그 영향이 해당 국가와 조직 및 특정 사회영역의 전체적인 성격과 운행방식에 미치기 때문이라고 생각한다. 기제처럼 특정한 사회영역과 이차적 제도장치와 관련된 질서 또는 類行為에만 그 영향이 제한되어 있지 않기 때문에 변화의 비용은 훨씬 더 클 수밖에 없다. 다양한 사회實在의 실태에서 체제와 기제의 지위 수준에 본질적인 차이가 있으며 그 영향의 파급범위도 크게 다르다. 이것이 바로 체제와 기제의 개혁비용이 다른 주요 원인이다. 그리고 체제의 상징성과 권력핵심 및 이념과의 긴밀한 관계 또한 체제를 바꾸기 위한 조치가 더 높은 대가를 치러야 하는 중요한 이유다.

중국 정치체제의 특징에 대해 학자들은 정치와 행정의 긴밀한 관계와 고도의 권력집중을 강조하는 기본적으로 일치한 견해를 갖고 있다.[26] 필자도 이런 의미에서 중국의 체제를 '정치상위의 정치와 행정의 일체화 체제'로 지칭했다. 그 후 다른 한편의 논문에서 이 체제로 인한 '정치의 행정화'와 '행정의 정치화' 현상을 개념화했다. 전자는 정치조직 및 그 운행과정이 분명한 행정화 특징을 띠며 정치가 적어도 일부 행정기능(이는 모든 수준의 지방 당조직에서 분명하게 나타남)을 수행하는 것이고, 후자는 행정조직 및 그 운행이 자체가 고유한 특성을 심각하게 상실했거나 정치적 논리의 영향을 심하게 받는 상태를 뜻하는 것이다. 그리고 정책과정의 시각에서 '정치의 행정화'와 '행정의 정치화'로 인한 부정적인 결과를 지적했다.[27] '정치의 행정화'와 '행정의 정치화'는 사실 당무(黨務)체계와 행정체계의 이중적 관료제의 표현이다. 이것이 중국의 국가체제이며 그 본질은 '당이 모든 것을 영도한다'이다.

엘리트정치와 등급제의 시각에서 볼 때 현재의 중국과 이전 정권 사이에 강한 연속성이 있다고 말할 수 있다. 하지만 국가 통제력의 관점에서 본다며 그것은 주로 당조직이 다른 정부부서와 국가기관 및 사회영역에 대한 지속적인 침투로 인해 나타난 현상이며 이로부터 예전 어떤 정권도 달성하지 못한 높은 수준의 통일을 이룬 것이다. 그러나 예전의 국가와 다른 기본적인 정치질서를 수립하는 것은 국가재건의 기본사업일 뿐 국가건설의 내용은 그보다 훨씬 더 많다. 앞서 언급한 바와 같이 건국부터 개혁

---

26   西达·斯考切波, 同上书, 第314页; 詹姆斯·R. 汤森、布莱特利·沃马克, 同上书, 第25-60页; 费勒尔·海迪著: 《比较公共行政》, 刘俊生译, 北京: 中国人民大学出版社, 2006年, 第293页。

27   金东日, "中国政府过程的体制症结探析: 以政策过程为中心", 《学海》, 2008年 第2期。

개방까지의 기간은 혁명실천을 통해 민족국가를 구축하는 단계였으나 이 과정의 혁명
적 성격으로 인해 안정된 질서와 제도를 형성하기 어려웠다. 그리고 제도건설은 당시
중공의 중점 사업이 아니었고 일부 제도건설이 있었다 하더라도 하향식 및 집단화 등
에 관한 것이었다. 현실적인 차원에서 본다면 중국 체제의 이러한 특징은 다음과 같은
두 가지 상반된 가능성을 내포하고 있다. 최고지도부가 경제개혁과 같이 올바른 정책
방향을 결정하면 성공할 것이지만 정책방향이 틀리면 '대약진'이나 '문혁'과 같은 거대
한 위험을 피할 수 없게 된다.

　　중국의 체제와 기제 문제에서 '당의 영도'라는 핵심으로 인해 피할 수 없는 또 다
른 문제가 있다. 그것인즉 중공당원의 수와[28] 당조직의 '세포화' 및 이로부터 발생하는
다른 중요한 문제들이다. 로즈만은 중국에서 '당표'(黨票)가 의무와 보상의 네트워크에
진입하는 수단으로 되어 과거공명(科擧功名)을 대체했다고 말한다.[29] 우리는 '선택'의 기
준이 다르기 때문에 '당표'와 과거제를 같은 것으로 간주할 수 없다는 것을 알고 있다.
그러나 문제는 과거제와 '당표' 모두 '출세'를 위한 중요한 조건이자 신분상징이며, 정
치중심에 다가가기 위한 거의 유일한 정상적인 현실적 경로라는 점이다. 또한 각급 정
부기관이나 기타 공공조직과 국영기업 등의 지도자 직위는 기본적으로 당원들이 맡는
다는 점에서 로즈만의 견해도 일리가 있다고 인정하지 않을 수 없다.

　　그러나 '당표'문제에 있어서 수많은 '당표'들이 모여 현실적인 질서로 형성케 하고
중요한 작용을 하는 체계와 그 운행구조 및 그것이 사회와 국가현대화에 미치는 중요
한 영향에 더 주목해야 한다. 과거제와 관련하여 여기서의 문제는 사람을 선발하고 임
용하는 차원에서 당원은 당의 조직원인가 아니면 관원을 뽑기 위한 '예비팀'인가? 이
질문에서 우리는 중공당원의 입당동기에 대해서도 논의할 수 있지만 이것은 결코 입
당동기만의 문제가 아니다. 당의 조직기율로 인해 당원의 자주적 판단과 언행의 자유
가 제한될 수밖에 없으며, 이런 의미에서 당조직은 사실상 '의무와 보상의 네트워크'를
통한 동원과 통제의 기제라는 의미를 갖게 된다. 더욱이 고위급 지도자가 하위급 인사
에 대한 포상과 처벌 등의 문제를 결정한다는 사실은 공직자 내에서 관계망이나 사익
을 위해 패거리를 결성하는 풍조를 낳게 한다. 이는 官方으로 하여금 사회와 괴리되는

28　2019년 7월 1일자 '인민일보 온라인'의 보고에 따르면 2018년 12월 31일 현재 중국공산당 당원 수는 9
　　천만 명을 넘어섰다.

29　吉尔伯特·罗兹曼主编, 同上书, 第318页。

관성을 형성케 하며, 그 우월한 지위로 인해 상대적으로 폐쇄적인 구조를 이루도록 한다. 이러한 상황은 여러 등급의 관원들이 하향식 위계질서에 매여 있고 또한 사회의 제약을 받을 수밖에 없는 기제가 거의 존재하지 않기 때문에 생성되는 것이다. 이것이 官場부패의 중요한 조건으로 작동하며 관원들이 상급자의 지시만 따르는 행동관습의 중요한 원인이다. 이러한 상황은 공적 문제에 대한 이성적 토론을 어렵게 만든다. 그러나 국가현대화의 시각에서 볼 때 위의 문제보다 더 중요한 것은 이러한 제도적 장치가 사실상 국민전체를 당원간부와 군중이라는 두 부류 그리고 '지도자'와 '피지도자'라는 신분계급을 산생시킨다는 데 있다. 이로부터 국가는 전체적으로 종적인 계층 성격을 띠게 된다. 적어도 이는 평등한 사회건설을 주요 내용으로 하는 현대국가의 건설에 도움이 되지 못한다. 이 문제의 심각성은 이른바 군중이 실제로 정치영역에서 제외된다는 데 있으며, 이는 곧 정치가 여전히 '神聖'한 영역으로 되어 있음을 의미한다.

또 하나 중공은 결국 정치조직이고 각계각층의 지배적 위치에 있기 때문에 정치적 논리가 국가 전체에서 지배적인 작용을 하게 되며 이로부터 '행정의 정치화'와 그 부정적인 영향을 극복하기 어렵게 된다. 이는 중국의 법제도 건설의 힘겨운 과정, 행정의 합리성과 절차 추구의 어려움, 학문 및 문화 분야의 자주성을 확보하기 쉽지 않은 등과 같이 다른 분야의 건설과 발전을 저해하는 여러 가지 영향을 피할 수 없게 한다. 사회가 자주적인 분야로 발전하기 어려운 것이 사실은 당조직의 '세포화'로 인한 불가피한 결과다. 현실적인 측면에서 그것이 가져올 수 있는 가장 큰 부정적인 결과는 국가가 점차 경직되어 활력을 잃게 된다는 데 있다.

어찌 되었든 이러한 제도적 장치를 통해 중국은 청나라 말기와 중화민국 초기에 많은 엘리트들이 주장했던 권력집중화를 실현했다. 그러나 특히 국가건설 또는 현대화 시각에서 이러한 체제와 기제가 국가 전체에 미치는 부정적인 영향을 다시 심사숙고할 필요가 있다. 위에서 언급한 중요한 결함이 있는 '당표'기제 외에 국가의 통합과 안정을 유지할 수 있을 뿐만 아니라 사회에 활력을 가져올 수 있고 평등한 사회를 실현할 수 있는 경로를 찾을 수는 없을까? 이는 사실 체제와 기제의 차원에서 어떻게 국가현대화를 추진할 것인가의 문제다.

위에서의 중국 '정치상위의 정치와 행정의 일체화 체제'에 관한 견해는 민주화를 실현하기 전의 한국의 '행정상위의 행정과 정치의 일체화 체제'와의 비교를 통해 필자가 밝힌 견해다. 필자는 한국의 관료제가 자주 혼란에 빠지는 한국사회에 상당한 질서 안정과 정책연속성을 가져왔으며, 행정적 시각에서 이것이 극빈국에서 오늘날의 선진국 (주로 경제현대화라는 면에서) 그룹에 들어갈 수 있었던 '비결'이라 생각한다. 한국의 경제발전에 영향을 미친 요인은 여러 가지가 있겠지만 경제발전에 대한 행정의 기여는 부정할 수 없으며, 오랫동안 정부관료제의 건설을 등한시해 온 중국의 상황은 이를 반증한다. 우리가 정치와 행정의 성격과 역할이 다르다는 것을 충분히 이해한다면,[30] 경제발전과 제도 건설 등 면에서 행정 또는 관료제가 갖는 특별한 의미를 이해하는 것이 어렵지 않다.

공식적으로 새로운 국가를 수립한 후 한국의 상황은 크게 체제구축기, 산업화 시기, 민주화 이후라는 세 단계로 구분할 수 있다. 체제구축기의 상황에 대해서는 다음과 같은 평가로 대체할 수 있다. 즉 정당정치의 부재, 형식적인 선거, 국회정치의 실종, 대통령 중심의 국정운영 등이다. 그러나 이 시기의 한국정치는 여전히 정당 간의 경쟁체제를 유지했으며, 지방자치제를 시행했다.[31] 이른바 한국의 산업화 시기는 박정희의 '3공'과 '유신체제' 그리고 전두환의 '5공' 시기를 일컫는다. 특히 뒤의 두 체제는 관료주의적 권위주의체제다. '유신체제'와 '5공체제'에서는 관료가 통치권력에 예속되고 사회영역이 관료에 예속되어 一元的 체제를 형성했다.[32] 앞서 언급한 바와 같이 이 체제하에서 한국은 경제발전을 이룩하고 비교적 안정적인 질서를 유지했다. 경제건설은 일정한 질서를 기반으로 해야만 가능하며 관련 정책의 수립과 집행에는 기술관료의 주도적 역할이 필수적이다. 특히 박정희와 전두환 시기에는 거의 모든 경제업무를 경제전문 관료에게 맡겼다.[33] 민주화를 실현한 후에는 제도적 절차 그리고 국회와 사법부의 독립성도 더욱 강화되었고 언론계와 노동운동도 점차 활성화되었다. 김영삼 집권기에는 '5공' 청산 사업이 추진되었고 지방자치제도 전면 회복되었다. 김

---

30 위에서 언급한 한국의 제도적 특성과 경제현대화에서 행정과 정치의 다른 역할에 대해서는 金东日著 :《行政与现代化 : 以中韩两国为例》, 天津人民出版社, 2004 年, 193-194 쪽, 5 장과 6 장, 279-289 쪽의 내용을 참조하라.

31 '1 공' 시기의 내용은 백운선, "이승만 정권 리더십의 기원과 자원", 韩国政治学会编, 同上书; '1 공'부터 김영삼정부까지 역대정부에 대한 평가는 김호진, 同上书, 317-341 쪽을 참조하라.

32 이에 관한 내용은 정윤재, "박정희 대통령의 근대화 리더십"; 이남영, "전두환 노태우 정권의 성격과 리더십"을 참조하라. 두 편의 논문은 韩国政治学会编, 同上书에 실려 있다.

33 박정희정부에서 청와대 비서실장을 지낸 김종겸은 박정희는 기본적으로 경제전문가들에게 경제 업무를 맡겼다고 말한다. 선정민, 안중현, "각하, 전 경제는 알지만 정치는…', 김정렴이 말하자 박정희는", 조선일보, 2020 년 4 월 26 일. 한국에서 널리 알려진 또 하나의 일화는 전두환 대통령이 김재익 청와대 경제수석에게 '경제에서는 자네가 대통령이야'라고 말했다 한다.

대중정부 시기에서는 한국의 민주주의와 인권사업의 발전에 한 중요한 기여가 긍정되어야 한다.[34]

　여기서 하나 더 주목해야 할 것은 한국의 군사정권 시대에도 집권 엘리트와 상대적으로 대립된 대항 엘리트 집단이 존재했다는 점이다. 이는 정당과 의회 등 제도권과 대학과 교회 등 제도권 밖의 엘리트 집단으로 구분된다. 박정희의 '5.16군사쿠데타' 초기부터 형성된 이러한 엘리트 집단의 분열구조는 이후 한국의 민주화에 중요한 영향을 미쳤다. 특히 제도 밖의 엘리트 집단이 점차 민주화운동의 주력으로 형성되었고 이 세력이 주도한 '민주회복운동'은 시민사회의 조직화를 촉진시켰다.[35] 전두환이 이끈 신군부가 '12.12군사쿠데타'를 일으킴으로 인해 이 운동은 좌절을 겪지만, 독재와 민주주의의 대립으로 형성된 대결구도가 결국 '6월항쟁'으로 이어져 한국은 1987년 헌법을 표징으로 하는 정치체제의 전환을 맞이하게 된다.

　일본 현대관료제의 재건이 완료된 1955년은 이른바 '55년체제'가 시작된 해이기도 하다. 이 체제는 보수당의 통합과 사회당의 통합을 기반으로 한 양당체제의 수립을 의미함과 동시에 자민당의 장기집권으로 특징되는 일본의 정치구조가 형성되었음을 뜻한다. 이 체제는 1993년에 붕괴될 때까지 38년 동안 지속되었으며 지금까지 다른 정당이 집권한 기간은 사실 4년밖에 되지 않는다.[36] 이는 또한 군부나 관료조직이 지배하던 패전 전의 정치체제와 달리 정당중심의 의회정치 틀이 안정되었음을 보여준다.[37] 또 하나 일본의 발전모델을 이른바 '정부주도형'이라 할 수 있지만 국가체제와 정부운행 기제의 몇 가지 특성[38] 그리고 특수한 권력구조로 인해 중국이나 한국

34　이강로, "민주주의 정착과정에서 본 김영삼정부의 성격"; 이성복, "역대정권의 행정체제". 이 두 편의 논문은 韩国政治学会编, 同上书에 실려 있다. 노태우정부에서 노무현정부까지의 관련 내용은 金东日, 同上书, 168-194 쪽에 있으며, 역대 한국정부 시기의 인권실태에 대해서는 金东日, "人权保障的关键路径探析：以韩国为例", 《广州大学学报》, 2014 年 第9期를 참조하라.

35　한국 엘리트의 분열구조에 관한 내용은 韩国政治学会编, 同上书에 실려 있는 김세중, "10 월유신과 민주화회복운동: 운동의 한계에 대한 엘리트 이론적 접근"을 참조하라.

36　자민당이 오랫동안 집권한 이유에 대해서는 자민당 정부가 추진한 정책성과와 자민당의 정치동원 노력, 사회당 등 야당이 내세운 정책노선이 현실과의 이탈, 야당의 분열, 일본인들의 보수적인 정치문화와 인물중심의 투표성향, 중의원 선거제도의 특수성 등 다양한 설이 있다. 이갑윤, "일본의 정당과 선거", 최상용 외, 同上书, 40-41 쪽.

37　广泽孝之著：《现代日本政治史》, 京都：晃洋書店, 2005 年, 第48頁。

38　일본정부의 특별한 기제로는 품의제, 사전협의 (다른 의견과의 충돌을 피하기 위해 관련 부서에서 사전에 설득과 협상을 실시하는 것), 행정지도 (상대방의 생각과 이익을 고려해 자발적 협조를 이끌어 낼 수 있고

과는 매우 다르다. 민주화를 실현한 후의 한국도 '정부주도형'으로 설명하기 어렵다.

'55년체제'에 접어들면서 정치와 행정의 관계가 기본적으로 융합관계로 유지해 왔다. 이 두 분야의 주역들도 독립적인 활동을 하고 있지만 밀접하게 얽혀 있으며 이는 일본의 두드러진 특징이다. 이러한 상태에서 정책상황을 정의하는 데 관료들이 상당한 우세를 점하고 있음을 종종 볼 수 있다.[39] 일본관료는 적어도 1970년대의 '석유위기'(이는 일본이 '서양을 따라잡기' 목표가 달성된 시기이기도 하다)까지 정책과정에 강력한 영향을 미쳤지만 자민당과 관료 외에도 정치인, 사법부, 언론계, 여론, 야당, 이익단체 등이 모두 의사결정 과정에 영향을 미친다. 그러나 이른바 '55년체제'는 주로 정당구조를 뜻하는 것이다. 특히 일본의 정당정치에서 파벌정치가 발달되어 있으며, 특정 정권의 구성과 운영에서 일반 시민들의 실질적인 영향력은 극히 제한적이다. 그러나 일본은 내각제를 택하고 있기 때문에 이러한 정당제는 제2차 세계대전 이후 일본의 안정된 국가체제의 특징을 대체로 반영한다고 할 수 있다.

정치와 행정 간 관계의 밀접정도에 따라 순위를 매긴다면 중국, 일본, 한국이다. 중국은 집권당이 하나뿐이고 위에서 언급한 체제 등 여러 가지 특징과 내용으로 인해 정치와 행정을 구분하기 어려운 실정이다. 일본정부, 즉 내각의 정책적 성향은 의회와 여당 및 그 여러 파벌 간의 역학관계의 영향을 받을 수밖에 없다. 한국의 순위는 주로 민주화 이후의 상태를 말하는 것이다. 이상에서 언급한 내용은 이들 삼국의 기본적인 체제특징을 설명할 뿐만 아니라 뒤에서 살펴볼 국가의 자주성과 문책제 그리고 국가와 사회의 상호 작용하는 방식과 같은 중요한 문제를 결정한다.

만하임은 정당은 조직된 것이기 때문에 思考방식에서 유연성을 유지할 수 없으며 또한 구조적으로 공개적인 연합이고 싸우기 위해 만들어진 조직이기 때문에 교조주의적 성향을 띨 수밖에 없다고 말한다.[40] 그러나 위에서 언급한 상황에 비추어 본다

또한 정책목표를 달성할 수 있는 환경 여건을 마련함), 의사결정 과정에서 '작은 정부'의 중요한 역할 등이다. 최은봉, "일본의 관료제와 정치과정", 최상용 외, 同上書.

39　饭尾润, "政治的官僚と行政の政治家ー現代日本政官融合体制", 日本政治学会編:《現代日本政官关系の形成过程》, 東京 : 岩波書店, 1995 年, 第136頁, 第148-149頁. 이와 관련된 내용은 이 책에 실려 있는 다음 두 편의 논문도 참고할 수 있다. 加藤纯子, "政策知识と政官关系ー1980 年代公的年金制度改革、医疗保险制度改革、税制改革をめぐって"; 山口二郎, "現代日本と政官关系ー日本型议员内阁制における政治と行政を中心に".

40　卡尔·曼海姆, 同上书 (2009 年), 第35页。

면 그의 견해는 한국과 일본에 더 적합하다. 중국은 '싸울' '적대'적인 당사자가 없기 때문에 그리고 특히 개혁개방 이후 채택된 실용적인 정책기조로 인해 '교조주의적 성향'이 많이 없어졌다. 한국과 일본의 경우 각 정당은 더 많은 득표를 위해 경쟁해야 하며, 어느 정도의 '유연성'이 심각하게 결여되면 좌우에 편향되지 않는 중도층의 지지를 잃게 되므로 '교조주의적 성향'을 지나치게 견지하기 어렵다. 이는 이러한 성향이 완전히 사라진 것은 아니지만 만하임의 관점이 동아시아 삼국 정당정치의 현 상황을 설명하기엔 그다지 적합하지 않다는 것을 의미한다. 만하임의 견해는 그가 살고 있던 시대의 강한 이데올로기적 성향을 반영한 것으로 볼 수 있다. 특히 1980년대 이후 냉전의 기본 종식과 이에 따른 글로벌화로 인해 이러한 이데올로기적 특징은 많이 희석되었다. 만하임이 말한 정당의 특징은 시대에 따라 변화하거나 여러 나라들이 당면한 구체적인 문제에 따라 다른 표현들이 있다. 어쨌든 정당은 국민적 여론을 수렴하는 중요한 매개체이자 주요 정치주체이기 때문에 국가체제에서 정당의 중요성은 부정할 수 없다.

　　동아시아 삼국의 재건 이후 제도적 변혁의 시각에서 본다면 한국과 중국은 각각 정치체제와 경제체제에서 현저한 변화를 보인 반면 일본은 큰 변화를 겪은 적이 없다. 서로 다른 체제는 해당 국가의 관련 분야에 효과적인 질서를 제공하고 기대하는 긍정적인 결과를 생성할 수 있는지가 중요하며, 이는 서로 다른 분야의 기제구축과 밀접한 관련이 있다. 기제에 대한 우리의 이해에 따르면 그 다양성은 類行為의 다양화를 의미하며, 이는 주로 행위자들 간의 상대적 독립성의 정도에 따라 결정된다. 행위자들의 상대적 독립성이 높으면 행위자들 간의 관계와 상호 작용의 가능성이 훨씬 강화된다. 이로부터 예측할 수 없는 다양한 행위로 인한 불확실성의 급격한 증가로 이어지겠지만, 불확실성을 줄이기 위해 기제를 구축해야 할 필요성도 증가할 것이기 때문에 기제가 정교하게 개선될 가능성도 높아진다. 앞에서 언급한 바와 같이 기제에 대한 체제의 프레이밍 영향은 기제의 분화 등에 결정적인 영향을 미칠 것이지만 기제의 다양화 정도가 한 국가나 사회가 환경변화에 따라 변화하는 적응성의 측면에서 본다면, 기제의 다양성이 높은 상태가 이와 반대되는 상황보다 훨씬 더 유리하다. 이러한 적응력을 높이기 위해 다양한 행위자의 독립성은 반드시 보장되어야 하며 이 같은 독립성을 기반으로 한 상호 작용 속에서 사회현장에서 요구되는 다양한 기제를 구축할 수 있다. 그러나 국가적 차원에서 더 중요한 문제는 기제의 다양성 정도가 낮을 경우 당면한 문제의 해결을 위해 수직적 등급제를 강화할 가능성이 더 높아질 것이라는 점이다.

특히 국가현대화의 관점에서 보면 수직적 등급제는 현대사회의 평등이념에 어긋나며 사회문제가 점차 현실 속에서 누적될 위험이 있기 때문에 반드시 지양되어야 한다.

체제와 기제는 국가건설의 주요 자재이며 이 자재가 충분히 활용될 수 있느냐에 따라 국가건설의 수준이 크게 결정된다. 그러나 체제를 변경하기 쉽지 않거나 변경 비용이 너무 높기 때문에 여기서 언급하는 '활용'은 주로 기제 또는 이차적 제도를 말한다. 물론 체제도 여러 '분절점(節點)'[41]이 있기 때문에 이 '분절점'을 이용하여 체제를 최대한 '활용'할 수도 있다.

4 국가의 자주성과 능력

위에서 논의한 체제와 기제가 매우 중요하지만 국가의 전체적인 효과를 전적으로 결정할 수는 없다. 체제 등 구조적 요인의 영향 외에도 국가행동의 전체적인 효과는 국가의 자주성과 능력을 통해서만 나타나기 때문이다. 이 문제가 국가의 주요 측면 중 하나인 이유는 간단하다. 자주성이 없으면 국가라 할 수 없고 국가가 능력이 없으면 최소한 국가의 자주성을 보장할 수 없을 뿐만 아니라 국가의 효과적인 행동도 있을 수 없기 때문이다.

학자들은 자주성과 일정한 능력을 가진 주체로서의 국가는 사회통치의 보증자이자 조직자일 뿐만 아니라 어떤 보편적 이익의 대표자여야 하고 국가와 사회 정책 네트워크의 일부이며, 이 네트워크 구조는 예상치 못한 방식으로 국가능력에 영향을 미친다고 말한다.[42] 국가자주성을 어떻게 정의하든 강·약의 구분, 대내와 대외의 차이, 중앙정부가 지방정부의 지지나 저항을 넘어 정책을 수립하고 집행할 수 있는 정도의 구별 등의 뜻을 갖고 있다. 또한 국가는 어떤 보편적 이익을 대표하지만 국가 차

---

41 '분절점'에 관해서는 金东日、张蕊、李松林、朱光喜著：《问责制研究 : 以中国地方政府为中心》, 天津人民出版社, 2018 年, 22 쪽, 243-344 쪽을 참고하라. '분절점' 견해가 주장하는 것은 "基层自治" 와 "百姓自理"다. 이에 관한 내용은 이 책의 224-232 쪽을 참고하라.

42 迪特里希·鲁斯迈耶、彼得·埃文斯,"国家与经济转型——一种支撑有效干预的条件分析"; 彼得·卡岑斯坦, "开放的国际经济中的小国—瑞士与奥地利国家与社会的趋同均衡"; 西达·斯考克波, "找回国家—当前研究的战略分析", 彼得·埃文斯、迪特里希·鲁斯迈耶、西达·斯考克波编著,《找回国家》, 方力维、莫宜端、黄琪轩译, 北京 : 三联书店, 2009 年, 第10页, 第63-65页, 第311页。

원의 이익은 매우 복잡하다. 올슨이 지적했듯이 국가를 통치하는 모든 독재자도 국가와 '중첩된 이해관계(涵蓋利益)'가 있기 때문에 국가에 공공재를 제공한다. 그러므로 공공재의 공급이 실현되더라도 선량한 마음으로 이뤄진 것이 아니다.[43] 이해관계의 복잡성은 정치세계의 복잡성과 변화의 주된 원인이며, 국가의 자주성에 영향을 미치는 중요한 요인 중 하나다.

국가의 자주성과 능력 간에 어떤 관계가 있는가 하는 문제는 결코 한두 문장으로 요약할 수 있는 것은 아니지만 적어도 그것에 영향을 미치는 요소로 아래 내용들이 주목되어야 할 것이다. 행정관리체계, 정책네트워크, 국가가 시민사회에 대한 간섭 정도, 제도화 정도, 국제관계에서의 지위, 전통문화, 사회세력의 다양성, 공공매체의 발달 정도 등이다. 이 문제에서 국가의 역할 확대가 국가능력의 향상을 의미하는 것은 아니라는 점[44]도 유의해야 한다. 이것은 또한 권력의 집중이 국가의 자주성과 능력의 향상과 동일시되어서는 안 된다는 것을 의미하며 실제로 집권과 후자는 단순한 인과관계가 아니다. 또 다른 시각에서 본다면 국가의 집권은 다른 나라와의 대결에서 긍정적인 작용을 할 것이지만 국내에서는 국가와 상대되는 사회역량의 약화를 의미한다. 이는 곧 국가가 사회와 상호 작용하는 과정에서 능력을 향상시킬 기회를 잃어버리는 것과 같다.

그리고 국가자주성은 '현대'적 개념이지만 논의를 동아시아 세 전통국가로 확대하더라도 국가권력자의 지위와 이에 대한 비판이나 도전의 가능성 및 위에서 언급된 국가자주성에 대한 여러 영향요인(현대적인 몇 가지 요인을 제외하고)을 근거로 추론할 수 있고 그 수준을 가늠할 수 있다. 우리가 앞에서 중세 유럽에 전통국가가 없었다고 주장한 주요 이유는 세속영역에서의 특정 정권이 '왕국' 내에서의 주권적 지위가 심각하게 부족했기 때문이다. 이는 국가자주성이 국가라는 차원에서 보편적인 문제라는 것을 뜻한다. 그 근본적인 이유는 행위자로서의 국가는 반드시 다른 행위자들과 마주해야 한다는 사실이다.

민족국가가 출현한 후 유럽 국가들은 확실히 주권을 획득하였고 그것의 강약 정

43   曼瑟·奧尔森, "独裁、民主和发展", 盛洪主编, 同上书, 第363页; 또는 그의 《权力与繁荣》, 苏长和、嵇飞译, 上海人民出版社, 2005年, 第4-5页, 第10-18页.

44   彼得·埃文斯, "跨国联系与国家的经济角色一对 '二战'后发展中国家与工业国家的分析", 彼得·埃文斯、迪特里希·鲁斯迈耶、西达·斯考克波编著, 同上书, 第273页.

도에 상응한 자주성을 갖게 되었다. 이는 대내적 측면과 대외적 측면 모두를 포함하며, 이에 따라 어떤 국가의 성공 또는 실패한 행위가 이루어진다. 우리가 알다시피 후에 점차 완성된 구미의 현대국가들은 극히 특수한 파시스트 등 시기를 제외하고는 公民의 자유권리를 대체로 보장하였다. 公民이 자유권리를 갖거나 사회가 자치적 지위를 유지하는 경우 구미국가들은 주로 아래와 같은 경로를 통해 자주성을 확보한다. 법률과 제도에 의해 구성하고 운행되는 관료기구가 자주성을 갖게 된다. 또한 선거를 통해 구성된 정부와 국회는 합법성을 인정받으며 이러한 합법성을 바탕으로 자주적 범위 내에서 법과 정책을 수립 및 시행한다.[45] 선거과정에서 특정 이익집단에 포획되거나 특정 집단의 이익에 편향된 정부가 출현하는 등 현상이 나타날 수 있지만, 다음 선거에서 재선되기 위해서는 보편적으로 받아들여지는 국가이익에 입각해 정책을 제정하고 시행해야 한다. 이로부터 직권(職權)과 이루어진 어떤 합의에 따라 국가의 자주적인 행동을 취할 수는 있지만 이러한 자주성의 정도는 시대와 의제에 따라 다를 수 있으며, 어떤 문제에서는 사회의 저항을 받을 수 있고 언론과 여론이 이 과정에 다양한 방식으로 참여하기도 한다. 이런 요인들이 국가의 자주성을 제약하는 힘으로도 작용할 수 있다는 것이다. 한 문장으로 요약하자면 구미국가들의 자주성은 주로 법제도의 보장에서 비롯된다.

　그렇다면 동아시아에서 국가자주성의 상태는 어떠한가? 앞서 언급한 동아시아 삼국의 체제특성과 기제건설 그리고 위에서 논의된 자주성의 개념 등을 근거로 본다면, 동아시아 국가들이 자주성을 획득하고 실현하는 방식에서 매우 다르지만 그 정도는 분명히 비교적 높다.

　알다시피 중국의 국가자주성은 매우 강력하다. 이는 주로 전쟁을 통해 정권을 쟁취한 중공이 건국 후 정부와 사회 각계에서의 영향력을 지속적으로 강화해 실현한 것이다. 이러한 국가자주성은 사회자주성의 약화와 축소를 가져왔다. 그러나 개혁개방을 시작하면서 중국의 경제주체는 적어도 전에 비해 강한 자주성을 갖게 되었고 이로 인해 중국경제는 큰 발전을 이뤘다. 체제개혁이 이루어지지 않은 다른 영역의 행위자들은 경제주체들보다 훨씬 덜 자주적이다. 이는 이들 분야의 자기조직화 정도가 낮다

45　논의의 주제는 다르지만 유사한 견해도 있다. 이른바 연방제 정치제도에서의 세 가지 특징, 즉 다른 수준의 정부, 명확한 권력 범위, 정부마다 자신의 권력 범위 안에서 보장된 자주성 등이다. 巴里 · R. 温加斯特, "作为治理结构的宪政 : 安全市场的政治基础", 道格拉斯 · C. 诺斯等, 同上书, 第102页。

는 사실에서 이해할 수 있다. 실제로 어느 분야에서나 자주성의 정도는 해당 분야 행위자들의 자기조직화 정도로 충분히 설명될 수 있다. 중국의 국가자주성의 근원은 '정치상위의 정치와 행정의 일체화 체제'지만 보다 구체적인 면에서 중앙집중제와 '당이 간부를 관리(党管干部)' 및 '하관일급'(下管一级, 한 계급의 간부 선정을 그 바로 상급 당조직이 결정하는 권한)과 같은 기제도 이러한 국가자주성에 중요한 기여를 한다.

국가와 사회 및 민족공동체가 지속적으로 통합되어 '국가공동체'를 형성하기 때문에 일본경제는 '자치영역'이 아니고 시민사회도 半자치 영역이며 실제로 취약하다. 이는 아래와 같은 요인들에 의해 이루어진 것이다. 공적 영역은 정부와 관료에 의해 통제되고 이들은 천황합법화의 '국가공동체'의 대표자 역할을 한다. 메이지 과두정치가와 관료가 주변부에 강력하고 적극적인 대책을 취함으로 인해 중앙정부는 전체주의적 정권을 통해 주변부에 침투한다. 위와 같은 요인들의 영향으로 일본의 의사결정 모델에는 개방적이고 원칙적인 정치담론이 결여되어 있다.[46] 메이지체제하의 일본이 强國家라는 점은 앞에서 지적했지만 여기서 언급한 일본의 특성도 충분히 고려되어야 한다. 어쨌든 이는 각 행위자가 독립성을 갖고 있으면서도 밀접하게 연관되어 있는 일본의 특성이며, 메이지유신부터 제2차 세계대전을 겪는 과정에서 외부에 대한 심각한 배타성과 대내적 억압성으로 고착된 민족국가의 특징이다. 제2차 세계대전 후 일본은 이러한 면에서 나아졌다고는 해야 하겠지만 이러한 전통의 영향에서 완전히 벗어났다고 보기는 어렵다. 딕시트가 지적했듯이 일본의 대부분 산업영역 정책은 여당에 의해 은밀히 통제되어 있으며 실업계와 정부 및 정치인들의 공모의 산물이다. 이것이 바로 40년 동안 지속된 일본의 고도로 집중화된 체제다.[47]

내각제 시기인 제2공화국을 제외한다면 적어도 민주화 이전의 대부분 기간 한국의 대내적 국가자주성은 강력했다. 민주화 이후 김영삼과 김대중 정부에서는 당시 두 지도자의 권위와 정당체제로 인해 강력한 자주성을 갖고 있었다. 여기서 말하는 정당체제란 대통령이면서 당의 총재를 맡고 있었기 때문에 자신이 속한 당의 당원들을 국회의원으로 추천할 수 있는 공천권이다. 이 시기 한국의 자주성에 영향을 미친 요인은

---

46 위에서의 내용은 S.N. 艾森斯塔特, 同上书 (2008 年), 48-49 쪽, 60 쪽, 62 쪽, 76 쪽, 152-153 쪽, 186-187 쪽, 191-193 쪽, 340 쪽; 그리고 그의 同上书 (2006 年), 153-155 쪽 등을 참조하라.
47 阿维纳什 · K · 迪克西特著: 《经济政策的制定 : 交易成本政治学的视角》, 刘元春译, 北京 : 中国人民出版社, 2004 年, 第80页。

유교문화의 영향, 남북분단의 상황으로 '반공'과 국가안보를 강조한 동원체제, 미국에 종속됨으로 인한 대외자주성의 약화, 국가주도의 산업화, 특히 '유신체제'와 '5공체제' 하에서 사회에 대한 국가의 침투와 통제, 일제강점기 행정기구의 팽창, 대외자주성의 약화로 인한 국가의 대내자주성의 강화 즉 국가가 외국자본을 도입하고 분배하는 권한을 갖는 것 등이다.[48] 그러나 민주화 이후 한국의 국가자주성은 큰 변화를 겪었다. 주요 영향요인은 법치의 심화, 강력한 야당, 시민사회의 발달, 언론계의 감독, 여론의 향배 그리고 지방자치제의 전면 시행 등이다. 현재 한국의 실제 상황으로 볼 때 행정부를 주체로 한 국가자주성은 심각하게 약화되었다. 그러나 과거 군사독재 시절의 국가자주성으로 인한 부정적 영향을 고려한다면 이것을 정상적인 상태라고 보아야 한다.

위의 상황에 근거해 본다면 비록 나라마다 시기별로 매우 다른 양상을 보였지만 동아시아 삼국은 아주 높은 정도의 하향적 조직화를 이뤘다. 이로부터 나타난 것이 호프헨츠 등이 '동아시아 모델'이라고 부른 것으로, 모든 동아시아 국가와 지역은 일당제를 통해 정치적 안정을 실현하고 권력집중과 높은 조직화를 통해 경제발전을 추진했다.[49] 이것은 물론 한국 등에서 민주주의 체제가 등장하기 전의 상황을 근거로 제기된 관점이다. 이러한 공통점의 출현은 전통시기 권력집중과 같은 관성의 영향을 부정하기 어려운 것도 사실이지만 동아시아 삼국의 이행기 다양한 국내외 요인의 영향도 반드시 고려되어야 한다. 특히 그중에서 이들 국가가 부강에 대한 강한 추구가 이러한 현상의 출현에 중요한 영향을 미쳤다고 보아야 한다.

국가자주성과 관련된 국가능력 문제에서 능력을 소유한 주체로서의 국가와 상대되는 사회는 분명히 배제된다. 이러한 의미에서의 국가능력을 이해하기 위해서는 두 가지 이론적 시각, 즉 조직구조 시각과 정책과정 시각에 의존할 수 있다. 전자는 국가를 이해하고 설명할 수 있는 가능성을 제공하고 후자는 국가의 행동을 가늠할 수 있는 주요 근거로 삼을 수 있다. 그리고 조직구조와 정책과정은 밀접히 관련되어 있다. 조직구조의 시각에서 보면 국가능력을 향상시키기 위해서는 구성원의 사명감, 도덕성, 전문성, 관리능력 등을 향상시키는 것 외에 보다 중요한 것은 정책문제와 관련하여 협력하는 능력이며, 이는 관련한 행동플랫폼에 크게 의존한다. 특정 정부부처의 경

---

48 김호진, 同上书, 495-513 쪽.

49 小 R · 霍夫亨兹、 K · E · 亨德尔著：《东亚之锋》, 黎鸣译, 南京：江苏人民出版社, 1997 年, 前言의 第2页, 第69-72页, 第88-91页。

우 이러한 제도건설은 내부와 외부로 나뉘며 조직 내의 다양한 행위자와 행위자로서의 조직 간의 관계에서도 관련 제도플랫폼을 구축해야 한다. 대체로 국가능력은 제도건설의 실제 상태와 제도플랫폼에서 행위자들 능력의 종합적 표현으로 볼 수 있다.

정책과정의 시각에서 정책문제는 일반적으로 두 차원에서 시작하며 이로부터 하향식과 상향식 두 가지 정책과정이 나타난다. 전자는 주로 일본의 '부국강병', 한국의 '조국근대화', 중국의 '개혁개방' 등과 같이 최고지도부가 제시하고 추진한 정책방향과 관련 정책의 실행에서 나타난다. 이는 고도의 전략적인 선택행동 또는 국가의 전반적인 운행방향에서의 정책과정이다. 이 과정에서 국가 최고지도부의 자주성이 매우 중요하며 특히 최고지도자의 국가가 당면한 주요 문제에 대한 판단이 중요한 영향을 미친다. 하향식 상황에서의 국가능력은 행위자로서의 국가자체의 문제이며, 주로 정권체계에서의 의사결정능력과 정책집행력에서 구현된다.

그러나 상향식의 경우 국가자주성 문제는 완전히 다른 양상을 띠게 된다. 현실에 존재하는 문제는 분산성을 띠고 있으며 시행될 정책이 현실과 괴리되는 위험도 방지해야 하기 때문에 정책문제를 결정할 때 어떻게 사회로부터 관련 정보를 수집하고 정리하느냐 하는 것에서 시작된다. 이를 바탕으로 정책의제를 종합적이고 정확하게 결정할 수 있다. 이로부터 행위자로서의 국가와 사회 사이의 상호 작용 문제가 나타난다. 이 경우 국가능력은 행위자로서의 국가 자체를 넘어선 것이다. 또한 하향식 상황에서도 어떻게 기층사회로 하여금 시행되는 정책을 순조롭게 수용하도록 할 것인지, 사회적 반발을 어떻게 적절하게 처리할 것인지 등에서 표현되는 것처럼 정책대상의 영향을 배제할 수 없다. 뿐만 아니라 국가와 사회의 상호 작용이기 때문에 국가의 행동은 정책과정에만 국한되지 않고 사회를 어떻게 적절히 관리할 것인가의 문제도 포함된다. 더욱이 고도로 분화된 사회는 복잡성을 단순화하기 위해 단순한 사회보다 더 많은 신뢰를 요구하고,[50] 정부를 포함한 행위자 및 기타 행위자와의 관계를 위해 반드시 안정적인 신뢰기제를 건설해야 하며, 국가는 이에 상응한 제도적 보장을 제공해야 한다. 이러한 신뢰기제가 제대로 구축되지 않으면 자발적인 질서가 형성될 수 없기 때문에 강제적인 권력체계를 동원하는 경향이 있다는 점을 강조한다.

또한 사회가 '약'하고 국가가 '강'한 경우 국가능력은 사실상 향상되기 어렵고 이

---

50 尼克萊斯·卢曼著：《信任》, 翟铁鹏、李强译, 上海人民出版社, 2005 年, 第112页。

에 따라 국가행동이 변형될 가능성이 크다. 사회가 아주 약한 국가는 일반적으로 더 부패하다는 사실이 이를 증명한다. 알다시피 민주화 이전과 이후의 한국에서 부패는 완전히 다른 모습을 보인다. 사실 그 이유는 간단하다. 국가가 '강'할 때 사회행위자는 법이 보장하는 자주성이 부족하고 국가권력에 의존해야만 생존하거나 발전할 수 있기 때문이다. 또한 여론과 언론도 '강'한 국가 앞에서 국가와 그 구성원의 행동을 억제하고 감독하는 능력을 발휘하기 어려운 것이 부패를 낳는 주요 사회조건이다. 아렌트는 권력이 분리되어도 약화되지 않으며 상호 작용의 패턴이 경직되지 않고 역동적일 때 권력 간의 견제와 균형은 훨씬 더 많은 권력을 생산하는 경향이 있다고 지적했다.[51] 이 '더 많은 권력'은 실제로 상호 작용에 의해 활성화된 활력으로부터 생성되고 강화된 것이다. 상호 작용 과정에서 잠재적인 능력이 더 충분히 발굴될 수 있기 때문이다. 국가가 수동적이고 활력이 없거나 심지어 엄격하게 통제되는 사회를 기반으로 진정한 의미에서의 능력을 가질 수 없다. 국가능력의 문제는 결코 기술적인 문제가 아니며, 기술적인 요소가 있다 하더라도 국가능력의 극히 일부일 뿐이다. 국가능력의 주내용은 어떻게 하면 사회문제를 보다 효과적으로 해결하여 사람들에게 더 많은 인간존엄과 복지를 제공하기 위한 제도적 장치를 구축하는가 하는 문제다.

국가건설에 있어서 국가의 자주성과 능력이 중요하다는 것은 의심의 여지가 없다. 그러나 현대국가는 애초부터 사회와의 상호 작용을 벗어나 본 적이 없으며, 사회의 힘을 무시하고 이른바 국가자주성을 유지한 것이 곧 전통국가다. 따라서 논의의 편의를 위해 주로 국가자체의 시각에서 국가능력 문제를 살펴보았지만, 국가와 사회의 관계를 떼어 놓거나 국가의 존재가치와 분리된다면 국가능력은 가짜명제로 된다. 또한 국가능력을 높이는 데 필요한 합법성 등의 자원은 근본적으로 사회에서 나온다. 정권의 합법성은 국가행위 정당성의 기반이며, 정당성을 어떻게 확보할 것인가는 원래 국가자주성과 국가능력과 관련된 중요한 과제다.

---

51 汉娜·阿伦特著：《人的境况》, 王寅丽译, 上海人民出版社, 2009 年, 第158页。

5 문책제와 국가건설

　　앞서 살펴본 바와 같이 중국의 제국체제는 혁명의 물결에 휩쓸려 무너졌고 일본은 쿠데타로 막부를 무너뜨렸으며, 조선이 식민지로 전락한 직후 대한민국 임시정부가 탄생했다. 이들 상황은 서로 다르지만 추론가능한 공통점이 있다. 그것인즉 원정권의 몰락은 최소한 그 역내에 있는 사람들이 통치자에 대한 지지나 복종을 철회했음을 의미하기에 이러한 상황은 피통치자들이 통치자에 대한 문책으로 볼 수 있다는 것이다. 피통치자가 통치자를 지지하거나 인정하는 것이 원래 정권합법성의 주요 내용이다. 여기서 고찰할 문책제는 동아시아 삼국의 국가재건의 한 측면으로 논의된다.

　　국가건설 문제와 관련하여 우리는 다음 두 가지 기본사실에 주목할 필요가 있다. 서양현대화의 시작부터 행정이 정치에서 독립되어[52] 책임정부의 형식으로 출발했고, 이는 현대국가의 초기형태이며 이로부터 '행정-문책제-국가건설'이라는 3자관계 모델을 이끌어 낼 수 있다. 정치와 행정의 분리는 법과 제도를 전제로 하며 각각의 권한에 상응하는 책임을 지고 있다. 그리고 정치와 행정의 분리과정은 최종적으로 정치가 정책방향을 결정하거나 행정의 활동범위와 행동플랫폼 등을 정하는 것으로 확립되고, 행정이 정치에 대해 책임을 지거나 정치가 행정의 책임을 묻는 방식을 취한다. 이로부터 점차 정치와 행정이 각자의 분야를 개척하고 구축해 가며 상호 작용하는 국면이 출현되었다. 그러나 그 과정에서 사회 또는 공공영역이 투표하는 방식과 여론의 형식으로 특정 정권의 정치적 책임을 묻는 것과 같은 큰 변화가 있었다. 이것은 위의 3자관계 모델과 완전히 다른 문책제다. 위에서 언급한 여러 영역의 분리의 분명성과 문책의 강도 및 구체적인 형태는 다양하지만 기본적으로 현대국가의 대체적인 경우다.

　　포퍼는 우리 자신의 착오에 비판적인 자세를 취하는 것은 실제로 매우 어렵고 많은 사람들의 생명과 관련된 우리의 행동에 항상 비판적인 태도를 취하는 것은 거의 불가능하다고 말한다. 즉 중대한 착오로부터 배운다는 것이 매우 어렵다. 그 원인은 기

52　프랑스와 영국의 실제 상황에서 현대국가의 기본적인 형성은 정치, 즉 국민회의 또는 의회가 실권적 지위를 획득하고 정치와 행정의 분리를 실현했다. 그러나 현대관료제의 성립은 애초부터 정치와 독립된 길, 즉 절대왕정으로의 이행과정에서 행정체계를 구축한 것이다. 어쨌든 여기서는 주로 동아시아 국가들의 정치와 행정 간의 긴밀한 관계와 '정부문책제'의 시각에서 위에서와 같은 진술을 한다.

술적인 것인 동시에 도덕적인 것이다.[53] 포퍼의 이러한 견해(그는 주로 전체주의적 유토피아에 대한 비판적 분석을 통해 자신의 견해를 설명하지만 아래에서의 논의는 그의 철학적 노선을 그대로 따르지 아니 한다)를 다음과 같이 해독할 수 있다. 국가적 차원에서 발생한 중대한 착오는 이러한 행동을 취할 수 있는 집단이 '합리적인' 목적을 달성하기 위해 또는 '보편적인' 정서의 선동으로 저질러진 것이다. 이것은 '도덕적' 문제가 책임을 지기 어려운 위치에 밀려진 중요한 이유이기도 하다. 또한 '중대한 착오'는 국가의 정치구조와 특정 기간의 주요 의제와도 밀접한 관련이 있으므로 당연히 기술적인 문제로 취급할 수 없다. 적지 않은 중대한 착오는 수많은 '참가자'가 있기 마련이며, 이러한 '참가자'들이 다른 이유에 자신의 책임을 돌리는 것은 확실히 '도덕적' 문제가 있다. 이처럼 '기술적' 및 '도덕적' 근거를 '상실'했기 때문에 '중대한 착오'에 대해 비판적인 태도를 취하기 어렵게 된다. 비판은 보편적으로 공인된 지식과 확립된 규범에 근거해서만 효과적으로 이루어질 수 있으며, 이러한 과정을 통해 중대한 착오로부터 배울 수 있다.

그러나 포퍼의 관점에서 여기서 더 주목할 만한 것은 '우리 자신의 착오'다. 사람들은 자신의 가치나 특정한 편견을 버리기 어려운 경우가 많고 권력과 이익을 다투는 정치분야에서 철저한 자기비판을 한다는 것은 극복하기 어려운 한계를 가지고 있다. 비판은 '적대'적인 주체들 사이에 공개적으로 전개될 때 그 효과를 충분히 발휘할 수 있다. 여기서의 화제에서 중요한 것은 '우리 자신'을 넘어 중대한 착오를 사전에 예방하거나 현 상황을 반성할 수 있는 어떤 제도를 '설계'할 수 있겠는가라는 문제다.

전통적인 중국에서 황제는 합법성의 실질적인 원천이자 최고통치자이기 때문에 그 책임을 물을 수 없었다. 해석에 따라 달라질 수 있는 '천벌(天譴)'을 제외하고 황제의 책임을 물을 수 있는 다른 정치주체가 있을 수 없었고 정상적인 문책은 하향식 방식밖에 없었다. 물론 쿠데타나 왕조를 바꾸는 것과 같은 비정상적인 '문책' 방식도 있다. 이것은 실제로 중국 王朝輪回의 체제 근원이다. 아이젠슈타트는 다른 유형의 문명과 비교할 때 중국은 제도 분야, 특히 통치자의 책임 면에서 어떤 돌파도 없었으며, 고대 제국의 어떤 전통을 '재현'했다고 지적한다. 이것이 바로 정치영역의 神聖化와 문인관료 지배계급의 산생이다.[54] 국가건설의 시각에서 볼 때 그 심각한 폐단은 중대한 착오

53 卡尔·波普尔著：《历史决定论的贫困》，杜汝楫、邱仁宗译，上海人民出版社，2009年，第71页。
54 S.N. 艾森斯塔特著：《反思现代性》，旷新年、王爱松译，北京：三联书店，2006年，第275页，第282页。중국의 정치가 神聖化되었다는 그의 견해는 그의 책 (2012年), 72-75 쪽과 (2008年), 491 쪽에도 있다.

가 있더라도 당사자에게 책임을 물을 수 없으며, 관련 제도의 결함을 수정하기 어렵다는 점이다. 디배리는 정부의 실패가 아무리 크다 해도 당은 그에 대한 책임을 지지 않고 관련 조치도 취하지 않으며, 오히려 더 절대적인 주권을 주장하기까지 한다고 지적한다.[55] 이는 사실 중국 체제의 특성상 체제 자체에 의문을 제기하는 것이 불가능하고 최고권위를 공개적으로 비판할 수도 없기 때문이다. 우리는 '대약진' 정책이 실패한 후 모택동은 공개적인 방식이 아니라 '뜻으로 느낄(意會)' 수 있는 방식, 즉 '2선 후퇴'로 '책임졌다'는 것을 알고 있다. 그러나 당시 이처럼 중대한 재난을 가져온 제도적 원인에 대해 논의하지 않았고 제도적 미비점을 보완하기 위한 어떤 조치도 취하지 않았다. 나중에 일어난 '문혁'은 이 연장선에서 이해해야 한다. 이간여는 중국의 오랜 역사에서 주기적인 정치적 혼란은 중국정치의 고질적인 결함을 반영한다고 말한다. 두 가지 가장 두드러진 점은 중국 지도자들은 체제 전체를 교란하는 권력투쟁을 피하기 위한 정치절차와 제도를 치밀하게 만들지 못했으며, 중국의 대중은 정치참여를 위한 기회가 줄곧 주어지지 못했다.[56] 문제는 強國家 상태에서 체제밖에 있는 사람들은 물론 그 체제로 인해 발생한 중대한 착오에 대해 정상적인 책임을 물을 수 없고 체제 내의 '기득권자'들도 '우리 자신의 착오'를 비판할 수 없으며, 수직적인 위계질서는 이러한 문책의 가능성을 기본적으로 차단한다. 문책제와 관련하여 여기서 지적할 것은 역사와 현실에서 발생했거나 일어나는 어떤 중대한 사건의 배후에는 반드시 체제와 기제의 원인이 있으며, 이는 결코 단순히 특정 지도자의 잘못으로 치부해 버릴 수 없는 문제라는 점이다.

일본에서 메이지유신 이전에는 천황이 실제 정치영역에서 멀리 떨어져 있었기 때문에 책임문제가 없었으나 그 후 권력구조의 정점에 있었지만 미국의 전후 전략적 수요에 따라 전쟁책임에서 제외시키는 결정을 했다. 그러나 당시 일본에는 다음과 같은 실제 상황도 있었다. '집단적 지도의 총체적 모식'은 일본의 오래된 전통이며, 메이지 체제하의 과두정치인들은 천황의 이름을 빌려 자기들의 의지를 추진했을 뿐이었다.[57] 이것이 아이젠슈타트 등이 일본의 권력 구조에 대해 지적한 다음과 같은 특징이다. 권력은 상호 의존적인 관계의 틀에 내재되어 있고 분산된 행동과 수직적 등급네트워크

---

55   狄百瑞, 同上书, 第110-111页。

56   李侃如著 : 《治理中国 : 从革命到改革》, 胡国成、赵梅译, 北京 : 中国社会科学出版社, 中文版序言、前言。

57   埃德温・O. 赖肖尔、马里厄斯・B. 詹森, 同上书, 第271-272页。

를 기반으로 작동되며, 모든 당사자들은 같은 방향으로 협조하지만 서로를 견제하고 경쟁하므로 최종 결과에 대해 아무도 책임지지 않는다.[58] 아마도 이것을 깨달았기 때문에 점령군 당국은 천황 본인에 징계조치를 취하기보다는 천황제를 해체하는 것으로 '문책'하는 선에서 마무리를 짓게 된 것 같다. 그러나 전후 일본의 25년 회복은 미국의 기획이었으며,[59] 그 뒤에 나타난 미일관계 등 상황으로 볼 때, 더 중요한 원인은 미국이 당시 일본 '신민'들에게 있었던 천황의 '神聖'한 지위를 의식해 내린 결정으로 보인다. 즉 이 같은 조치는 일본을 '보존'하기 위해 내린 결정이라는 것이다. 천황에 대한 어떤 징벌적 조치가 취해졌다면 미국이 일본을 순조롭게 '인수'하기 어려운 상황이 벌어질 수 있었기 때문이다. 그리고 우리는 이미 메이지체제하의 권력구조가 책임소재를 모호하게 하여 책임을 추궁하는 일을 더 어렵게 만드는 것을 보았다.

조선왕조 시대에는 유교의 이데올로기적 위상과 왕의 권력을 견제하고 정치세력 간의 균형을 유지할 수 있는 여타 기제로 인해, 유교의 교리와 사실에 근거해 대신들의 책임을 물을 수 있었을 뿐만 아니라 신하들이 연산군(10대 조선국왕, 그는 사간원을 폐지했으며 자신을 비평하는 신하들을 죽이거나 유배를 보냈다)에게 한 것처럼 왕에게도 책임을 물을 수 있었다. 그러나 한국정부수립 후 친일파를 처벌하기 위해 특별히 설치된 '반민특위'는 그 임무를 수행하지 못하고 해산되었다. 그리고 박정희 등의 헌법질서를 파괴한 행위는 본인이 총격으로 갑작스럽게 사망하고 전두환이 쿠데타로 권력을 승계하며, 김영삼과 김대중이 권력을 잡기 위해 '5공세력'과 타협했기 때문에 이들에 대한 문책은 실패했다. 사실 전두환과 노태우는 김영삼 집권 시절 법적 절차에 따라 심판을 받았지만 '민족화합'을 이유로 2년 뒤 특사를 받게 된다. 이후 전두환은 '회고록'을 써서 광주에서 저지른 자신의 범죄를 계속 변호해 왔다.

위에서 간략히 언급한 삼국의 상황과 책임의 구체적인 내용이 모두 다르지만 민족국가 차원에서 제때에 효과적으로 책임을 추궁하지 못했다는 공통성을 띠고 있다. 이상의 사실을 통해 강조할 것은 문책제는 민족국가를 구축하고 건설함에 있어서 관건적인 제도라는 점이다.

---

58 S.N. 艾森斯塔特, 同上书 (2008 年), 第126页, 第233页, 同上书 (2006 年), 第153页; 约翰 · 惠特尼 · 霍尔, 同上书, 第230页。
59 커밍스는 죠지 커난이 1947 년에 일본산업의 부흥을 위한 세부 계획을 개발했으며, 이 계획의 목적은 일본을 개조하여 재건하는 것이라고 말했다. 布鲁斯 · 卡明斯, 同上书, 第58页。

구체적 내용에서 어떤 차이가 있든 간에 인간사회는 반드시 정치질서를 건립해야 하며, 이는 그것을 지탱할 수 있는 믿음직한 어떤 기제에 기반해야 한다. 이것이 곧 승낙(承諾)기제이며, 승낙은 실제로 가신도(可信度)의 문제다.[60] 노스 등도 정치질서는 경제와 정치 발전의 필수조건이며, 국가가 믿음직한 승낙을 할 수 있는가에 정치질서의 근원이 있다고 지적한다.[61] 국가건설과 관련한 실천에서 승낙기제는 주로 다음 두 가지 문제와 연관된다. 하나는 국가의 체제와 기제의 차원에서 승낙을 지킬 수 있는 장치를 어떻게 마련할 수 있는가이고 다른 하나는 승낙기제가 손상되거나 작동이 원활하게 이루어지지 않을 경우 어떤 경로를 통해 복구할 수 있는가다. 여기서의 화두에서 이는 결국 국가라는 정치공동체의 기본적 질서와 관련된 책임문제다.

아프터는 동원체계에서 정부의 책임수준이 낮고 협조체계에서 정부의 책임수준이 더 높다고 말한다. 그 이유는 정부의 책임은 등급성에 반비례하고 정보공급과는 정비례하기 때문이다.[62] 그러나 책임 및 이와 관련한 제도에 필연적으로 권력이 내재되어 있다는 사실에 근거해 서로 다른 체계에서의 책임수준이 높고 낮음을 충분히 설명할 수 있다. 예를 들어, 동원체계에서 정부는 상향적 문책행동에 직면하지 않을 것이며, 모든 사람은 상관의 지시에 따라 행동하기 때문에 쉽게 책임을 '위'로 전가할 수 있다. 그리고 사회를 동원할 수 있는 정부의 우월한 지위는 책임의식을 희석시키게 된다. 이러한 정부는 일반적으로 '원대'한 이상 또는 어떤 '합리적인' 이유를 근거로 동원행위를 취하며, 이를 위해 어떤 대가를 치르는 것이 당연하다고 여기기 때문이다. 그러나 협조체계에서의 정부는 협조관계의 당사자이며, 이 체계의 행위자들은 필연적으로 상호 경쟁 및 억제의 관계를 형성하게 되고 효과적인 협조도 공인된 증거에 달려 있으므로, 정부를 포함한 모든 행위자들은 각자의 책임을 회피할 수 없게 된다. 그러나 위에서의 논의는 정보공급이 책임수준과 관련이 없다는 것이 아니라 정보공급이 등급성에 의존하는 경우가 많기 때문에 권력구조가 더 강조되어야 한다는 주장이다. 책임의 정도와 문책의 상태는 권력구조에서 행위자들의 독립성과 권력주체에 대한 감독 가능성

---

60 托马斯·谢林著：《承诺的策略》, 王永钦·薛峰译, 上海人民出版社, 2009 年, 第1页, 第3页。

61 道格拉斯·C. 诺斯、威廉·萨默希尔、巴里·R. 韦恩加斯特, "秩序、无序和经济变化：拉美对北美", 布鲁斯·布恩诺·德·梅斯奎塔、希尔顿·L. 鲁特主编, 同上书, 第18-19页。 이 글에서 '승낙기제' 개념이 여러 차례 언급된다.

62 戴维·E. 阿普特著：《现代化的政治》, 陈尧译, 上海人民出版社, 2011年, 第181页。

등의 영향을 받을 수밖에 없으며 동원체계나 협조체계는 실제로 권력구조 문제다. 앞서 언급한 동아시아 삼국의 각기 다른 책임과 관련된 상태는 사실 권력구조의 결과다.

우리는 제2차 세계대전 당시 이웃나라에 저지른 범죄를 솔직히 인정하지 않는 일본 우익 정치인들이 꽤 있다는 것을 알고 있다. 어떤 사죄를 했다 하더라도 자신들의 책임에 관한 '승낙'을 적어도 독일처럼 국가 전체적 차원에서 또는 정치진영을 떠나 일관되게 지켜지지 못했다(이 면에서 독일도 물론 순조롭지 않았고 그 과정은 최소 20년이 걸렸다). 심지어 아베정권을 비롯한 일부 우익정치인들은 범죄를 은폐하거나 역사를 개작하려고 시도했다. 그렇다고 일본에 자국의 범죄를 폭로하고 반성한 양심적인 지식인이 없다는 것은 아니다. 그 대표적인 인물이 이에나가 사부로다.[63] 일본의 일부 정치세력의 이러한 태도는 '우익'유권자의 표심을 의식하고 취한 행동일 수 있다. 또는 전후에 태어난 사람들이 前代人들이 저지른 범죄의 무거운 부담 때문에 국제적 교류에서 당당하지 못할 것을 우려하거나 혹은 그들의 어떤 정치적 목적 등으로 인한 것일 수도 있다. 그러나 앞서 언급한 일본문화의 특성 그리고 '국가공동체' 및 공개적 정치주제의 취약성 등 전통으로 인해 일본은 '우리 자신의 착오'를 철저히 반성하기 어렵다고 보는 것이 더 타당하다. 더욱이 일본의 정치구조에 의해 결정된 장기적인 보수정권의 우익성향도 국가적 차원에서 적극적으로 반성하지 않는 상황에 중요한 영향을 미쳤다. 어쨌든 여기에 책임의식 문제와 어떻게 책임을 추궁할 것인가 하는 문제가 있다.

국가기구가 조직한 '행정적 도살'을 기존의 법제도와 사법적 개념에 따라 처리하는 것이 참으로 어렵다[64]는 것을 우리는 인정하지 않을 수 없다. '중대한 착오'는 법제도와 사법적 개념이 효과적으로 예방하거나 통제할 수 있는 문제가 아니라 거시적 정치구조와 보편적인 정서 및 지적 배경과 관련된 문제이기 때문이다. 사실 이 '행정적 도살'은 전쟁이나 피할 수 있었던 대재앙 등과 같은 인류 역사상 수없이 발생한 사

---

63   家永三郎著：《戦争責任》, 岩波書店, 東京：1985 年을 참조하라. 그는 이 책의 3 장, 4 장, 5 장에서 '15 년 전쟁' 기간 일본의 전쟁책임 문제를 포괄적으로 논의했다. 이 책임에는 중국, 필리핀, 조선민족 등에 대한 전쟁책임, 미국 및 기타 구미 국가, 중립국 및 소련에 대한 전쟁책임, 자국민에 대한 전쟁책임, 미국과 소련의 전쟁책임, 일본 일반국민의 전쟁책임, '전쟁을 모르는 세대'의 책임(즉 '연대책임') 등을 포함한다. 그리고 이 시기 일본의 권력구조와 '무책임체계' 문제도 언급했다. 커밍스는 이에나가 사부로는 남경대학살, 중국에 저지른 '삼광'정책, 위안부, 7·31 부대의 세균전, 조선과 조선인들에 대한 잔혹한 통치를 연구한 최초의 역사학자라고 말한다. 布魯斯·卡明斯, 同上书, 第100-101页。

64   汉娜·阿伦特著：《艾希曼在耶路撒冷：一份关于平庸的恶的报告》, 安妮译, 南京：译林出版社, 2017 年, 第307页, 第313页。

건들이다. 그리고 이러한 대재앙에는 '증오'로부터 비롯되었거나 '악의'는 없지만 많은 무고한 인명을 앗아간 중대한 사건이 포함되어야 하고, 여기서는 19세기와 20세기 유럽과 아시아의 여러 나라들에서 발생한 중대한 비극적 사건을 가르킨다. 이런 점에서 우리는 반드시 인간의 양심과 지혜에 기대야 한다. 이는 곧 '행정적 도살'을 낳을 수 있는 지식배경과 국가제도를 전면적이고 철저하게 반성해야 하며, 이를 바탕으로 '행정적 도살'의 재발방지를 위한 현실적인 제도장치를 마련해야 함을 의미한다. 여기서의 반성과 그 결과가 어느 정도 대중화되느냐에 따라 한 국가의 전반적인 인식수준이 좌우될 것이며, 이 같은 대중화를 할 수 있는 가장 효과적인 경로는 폭넓은 공개토론이다. 반대로 중대한 착오에 대한 광범위한 인식이 결핍하다면(진실을 숨기거나 왜곡하는 것은 말할 것도 없고), 아무리 심각한 착오라 할지라도 책임을 추궁할 수 없을 것이다. 반성과 관련 성과 보급의 실제 정도에 따라 책임추궁의 정도가 결정되기 때문에 이런 부분에 대한 책임은 주로 지식인, 정치인, 언론 등의 몫이 될 수밖에 없다.

아렌트는 '우리 모두 죄가 있다'라고 외치는 것은 진짜로 죄를 지은 사람들을 용서하는 것일 뿐이며, 모든 정부와 국가는 그들의 역사적 행동에 대해 책임을 져야 한다고 지적한다. 이 책임은 공동체의 구성원이 자신이 참여하지 않았지만 그의 이름으로 한 일에 대해 책임을 져야 한다는 것이며, 그 주된 이유는 우리가 다른 구성원과 함께 공동체에서 생활해야 하기 때문이다. 그리고 '집단적 책임'은 정치적 책임이다.[65] 보겔린도 이와 비슷한 말을 했지만 그는 우리 모두가 살고 있는 집단의 '대표'를 통해 자신의 견해를 밝혔다. 여기서의 '대표'는 각계각층의 사회엘리트 계층이며 이를 통해 표현된 것이 '부트멜히 증후군', 즉 살해당한 자들이 자신을 살해하는 행위에 협조하는 것이다. 그는 이 점을 항상 사회위기의 순간에 나타나는 '제2 현실'로 설명한다. 터무니없는 짓이라 할지라도 그것이 보편화되어 사회에서 지배적인 것으로 되고 권력자가 그것을 승인하면 옳은 것으로 된다. 이른바 '제2 현실'은 '허황된 현실'로 실현될 수는 없지만 현실에 실질적인 영향을 미치기도 한다. 이것은 실제로 어떤 이념이나 사회적 분위기에 휩쓸려 특정 집단이 겪는 '사회적 부패' 문제다.[66]

여기서의 주제 범위 내에서 아렌트와 보겔린이 밝힌 것은 아래와 같은 사상이다.

---

65 汉娜·阿伦特：《责任与判断》，第121-124页，第126-129页。

66 埃里克·沃格林，《希特勒与德国人》，张新樟译，上海三联书店，2019 年，第82页，第94-96页，第101页，第299页，第320页，第367页。

우리 모두 특정 공동체에 속해 있으며, 이 공동체에서 소속감이나 정체성을 얻게 된다. 따라서 각자는 이 공동체를 지속적으로 개선할 책임을 져야 한다. 이 같은 책임에는 물론 자신이 속한 집단의 '대표'에 대한 감독과 견제 및 '제2 현실'의 허망한 성격을 폭로할 책임도 포함되어야 한다. 그리고 어떻게 하면 대중이 역사와 현실에 더 가까워질 수 있게 할 수 있는가 하는 문제도 역시 문책제의 중요한 부분이다. 아무튼 인류가 만든 정치공동체의 성격상 그 구성원 개개인이 그 집단에 속한 선배 및 동시대인들이 저질렀거나 진행 중인 범죄와 '우리' 책임과의 관계로부터 벗어날 수 없다. 이것이 곧 정치적 책임이다. 주로 행위의 결과와 법률조항, 윤리규범 등에 의해 판단되는 법적 책임과 도덕적 책임과는 달리 정치적 책임은 공동체 구성원으로서의 정치적 역할 및 인식수준과 관련된 문제다. 이러한 정치적 책임이 충분히 수행된다는 전제하에서만 국가라는 정치공동체에 필요한 '승낙'을 얻을 수 있으며, 이에 상응한 정치질서를 건조하고 수호할 수 있다. 또한 이러한 정치질서를 기반으로 해야만 '중대한 착오'가 발생할 수 있는 가능성을 차단할 수 있다. 公民들이 국가에 대해 臣民과 완전히 다른 책임을 지는 것은 바로 정치적 책임 때문이다. 서로 다른 체제하에서 정치적 책임은 당연히 다른 성격을 띠게 된다.

뤼슨은 역사인식의 중요성은 과거를 해석하고 현재를 이해하며 미래를 개대하는 데 있으며, 왜곡된 역사적 기억은 반드시 왜곡된 현실정치를 가져온다고 지적한다.[67] 특히 국가와 같은 오랜 역사를 갖고 있는 정치공동체에 있어서 적지 않은 역사적 기억 자체가 문책제의 중요한 부분이며 역사적 책임은 근본적으로 정치적 책임이다. 우리가 계속해서 역사를 불러오고 그 의미를 '발굴'하는 이유는 현실에서의 필요성 때문이다. 이러한 문책제는 모든 제도적 공동체에 적용될 수 있으며 양심, 사실, 지식, 논리에 기초한 공개적 비판을 핵심으로 한다. 또한 이는 관련 절차 등 제도적 보장을 기본 조건으로 해야 한다.

국가적 차원에서 '행정-문책제-국가건설'의 관계모델은 주로 정치와 행정의 관계

---

67 约恩 · 吕森著 : 《历史思考的新途径》, 綦甲福、来炯译, 上海人民出版社, 2005 年, 第130页, 第216页。 또한 뤼슨은 역사의식의 역사기억 활동이 미학적, 정치적, 인지적 차원에서 상대적으로 독립적이고 서로 간 비판과 제한으로 수행될 때에만 역사문화의 왜곡을 피할 수 있다고 지적한다. 이 세 가지 방식에는 서로 도구화되는 경향이 있어 역사문화를 왜곡시킨다. 역사의식의 상상력은 해석적 방식으로 역사경험에 깊이 스며들며 역사회억은 순수정치를 합법화하는 기능이 있다. 그리고 정통성은 구조적으로 통치에 대해 찬성하는 능력이며 역사회억은 이러한 찬성의 근본적 매체다. 이상의 내용은 이 책의 98-99 쪽, 102-103 쪽에 있다.

를 반영하는 것이며, 이는 국가의 공식적 제도 수준에서의 문책제다. 이 관계모델은 분명히 국가권력체계 외의 사회를 배제한 것이다. 비록 전통국가와 현대국가가 이 관계모델에서 다른 표현이 있기는 하지만 이러한 공식적인 수준의 문책제는 전통국가에서도 존재했었다. 그러나 국가의 존재의미나 국가가 사회로부터 스스로의 합법성을 획득해야 한다는 시각에서 본다면 그리고 국가행위의 궁극적인 결과는 이에 속한 국민이 짊어질 수밖에 없다는 점에서 행위자로서의 국가의 책임은 사회를 제쳐두고 논의할 수 없다. 이 관계모델의 단점을 보완할 수 있는 것이 바로 반대 방향의 문책경로다. 문제는 이러한 유형의 문책제는 전통국가에서 '불법'적인 방식으로 표현되었지만 현대국가에서는 公民과 사회조직에 법적 권리를 부여하고 또한 이 과정을 절차화했다(이와 같은 문책과정에서 아프트가 말한 '정보공급'이 중요한 의미를 가진다). 따라서 이는 현대국가가 전통국가와 구별되는 중요한 표징으로 된다. 반대 방향으로 이루어진 위의 두 가지 형태의 문책제는 국가건설을 둘러싼 완전한 문책과정을 구성한다. 국가적 차원에서 문책제는 결코 특정 직위를 책임지는 자의 잘못이나 범죄행위를 조사하고 처벌하는 데 그치는 것이 아니며 어떤 국가를 구축하고 건설할 것인가 하는 문제다.

6 소결

현대화로 나아가는 과정에서 예전에 존재하지 않던 민족국가를 건설한 유럽과는 달리 동아시아 국가들의 현대화는 먼저 국가재건을 해야 했다. 재건되는 국가는 의식적으로 전통국가의 본질적 특성과 구별되어야 하고, 이는 현대적 문화와 제도 등 여러 면에서 구현되어야 한다. 그렇지 않으면 재건 전후의 국가 사이에 너무 많은 유해한 연속성이 존재하게 되어 현대화 과정을 심각하게 방해할 것이다.

성공적인 현대화는 안정적인 질서의 확립을 의미하며, 이는 강력한 중앙정부를 요구한다.[68] 러시아 혁명의 경우 국가건설자들이 처한 국내외 환경이 더욱 위험했기 때문에 우선 혁명을 수호하고 그다음으로 국가주도의 산업화를 추진해야 했다.[69] 무어

---

68 巴林顿·摩尔, 同上书, 第379页。
69 西达·斯考切波, 同上书, 第254页。

와 스카치폴의 위의 견해에서 논의의 중점은 조금 다르지만 모두 현대화를 이룩하기 위한 국가집권의 정당성 문제를 언급한다. 동아시아 국가들은 각자의 체제와 기제를 통해 안정된 질서를 이루고 경제발전을 실현했으나, 이는 다른 영역의 실제 상태와 국가전체의 현대화 과정에도 중요한 영향을 미쳤다.

국가재건 과정에서 동아시아 엘리트의 대다수는 부강을 '第一要務'로 인식했다. 물론 노신(魯迅)과 같은 사람들은 국민성에서 그 원인을 찾았지만,[70] 이것도 국민을 일깨우고 빈약한 나라의 상태를 개변하기 위한 것이었다. 건국 후 모택동을 비롯한 지도층이 추진한 '사상개조운동', '사회주의 교육운동', '파사구운동(破四舊, 낡은 사상, 문화, 풍속, 관습 등을 깨버리는 운동)' 등 정치운동도 이와 유사한 성격을 띠고 있다. 중국의 건국 후에 추진된 일련의 운동은 사람을 개조해 사회를 변화시키기 위한 맥락에서 설명되어야 한다. 또 다른 예로 군사쿠데타를 일으켜 금방 집권한 박정희는 그의 저서(1962년 출판)에서 당시 한국이 직면한 세 가지 문제를 아래와 같이 요약했다. 노예적 근성을 버리고 전 민족의 도덕관을 건전히 하는 사람의 혁명, 빈곤에서 해방되는 것, 건전한 민주주의 체제의 재건 등이다. 그리고 인민에게 자주적 정신을 심어주어야 한다고 주장하면서 재건하지 않으면 괴멸할 것이라는 비장한 말로 자신의 결의를 표명했다.[71] 그러나 18년 동안의 통치로 볼 때 그는 주로 산업화에 전념하고 경제발전의 토대를 마련한다. 그리고 첫 번째 문제도 두 번째 문제를 어느 정도 해결함으로써 식민지배와 전쟁으로 인한 고통 및 혼란스러웠던 당시 한국사회에 '하면 된다'는 자신감을 심어주었다. 우리는 앞서 일본이 어떤 主義에 입각한 사회혁명을 추진하지 않았으며, 열강 행렬에 들어가기 위해 필요한 개혁만 단행했음을 보았다.

위의 상황을 통해 지적할 것은 동아시아 삼국은 국가재건의 실제과정에서 부강의 목표에 비해 公民권리와 같은 다른 현대화 목표는 대체로 부차적인 위치로 밀려났다는 점이다. 전통국가에서의 등급제 및 이와 관련된 관념도 이러한 상태의 출현에 중요한 영향을 미쳤다. 또한 동원된 이념이 다르고 다양한 主義의 의미를 폄하할 수는 없지만, 어떤 主義에 바탕을 둔 이데올로기의 중요성은 적어도 이 '第一要務'를 넘어서지 못했다. 이로부터 동아시아에서 보편적인 집권체제와 '정부주도 모델'을 설명할 수 있다.

70 李泽厚著:《中国古代思想史论》, 北京:人民出版社, 1986 年, 第37页。
71 朴正熙著:《我们国家的道路》, 陈琦伟译, 北京:华夏出版社, 1988 年, 序言。

그러나 우리는 이러한 强國家 현상의 출현 과정에서 정치세력 외에 지식인과 백성들이 국가의 집권을 수용하거나 적어도 묵인하는 공통적인 현상에 주목할 필요가 있다. 한국에서 지식인과 시민들이 '4.19혁명'을 통해 이승만정권을 뒤엎은 직후였지만 헌정질서를 파괴한 군사쿠데타에 저항할 의지를 전혀 보이지 않았다. 일본에서는 백성들이 진짜로 '각자의 분수에 맞게' 정부의 조치에 순종했다. 중국에서는 지식인과 군중이 다양한 정치운동의 소용돌이 속으로 동원되었다. 지식인과 백성들이 왜 정치세력의 요구를 수용하거나 그에 복종했는가는 매우 복잡한 문제이고 국가마다 나름의 원인이 있겠지만 적어도 지식인과 사회의 조직화 정도, 전통문화, 국가의 이행방식 및 권력구조 등 문제와 밀접하게 관련되어 있다. 새로운 질서를 수용하는 이유로 들 수 있는 또 하나는 이러한 현상이 이전의 혼란한 상태와 밀접하게 관련되어 있다고 볼 수 있다. 즉 이전의 무질서한 상태에 대한 반등이 중요한 원인이라는 점이다. 지식인을 포함한 국가 엘리트들에게 있어서 국가집권을 통해 시급히 이전의 빈약한 상태를 개변할 수 있을 것이라는 기대 또한 이를 찬성하거나 묵인하는 중요한 이유였을 것이다.

동아시아 삼국의 변혁과 국가건설의 측면에서 또 하나 논의되어야 할 중요한 문제는 이 과정에서 전통적 정치세력의 상이한 상태라는 것이다. 일본의 전통정치 세력은 파괴되지 않았을뿐더러 이 과정을 주도했다. 일본과 달리 한국의 전통정치 세력은 큰 피해를 입었지만 미군정과 밀접한 관계가 있는 정치세력이 국가구축의 주도권을 장악했을 뿐만 아니라 식민통치에 적극적으로 부역한 많은 한국인들이 정부부처에 참여해 중요한 역할을 맡았다. 이후 전쟁과 건국과정에서 거의 모든 사회조직이 심각하게 훼손된 상태에서 유일하게 살아남고 성장한 군대조직이 산업화 과정을 주도했다. 중국의 전통 정치세력은 전쟁과 혁명의 과정에서 완전히 괴멸되었고 중공이 국가구축을 주도했다. 다른 여러 가지 요인들의 영향을 배제하더라도 위에서 언급한 상이한 상황은 이러한 요인이 국가재건에 필요한 주도세력 재편의 어려움과 시간장단에 영향을 미쳤다는 것을 의미한다. 이것은 적어도 국가건설에 필요한 경험과 지식이 동아시아 삼국에서의 서로 다른 여건을 보여주는 것이다. 또한 국가건설 과정에서 전통요소가 어느 정도 반영되는지를 설명할 수도 있다. 하지만 관념의 승계문제는 새로운 사상의 수용여부와 서로 다른 관념 간의 경쟁관계가 있는지와 같은 여타 문제와 함께 고찰해야만 비교적 전면적이고도 합리적으로 설명될 수 있다. 어떤 이데올로기의 영향력이 매우 강력하고 다른 관념체계를 엄격히 배제할 때 지식체계 간의 경쟁을 심각하게 방해할 것이고, 이는 특정 관념의 고착화로 이어지게 되며 사람들의 시야를 제한할 수밖에 없기 때문이다. 전통세력의 파괴도 혁명의 중요한 부분이기는 하지만 더 중요한 것은 그 과정에서 전통관념이 지양되었는가 하는 점이다. 이 문제에서 국가건국 주도세력 자체의 관념상태가 관건적 의미를 가지며, 이는 그후 국가건설 진척에 중대한 영향을 미쳤다.

위에서의 문제와 밀접하게 관련된 또 다른 문제는 국가구축과 건설에 필요한 인재와 조직, 경험과 지식의 시각에서 볼 때 일본은 거의 피해를 입지 않은 반면 한국은 심각한 피해를 입었지만 일본식민지와 미군정의 '참여'로 많은 '차용'을 했다는 것이다. 중국은 물론 소련으로부터 이념과 산업기술 등 면에서 중요한 '차용'도 있었지만 거의 '백지'에 그림을 그리는 상태였다. 여기서 강조하고 싶은 것은 중국의 '백지'상태다. 우리가 비판받았던 '백전도로'(白專道路, 정치는 묻지 않고 전문가의 길만 가다)나 나중에 '붉으면서도 전문적인'(又紅又專, 즉 당의 지시에 적극 따르면서도 전문적인 지식인)이라는 슬로건을 제창할 수밖에 없었던 상황, '정통'적 이데올로기 외의 어떤 정치·사회 이론도 모두 배제한 사실, 지식인에 대한 지속적인 탄압 등을 기억한다면 중국의 국가건설이 얼마나 굴곡지고 험난했는지 알 수 있다. 비정청은 반우파운동의 결과는 중국에서 가장 귀중하고 희소한 인재들로 하여금 활력을 잃게 했으며, 농민을 포용함으로써 중국의 정치생활을 무지한 농민수준으로 끌어내렸다고 논평했다.[72] 위의 상황은 여러 가지 원인의 결과지만 국가의 변혁, 구축 및 건설에 있어서 그 뒤에 나타난 국가상태에 영향을 미친 중요한 변수라는 것은 틀림없다.

그러나 위의 화제에 대해 다른 시각에서 바라볼 수 있다. 우리는 한국의 변혁 과정에서 중국과 일본에서 일어나지 않은 특수한 현상을 보았다. 그것인즉 제도권 내외에서 대항적 엘리트 집단의 존재와 역할이다. 이 문제에서 아이젠슈타트의 아래와 같은 견해는 숙고할 가치가 있다. 지식인들이 정치과정과 정치권력에 휩쓸리는 방식은 지식인과 권력 간의 관계 그리고 그들 정치행동의 급진적 전환 여부를 결정한다.[73] 중국과 일본의 변혁 과정에서 우리는 이 두 나라의 지식인 엘리트들이 국가전환기에 독자적인 힘으로 국가변혁에 필요한 張力을 만들어 내지 못했으며 정권에 수렴되거나

---

72   費正清, 同上书 (2000 年), 第348页, 第351页。
73   S.N. 艾森斯塔特, 同上书 (2012 年), 第12页, 第23页。

자발적으로 서로 다른 진영에 통합되었음을 보았다. 권력엘리트와 지식인 엘리트의 상호 작용에는 사실 국가발전의 動力源 문제가 포함되어 있다. 이 점과 관련하여 우리는 이러한 張力의 성격과 형성의 원인 등을 깊이 탐구하고 해석해야 할 것이다. 이러한 動力源은 실제로 서로 간의 비판에 의해 얻어진다. 비판이 없으면 문제와 진실이 은폐되거나 왜곡될 수 있고 공동체가 직면한 문제에 대해 반성할 기회를 제공하기 어려워 국가가 점차 경직될 가능성이 크다. 위의 견해는 국가의 변혁과 발전의 動力源 차원에서 제기된 것이지만 상대적으로 안정된 상태에서도 국가의 활력을 위해 필요한 張力을 유지해야 한다는 점에서, 이 역시 국가건설에서 무시할 수 없는 중요한 측면이다.

안정적인 상태로 진입한 후 동아시아 국가들의 발전과정에서 국가가 채택한 정책기조는 주로 지도자의 권위와 이념적 성향에 의해 결정되었다. 각국의 서로 다른 시기 지도자들의 권위적 특징과 이념적 성향 및 그들이 자기 국가가 직면한 주요 문제에 대한 판단 등은 이들 국가의 새로운 발단의 진화방향에 큰 영향을 미쳤다. 일반적으로 정치지도자의 역할은 정책기조를 결정하거나 국가의 발전방향을 설정하는 데 매우 중요하다.

그러나 지도층의 영향이 아무리 중요하다 하더라도 그들은 자신이 처한 제도적 환경 내에서 영향력을 행사한다. 이러한 제도적 환경에서 특히 중요한 것은 당연히 체제와 여러 가지 기제다. 체제가 틀이라면 기제는 특정한 類行爲를 원활하게 하기 위해 구축된 플랫폼이다. 이것은 실제로 국가와 사회 여러 분야에서 기능적 분화를 기반으로 다양한 행위자들의 상호 작용과 공적 문제의 효과적인 해결을 위해 구축된 제도적 플랫폼이다. 기능의 분화는 서로 다른 분야가 고유한 작동 논리를 가지고 있음을 의미하며, 따라서 관련 행위자는 다른 분야의 행위자와 다른 역할을 부여받고 이를 기반으로 관련 분야의 원활한 운행을 촉진할 수 있다. 이른바 국가건설은 시대정신에 부합하고 국가목표의 실현에 이바지하는 체제와 기제의 수립과 개선이며, 국가능력이란 이러한 틀 내에서 또는 이 플랫폼 위에서 정부를 포함한 다양한 주체들의 상호 작용으로 분출된 기능이자 위에서 논의된 여러 요인들의 종합적인 효과다.

국가는 자주적이고 능력이 있어야 하지만 결코 사회의 자주성과 에너지를 억제하거나 심지어 해롭게 해서는 안 된다. 장기적 시각에서 본다면 국가가 사회와 단절되는 것은 불가능하고, 현저히 우월한 지위에 있는 국가는 이러한 특수한 지위로 인해 자주권을 남용하게 될 것이며 그 능력도 향상될 수 없다. 뿐만 아니라 국가의 자기폐쇄와 사회의 위축으로 인해 국가 전체가 결국 활력을 잃게 될 것이다.

국가를 재건하기 위해서는 반드시 전방위적인 문책제를 구축하고 건설해야 하며, 이는 실제로 모든 제도공동체를 구축하는 데 있어서의 필수조건이다. 다양한 제도를 통해 구축된 공동체는 문책제 없이 유지될 수 없기 때문이다. 전통적 민족국가이건 현대적 민족국가이건 간에 문책제는 특정 국가의 권력구조를 반영한다. 더욱 중요한 것은 公民의 권리를 기반으로 한 사회와 공공영역이 정권과 정치주체의 정치적 책임을 묻는 방식이 현대국가와 전통국가를 구별하는 관건적 제도라는 점이다. 국가적 차원에서 문책제의 건설은 국가건설과 거의 동일하다.

한 국가의 재건은 전통적 自我의 과거를 극복하고 현재를 어디로 이끌 것인가, 즉 이 '범위' 내에서 국가의 현 상태를 어떻게 구축할 것인가의 문제이므로 반드시 건국이념과 체제유형과 연관된다. 그리고 이것은 여러 가지 기제, 국가자주성과 능력, 문책제 등을 크게 결정하지만 이들도 자체의 '독립'적이고 중요한 의미를 가지고 있다. 적어도 이들 측면에 대한 설명이 없이는 새로 세워진 국가의 본질, 상태, 운행방식 그리고 행위자로서의 국가가 발휘하는 기능과 어떻게 자체유지를 하는지 등 중요한 문제를 이해할 수 없게 된다. 그러므로 위에서 논의된 여러 측면들은 국가의 기본적 성격과 운행을 이해하기 위한 주요 시각이기도 하다.

그러나 우리는 이보다 훨씬 더 많은 변수가 국가재건이라는 거대한 工程과 관련되어 있다는 것을 분명히 밝혀 둘 필요가 있다. 논제의 한계 때문에 여기서는 다음 두 가지만을 강조한다. 당초 구미국가와의 '만남'에서 형편없었던 상황을 반복하지 않기 위해 재건된 국가는 안정적이고 지속가능해야 하며, 이를 위해 국가라는 公器에 현실정치를 초탈한 지위를 부여하거나 公器로서의 국가를 발전시켜야 한다. 그러나 公器로서의 국가는 단순한 기물이 아니라 사회實在로서의 정치공동체이기 때문에 그것은 활력으로 가득 차 있어야 한다. 이러한 활력은 행위자들 간의 효과적인 상호 작용에서 비롯되며, 이를 위해 다양한 행위자들에게 충분한 행동 자유와 권리를 부여해야 한다. 위의 두 가지 점은 우리의 화제를 현대국가와 전통국가 사이의 본질적인 차이점과 같은 문제로 이어지게 한다.

또한 앞 장과 이 장에 대한 고찰을 통해 우리는 다음과 같은 관점을 확인할 수 있다. 국가는 특정 지역의 역사적 공동체이기 때문에 흔히 어떤 '신화'적 성격을 띠게 되지만 단지 의향, 지식, 노력으로 건조된 사회實在로서 결코 하늘이나 신에 의해 부여된 神聖性을 갖고 있는 것이 아니다. 이것은 상식적인 견해지만 유구한 역사를 갖고 있는 전통국가를 현대적으로 재건하는 데 중요한 의미를 갖는다. 즉 이 같은 神聖性으로 인해 국가의 구축가능성을 무시하거나 '희생'할 수 있다는 것이다. 나라의 神聖性에 대한 믿음은 국가건설의 자각을 심각하게 마비시킬 수 있다. 우리는 국가나 민족에 대한 전설과 신화가 근본적으로 '내력이 불분명함'을 알고 있다. 많은 전설과 신화는 역사의 진실을 은폐하거나 어떤 역사사실에 기반해 가공된 것이다. 물론 이것은 문화인류학이나 역사철학 및 기타 전문연구에서 전설이나 신화가 갖고 있는 상징적 의미를 부정하는 것은 아니다. 위코의 사상을 평론하면서 보겔린은 共同感에 기반한 신화가 정치체의 기원에 중요한 영향을 미쳤다고 말한다.[74] 그러나 신화는 상징적 기호일 뿐이며 그 의미는 여기에 그친다. 국가건설의 화제에서 과거보다 더 중요한 것은 의심할 여지없이 믿음직한 미래에 착안한 현재의 실천이다.

우리는 앞에서 동아시아 삼국이 제국주의 시대에 중대한 전환을 겪고 국가재건의 길에 들어섰으며 여전히 그 길을 가고 있음을 보았다. 사회가 계속 분화하고 문제가 끊임없이 발생하기 때문에 이 여정은 끝이 없을 수도 있다. 그러나 만족스러운 기본적인 상태는 반드시 있을 것이고 이러한 상태는 국가의 범주를 초월한 어떤 곳에 있을 것이다.

---

74   沃林著：《革命与新科学》, 第172页。

제 5 장

국가와
사회 및 현대성

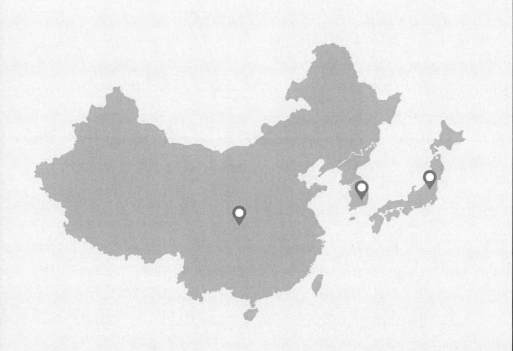

1 민족국가와 국민국가

거스를 수 없는 역사발전 과정 그리고 시간과 공간을 넘나들며 역사를 수정하고 현재로 돌아올 수 없다는 의미에서 우리는 '역사는 가정을 할 수 없다'는 말을 받아들일 수 있다. 그러나 역사과정의 복잡성으로 인해 인간은 자신들에 의해 만들어 진 지나간 역사를 이해하기 쉽지 않다. 이것이 아롱이 말한 '역사의 오래된 역설'이다.[1] 그러므로 우리는 기존지식을 바탕으로 가설을 세우는 방식으로만 진실된 역사적 사실에 근접할 수 있다. 뿐만 아니라 가설은 매우 중요한 가치를 지닌다. 그것인즉 일정 시기의 역사에 대한 가설은 현대인의 특정 지식구조와 가치지향을 반영하기 때문에 실제로 그 가설에는 어떤 행동지향이나 미래에 관한 기대 및 지적 관심을 담고 있다는 것이다. 이와 같은 과거를 탐구하거나 재구성하는 활동에서 얻은 지식과 가치는 우리의 문명생활을 풍요롭게 할 뿐만 아니라 그 과정에서 발견된 문제들은 사람들이 해결해야 할 현실적인 과제이기도 하다. 그러므로 역사는 가정을 할 수 있고 가설의 방식으로 탐구되어야 한다.

우리의 연구는 한 국가가 현대성을 갖추면 번영할 수 있다는 기본적인 가설에서 출발해 전개한다. 그러나 우리가 제시하는 모든 가설이 기존의 지적 구조에 기반을 두고 있듯이 현대성이 담고 있는 내용은 우리의 경험을 벗어난 것이 아니다. 그것은 많은 학자들이 심혈을 기울여 탐구하고 서로의 사상을 교류하는 과정에서 그리고 인류가 전통상태에서 현대사회로 변모하는 과정을 고찰해 얻어진 풍부한 내용을 담고 있는 개념이다.

미그데일은 현대국가가 계몽시대의 이념에 봉사하고 현대자본주의의 요구를 충족시키는 과정에서 구축되었으며, 국가의 존재는 전통상태에서 현대로의 거대한 전환의 일부라고 말한다.[2] 현대국가는 확실히 '거대한 전환의 일부'지만 그의 주장에서 특히 '봉사'와 '충족'에 대해서는 토론의 여지가 있다. 이러한 표현은 다음과 같은 '착각', 즉 현대국가가 '계몽시대의 이념'과 '자본주의의 요구'에 비해 '종속'적 지위에 있다는

---

1   雷蒙·阿隆著：《历史讲演录》, 张琳敏译, 上海译文出版社, 2011年, 第220页。
2   乔尔·S·米格代尔, "国家研究", 马克·I·利希巴赫, 阿兰·S·朱克曼编：《比较政治：理性、文化和结构》, 储建国等译, 北京：中国人民大学出版社, 2008年, 同上书, 第277页。

인식을 줄 수 있기 때문이다(미그데일의 견해는 주로 프랑스혁명 이후의 현대국가를 지칭하는 것이지만 수백 년 전에 이미 현대국가건설 과정이 시작되었다는 의미에서 논의의 범위를 확장해야 한다). 사실 유럽민족국가의 출현은 이 두 가지 측면의 필요를 충족시키거나 봉사하기 위한 것만은 아니었으며, 다양한 세력이 경쟁하는 '힘'의 논리도 존재했었고 이 역시 현대국가의 최종적 형성에 큰 영향을 미쳤다. 앞서 언급한 바와 같이 군주권력이 절대왕정 군주제로 강화된 것은 종교개혁으로 인한 혼란에 선행했으며, 그 과정에서 점차 구축된 그리고 통치로부터 독립된 행정체계 자체가 현대국가의 중요한 구성부분이었다. 여기서 말한 '힘'의 논리에는 프랑스 전제군주제 국가의 형성에 대한 전쟁 및 동양제국의 힘의 영향도 있었으며(물론 이것은 유럽에서 '공식'적인 현대화가 시작되기 전에 일어난 일이며 대부분의 유럽민족국가는 전제군주제를 기반으로 발전했다), 독일민족의 각성을 촉진한 나폴레옹의 군사력과 기타 다양한 세력 간의 상호 작용도 있었다. 즉 이러한 '힘'의 논리는 현대국가의 출현 과정에 독자적인 작용을 미쳤다는 것이다. 유럽의 현대국가는 대체로 '이념', 경제적 '요구', '힘'의 논리가 상호 작용하면서 산생되고 발전했다. 그러나 현대 민족국가의 출현과 발전에는 심원한 사회적 및 역사적 근원이 있다.

이른바 민족국가는 Nation-state의 번역이며 '국민국가'로 번역할 수도 있다. 앞에서 보았다시피 일본은 메이지유신 시기에 천황을 상징으로 한 근대 민족국가 건설을 추진했고 한국은 식민지로 전락되면서 강렬한 민족주의 요구가 분출되었다. 중국의 국족의식(國族意識)[3]과 관련하여 사마천(司馬遷)이 보기에도 黃帝는 믿기 어려운 전설이지만 청나라 말기에 국족이나 국민이 공동으로 인정하는 형상으로 부각된 것은 민족전통과 역사적 동질감의 상징적 이미지 때문이었다.[4] 이는 당시 일부 엘리트들에게 있어 민족단일성이나 국력 집중이 국가재건에서 가지는 중요성 때문이었으며, 지식인 엘리트들이 이전 제국체제와 異族통치로 인해 생긴 국가의 전반적인 정체성에 대한 무관심의 위험성을 인식했다는 것을 의미한다. 사실 유럽민족의 출현도 어떤 요구에 대한 반응이었다. 홉스봄의 말처럼 유럽의 민족적 전통은 민속적 전통에서 변형되어 온 것이며, 역사에서 잊혀 진 시골 사람들이 일약 민족의 주체로 되게 만든 것은 대체

---

3   량계초가 국족의식과 같은 개념을 사용한 것처럼 중국에서는 Nation을 국족으로 번역했다. 阿里夫 · 德里克著：《革命与历史：中国马克思主义历史学的起源, 1919-1937》, 翁贺凯译, 南京：江苏人民出版社, 2018年, 第222-223页。

4   葛兆光, 同上书 (初编), 第84页。

로 외부에서 온 지배계급이나 상류층이었다. 이러한 사실은 절대왕정 군주제로의 발전과 종교개혁으로 인한 혼란이 이후의 관념적 변혁과 항상 존재해 온 경제적 '수요'와 결합되어, 유럽 상류층으로 하여금 민족국가를 수립해야 할 필요성을 인식하도록 했음을 시사한다. 이것은 민족개념이 산생할 당시 민족과 국가의 긴밀한 관계를 설명하는 것이다. 그러나 동아시아에서 '민족국가'와 '국민국가' 두 개념의 의미가 특히 현대화와 관련된 주제에서 상당히 다르다.

19세기 이전에 프랑스, 영국, 스페인, 포르투갈에서는 같은 조상, 역사, 언어를 전제로 한 이른바 민족국가가 성립되었지만 독일, 이탈리아, 폴란드에서는 성립되지 못했다. 18세기에 탄생한 민족주의는 민족국가를 표방하는 국가주의와 결합되어,[5] 19세기의 유럽에서 보편적인 민족국가를 건립했다. 슈어얼이 프랑스혁명에 대한 상세한 분석[6]과 본서의 서론에서 인용한 이글스가 독일 역사학파에 대한 분석 등을 근거로 본다면, 민족국가는 프랑스혁명 이후 그리고 독일의 해방전쟁과 통일(1871년 달성)과정의 산물임이 틀림없다.

사실 18세기 프랑스의 콩도르세 등의 '역사에 종속적 역할을 부여'하는 과학적 태도와 달리 헬드는 '민족'에 특별한 관심을 갖고 '문명'보다 '민족문화'를 선택했다. 그것은 '문화'가 더 많은 민족을 포괄할 수 있어 역사와 인간성을 이해하는 가장 좋은 경로였기 때문이다. 나중에 독일은 나폴레옹의 문화 및 정치적 침략에서 산생한 새로운 민족에 관심을 가졌다.[7] 구미학자들이 말하는 '민족'은 주로 공동의 역사와 언어를 기반으로 한 것을 제외하고, 그 주권의 관할범위 내에서의 보편적이고 평등한 公民권을

---

5 以赛亚·伯林著：《反潮流：观念史论文集》, 冯克利译, 南京：译林出版社, 2011年, 第403页, 第407-408页, 第411-412页; 以赛亚·伯林著：《浪漫主义的根源》, 亨利·哈代编, 吕梁等译, 南京：译林出版社, 2011年, 第65页。

6 이에 관한 상세한 내용은 小威廉·H. 休厄尔著：《历史的逻辑：社会理论与社会转型》, 朱联璧、费滢译, 上海人民出版社, 2012年, 8장을 참조하라. 여기서의 주제와 관련하여 저자는 이 책의 225쪽에서 '정치민족'이라는 개념을 사용하고 있으며, 정치투쟁은 왕과 전체 정치민족 간의 투쟁으로 발전했다고 말한다. 그러나 '정치민족'은 원래 소수의 엘리트나 귀족 상류층으로 제한되어 있었고 평민은 전혀 포함되어 있지 않았다. 나중에 민족주의자들이 대대적으로 선동한 후 그 영역의 모든 주민으로 확장되었다. 이에 관한 내용은 埃里克·霍布斯鲍姆, 同上书, 119-121쪽을 참조하라. 위에서 언급된 '민속전통' 등에 관한 견해는 이 책의 169쪽, 아래에서 그가 '민족'과 그것이 지리적 기초 위에 건립되었다는 견해는 이 책의 142-143쪽과 146쪽에 있다.

7 唐纳德·R·凯利著：《多面的历史：从希罗多德到赫尔德的历史探询》, 陈恒、宋立宏译, 北京：三联书店, 2003年, 第458页, 第460页, 第483-484页。

표징으로 하며 이로부터 '민족'의 통합을 실현하고 민족국가를 구축하게 되었다.[8] 그리고 여기서 말하는 공동의 역사와 언어도 만들어 지고 형성되는 과정을 겪었고 이를 위해 많은 노력을 기울였으며, 결코 동아시아 민족처럼 역사적 진화과정에서 점차 형성된 것이 아니다(동아시아 국가들도 현대화를 시작하면서 특히 언어의 규범화 면에서 이러한 노력을 많이 했다). 민족이 유럽에서 문화공동체의 의미를 넘어서는 성격을 갖게 된 것은 바로 이 때문이다. 이 시기 민족국가정부의 수립은 유럽에서 유행되는 '시류'였고 오늘날 우리가 보는 대부분 유럽국가들은 기본적으로 이 시기에 건립되고 확정된 것이다.[9] 심지어 엘리아스는 선거제도를 시행한 유럽국가들이 두 차례의 세계대전 이후 보편적인 公民권을 통해 개인을 국가에 완전히 통합시켰고, 이로부터 민중이 민족의 특성을 갖게 되었으며 이러한 국가가 민족국가로 되었다고 주장한다.[10] 여기서 우리는 구미학자들의 관념에서 '민족'이 갖는 특정한 함의는 문화적 의미보다 정치성이 더 근본적인 것임을 알 수 있다. 이 같은 정치공동체도 당연히 문화적 정체성을 갖춘 공동체를 형성하고 유지할 수 있다.

홉스봄은 족속의 특성, 역사적 기원, 언어 등과는 아무런 관련이 없는 민족이 갖게 된 권력이 그들로 하여금 국가이해(利害)와 관련이 있기 때문에 公民들은 진정으로 국가가 '우리 자신의 것'이라고 믿게 되었다고 지적한다. 이러한 '민족'은 미래 公民이 신중하게 선택한 정치적 산물이고 이것이 프랑스가 인류사회에 한 가장 큰 기여이며, 이 혁명적인 개념이 미국에서 완전히 구현되었다고 그는 말한다. 이로부터 우리는 '암흑기'를 벗어나면서부터 유럽국가들은 종교개혁, 전쟁, 계몽운동, 혁명 등 과정을 거치면서 점진적으로 구축되었고 공통된 언어와 역사, 주권을 가진 민족국가를 건설했다는 것을 알 수 있다. 이러한 민족국가는 처음부터 그리고 그 뒤 줄곧 '자연적인 역사과정'을 걸어온 현대국가다.

그러나 동아시아 국가들에게는 이런 행운이 없었다. 전통적인 동아시아에서 국가는 황제, 국왕과 사대부들, 천황이나 막부 및 다이묘오 등의 것이었고 보통 백성들은 국민으로서의 어떠한 권리도 없었다. 따라서 동아시아 전통국가를 민족국가와 국민

---

8   이와 관련된 견해는 Reinhard Bendix, Ibid., p.122 와 汉娜·鄂蘭, 同上书, 55-56 쪽을 참조하라.

9   유럽국가들의 상황은 艾瑞克·霍布斯鲍姆著：《资本的年代：1848-1875》, 张晓华等译, 北京：中信出版社, 2014 年, 5 장을 참조하라.

10   诺贝特·埃利亚斯著：《个体的社会》, 翟三江、陆兴华译, 南京：译林出版社, 2008 年, 第216页。

국가 중 어느 하나로 귀속시켜야 한다면, 비록 국가주권의 성격이 현대처럼 규범적이 지는 않지만 대체로 민족국가의 범주에 포함시킬 수 있을 것이다. 중국의 전통국가는 다민족의 '천하'체제이기 때문에 더 많은 논의가 필요하지만 적어도 현대화를 시작하기 전후의 조선과 일본을 민족국가라 부르는 데에는 큰 문제가 없다. 그것은 일찍 공동의 언어와 역사 및 상징을 갖고 있었기 때문이다. 그러나 이것과 관련해 일본은 조선에 비해 그 정도가 낮다. 당시 일본에는 봉건제하의 많은 번국이 있었고 각 지역의 사람들이 일본이라는 나라에 대한 귀속감이 상대적으로 낮았기 때문이다. 이러한 요소는 일본 '민족성'의 통일에 기필코 영향을 미쳤을 것이다.

앞서 언급한 바와 같이 동아시아 민족국가의 재건과정에서 국민국가 수립의 중요성과 그 기반이 되는 公民의 자유와 권리 그리고 의회의 설치 필요성 등을 알면서도 형세의 핍박으로 회피하거나 뒤로 미루는 자세를 취했다. 특히 중국의 정치인 엘리트들은 유럽민족국가의 관념적 토대와 제도적 전제를 진지하게 탐구하지도 충분히 이해하지도 못했기 때문에 단기간에 이들 관념에 대한 보편적인 합의에 도달하기 어려웠다. 더 근본적인 원인은 당시의 국가재건이라는 '급무'에 있었다. 여영시는 '5 · 4운동'과 '신문화운동'이 너무 일찍 변질되었고 학문적 성과를 달성하기 전에 정치적 소용돌이에 휘말렸으며, 서양사상을 이해하지 못하고 그것을 중국문제의 해결을 위한 만병통치약으로 간주했다고 지적한다.[11] 이러한 관점은 학술연구의 중요성과 그 결과의 광범위한 보급을 강조하지만, 국가의 중대한 이행기에서 어떤 관념의 선택은 국가와 사회의 전반적인 상황 및 정치세력의 성격 등과 밀접히 관련되어 있는 것이다. 이는 오히려 기획하기 어려운 부득이한 '선택'이다. 그리고 '급무'에 쫓긴 상황은 일본과 한국도 중국과 비슷했다.

이러한 원인으로 인해 동아시아 국가들의 이행과정에서 관념의 철저한 전환이 이뤄지지 못했다. 중국의 변혁과정에서 전통적인 노예근성이 여전히 대중문화와 혁명정치에 만연해 있었으며,[12] 박정희가 집권할 때 해결하고자 했던 세 가지 문제 중 첫

---

11 여영시는 '禮樂은 백년의 덕이 쌓인 뒤에야 흥할 수 있으리라'는 옛말을 인용하면서 '5 · 4'신문화운동은 르네상스나 계몽운동, 理學운동 등과 비교할 수 없다고 지적했다. 余英时, 同上书 (2006 年), 第37页, 第43页。

12 舒衡哲, 同上书, 第341页。 이 책의 268 쪽에서 호적의 다음과 같은 말을 인용한다. '자유 평등의 국가는 노예가 만들어 낼 수 있는 것이 아니다.'

번째가 노예근성을 버려야 한다는 것이었다. 일본은 사회혁명을 추진하지 않았고 국민들이 분수에 맞게 자기를 지켰으므로(安分守己) 노예근성이라는 점에서 중국 및 한국과 비슷했다. 반면 미국인들은 권리관념이 公民의 혈액 속에 스며들어 있었기 때문에 노예근성이 매우 결여되어 있다.[13] 사실 여기서 언급된 노예근성은 자기 주체의식이 결핍하다는 표현이며 公民평등권리의 반의어이기도 하다. 이와 같은 노예근성은 장기간에 걸친 억압적인 체제와 기제 그리고 이와 관련된 관념주입이 남긴 깊은 상흔이며, 반대로 노예근성은 이러한 체제와 기제가 생존할 수 있는 문화적 기반이라 할 수도 있다.

민족국가와 국민국가 사이에 논리적 모순은 없지만 서로 다른 역사적 상황과 문화적 배경 등이 서양과 동아시아에서 완전히 다른 국가를 출현케 했다. 중국은 '천하' 체제의 특성으로 인해 국가의 '민족성' 측면에서 그다지 강하지 않을 수 있다. 지식계의 각성이 있었고 생존이 종종 위협받았던 송나라와 국가생존위기에 대한 명백한 인식과 국족에 대한 절박한 호소가 있었던 청나라 말기를 제외하고 말이다. 그러나 중국과 일본사이에 있는 반도국가 그리고 중국을 의식해 그 섬 안에서 '소제국'을 건설하기를 원했던 일본('소제국'의 꿈은 '일출의 나라 천자가 일몰의 나라 천자에게'와 같이 '말투'에서도 표현되었고 후자는 隋煬帝를 가리키는 것이었다)에서 긴 역사적 공동체로 인해 강한 '민족성'을 나타냈다. 이것은 한반도 역사에서 외세의 침략이 있을 때마다 '의병'이 용솟음쳐 등장한 사실에서(오늘날 한국에서 흔히 쓰이는 말, 즉 복이 많은 사람을 가리켜 '이 사람 전생에 나라를 구했나'도 이를 '증명'한다 하겠다), 패전의 경우에도 '국체'의 보전을 최저요구로 지키고자 했던 일본의 사례에서 알 수 있다. 일본과 조선의 이런 민족성은 섬나라와 반도국가라는 지리적 특수성을 바탕으로 한 오랜 공동체역사와 관련이 있으며 중국에서 형성된 것은 '다원적 통일 구도'다.[14] 홉스봄은 어떤 민족이든 문화공동체라는 의미에서의 민족과 무관한 지리적 기반 위에 단결공영의 일체감을 건조해야 한다고 말했는데, 여기서 그가 말한 것은 주로 유럽민족들의 상황이다. 그러나 이러한 '건조' 외에 장기적 역사공동체(그것을 지탱하는 힘이 어디에서 나왔던 간에 상대적으로 '폐쇄'된 지리적 환경이 강조되어야 한다)와 이러한 공동체를 단위로 한 전쟁 등의 요인이 민족국가 관념 및 그 실체의 형성

---

13 艾伦·布卢姆, 同上书, 第121页。

14 중국의 상황에 대해서는 费孝通等著：《中华民族多元一体格局》, 北京：中央民族学院出版社, 1988 年을 참조하라.

을 촉진했을 것이라는 점을 부정할 수 없다. 이 역시 유럽 민족국가와 구별되는 동아시아 전통민족국가의 중요한 특징이다.

일반적 의미에서의 민족국가는 민족의 공동이익을 주된 목표로 삼는다. 이는 당연히 그러한 민족이익의 존재를 전제로 한다. 이러한 민족이익이 허구가 아니라면 대부분의 구성원은 그 진실성을 믿어야 한다. 이런 진실성은 메이지유신과 그 뒤 '아시아 맹주'가 되려는 일본의 꿈에서, 한국이 식민지배를 감당해야 했던 굴욕적인 시기 그리고 항일전쟁을 겪는 과정에서의 중국이 각각 공유한 것이다. 특히 제2차 세계대전 후에 형성된 민족국가체계는 적어도 각국에 매우 강한 민족이익의 의미를 부여했다. 건국 후 중국의 '혁명실험'에서 정치적 이상이 민족이익을 무색케 한 것처럼 보였지만 민족이익을 결코 잃지 않았으며 개혁개방을 추진하면서 더욱 뚜렷해졌다. 이러한 변화는 오늘날 세계의 기본정세와 개혁개방 이후 중국의 정책기조와 관련이 있지만 19세기 말부터 중국엘리트들이 추구한 민족주의가 일관되게 계승되어 왔다는 점을 부정할 수 없다. 사실 이러한 민족이익에 대한 추구는 오늘날 세계 모든 국가의 공통적인 특징이지만 민족이익을 넘어선 전체 인류의 공동체를 구축하려는 노력과 항상 공존해 왔다.

서론에서 언급한 바와 같이 유럽민족국가의 구축기에는 새로운 민족원칙에 기반한 민족정체성 구축이 핵심적인 의제로 되었다. 때문에 이 시기 유럽민족국가는 유대인을 자기민족국가의 일원으로 받아들였지만 그들의 종교단체 성격만 인정하고 민족성은 인정하지 않았던 것이다.[15] 여기서 우리는 유럽'민족'이 산생될 시기의 특수한 역사적 배경과 그것이 公民권리와 밀접한 관련이 있음을 확인할 수 있다. 바로 평등한 권리를 가진 公民이 국가와 구별되는 사회를 구성했으며, 이로부터 산생된 사회가 국가와 상호 작용하면서 유럽민족국가를 형성했다. 역사적 맥락을 무시하고 단순화를 한다면 다음과 같은 '명제'도 성립될 수 있다. 즉 公民의 탄생으로 사회와 민족국가를 동시에 낳았다고 말이다. 이 '명제'가 진짜로 성립될 수 있는지 여부를 떠나서 公民과 사회 및 민족국가 간의 긴밀한 관계는 부정할 수 없다. 이 사실로부터 다음과 같은 중요한 질문을 이끌어 낼 수 있다. 여기서 말하는 사회는 왜 현대국가의 형성과 발전에 이처럼 중요한 작용을 했는가? 이 질문에 대한 답이 무엇이든 간에 적어도 사회

---

15 이와 관련된 내용은 S.N. 艾森斯塔特, 同上书 (2019 年), 98-103 쪽을 참조하라.

를 피해서 국가현대화를 논의할 수 없다는 점은 분명하다. 그러나 이 문제를 논의하기 전에 우리가 그렇게 많이 언급한 국가가 구체적으로 무엇인지를 살펴보기로 하자.

2 국가의 네 가지 상과 본질

앞에서 언급한 모든 국가에는 기본적으로 '전통'과 '민족'과 같은 어떤 접두사가 붙어 있고 지리적 또는 대표되는 계급이익 등 여러 가지 제한이 있었다. 아래에서 탐구할 문제는 르네상스 또는 계몽주의 학자들이 일반적 의미에서의 '사람' 또는 보다 넓은 의미에서의 '인류'를 발견한 것처럼 특정 스틸컷을 벗겨 버린 일반적 의미에서의 국가가 있는지의 여부다. 이와 같은 일반적인 '사람'을 기반으로 '인권'이라는 보편적 개념을 확립할 수 있었고 '인류'로부터 '자유인연합체'와 같은 사상을 더 발전시킬 수 있었다. 반면 이런 국가의 존재를 부정한다면 그 국가는 아무런 내용도 없는 '빈 껍데기'에 불과할 것이고, 그렇다면 논리적으로 일반적 의미에서의 국가건설 문제를 논의하기 어렵게 된다. 필자의 이런 생각은 접두사로 표현되는 다양한 제한과 가치가 국가문제 연구에서 중요하지 않다고 주장하는 것이 아니다. 반대로 이러한 가치가 국가의 기본정책방향을 설명하는 데 큰 의미가 있으며, 현실에 존재하는 국가와 국가의 본질과 같은 문제를 이해하기 위해서 뿐만 아니라 특정 국가의 역사적 발전을 더 의식적으로 탐색하게 만든다고 믿는다. 하지만 이런 접두사가 아무리 중요하다 하더라도 적어도 이론상으로는 일반국가의 이차적 개념이다.

우리는 어떤 사물의 본질을 이해하는 주요방법 또는 과학연구의 중요한 특징 중 하나가 특정 유형의 사물에서 일반성 또는 공통성을 발견하는 것임을 알고 있으며, 이는 개별적인 특징을 생략해야만 달성할 수 있다. 따라서 이와 같은 국가연구가 갖는 실천적 의의는 다음과 같은 질문에 대한 답에 있다고 할 수 있다. 국가건설을 더 잘하기 위해 노력의 중심을 어디에 두어야 하는가? 현대국가와 전통국가를 구별하는 본질적인 특징은 무엇인가? 이러한 질문을 통해 얻은 답에 따라 우리는 보다 구체적인 목적성을 갖고 현대국가의 건설활동을 전개할 수 있다. 그 이론적 의의는 우리가 역사와 현실에서 어떤 스틸컷을 완전히 제거한 나라를 찾는 건 불가능하지만 일반적 차원에서의 국가를 이해할 필요가 있으며, 이는 국가라는 특수한 현상을 이해하기 위한 시도이기도 하다.

아렌트는 민족국가의 정부형식은 이미 단명임이 판명되었으나 유럽혁명의 유일하게 비교적 오래 지속된 성과라고 말한다. 특히 두 차례의 세계대전 동안 '무국적자'와 '소수민족'이 당한 사실에 대한 고찰을 통해 그는 유럽민족국가의 헌법이 이들의 인권을 보호할 수 없었고 법의 평등성 원칙이 깨졌기 때문에 민족국가가 존재할 수 없다고 지적한다.[16] 그것은 그가 이해하는 유럽민족국가의 정치구성 원칙이 그 효력을 상실했음을 의미하기 때문이다. 그러나 민족국가가 단명인 이유에 대해 다음과 같은 몇 가지 측면에서 좀 더 설명할 수 있다(아래에서의 논의는 민족국가에 대한 다른 이해를 근거로 한 것이기 때문에 아렌트의 논리를 그대로 따르지 아니 한다). 미국의 건국으로부터 유럽민족국가와 다른 민족국가의 건설 가능성을 확인할 수 있으며, 이는 유럽민족국가가 민족국가의 유일한 형태가 아니라는 것을 의미한다. 그리고 '민족의 도구'로 진행된 두 차례의 세계대전 결과에서 도출할 수 있다. 전쟁은 민족국가를 파괴할 수 있고 새로운 다민족국가를 건설할 수도 있기 때문이다. 그러나 민족국가가 보다 지속적인 성과로 될 수 있었던 것은 바로 제2차 세계대전 후 국가의 '구성원칙'이 주권국가 개념의 주내용으로 변형되었기 때문이다. 또한 자유와 인권 또는 지구환경의 중요한 변화와 같은 주제는 국가 간 경계의 필요성을 없애거나 민족국가의 구성원, 즉 내국인에게 부여한 가치가 외국인에게도 적용되는 것과 같이, 민족성보다 더 중요한 인간의 보편적 가치는 민족적 가치를 희석시킬 수 있다. 마지막으로 서로 다른 계급이나 집단 사이의 이해관계와 이데올로기의 갈등, 즉 민족성을 분열시킬 수 있는 어떤 가치가 일정 시기의 특정 국가에서 주요 화두로 되어 국가민족성의 단명을 초래할 수도 있고 초래하기도 했다. 위의 내용이 보여주는 것은 실제로 국가의 구성 가능성과 파괴 가능성이다. 앞서 언급한 바와 같이 국가는 사람들의 의향에 의존해 건조한 사회實在일 뿐이다. 그러나 수백 년 동안 이어 온 나라라면 그 영역 안에서 생활하는 사람들에게 있어 국가의 의미는 이처럼 단순하지 않다.

우리는 유럽의 전통상태 및 민족국가와 달리 동아시아 민족국가들이 아주 장수한 것을 보았다. 역사의 긴 흐름 속에서 종종 폭력을 수반한 서로 다른 민족의 통합과 민족의 분단이라는 순탄치 않은 운명을 겪어 왔지만 오늘날 동아시아 국가들의 기본구

16　汉娜·阿伦特,《论革命》,第42页; 同上书 (2006 年), 第393-412页。

도는 천 년의 역사를 갖고 있다. 이 긴 역사 속에서 필연적으로 이들만의 전통을 형성하게 된다. 오늘날 세계의 광범위한 교류와 정보화 시대의 특징 등으로 인해 국가 간에 어느 정도 비슷해지는 추세가 존재하는 것도 사실이지만 각국의 전통적 특성은 여전히 매우 뚜렷하다. 이러한 전통적 특성은 현실의 요구와 미래에 대한 새로운 비전의 구축과정에서 끊임없이 요구되며, 새로운 해석과 새로운 의미를 부여하는 과정에서 새로운 담론이 내재되어 새로운 형태로 유지된다. 그 속에서 살고 있는 사람들은 이로부터 소속감과 정체성을 얻는다. 사회實在로서의 국가는 사람들이 심혈을 기울여 가꾸어 온 실체이며, 이는 수 세기 동안 함께 지켜온 집단적 기억에 의존한다. 이로부터 국가는 집단적 역사기억과 구성원들의 공동 염원에 의해 받들어 키워 온 현실적인 정치공동체라 할 수 있다. 물론 이러한 '정체성'이나 '염원'을 형성하는 과정에서 국가의 어떤 의식주입이 영향을 미쳤을 것은 물론이고 미그데일이 말한 '거래'나 '극장정치' 등 요인의 영향도 있을 것이다. 그리고 민중이 진심으로 국가를 '우리 자신의 것'이라고 믿느냐는 이러한 '염원'을 유지하는 데 관건적인 역할을 하겠지만, 긴 세월을 거쳐 전해온 공동체 역사가 국가에서 가지는 중요한 의미는 부정할 수 없다.

위에서 논의된 내용은 또한 많은 국가가 오랫동안 유지되거나 대부분의 국가가 분열되지 않은 주된 원인 중 하나다. 이 문제에 대한 서양학자들의 논의는 위에서 지적한 점이 빠져 있다.[17] 이것은 그들이 현대국가에 편향되었기 때문일 수도 있지만 더 가능성이 있는 해석은 서양국가들의 구축성이 너무나도 명백하다는 것, 즉 '인위적' 요소가 눈에 띄게 많다는 데 있다. 하지만 서양국가들도 전제군주제를 구축하면서부터 전해온 역사성을 가지고 있다. 이러한 역사적 전통, 상징, 정체성, 민중의 염원이 곧 국가의 생명력이다. 그러나 이것은 특히 현실적인 정치세력에 비해 국가는 결코 '파괴불능'이 아니라는 것을 보여준다. 위에서 논의한 국가의 함의 때문에 이러한 국가의 생명

---

17 미그데일은 자신의 저서 (《社会中的国家 : 国家与社会如何相互改变与相互构成》, 李杨、郭一聪译, 南京 : 江苏人民出版社, 2013 年, 第五章) 에서 '왜 대부분의 국가는 분열되지 않는가'라는 문제를 논의했다. 그는 먼저 국제환경에 의한 국가권력의 강화, 즉 국제환경의 힘이 국가와 사회에 내재화된다는 점, 소속민과의 거래 결과, 즉 사람들이 국가에 대한 충성과 옹호를 제공하고 국가는 공공재에 대한 선택적인 접근을 제공한다는 점, 국가는 다양한 형태의 위탁과 비호관계에 대한 우산 및 돈줄의 역할을 하며 이러한 관계가 국가의 안정성과 통일을 유지할 수 있다는 세 가지 기존 관점을 소개했다. 그는 세 가지 영역에서의 국가건설 활동이 국가를 '자연화'하여 국가가 계속 통일되도록 한다고 덧붙인다. 그것인즉 국가가 창조하고 시행하는 법률, 극장정치의 담론으로 儀式의 사용, 공적 공간의 구축과 지속적인 재건 등이다. 그리고 마지막으로 그는 국가의 통일을 유지하는 능력은 궁극적으로 국민들 마음과의 연결에 달려 있다고 지적한다.

임계점은 다른 더 높은 가치 또는 화제가 역사적 전통을 완전히 매몰시키는 곳에 있다.

이것이 국가의 첫 번째 상인 '역사적 정치공동체'다.

국가와 관련된 문제에서 우리는 종종 '통치도구' 또는 '국가기계'와 같은 용어를 들었다. 아마도 이 관점(특히 중국에서)의 직접적인 출처는 엥겔스의 아래와 같은 견해일 것으로 추정된다. 국가는 문명사회의 개괄이고 예외 없이 통치계급의 것이며 억압과 착취를 받는 계급을 진압하는 기계다.[18] 이러한 국가관('프롤레타리아트 독재'를 포함하여)은 특히 '문혁'과 그 후 질서회복기의 중국에서 널리 전파되었다. 이러한 주장은 특정 시기의 표현법으로 간주할 수 있지만 다른 조직도 특정 목적을 달성하기 위한 수단 또는 정교하게 만들어진 '도구'인 것처럼 국가의 '기계'적 성격을 부정할 수는 없다.

논리적으로 국가의 성격을 '도구'로 규정한다면 그 뜻은 국가가 어떤 특정 목적에 이용되거나 도구로서 '사용되는' 상태에 있음을 의미한다. 또한 이러한 의미에서의 국가는 '기계'의 '도구성'으로 인해 가치 지향에서 '중립'적이거나 모든 행위자가 어떤 용도로든 사용할 수 있다. 그리고 이 '기계'에 대한 가치판단은 주로 그것의 사용자의 목적이나 행동결과에 따라 결정될 것이다. 도구로서의 국가는 자신의 '자주성'을 배제할 수밖에 없으므로 그 자체에는 '영혼'이 없다. 이런 국가는 우리로 하여금 권력위계의 성격과 그 운행의 기반이 제도인 관료제를 떠올리게 한다. 이로부터 출현하는 것이 아렌트가 말한 다음과 같은 관료제의 특성이다. 지배관계에서의 인격적 요소가 없어졌기 때문에 관료제는 '제도'를 통해 통치하는 체제로 되며 그것은 모든 형태의 통치 중에서 가장 전제적인 것이다.[19] 보우먼도 비슷한 말을 했다. 조직은 전체적으로 책임을 묻어버리는 도구다. 협조적인 행동 사이에 인과관계 사슬이 숨겨져 있고 책임이 본질적으로 '사라진다'는 사실은 집단적 집행의 잔인한 행동을 더 쉽게 만들기 때문이다. 이것이 히틀러대도살의 필요조건 중 하나였던 '현대성'이다.[20] 그러나 나중에 살펴보겠지만 현대성을 너무 좁게 해석할 수는 없다.

여기서 짚고 넘어가야 할 것은 국가관료제의 성립과 운행원칙이 법률과 제도이

18 恩格斯, "家庭、私有制和国家的起源",《马克思恩格斯选集》第四卷, 北京 : 人民出版社, 1976 年, 第172页。

19 汉娜 · 阿伦特著 :《精神生活 · 意志》, 姜志辉译, 南京 : 江苏教育出版社, 2006 年, 第40-41页; "权力与暴力",《西方现代性的曲折与展开》, 贺照田主编, 长春 : 吉林人民出版社, 2002 年, 第426页。

20 齐格蒙 · 鲍曼 :《现代性与大屠杀》, 杨渝东、史建华译, 南京 : 译林出版社, 2011 年, 第18页, 第131-154页, 第211-214页。

고 관료제의 개선 자체가 국가건설의 중요한 부분이기 때문에 현대화 과정에서의 가치는 반드시 긍정되어야 한다는 것이다. 그러나 관료제가 고유하고 있는 경직성으로 인해 그것과 효과적인 상호 작용을 할 수 있는 사회가 결핍하다면, 그 자체의 발달정도는 국가 전체의 변화와 발전에 중요한 장애물이 될 수 있으며, 엄격한 위계적 특성 때문에 내생적 동력의 생성과 발전을 억제할 가능성이 매우 높다. 따라서 국가관료제로 하여금 긍정적인 효과를 발휘할 수 있도록 다양한 기제를 통해 활성화되어야 하며, 이러한 기제 중 가장 중요한 것은 공공영역과 이와 관련된 각종 제도적 장치다. 이로부터 국가가 사회와의 괴리 및 이에 따른 심각한 부정적인 영향을 방지할 수 있다.

이것이 국가의 두 번째 상인 '가치중립' 또는 '無영혼'의 '도구성'이다.

국가가 도구라면 그 사용자가 있을 것인데 그것이 바로 권력자다. 이러한 권력자는 위에서 언급한 도구로서의 국가가 어떤 방향으로 작동할 것인지 어떤 정책을 실행할 것인지 등을 결정하며 도구로서의 국가에 어떤 정신이나 영혼을 불어넣는다. 사실 마르크스주의 국가관은 이러한 견해의 전형이다. 마르크스와 엥겔스는 주장하기를 국가는 지배계급의 것이며, 현대 국가정권은 부르주아가 자신의 재산과 이익을 서로 보호하기 위해 채택한 조직형태 또는 전체 부르주아의 공통사무를 관리하는 위원회다.[21] 그리고 레닌은 마르크스의 이름을 빌려 국가는 계급통치의 기관이라고 말한다.[22]

이들이 말한 '위원회', '조직형태' 및 '기관'과 위에서 언급된 '기계' 사이에는 중요한 차이점이 있다. 여기서의 국가는 '가치중립'이나 '無영혼'인 도구가 아니라 입장이 분명한 행위자다. 국가라는 도구를 장악한 행위자들이 무엇을 자신의 행동지침으로 삼는지, 어떤 이해관계를 대변하는지, 사회적 지지를 넘어 어떤 국가행위를 할 수 있는지 등은 또 다른 화제다. 또한 역사와 현실에서의 정상적인 국가는 부르주아지와 같은 특정 집단의 이익을 반영할 뿐만 아니라 자연재해에 대처하고 여성, 어린이 및 노인의 권익을 보호하는 등 그 관할 범위에서 모든 사람들의 보편적 이익도 어느 정도 대변한다. 실제로 대부분의 국가는 일반적으로 전체적인 문제를 법률 및 정책의 형식으로 국가의 의지에 반영해 사법제도 및 행정체계를 통해 시행하고 있다. 따라서 특정 계층의 이해관계에 대한 논의를 일반 차원으로 확대할 필요가 있다. 즉 단일한 계급의

---

21   马克思和恩格斯 : "费尔巴哈",《马克思恩格斯选集》第一卷, 北京 : 人民出版社, 1976 年, 第69页; "共产党宣言", 同上书, 第253页。

22   列宁 :《国家与革命》, 中共中央马克思恩格斯列宁斯大林著作编译局, 北京 : 人民出版社, 2015 年, 第8页。

이해 범위에 그쳐 일반적 차원에서의 국가를 논의할 필요성을 부정해서는 안 된다는 것이다. 물론 이런 견해는 지배자들이 주로 자신의 이익에 따라 문제를 고려할 가능성을 부정하는 것은 아니다. 또한 통치자는 자기의 지위를 지키기 위해서도 자기에게 유리한 계급의 이익을 대변하는 경우가 많지만, 통치자와 국가 사이에는 올슨이 말한 '중첩된 이해관계'가 있기 때문에 국가에 어떤 공공재를 제공하는 게 분명하다. 마르크스나 레닌이 살고 있었던 시대에 국가의 계급성이 강했거나 혁명실천의 필요성 등으로 인해 당시 국가의 계급성을 강조할 필요가 있었다고 볼 수도 있다. 하지만 일반이론적 차원이나 국가발전의 모든 역사와 오늘날 존재하는 모든 나라의 실상으로 보면 국가의 성격과 실제행위를 계급적 관점에서만 충분히 설명하기는 어렵다.

위에서 언급한 국정방향이나 정책내용을 결정한다는 것은 공동체 차원에서 국가가 당면한 문제의 성격을 규명하고 관련 이해당사자들의 정당한 권리와 이익을 반영하거나 적어도 고려해야 함을 의미한다. 그러나 이러한 규정과 반영은 '완전한 자주성'과 '완전한 수동성'의 두 극단 사이에서 어디에 있는지는 권력자의 가치관, 지식구조 및 능력에 달려 있다. 그리고 권력자와 기타 행위자들 간의 역학관계 및 관련 제도 배경도 이에 영향을 미친다. 앞 장에서 살펴본 국가의 자주성과 능력에 영향을 미치는 다양한 요소는 국가로서의 '위원회' 또는 '기관'이 실제 무엇을 하는지를 결정한다.

또한 위의 진술은 국가가 전체적으로 단일 행위자로 가정할 때에만 성립되는 것이다. 하지만 국가는 실제로 많은 부서와 계층으로 구성되어 있으며, 이러한 부서와 계층정부는 각자의 이해관계가 있을 수밖에 없다. 그중 모든 사람이 자신의 감정과 이해관계가 있다는 것은 말할 필요도 없다. 이런 이유 때문에 국가는 다양한 절차와 법률 및 규정을 통해 그 전체성을 강화하고 이로부터 전체적인 어떤 행동이 취해지고 그 결과를 생성한다.

위에서 보다시피 기계와 이 도구를 장악한 행위자를 반드시 구별해야 한다. 양자의 성격, 운행이나 행동의 논리 및 그 효과성 또는 결과에 대한 평가기준 등은 근본적으로 다르다. 전자의 '사용되는' 상태와 달리 후자는 어느 정도 자주성을 가진 행위자다.

이것이 국가의 세 번째 상인 '집단행위자'다.

국제관계에서 이와 같은 '집단행위자'는 국가주권의 대표자로서 다른 국가와 상호 작용하는 것과 달리, 국내에서는 행위자로서의 국가가 사회의 다른 행위자와 상호 작용하며 이러한 '집단행위자'는 실제로 국가의 대리인, 즉 정부다. 그러나 국가나 정부 및 기타 사회적 행위자는 반드시 행동플랫폼 위에서 다양한 행위자들과 상호 작용한다. 이런 행동플랫폼은 각종 행위자들의 상호 작용에서 자연적으로 형성된 모식이든 서로 합의된 어떤 '약속'이든 또는 어떤 관념이나 객관적인 필요성에 따라 만들어진 것이든 간에, 위의 여러 가지 행위자들이 이를 근거로 각자의 행동이나 상호 작용을 한다면 이런 행동플랫폼이 안정된 상태로 굳어진 것으로 볼 수 있다. 이것이 곧 '제도의 場'이다. 앞에서 언급된 기제와 정책네트워크 등은 모두 '제도의 場' 범주에 포함될 수 있으며 이것이 행동플랫폼의 대체적인 외연이다. 이런 행동플랫폼이 거칠거나 미비한 점들이 많다면 다양한 행위와 상호 작용이 방해받게 되고, 만약 '제도의 場'이 기울어져 있다면 그 정도에 따라 불공정한 상황이 벌어 질 것이다. 유리한 위치를 점하고 있는 행위자가 불리한 위치에 있는 행위자를 착취하거나 억압할 수 있다는 것이다.

이것이 국가의 네 번째 상인 '제도의 場'이다.

요약하자면 '역사적 정치공동체'는 국가로 하여금 신화(神話)적 위상을 갖게 하고 국가에 특유의 생명력을 부여하며, 스스로를 지키거나 '체통'을 이어가야 할 필요성을 설명하는 것이기도 하다. '無영혼'의 '도구성'은 심혈을 기울여 그것을 다듬어 가야 할 필요성과 그것이 공동체에 상당한 긍정적 및 부정적인 영향을 미칠 수 있는 현실적인 가능성을 보여준다. '집단행위자'의 관건은 국가에 어떤 정신을 주입할 것인지 어떤 성격의 국가를 구축할 것인지와 그 정책방향이 무엇인지 등이다. '제도의 場'은 국가건설의 중심을 알려 준다.'제도의 場'은 국가의 다른 세 가지 상의 '공통분모'다. 이는 특히 '도구성'과 '집단행위자'에서 분명하며, '역사적 정치공동체'에서 국가의 상징과 그 구성원들의 정체성의 획득 그리고 국가의 연속성에서 중요한 의미를 갖는다. 그러나 '제도의 場'이 아무리 중요하다 해도 국가의 다른 세 가지 상의 기능을 대체할 수는 없다. 이상의 네 가지 상은 연관되어 있으면서도 서로 다른 측면에서 국가라는 사회적 실체를 보여주는 것이다.

그러나 위에서 언급한 네 가지 상은 여타 사회實在와 겹치는 부분도 있다. 오랜 기간 유지해 온 정당 등과 같은 정치조직('역사적 정치공동체'), 대학 등 문화조직이나 기업조직 등과 같은 '도구성', '집단행위자' 및 '제도의 場' 등이 그것이다. 따라서 위에서 언급한 국가와 기타 여러 조직의 차이점이 규정되어야 한다. 이것이 곧 서로 다른 사회實在의 주요목표, 존재가치 및 특성에 따라 결정되는 본질이다. 이러한 관점에서 볼 때 국가가 얼마나 많은 상을 가지고 있든(다른 시각에서 또 다른 상을 '발견'할 수 있는 가능성을 열어 놓아야 한다), 문명유형과 발전정도가 아무리 다르더라도 국가는 근본적으로 주권을 갖고 있는 정치공동체다. 이것이 국가의 본질이다. 따라서 국가는 위의 네 가지 상외에 주권, 정치, 공동체라는 세 가지 측면에서 설명되어야 한다. 주권의 정도에서 강약의 구별이 있고 정치의 깨끗함과 혼탁함의 구별이 있을 것이며 공동체에 대한 소속감의 차이도 클 수 있지만, 역사에서 존재했던 나라와 현실에 존재하는 모든 국가의 본질은 다른 사회實在와 구별되는 특징이다. 국가의 네 가지 상과 본질이 결합되어야 일반적 차원에서의 국가개념을 충분히 설명할 수 있다.

그렇다면 국가의 본질에서 주권, 정치, 공동체 각각의 가치위상은 어떻게 이해해야 할까? 유럽에서 민족국가를 발명한 이래 특히 제2차 세계대전 후의 세계에서 민족국가체계가 확립되어 오늘날에도 유지되고 있으며 민족국가는 내정을 간섭받지 않을 주권을 가지고 있다. 그러나 동시에 그것은 주권국가가 민족국가체계의 구성원임을 의미한다. 주권은 처음부터 상대적인 것이었으며, 이는 대통일주의나 제국체제와는 근본적으로 다르다. 이러한 상대성은 현대국가가 탄생할 당시의 실제 상황으로 인해 아래와 같은 의미를 가진다. 주권은 본래부터 파편화된 권력을 대체해 일정 범위 내에서 세속세계를 통치하는 것이고, 정신세계는 권력의 금지된 영역이며 국가는 또한 법치원칙을 기반으로 하고 있다. 그러므로 현대국가의 주권원칙은 결코 至高無上한 것이 아니다. 뿐만 아니라 인류가 점점 통합되고 다양한 새로운 세력의 출현으로 주권이 침식되었고, 오늘날 주권과 국가능력이 제한되는 다양한 현상을 우리는 확실히 목격하고 있다.[23] 이는 거버넌스의 실천과 이론의 등장에서도 알 수 있다. 이것은 오늘날의 세계에서 민족국가 주권의 실제 상태이며 현대국가가 탄생할 때 이미 정해진 것이다. 주권은 국제관계에서의 원칙이지만 그 발전과정과 내용에 있어서는 국가자주성의 한 형태 또는 표현이기도 하므로 국가자주성에 영향을 미치는 요인은 모두 주권의 강도나 실태에 영향을 미칠 수 있다. 따라서 3자의 실태와 가치에 비추어 볼 때 주권은 상대적으로 '약세'지만 바로 이러한 주권성은 또한 민족국가의 주된 상징으로 되었다. 그리고 정치의 존재가치는 정치 그 자체가 아니며 공동체의 어떤 목적이나 가치를 실현하기 위한 활동이다. 또한 여기서 말하는 주제의 범위 내에서 정치란 문화공동체와

---

23   乔尔·S·米格代尔, 同上文, 马克·I·利希巴赫、阿兰·S·朱克曼编, 同上书, 第227页, 第279-280页, 第292-304页。

다른 공동체로서의 국가의 성격을 규정하는 것이다. 따라서 공동체는 3자 중에서 가장 '강세'적 위치에 있다.

펀너는 현대국가가 법률지상(至上), 끊임없는 변화, 다국가체계라는 세 가지 특징이 있다고 말한다.[24] 그중 세 번째는 여러 영토주권국가로 이루어진 상태를 의미하며, 두 번째는 정치문화 및 체제의 정지상태 또는 변화발전에 관한 것이다. 한 나라의 기본적 특성이 수백 년 동안 유지된다면 당연히 현대국가라 할 수 없고 적어도 국가 전체적인 차원에서 발전이 없다. 특히 현대화 과정이 시작된 후 국가를 사람들의 삶에 더욱 적합하게 만들기 위한 노력이 계속되어 왔기 때문에 국가는 실제로 끊임없는 변화상태에 있었다. 그러나 현대국가의 본질적 특징을 가장 잘 나타내는 것이 그가 말한 첫 번째다. 법률지상의 神聖性, 권리를 가짐으로 인해 臣民이 公民으로의 변화, 제한을 받는 통치권 그리고 통치자의 전제적 요구를 제어할 수 있는 중간기구(中間機構)의 존재여부 등이다. 여기서 말하는 중간기구란 귀족, 교회, 자치적인 동업조합, 단체, 도시 등이다. 이러한 중간기구 중 일부는 여전히 중세의 '흔적'을 지니고 있지만 실제로는 국가와 독립된 사회의 일부다.

또한 펀너는 새로운 유형의 유럽국가와 모든 아시아 국가, 아시아문명과 서양문명의 주요 차이점, 서양의 가장 중요한 특징은 유럽국가 또는 서양문명의 '수법성(守法性)'이라고 말한다. 그가 고찰한 사례의 범위로 볼 때 타당한 근거가 있다고 할 수도 있다. 그러나 이 문제에서 다음 두 가지 점에 유의해야 한다. 첫째, 그가 언급한 새로운 유럽국가들은 기본적으로 서양이 현대화를 시작한 후에 부상한 것인 반면 아시아 국가는 전통국가다. 여기서 그의 위와 같은 견해에 대해 다음과 같은 질문을 던질 수 있다. 이러한 비교를 통해 이것이 동서양문명의 차이라는 결론을 도출할 수 있을까? 둘째, '수법성' 문제에서 특히 중요한 것은 대부분 유럽국가들이 중간기구의 영향으로 다양한 상태로 형성되었다는 점이다. 이러한 '수법성'은 유럽국가 형성시기의 힘의 역학관계를 반영하며 그후 민족국가 시기에는 강력한 공공영역이 존재했다. 서양의 '수법성'에는 부득불 그렇게 할 수밖에 없었던 것과 같은 복잡한 요소의 개입이 있었다는 것이다. 권력에 대해 견제할 수 있는 힘이나 권력자가 두려워할 수밖에 없는 어떤 권

---

24 塞缪尔 · E · 芬纳, 同上书卷三, 第257-266页。 그가 아래에서 말한 '수법성'은 이 책의 12쪽, 463쪽, 523쪽에 있다.

위가 없다면 '수법성'을 짓밟는 것이 정치영역의 관행이며, 법치의 필요성은 바로 여기서 비롯된다. '수법성'은 법치와 견제역량의 존재와 밀접히 관련된 문제이지 단순히 아시아문명과 서양문명에만 귀결시킬 수 있는 문제가 아니다. 물론 이 같은 견해는 법치에 담겨 있는 문명의 가치를 부정하는 것은 아니지만, 이는 동서양의 차이가 아니라 인류문명의 발전에 관한 문제다.

전통국가에서 현대국가로 이행하는 과정에서 가장 두드러진 특징이 법치다. 현대국가에서 국가는 헌법을 통해 公器의 성격을 갖게 되며, 公器로서의 국가는 현실 정치세력을 상대로 한 국가의 객관성과 권위성을 의미한다. 이렇게 할 수 있는 것은 법치뿐이다. 법치는 통치자가 입법의 범위를 자의적으로 개변할 수 없음을 의미하고 정부의 권력은 법률에 의해 제한된 상황에서 사전에 알 수 있는 방식으로만 행사되어야 하며, 법치의 본질은 하나의 정치적 이상이다.[25] 정부가 법에 따라 행동한다는 것은 법치의 한 측면일 뿐이지만, 이는 주권자와 국가 및 그 관료에 대한 법적 제한의 의미를 거의 갖지 않는다. 그리고 법이 주권자나 정부관리에 의해 위반될 때 지불해야 할 대가는 정치적 결과이기 때문에 법치에는 민주주의, 개인의 권리 및 형식적 합법성이 포함된다.[26] 이상은 국가 정치현대화의 핵심내용이다.

또한, 국가정권을 둘러싸고 전개되는 정치는 원래 잔혹성을 내포하고 있다. 이는 정치의 연장으로서의 전쟁뿐만 아니라 여러 가지 수단을 동원해 지배권과 기타 이익을 위해 다투는 영역이기 때문이다. 그러므로 반드시 법률과 제도의 범위 내에서 정치활동을 하도록 제한해야 하고 될수록 공개적이고 투명하게 함으로써 중대한 부정적 영향을 가져올 수 있는 가능성을 최소화해야 한다. 정치는 제도공동체를 구축하고 건설하는 유일한 현실적인 경로지만 본질적으로 더럽고 잔인한 면을 내포할 수밖에 없다. 특히 에너지가 많이 모이는 영역에서와 같은 법 밖의 세상은 여러 가지 위험으로 가득 차 있다는 것을 수많은 경험이 말해주고 있다. 이것이 바로 이러한 영역을 엄격하게 통제해야 하는 근본적인 이유다.

---

25 弗里德里希 · 奧古斯特 · 哈耶克著：《通往奴役之路》, 王明毅、冯兴元等译, 北京：中国社会科学出版社, 1997 年, 第82-83页; 弗里德里希 · 奧古斯特 · 哈耶克著：《自由宪章》, 杨玉生、冯兴元、陈茅等译, 北京：中国社会科学出版社, 1999 年, 第325页。

26 布雷恩 · Z. 塔玛纳哈著：《论法治一历史、政治和理论》, 李桂林译, 武汉大学出版社, 2010 年, 第119页, 第142页, 第147页, 第150页。

유럽의 민족국가와 달리 동아시아 전통국가들은 일정한 정치세력을 주도로 그 통치권을 확립하고 관료체계와 윤리규범을 통해 영토 내에서의 통치를 실현한다. 이는 동아시아 국가들의 주권자 지위는 백성들이 반드시 받아들여야 할 사실임을 말해준다. 한 왕조의 성립은 어떤 정치세력의 통치적 지위의 확립을 의미하며 특정 통치자는 社稷을 지킬 책임을 진다. 이것이 社稷에 비해 君이 가벼운 이유이며 民이 귀한 것은 일부 지적 엘리트들의 이상이기도 하다. 따라서 동아시아 전통국가의 실제 상황에서 주권은 통치자의 권력지위를 의미하고 정치의 일차적 목적은 이러한 지위를 유지하는 것이며 공동체의 가치는 적어도 앞의 두 가지를 넘지 않는다.

국가의 네 가지 상과 본질은 국가란 근본적으로 사람이 갖고 있는 구성적 능력을 통해 실현된 제도적 실체라는 것을 의미한다. 그리고 권력관계가 그 속에 반드시 내장되어 있을 것이기 때문에 의도나 동기, 이해관계, 제도적 구조 사이에는 매우 복잡한 관계가 존재한다.[27] 그렇기 때문에 한 나라의 발전은 결국 그 구성원들의 수준과 당사자들의 노력에 달려 있다. 여기서 말하는 구성원 중에서 가장 중요한 것은 국가라는 사회실체를 구축하고 건설하는 데 필요한 지식의 기반을 제공하는 지식인과 실제적인 정치행동을 취할 수 있는 주체 및 사실의 진상을 파헤치고 널리 전파하는 언론매체다. 썬은 완벽한 정의를 찾는 것보다 적나라한 불의를 제거하는 것이 더 중요하고 이를 위해 제도설계, 그에 따른 행동조정, 사회제도의 수정절차와의 연동이 필요하며, 이들은 정부의 승낙과 실질적인 제도운행 및 개선방안에 대한 공개적인 토론을 기반으로 한다고 말한다.[28] 공개적 토론은 보편적 가치관의 형성과 지식구조의 향상에 결정적인 의미가 있다. 마르크스와 엥겔스는 지적하기를 공산주의는 확립해야 할 상태도 현실이 이에 적용되어야 할 이상도 아니고 그것은 현존 상황을 소멸하는 현실적 행동이며, 이 운동의 조건은 기존의 전제에 의해 산생된다.[29] 위의 두 견해는 맥락이 서로 닿아 있다. 이는 현실에 존재하는 불합리하고 불의한 것을 지속적으로 제거하고 우리가 살고 있는 공동체를 인간의 본성에 더 부합하는 더 나은 세상으로 건설하는 것으

---

27 사회實在에 관해서는 约翰·R·塞尔著：《社会实在的建构》, 李步楼译, 上海人民出版社, 2008 年, 第80頁, 第82頁, 第98-99頁, 第112-116頁을 참조하라.

28 阿玛蒂亚·森著：《正义的理念》, 王磊、李航译, 北京：中国人民大学出版社, 2013 年, 第1頁("序"), 第17頁, 第249頁。

29 马克思和恩格斯, "费尔巴哈", 《马克思恩格斯选集》 第一卷, 北京：人民出版社, 1972 年, 第40頁。

로 이해해야 한다. 이를 위해 사람들은 공개적으로 토론할 자유와 이와 관련된 제도적 보장을 약속받아야 한다. 이러한 전제하에서만 공개적인 토론과 '현실적 운동'을 진정으로 추진할 수 있기 때문이다.

전통국가이건 현대국가이건 네 가지 상과 본질은 같지만 본질 중의 주권, 정치, 공동체 등 세 가지 가치순서와 구체적인 내용(제도화의 성격을 포함)에는 차이가 있다. 그러나 위에서 국가의 公器지위, 문책제, 민족국가와 국민국가, 법치 등과 같은 전통국가와 현대국가의 중요한 차이점을 언급했지만 아래에서 현대성을 집중적으로 살펴볼 필요가 있다. 이것이야말로 인류가 전통에서 현대로 나아갈 수 있었던 근본적인 속성이기 때문이다.

3 현대성

인류사회와 국가의 중대한 변혁 및 그로 인한 모든 성과는 주로 '관념의 혁명'에서 비롯된 것이라고 말할 수 있다. 이익추구와 같은 다른 요인들의 영향도 있기는 하지만, 사람들은 특정한 관념의 인도하에 의미있는 행동을 하기 때문에 현대화 과정에서 '관념의 혁명'이 가지는 의미는 부인할 수 없다.[30]

그러나 '관념의 혁명'을 가져온 종교개혁은 바로 중세에서 태여난 것이다. 또한 12세기에 도시자치운동이 일어났을 뿐만 아니라 14세기 중반의 싸수프라도는 이탈리아의 도시국가가 자치적 실체라고 주장하면서 '주권국가' 개념을 제기했다. 이 개념의 핵심내용은 영원히 가장 높은 자치권과 그 경계 내 모든 개인의 머리 위에 있는 권위라는 것이다. 심지어 중세에도 현대적 '법치' 개념이 있었다고 한다.[31] 물론 그것은 신성한 망토를 걸쳤지만 말이다. 또한 인문사회과학과 자연과학은 중세를 역사적 기반으로 하기 때문에 본넷 등은 르네상스와 인문주의 운동의 부상이 새로운 문명의 징

---

30 이 절과 다음 절의 내용은 주로 金东日, "论此岸世界的神圣化与世俗性 : 中国现代化的 '两大障碍'"(《中国社会科学论丛》, 成均中国研究所, 2019 年 第1期)에서 온 것이지만 많은 수정과 추가가 있다.

31 여기서 말하는 '법치'란 국왕의 신성한 권력원칙은 항상 어떤 기본적 한계에 의해 제한되며 사람들은 세속적 권위에 복종해야 하지만 이러한 복종은 공정한 법률에 따라야 한다는 것이다. 恩斯特 · 卡西尔, 同上书(1999年), 第128-129页。 아래에 나오는 그의 '신기한 자연진리'에 관한 내용은 그의 다른 책 즉 E · 卡西勒, 同上书, 40 쪽에 있다

후를 드러냈다고 말한다.[32] 그러나 여기서 말하는 새로운 문명의 징후는 물론 후에 나타난 현대성 그 자체가 아니라 후대 학자들이 현대성을 기반으로 그 뿌리를 '추적'할 때 발견한 것이다.

대부분의 학자들은 루터종교개혁이 유럽현대화 시작의 상징적 사건이라고 믿고 있다. 여기서 아래와 같은 궁금증이 생긴다. 루터는 신을 부정하지 않았고 인간의 자유를 긍정하지도 않았지만,[33] 그가 주도한 종교개혁이 왜 현대화의 시작을 알리는 상징적 사건으로 되었는가? 카시얼은 교회가 개인의 과학적 연구성과를 공격하지 않았다고 말한다. 하지만 우리는 갈릴레오가 종교재판소의 심한 박해를 받았다는 것을 알고 있다. 왜일까? 갈릴레오가 새로운 진리개념, 즉 독립적이고 신기한 자연적 진리를 선포했기 때문이다. 교회를 두렵게 한 것은 바로 계시의 '진리'를 위협하는 이 자연적 진리다. 이로부터 우리는 루터종교개혁이 심원하고 광범위한 사회적 영향을 일으킬 수 있었던 것은 실제로 종교개혁으로 인해 얻어진 '자연적 진리를 발견'할 수 있는 능력과 관련이 있다고 말할 수 있다. 이 능력은 신이나 교회로부터 독립한 자주적 능력이며 이러한 능력은 인간의 이성에서 비롯되는 것이다.

이성에 관하여 톨랜드(영국 자유사상가의 이론적 창시자 중 한 명이며 그의 작품은 17세기 말에 출판됐다)는 '이성은 대체 어디에 있는가'라는 흥미로운 질문을 던졌다. 그는 답하기를 심령이 분명히 알려진 것과 비교하는 방법으로 의심스럽거나 불확실한 어떤 것의 확실성을 찾아내는 능력이라 말한다.[34] 보겔린은 지적하기를 로크가 기독교에서 이성을 찾은 것에 만족한 것과 달리, 톨랜드가 내디딘 이 결정적인 한 걸음, 즉 외부 세계에 관한 여러 과학에서 사용하는 방법으로 인식이 존재하는 모든 영역에서 갖고 있는 효과성 때문에 우리는 자유로운 사상(free thinking)이 공식적으로 시작되었다고 말할 수 있다.[35] 이성이 새로운 시대를 여는 데 결정적인 의미를 갖는 것은 바로 이 '자유로운 사상'과 직결되기 때문이다.

구체적인 의미에서 이성은 행동, 목표, 가치 및 우선 순위와 같은 개인의 선택이

---

32 위에서 유럽 중세기에 관한 내용은 출처를 따로 밝힌 것을 제외하고 朱迪斯·M. 本内特、C. 沃伦·霍利斯特, 同上书, 165-166 쪽, 187 쪽, 342-348 쪽, 418-423 쪽을 참조하라.

33 米夏埃尔·兰德曼, 同上书, 第92页。

34 约翰·托兰德著：《基督教并不神秘》, 张继安译, 北京：商务印书馆, 2009 年, 第18页。

35 沃格林著：《革命与新科学》, 第214-216页。

합리적인 심사하에 놓이는 방식이다. 이는 개인의 선택으로 하여금 추론요구에 복종할 것을 수요하기 때문에 우리는 이성과 자유 모두를 필요로 하며 이 둘은 또한 서로를 필요로 한다.[36] 여기서 아래 설명을 덧붙인다. 현대 사회과학 등 영역에서 여전히 '집단적 이성'이나 '공공이성'이라는 개념이 사용되고 있지만, 이성을 특별히 개인의 것으로 규정하는 이유는 思維 과정으로서의 이성은 근본적으로 개인에게 속하기 때문이다. 바로 이렇기 때문에 칸트가 말했듯이 '공공이성'도 '이성의 공공사용'의 의미에서, 즉 개인의 이성은 '공공이성'의 전제이므로 '반드시 항상 자유로워야 한다'.[37] 이것이 개인에게 자유권리를 부여해야 하는 근본적인 이유다. 개인의 자유권리 없이는 '공공이성'도 있을 수 없다. '공공이성'은 개인의 자유권리 기반 위에서만 형성될 수 있고 공적 영역에서 그 진정한 가치를 발휘할 수 있기 때문이다. 개인의 자유권리가 없는 상황에서 출현한 이른바 '공공이성'은 기껏해야 '공공이성'이라는 이름을 盜用한 것이다. 이상과 같은 이성의 기본적 함의로 인해 이와 관련된 영역이 아주 광범위하지만 그것은 분명히 믿음, 미신, 맹목적인 복종, 감정 등과는 구별된다.

이성주의에 대해 화이트헤드, 만하임, 하베마스 등 학자들이 일찍 그들의 견해를 밝힌 바 있다.[38] 이들의 주장이 기본적으로 과학연구, 관료주의, 자본주의 등에 집중되는 이유는 이성화가 이 같은 분야에서 가장 잘 구현될 수 있기 때문이다. 이들 영역에서 주장하는 관점은 사실과 논리에 근거해야 하며, 행정과 시장경제에서 특히 뚜렷한 효율과 이윤을 추구하는 도구적 합리성 그리고 이것들을 위한 표준화와 제도화 등에서 가장 뚜렷이 구현된다. 이는 이성원칙이 다른 분야에 적용될 수 없다는 주장이 아니다. 다만 추구하는 목표와 그 결과를 평가하는 척도가 위에서 언급된 분야만큼 명확하고 식별가능하지 않으며, 다른 분야에는 감정과 의지와 같은 비이성적인 요소가 훨씬 더 많이 섞여 있기 때문에 행정 등 영역에 비해 이성의 작용은 이들 분야에서 제한적이다.

실제 역사적 상황으로 볼 때 종교개혁이 영국과 프랑스에서 많은 호응을 얻은 것

36 阿玛蒂亚·森著：《理性与自由》，李风华译，北京：中国人民大学出版社，2006 年，第4页，第14页，第35页，第222-223页，第240-241页。
37 伊曼纽尔·康德，"对这个问题的回答：什么是启蒙？"，詹姆斯·施密特编，同上书，第62页。
38 A.N. 怀特海著：《科学与近代世界》，何钦译，北京：商务印书馆，2016 年，第46页；卡尔·曼海姆，同上书(2009 年)，第172页；于尔根·哈贝马斯著：《现代性的哲学话语》，曹卫东译，南京：译林出版社，2011年，第1-2页。

에는 교회의 장기적인 탐욕의 영향도 있었으며, 결국 종교개혁과 교회재산이 전부 몰수되는 결과로 이어졌다. 중세의 말기에 이르러 세속영역과 참기독교 사이의 갭이 더욱 커졌고 민족정서는 점차 성숙해지고 있었다.[39] 이런 배경에서 종교개혁과 계몽주의를 통한 관념의 혁명이 뒤따랐고 세속적 이익을 추구하는 성향과 민족정서는 보편주의 '제국화 기독교'를 거부하는 중요한 이유가 되었으며, 각종 역량의 참여하에 유럽은 결국 민족국가를 건립하는 길을 걷게 되었다. 인간의 삶의 질서 차원에서 본다면 이성주의는 본질적으로 비기독교적 또는 맹목적 숭배와 근본적으로 대립되는 성격을 지니므로 이성주의를 바탕으로 세워진 세상은 중세의 대통일주의와 결별하고 세속화의 길에 들어설 수밖에 없었다.

위의 상황과 함께 일어난 것은 정치관념의 관건적인 변화였다. 유럽중세의 철학자들은 '모든 권력은 신에서 나온다'라는 聖바울의 격언을 반복해서 인용했다. 이러한 관념은 실제권력은 결코 신성하지 않다고 믿었던 마키아벨리가 중세 정치체제의 전체적인 기반을 단호히 포기할 때까지 이어진다. 그는 처음으로 '국가의 예술'을 제기한 현대저자[40]이기 때문에 현대정치학의 아버지로 불린다. 정치도덕 문제를 매우 중시하는 것은 르네상스 후기 정치사상의 가장 두드러진 특징이지만, 마키아벨리가 처음으로 도덕적 완성의 추구와 정치적 성공은 전혀 다른 것이라고 주장한다.[41] '제국화 기독교'의 각종 기제가 철저히 붕괴되고 민족국가가 서양 정치질서의 중심으로 된다는 의미에서의 '현대'정치 시대에는 마키아벨리와 종교개혁이라는 두 가지 시작이 있었다.[42] 마키아벨리와 루터는 출발점과 입장이 매우 달랐지만 정치영역에서 기독교가 설교하는 도덕의 허황한 성격과 교회의 부패성을 인식함으로써 세속적 세계를 인정하는 기본적으로 같은 입장에 이르렀다.

참그리스도인들의 가치관과는 달리 세속화로 표현되는 일상생활이야말로 선량한 삶의 진정한 핵심이며, 이는 이미 현대문명의 가장 영향력이 있는 관념의 하나로

---

39 沃格林, 《中世紀晚期》, 第129頁, 第132頁。 영국과 프랑스에서의 종교개혁 상황은 沃格林, 《革命与新科学》, 57 쪽을 참조하라.

40 恩斯特 · 卡西尔, 同上书 (1999 年), 第168-172頁, 第192頁。

41 坤廷 · 斯金纳, 同上书, 第50頁, 第134-143頁, 第190-196頁。

42 沃格林, 《文艺复兴与宗教改革》, 第113頁。 이 책의 114 쪽에서 그는 '완전히 다른 유형의 지적 현대성이 실제로 종교개혁 이전에 있었다'고 말한다. 그러나 이는 광범위한 사회적 영향을 끼친 역사적 사건이라기보다는 '정치사상사'에서의 견해로 보아야 한다.

되었다.[43] 그러나 세속화는 결코 일상생활에서만의 문제가 아니다. 세속화의 진실은 공적 삶에서 종교가 사라짐을 의미하고 그 관건은 세속 영역에서 신에 의해서도 변할 수 없는 독립적이고 내재적인 가치를 찾는 것이며, 이로부터 정치문제가 인간의 존재에서 중요한 의미를 갖게 된다.[44] 일상생활에서의 세속화의 의미는 충분히 긍정되어야 하겠지만 세속성은 '제국화 기독교'를 부정함으로써 획득된 것이며, 그 과정에서 전에 없었던 정치영역을 발견하게 되었다는 의미에서 공적 생활에서의 중요성이 더 강조되어야 한다. 바로 위와 같은 이유 때문에 인간의 자주성이 보편적으로 인정받아야 하며, 이는 전통적 권위의 속박에서 해방되어야 함을 의미한다. 이러한 자주성은 두 가지 차원에서 구현되어야 한다. 즉 반성적 의식과 탐구정신 그리고 자연과 사회에 대한 능동적 통제가 그것이다.[45]

이로부터 이성이 계시를 대체했고 정치제도의 기준은 종교적 권위가 아니라 이해득실로 되었다. 관건적인 16세기와 17세기에 주로 영국에서 인간사무에 관한 독립적인 이론이 확립되었으며, 그 본질은 사회철학과 경제철학의 세속화다. 18세기에 이르러 종교는 비판과 건설의 기본적인 정신노동을 포기하고 그것을 이성주의자와 인도주의자에게 넘겼다.[46] 그 결과 유럽은 '암흑기'에서 완전히 벗어났다.

요약하자면 종교개혁의 '초심'이 해방은 아니었지만 그것이 가져온 객관적인 효과와 이후에 추진된 계몽운동은 관념의 근본적인 변화를 가져왔다. 유럽은 그 뒤에 혁명을 통해 인간의 자유권리를 확립하고 이로부터 현대 사회와 국가를 건설하였다. 즉 인간의 해방과 자주성의 획득, 세속성의 실현은 같은 과정이며 각종 의지의 참여하에 이성의 힘으로 지금의 세상을 구축한 것이다.

우리는 이미 현대는 포스트현대와의 시대구분 문제[47]가 아니라 전현대와의 단절

---

43 查尔斯·泰勒 著:《自我的根源:现代认同的形成》, 韩震 等译, 南京:译林出版社, 2012 年, 第23页。

44 汉娜·阿伦特 著:《过去与未来之间》, 王寅丽、张立立 译, 南京:译林出版社, 2011年, 第66-67页。

45 S.N. 艾森斯塔特, 同上书(2006 年), 第8-10页。아래에 그가 현대성의 본질에 내재된 위험 등에 대한 견해는 이 책의 30-31 쪽, 95 쪽을 참조하라.

46 R·H·托尼 著:《宗教与资本主义的兴起》, 赵月瑟、夏镇平 译, 上海译文出版社, 2013 年, 第4-6页, 第136页。

47 제임슨은 현대성이론은 포스트현대성과 현대성 사이의 단절이라는 가정과 타협할 때에만 의미가 있다고 말한다. 현대성과 포스트현대성에 대한 그의 견해는 詹姆逊文集:《现代性、后现代性和全球化》, 王逢振 主编, 北京:中国人民大学出版社, 2004 年, 23 쪽, 31 쪽, 45 쪽, 74 쪽을, 그리고 '포스트현대주의'의 등장과 이후 발전에 관해서는 佩里·安德森 著:《后现代性的起源》, 紫辰、合章 译, 北京:中国社会科学出

의 문제임을 보았다. 특히 동아시아 삼국에게 제국주의 세력의 영향으로 촉발된 현대
화는 결코 단순한 '시대를 구분'하는 문제가 아니라 후진적인 상황을 어떻게 벗어나느
냐의 문제였다. 그리고 지난 세기 후기의 서양학계에서 포스트현대성에 관한 뜨거운
논의를 전개했었다. 여기서의 질문은 포스트현대성이란 정확히 무엇이며 현대성과 나
란히 비교할 수 있는 것일까?

　　1930년대 스페인어권에서 시작된 이른바 포스트현대주의는 사실 문화연구의 주
제로 발전했다. 소위 포스트현대성은 5세기 동안 중요한 思考를 뒷받침해 온 가설과
현대성의 핵심관념 모식, 즉 시대정신, 이성의 본질과 지위에 관한 인식 그리고 거시
적 이론과 서사 및 정치 등에 대한 일련의 부정이다.[48] 그것은 일종의 사상적 개념이며
보편적인 진보와 해방의 관념, 단일체계, 거대담론, 해석의 궁극적인 근간 심지어 가
치판단까지 의심하면서 도덕상대주의를 주장한다. 포스트현대주의는 실제로 특수성
에 집착하는 일종의 문화풍격이며, 예술이 그 시대적 변화의 어떤 면을 반영한다.[49] 버
크는 포스트현대주의를 '탈 안정'과 '탈 중심'의 쌍둥이 운동이라 요약한다.[50]

　　이같은 포스트현대주의에서 우리는 독특성에 대한 인식, 깊은 감정적 성찰과 사
물 사이의 차이성에 대한 의식 그리고 각종 보편성에 대한 격렬한 반항 등 계몽주의
시기 낭만주의의 명백한 그림자를 볼 수 있으며, 그 근원은 루터종교개혁에 두고 있
다. 이러한 정신의 계보에는 루소, 헬드, 칸트 등이 있다. 낭만주의의 기본적인 관점
은 의지를 인정하고 세상에는 사물의 구조란 없으며 인간은 사물을 마음대로 만들 수
있고, 사물의 존재는 인간의 형상화 활동의 결과일 뿐이라는 것이며 그 본질은 의지
와 운동이다. 낭만주의 경향은 계몽주의의 추상적 이성주의에 대한 이데올로기적 반동
이며,[51] 국가와 관련된 문제에서 '국가유기체론'으로 이어졌고 이후 실존주의와 파시
즘 등에 깊은 영향을 미쳤다.[52] 물론 낭만주의는 정치적인 관점이라기보다는 문화적

版社, 2008 年을 참조하라.

48　戴维·约翰·法默尔著：《公共行政的语言—官僚制、现代性和后现代性》, 吴琼译, 北京：中国人民大学
　　出版社, 2005 年, 第197页, 第210-211页。

49　特里·伊格尔顿著：《后现代主义的幻想》, 周宪、徐钧译, 北京：商务印书馆, 2014 年, 第1页, 第100页,
　　第108页, 第128页。

50　彼得·伯克著：《历史学与社会理论》(第二版), 姚朋、周玉鹏、胡秋红、吴修申译, 上海人民出版社,
　　2010 年, 第184页。 자세한 내용은 이 책의 6 장을 보라。

51　卡尔·曼海姆, 同上书 (2009 年), 第151页。

52　낭만주의에 대한 위의 견해에서 따로 출처를 밝히지 않은 내용은 以赛亚·伯林, 《浪漫主义的根源》,

인 것이며 개인주의는 낭만주의 운동의 가장 뚜렷한 특징으로 되었다.[53] 이는 이성주의와 낭만주의 모두 현대성의 내용이지만 그 주장의 중점과 적용 범위 등에는 분명한 차이가 있다는 것을 의미한다. 따라서 이른바 포스트현대주의를 이성주의와 구별되는 현대성의 또 다른 '지류', 즉 낭만주의에서 이어진 관념형태의 표현으로 볼 수 있다는 것이 필자의 견해다. 이 견해가 성립된다면 '포스트현대성' 자체가 잘못 명명된 것으로 보아야 한다.

델란티는 포스트현대성이란 현대사회의 특수한 단계를 말하며 이를 탈 산업사회, 정보화시대라고 부를 수 있다고 믿는다.[54] 그러나 베비스는 포스트현대주의는 종래로 존재하지 않았으며 그것은 일종의 사상형식의 비판일 뿐이라고 잘라 말한다.[55] 하지만 델란티가 말한 것처럼 포스트현대주의가 사회영역에서 '우상숭배를 제거(去魅)'해야 한다는 주장이 실제로 존재했다면 필자 역시 그러한 관점은 긍정되어야 한다고 생각한다. 흥미롭게도 포스트현대 연구는 행정학과 역사학에까지 파급되었는데,[56] 이는 당시 포스트현대 연구가 얼마나 '유행'했는지를 보여준다.

관념사적 시각에서 포스트현대주의를 생각해 보면 이러한 思潮의 출현은 역사적 및 사회적 뿌리를 갖고 있다고 할 수 있다. 카시얼은 유럽의 중세문화에는 과학, 종교, 도덕, 정치생활 등에 모두 같은 정신이 스며들어 있는 심각한 통일성과 일관성이 있었으며 이와는 반대로 현대문명은 애초부터 갈등, 모순, 부조화 등 많은 결함이 있다고 지적한다. 또는 아이젠슈타트의 용어로 말하자면 집단적, 민족적, 종교적 등의 색조와 어떤 다원주의 전제에 대한 승낙으로 인해 현대성의 본질에는 고유한 위기와 붕괴 또는 파괴의 여러 가지 가능성을 내포하고 있다. 우리는 서양현대화가 '비열한 이

14-15 쪽, 42-44 쪽, 125 쪽, 127 쪽, 138 쪽 등을 참조하라.

53 恩斯特·卡西尔, 同上书 (1999 年), 第224-225页。 아래에 나오는 현대문명의 '많은 결함'에 대해서는 이 책의 106 쪽, 114-115 쪽을 참조하라.

54 杰拉德·德兰蒂著:《现代性与后现代性：知识、权力与自我》, 李瑞华译, 北京：商务印书馆, 2012 年, 第5页, 第7页, 第45页, 第191页, 第214页, 第224页。

55 提摩太·贝维斯著:《犬儒主义与后现代性》, 胡继华译, 上海人民出版社, 2008 年, "中文版序"。

56 查尔斯·J·福克斯와 休·T·米勒는 《后现代公共行政：话语指南》(楚艳红、曹沁颖、吴巧林译, 中国人民大学出版社, 2013 年)에서 공공관리, 제도주의, 공동체주의 등을 '반박'하면서 담론이론에 입각하여 대중의 참여를 촉진하기 위한 '대화방식'의 활용을 주장한다. 그리고 이른바 포스트현대주의 역사학에서 가장 중요한 개념 중 하나는 '역사를 언어의 허구로 간주하며 그것은 일종의 서사적 산문체의 논술'이라는 것이다. 葛兆光, 同上书 (初编), 第77页。

익'을 위해 제국주의 길로 갔으며, 그 과정에서 상상할 수 없을 정도로 엄중한 결과를 초래한 것을 알고 있다. 심각한 빈부격차와 자연환경의 파괴와 같이 그중 일부는 지금도 진행 중에 있다. 그러므로 이미 일어난 피해와 현 상태에 대한 반성을 통해 사회적 폐단과 잃어 버린 균형 및 비도덕적인 현상에 대해 비판해야 한다.

그러나 이러한 포스트현대성은 결코 전현대사회의 본질적 속성과 다른, 즉 위에서 논의한 현대성과 같은 수준의 개념이 아니다. 따라서 위에서 언급된 포스트현대성을 현대에 상응하는 또 다른 역사적 단계이자 사회적 특성으로 보는 것은 명백히 잘못된 견해다. 어쩌면 이미 도래한 정보화 시대와 본격화되고 있는 '4차 산업혁명'을 통해 '현대'와는 전혀 다른 사회적 상태가 등장할 수도 있겠지만 지금 그 사회적 특징을 정의하기에는 너무 성급한 것이 분명하다. 또한 현대와 다른 포스트현대사회 단계가 있다면 그것은 반드시 현대사회와 전통사회를 구분하는 현대성과 동일한 수준의 '가중치' 근거를 가져야 한다. 이는 서로 다른 사물을 비교할 때 갖추어야 할 기본적인 평가척도 문제다.

동아시아 국가들은 경제 등 여러 분야에서 눈부신 성과를 거두었지만 선진국에 비해 사회 여러 분야의 제도구축에 있어서는 여전히 부족한 점이 많다. 따라서 이들은 자신이 낙후된 원인을 진지하게 반성하거나 선진국들이 선진으로 될 수 있었던 원인을 명석하게 인식해야 한다. 이를 기반으로 실현가능한 경로와 방법을 찾아 개혁과 개선의 길로 가야 한다. 이것이야말로 개발도상국 특히 그 나라 지식인들이 가져야 할 태도다. 동아시아 삼국에게 있어 현대성의 주요 함의는 자기성찰의 주요 참조계로 될 수 있다. 리시바흐는 현대성의 문제는 여전히 우리가 21세기에 직면해야 할 주요 문제가 될 것이라고 지적하면서 현대성은 주로 다음과 같은 두 가지 수준의 의미를 포함한다고 말한다. 개인의 이성과 도덕자주성이 신분을 구성하며 구조와 제도의 이성화가 사회질서를 구성한다.[57] 이 기준으로만 보자면 동아시아 삼국의 현대화는 아직 멀었지만 이른바 선진국도 완벽하지 않으며 오늘날 선진국이 당면한 문제도 만만치 않아 보인다. 유럽의 중세나 동아시아 전통사회의 사람들이 자기 시대의 한계를 깨닫지 못하고 혼란한 상태에서 새로운 시대를 맞이했던 것처럼 오늘날의 사람들도 인류사회

57　马克·Ⅰ·利希巴赫, "社会理论与比较政治学", 马克·Ⅰ·利希巴赫、阿兰·S·朱克曼编, 同上书, 第346页, 第350页。

가 어디로 가고 있는지 명확하게 인식하기 어려울 수 있다. 물론 그렇다고 해서 우리가 어디서 왔는지 또는 어디로 가고 있는지에 대해 계속해서 질문할 필요성과 적어도 몇 가지 관련 답을 얻을 가능성을 부정하는 것은 아니다. 포스트현대성에 대한 엄청난 양의 이론적 '혁신'은 이 점에서 어느 정도의 인정을 받아야 할 것 같다.

인간은 근본적으로 세속적 이익과 가치는 물론이고 의지와 감정에서 벗어날 수 없기 때문에 완벽한 현대화는 이루기 어려운 '이상'일지도 모른다. 그러나 현대성은 전통사회와 구별되는 근본적인 속성이고 인류사회의 미래는 현재인들의 노력에 달려 있으며, 이것 또한 절대적인 기준이 없다는 사실에서 우리는 어느 정도의 위안을 얻을 수 있다. 하지만 위에서 논의한 현대성과 그 핵심 내용은 지금까지 인간이 발견한 '최고'의 기준이며, 이를 실현한 정도와 이를 위한 제도적 장치에는 국가마다 차이가 있다. 그러므로 반드시 각자의 국가적 및 사회적 여건에 대해 끊임없이 성찰해야 한다. 이러한 반성을 통해 얻어진 '이상'적인 상태와 현실 사이의 간극을 제거하는 것이 바로 우리가 노력해야 할 중점이다.

4　神聖化와 세속성

동아시아 국가의 현대화 실상을 이해하기 위해서는 위에서 언급한 현대성의 핵심 내용이 이들 국가에서의 구체적인 표현을 이해할 필요가 있다. 이를 위해 먼저 아이젠슈타트가 유교 합법성 문명이라고 부른 중국을 살펴볼 것이다. 역사적으로 한국 역시 이 범주에 속하는 반면 일본은 그렇지 않다. 따라서 중국의 관련 상황을 논의한 후 이 두 나라에 대해 보충 설명을 하기로 한다.

여기서 고려할 문제는 구원을 받아 간다고 하는 기독교세계의 '저쪽세상문명(彼岸世界文明)'과 다른, 즉 '이쪽세상문명(此岸世界文明)'을 특징으로 하는 중국이 일찍이 세속성을 구비했다고 볼 수 있을까? 그렇다고 한다면 이것은 현대성의 하나인 세속성과 같은 성격을 가지는 것일까? 그렇다면 중국과 유럽의 발전방향 사이에 존재한 중요한 차이점을 어떻게 설명할 것인가? 그렇지 않다면 그 차이점은 대체 어디에 있으며 그것은 무엇을 의미하는 것인가? 우리는 특히 유럽 중세와 비교할 때 중국의 주류 문화전통에는 진정한 종교가 없다는 것을 알고 있다.[58] 적어도 확실한 것은 어떤 종교가 정치권력을 초월하거나 세속정권과 대등한 위치에 있는 상황이 존재하지 않았기 때문에 전통중국은 항상 세속적 사회였다고 할 수 있다. 그렇다면 중국에는 서양이 현대화로 나아갈 때와 같은 '우상숭배를 제거'해야 할 필요성이나 제거되어야 할 神聖化가 없다고 할 수 있을까? 이 문제는 앞서 언급한 현대성 문제와 밀접한 관련이 있으며, 중국의 미래 현대화 방향에 대한 인식과도 연관되어 있다.

중국의 전통문화 관념은 春秋시대 전에는 上天을 숭배하는 것이 지배적이었지만 이후 분명히 聖人을 숭배하는 데 중점을 두었다. 聖人은 문명과 인문 및 그 物化의 창조자이고 도를 구현하는 자이기도 하다. 聖人이 인간으로 하여금 인간으로 되게 하며, 天人合一의 중개자이기도 하다. 聖人숭배의 가장 중요한 특징은 聖教에 대한 교조주의적 감정과 태도다.[59] 이 같은 관념의 총체적 특징의 중요성은 그러한 감정과 태도가 현실에서 견고한 제도로 전환되어 2000년 동안 점차 국가의 기본적인 운행에 영향을 미치거나 심지어 결정짓는 모식으로 굳어졌으며 구체적으로 황제제도에서 구현된다는 데 있다. 漢나라 때부터 시작되어 황제는 정치적 독재자일 뿐만 아니라 살아 있을 때부터 이미 신격화되었으며 각자 묘를 세우고 사람들로 하여금 숭배하게 했다.[60] 이러한 전통은 이후 역대 왕조에서도 기본적으로 유지되었다.

그러나 황제제도는 관료제에 의해 뒷받침된다. 등급제는 군주전제주의의 근간이며 이를 통해 중앙이 지방에 대해 절대적인 통제권을 가지고 상급자도 하급자에 대해 절대적인 지배권을 가지며, 직급의 높고 낮음에 귀천이 따른다. 황제제도와 마찬가지로 '관귀민천' 역시 중국 전통 정치문화의 핵심내용 중 하나이며, 이는 국가와 사회질서를 어떻게 구축할 것인가라는 문제에 뿌리를 두고 있다. 이 문제는 서로 다른 계층을 어떻게 볼 것인가와 관원의 선발기준 및 관련 제도를 포함한다. 기원전 2세기 후반

---

58 정문에서의 진술은 주로 유교를 가리킨다. 유교는 공자의 '生을 모르는데 어찌 死를 알겠는가' 또는 '귀신을 경외하고 멀리하라'와 같이, '저쪽세상'에 대한 탐색의 가능성을 기본적으로 차단했다. 특히 명·청 시기는 유교경전을 기본으로 한 과거제를 통해 관원을 뽑았기 때문에, 삼교합일의 상태라 해도 불교와 도교는 중국의 주류사회에서 유교와 같은 지배적 위치를 차지하지 못했다. 뿐만 아니라 중국에서는 기독교가 중세유럽에서 가졌던 광범위한 사회적 영향력을 가진 종교 및 정권과 분리되어 구축된 독자적인 교회체계가 없었다.

59 刘泽华著：《洗耳斋文稿》, 北京：中华书局, 2003 年, 第236-242页。아래에 나오는 황제제도 하에서의 등급제에 관해서는 이 책의 7-8 쪽, 218-219 쪽, 327 쪽을 참조하라.

60 雷海宗, 同上书, 第47页, 第51页。

에 獨尊의 지위가 확립된 이래 유교의 사회계층론은 이후 2천 년 동안의 지도원칙이 되었다. 그중에서 맹자의 '勞力者는 勞心者의 다스림을 받아야 한다'라는 말이 가장 강력하다. 이로부터 지배계급이 '고귀'하다는 관념이 성립된다.[61]

이상에서 살펴본 바와 같이 중국과 유럽중세에 모두 神聖化가 있었지만 유럽의 종교神聖化와는 달리, 중국문명에서의 神聖化는 황제를 정점으로 하고 귀천이 구분되는 官場의 정치영역이며 백성들은 이 神聖한 영역에서 제외된다. 우리는 앞에서 동아시아 전통국가들을 살펴볼 때도 이 점을 언급했다. 유럽의 神聖化와 비교할 때 중국문명의 神聖化는 신비한 종교적 망토를 두르지 않고 실제적인 권력과 이와 연관된 관념 및 제도를 통해 충분히 실현될 수 있었다.

앞에서 논의한 이성주의는 분명히 베버가 말한 '유교이성주의'가 아니며, 이성으로 감성을 제어하거나 '義와 利(義利之辯)'의 명제와 중국문화 중 이성화 경향[62]은 더욱 아니다. 그렇다면 중국전통문화의 두 가지 특징인 비종교성과 치용성(致用性)으로 이루어진 세속성[63]과 유럽현대화 과정에서 실현된 세속성은 동일시될 수 있을까?

유럽의 세속성은 종교개혁을 통해 획득한 것이기 때문에 어떻게 인간 중심의 세계를 구축할 것인지, 어떤 경로를 통해 새로운 세계를 만들어 갈 것인지에 대한 문제와 직결되어 '자연스럽게' 현대화의 길에 들어섰다. 또한 종교개혁과 계몽운동 과정에서 자기 책임의 자율성은 권위적 명령으로부터 벗어나는 자유와 결합되었고, 자기 책임의 이성은 존엄의 개념과 연결되었으므로 다른 것에 기댈 필요가 없는 인본주의가 탄생할 수 있었다.[64] 그러나 중국문화에서의 俗은 雅의 반대다. 俗의 특정한 함의와 긍정과 부정의 의미는 긴 역사 속에서 변화해 왔고 큰 차이를 보인 것도 사실이다. 하지만 그 기본적인 의미에서 雅와 俗은 君子와 소인배, 義와 利, 교육수준, 인격과 도덕성 심지어 귀천 등과 같은 관념과 밀접하게 연관되어 있다. 이는 곧 현대성의 핵심내용 중 하나인 세속성은 중국 전통문화에서 생소한 것이며, 중국문화의 세속성과 본질

61　고대 중국의 사회계층이론 및 이와 관련된 제도의 변화에 대해서는 何炳棣著：《明清社會史論》, 徐泓譯注, 臺北：聯經出版公司, 2014 年, 第一章; 瞿同祖, "中国阶级结构及其意识形态", 费正清编, 同上书 (2008 年)을 참조하라.

62　杨春时："论中国现代性",《厦门大学学报》, 2009 年 第2期。

63　高文新："论中国传统哲学与文化的世俗性",《吉林大学社会科学学报》, 2002 年 第5期。

64　查尔斯·泰勒, 同上书 (2012 年), 第347页, 第459页; '다른 것에 기댈 필요가 없는 인본주의'에 관해서는 그의 "重新思考世俗性",《马克思主义与现实》, 2013 年 第5期에 있다.

적인 차이가 있음을 의미한다.

　중국문화는 現世의 삶을 중요시하고 來世나 鬼神을 금기시한다거나 치용성의 시각에서 세속적 경향이 있다고 한다면 우리는 이를 받아들일 수 있다. 그러나 이로부터 다음과 같은 질문이 제기된다. 중국식의 세속성은 대체 무엇을 의미하는 것일까? 중국식의 세속성과 앞서 언급한 중국전통의 神聖化 질서 사이에는 어떤 관계가 있는가? 서양의 세속화는 현대화를 촉진했거나 그 자체가 현대성의 주요 내용 중 하나인데 긴 역사 속에서 이어져 온 중국식 세속화는 왜 이와 같은 효과를 내지 못하는가?

　現世의 삶에 대한 관심은 무엇보다도 생존을 의미하므로 이 세속성의 기본적인 성향은 적응이다. 여기서 언급한 적응은 주로 기존의 질서와 관련된 것이며 이러한 질서는 전통, 국가가 인정한 행동규범, 聖人의 가르침, 선조들의 훈계와 가문의 규율을 통해 이루어진 것이다. 베버는 지적하기를 유교는 절대적으로 완벽한 聖人의 존엄성을 유지하기 위해 지속적이고 냉정한 절제를 통해 現世에 합리적으로 적응할 것을 요구한다.[65] 이간여도 비슷한 말을 했다. 유교는 아주 보수적인 통치사상이며, 유교가 숭배하는 것은 정치와 사회 영역에서의 尊卑 질서이고 그 핵심은 사람들더러 모든 관계에서 요구되는 '예의'를 이해하고 그에 따라 행동하게 하는 것이다.[66] 이로부터 산생된 노예근성이 사람들의 실생활에 스며들어 깊게 뿌리내리지 않을 수 없으며 사람들의 언행에 영향을 미치게 된다. 물론 우리는 철학적 관념과 사회적 현실 자체를 구별할 필요가 있다. 예를 들어, 인간의 성장은 의례화된 과정으로 묘사되며 무제한적인 권력을 가진 사회에 어쩔 수 없이 굴복하는 개인과 이 과정에서 유교적 통제의식이 고도로 정치화된 것과 구분해야 한다.[67] 그러나 장기적인 교화와 위에서 언급한 귀천제도 등과 결합되어 유교는 개인이 반드시 적응해야 하는 현실적 질서의 기반으로 자리 잡았다. 유교에 다른 바람직한 가치가 있든 없든 간에 위와 같은 유교질서의 특징은 부정할 수 없다.

　바로 위와 같은 문화전통 때문에 현실에서 유교 이데올로기에 반하는 모든 사상

65　앞서 언급된 '유교이성주의'와 여기서 유교에 관한 내용은 马克斯·韦伯, 同上书, 191-193쪽, 196쪽을 참조하라.
66　李侃如, 同上书, 第7-8页。
67　杜維明著 : 《儒家思想新论—创造性转换的自我》, 曹幼华、单丁译, 南京 : 江苏人民出版社, 1996年, 第14-15页, 第18页。

과 행위는 이단으로 간주되어 여러 가지 제한이나 탄압을 받을 수밖에 없다. 이 같은 상황에서 자주적인 삶의 방식을 추구하는 것은 거의 불가능하므로 자주, 자유, 책임, 존엄과 같은 관념이 생길 수 없다. 물론 이 견해는 유교문화에 내재된 자율, 존엄, 책임 등 관념의 존재와 그 가치를 부정하는 것은 아니지만 유교적 질서에서의 존엄은 사회와 官場의 위계질서와 일치한다. 이 문제의 심각성은 바로 위계라는 사회적 질서와 귀천의 배치와 결합되어 중국에서 그 세속성으로부터 인간의 주체적 지위를 획득하는 것과 전통문화에서 현대문화로의 전환을 실현하는 것이 불가능하다는 데 있다. 또한 현실정치는 여전히 '위'에서 결정적인 발언권을 가지고 있으며, 사회생활은 윤리적 규범이나 聖言 그리고 官方이나 상급자가 인정한 행동규범 등에 의해 엄격하게 제한된다. 이러한 중국식 세속성의 결과는 사회와 국가정치 차원에서 인간 주체성의 상실이 보편적인 상태로 되었기 때문에 자주적인 책임관념과 비판정신의 발현을 기대하기 어렵다. 테일러가 언급한 인본주의와 고대중국의 인본주의, 즉 경천애민(敬天愛民), 이민위본(以民爲本), 중인륜(重人倫) 등과 본질적인 차이가 있다. 중국의 인본주의는 자비와 연민의 심경(悲憫情懷)을 구현한 것이지 인간의 주체성을 긍정한 것이 아니다.

　이상의 논의로부터 알 수 있는 것은 종교의 神聖化와 정치의 神聖化가 사회와 국가에 가져온 객관적인 영향이 같다는 점이다. 어떤 종류의 神聖化든 그 정도에 상응하게 인간의 자주성과 책임의식을 심각하게 억제하게 된다. 중국식 세속성은 '神聖한 질서'와 밀접하게 관련되어 있으므로 '새로운 권위'를 세우는 문제와 아무런 관련이 없다. 더 중요한 것은 국가변혁의 과정은 부강을 주요 내용으로 하며, 고도로 집권화된 정치조직이나 정권이 주도했다. 이로부터 재건된 국가는 '민족원칙'을 기반으로 건립되고 운영된 것이 아니었기 때문에 고유한 神聖化를 제때에 타파하지 못했다. 위에서 검토한 현대성과 이상의 논의에 근거해 여기서 다음과 같은 견해를 도출할 수 있다. 정치영역의 神聖化와 중국식의 세속성은 중국 현대화의 '두 가지 주요 장애물'이다.

　중공혁명 주체세력의 주요 계급이 농민이고 혁명의 담론과 과정에 있었던 다음과 같은 요인들, 즉 하층민의 해방과 평등사회 건설이라는 혁명이상, 정권을 튼튼히 하기 위해 군중을 동원하고 그들의 극단적인 증오심리를 불러일으킨 것, 새로운 정치질서를 건립하기 위해 진행된 각종 '혁명실험(특히 '사상개조운동'과 '문혁')' 등 복잡한 요인들의 영향으로 인해 중국에서 '위' 이외의 어떤 '권위'도 생존할 수 있는 환경이 없었다. 심지어 지식인조차 '구린내 나는 아홉째(臭老九)'로 불리면서 경멸의 대상이 되었다. '문혁'은 이처럼 法制를 포함한 모든 권위(모택동을 제외한)를 파괴하는 강력한 경향이 있었다. 위의 상황은 몇 년 전에 중요한 화두가 되었던 '성실하고 신뢰할 수 있는 사회건설'은 실제로 이러한 많은 요인들의 영향과 법제 및 理의 권위를 확립하지 못한 상황과 밀접한 관련이 있다는 것을 시사한다. 이러한 '유상'과 '유권'의 관습으로 인해 중국에서 보편적인 비판을 핵심으로 도리를 따지는(講理) 분위기 또는 이성적인 토론문화가 이루어지기 어렵고, 이 또한 중국의 사회교류에 예상 외의 부담을 가중시킨다. 사회적 교류에서 필요한 안정적인 질서를 건립하고 유지하는 데 가장 기본이 되는 것은 理와 법의 권위를 확립하고 유지하는 것이며 이로부터 사회자본의 기반이 점차 구축될 수 있다.

유교의 尊卑 질서와 엄격한 신분위계를 통해 백성을 神聖 영역에서 배제하는 등 정치영역의 神聖化와 세속성 측면에서 조선은 중국과 유사하다. 그러나 조선은 공인된 '객관'적인 유교교리를 근거로 합리적인 추론이 가능했으며 붕당정치도 있었다. 이로부터 비판적 성격을 띤 '공론화' 과정이 (주로 지식인 엘리트들 사이에서) 나타날 수 있었다. 따라서 이러한 神聖化의 정도는 적어도 중국이나 일본만큼 깊이 뿌리내리거나 성스럽거나 허위적이지 않았다. 이것이 바로 한국이 가혹한 군사독재로부터 급격한 민주화를 이룩한 주요 관념 및 전통적 뿌리다. 또한 특히 민주주의의 심화와 시민단체 및 대중매체의 성장으로 인해 전직 대통령 3명과 현직 대통령 1명이 법적 절차를 거쳐 재판을 받거나 탄핵되는 과정에서 볼 수 있듯이, 정치의 神聖化는 거의 사라졌다. 그리고 우리는 이미 한국의 반항세력이 식민통치와 독재를 거치면서도 끈질기게 살아남고 발전해 온 것을 보았으며, 이로부터 근대 이후의 '재야세력'이 그 명맥을 꾸준히 이어져 왔다고 할 수 있다. 때문에 현실문제를 비판적 시각으로 살펴보는 공론장 역시 시대에 따라 다른 표현이 있었지만 결국 지켜졌다. 이러한 상태는 조선시대 사림의 세력화 전통에서 비롯되었으며, 나라를 재건하는 시기부터 치열했던 이데올로기적 논쟁 때문이기도 하다. 그러나 가장 큰 영향을 미친 요인은 의심할 여지없이 민주주의의 심화와 공공영역의 확장이다.

앞서 보았듯이 부정적인 동질화에서 강력한 작용을 발휘하는 神道의 특성으로 인해 유교와 불교는 일본에서 근본적으로 개변되었다. 메이지유신 또한 '민족원칙'에 근거를 둔 것이 아니며 신격화된 천황을 핵심으로 추진된 것이다. 뿐만 아니라 일본에서 인간본성과 관련된 해방이라는 역사적 사건이 발생하지 않았고 전후 미국에 의한 개혁이 있었을 뿐이다. 사람들의 자주성을 억제하는 데 있어 다음과 같은 일본문화 특성도 중요한 역할을 한다. 각자는 분수에 맞는 자리를 찾아 안주하라(各得其所 , 各安其分)와 같은 일본인들의 좌우명 그리고 일본의 전체사회는 위계적 思考를 바탕으로 구축되어 국민들이 특권에 대한 어떤 질의도 허용하지 않는다.[68] 이러한 문화적 특성과 앞에서 언급된 일본의 권력구조 특징은 대인관계에 내재된 권력이 개인의 자주성을 제약하는 효과를 초래한다. 특히 메이지유신 이후의 위와 같은 상황은 일본에서 상향식 혁명이나 성공적인 민중운동의 부재 및 근대화가 전통적 정치세력에 의해 주도된 사실과 관련이 있다. 부강을 이룬 일본이 문화, 정치, 사회 등 면에서 여전히 중요한 결함을 안고 있는 것은 바로 위과 같은 요인들로 인한 것이며 일본의 현대화로 하여금 불균형한 현대화로 되게 했다.[69]

神聖化와 세속성의 문제는 분명히 민족문화의 전반적인 특성과 관련되어 있지만 민족국가의 변혁방식, 이데올로기, 체제와 기제 등과 같은 몇 가지 중요한 문제들과 함께 고찰할 필요가 있다. 또한 다른 민족국가의 총체적인 문화특징과의 비교에서 더 뚜렷이 인식할 수 있을 것이다. 그러나 이 화제를 현대성의 시야에서 바라보아야 하며 神聖化와 세속성을 결합해야만 그 진정한 의미를 이해할 수 있다.

5 　他者원리와 無中生有의 능력

他者는 현대사회에서 일상적인 용어로 되었지만 그 본래의 개념화는 헤겔의 다음과 같은 표현에서 비롯된 것으로 보인다. 自在적이고 自爲적인 자의식은 다른 자의식과 대립되고 따라서 자의식은 자신의 밖으로 나가며 이로부터 그것은 자신을 잃어버린다. 그것은 자신이 다른 어떤 것임을 발견하게 되고 상대도 실존하는 것이 아님을 보았으며 상대에게서 자신을 보았기 때문이다. 여기서 자기의식을 가진 주체는 '독립적 의식'을 갖고 있기 때문에 그 '본질은 自爲적 존재'이며 이것이 바로 '주인'이다. 반대로 '의존하는 의식'만 있다면 그 본질은 상대를 위해 살거나 존재하기 때문에 '노예'

---

68 魯思 · 本尼迪克特, 同上书, 第83页, 第88页, 第91页。

69 일본의 불균형한 현대화에 관해서는 富永健一著:《日本的現代化与社会变迁》, 李国庆、刘畅译, 北京: 商务印书馆, 2004 年, 8 쪽, 28 쪽, 34-35 쪽, 305-306 쪽을 참조하라.

가 되는 것이며 노예에게 있어 주인이 본질이다.[70] 슈트라우스는 헤겔은 자의식이 발원되는 경험을 타인에게서 인정받고자 하는 바람에서 비롯된 사생결단의 투쟁으로 묘사했다고 말한다.[71] 커예브도 비슷한 해석을 하고 있지만 그는 이 문제를 직접 '자유'와 연관시켜 논의한다.[72] 인간의 자주성은 자유를 떠나서 성립될 수 없다는 점에서 '주인'과 '노예'의 관계는 결코 '지위'의 개념에 국한된 것이 아니다. 그러나 여기서 주목할 중점은 헤겔이 언급한 '상대'이며 이하 他者로 논의한다. 이같은 의미에서의 他者는 어떤 부류의 사람들을 타자화 함으로써 배척하는 개념과 다르다.

　　동아시아 삼국의 유구한 역사에서 민족적 自我는 他者를 통해 이해되었다. 중국은 춘추시대에 유명한 '화이지변'이 시작되어 청나라 말까지 지속되었고 서양을 '華'로 중국을 '夷'로 보는 견해도 있었다.[73] 또한 불교가 점차 중국에 침투하고 유교가 약화되면서 '中土와 邊土'의 논란이 일었고 이로부터 天竺(고대인도)을 '上國'으로 중국을 '邊土'로 보는 주장도 제기되었다.[74] 그리고 명나라와 청나라의 교체기 이후 18세기 중기에 마오 사토시와 모토오리 노리나가 등의 國學담론이 등장하면서 중국을 '지나(支那)'라 부르고 일본 스스로를 '중국'이라 불렀다.[75] 이 시기 조선의 지식계에서는 '중화전통을 수호'하는 책임을 스스로 짊어지는 '小中華'관념이 나타났다.[76] 이로부터 동아시아에서 '화이'관념이 얼마나 깊은지를 알 수 있으며, 이 현상은 또한 문명을 기준으로 다른 민족이나 국가를 가늠하는 동아시아 전통을 보여준다. 서양문명과 전면적으로 충돌할 때 동아시아 삼국은 일본의 '西方科學, 東方道德', 중국의 '中學爲體, 西學爲用', 조선의 '東道西器' 등과 같이 동양이 문화와 도덕에서 서양보다 우월하다는 주장이 출현했다. 동아시아 지식인들이 이런 주장을 내세우는 중요한 근거가 '화이'관념일 수도 있고 물질과 무기에서 훨씬 열등한 상황에서 동아시아 지식인들이 붙잡고 싶은 심리적 지푸라기일 수도 있다. 그러나 더 그럴듯한 설명은 내우외환의 정세 속에서 전

70　黑格尔著：《精神现象学》(上卷), 贺麟、王玖兴译, 北京：商务印书馆, 2009 年, 第142-146页。

71　列奥·斯特劳斯, 同上书, 第69页。

72　柯耶夫, 同上书 (2005 年), 第208-209页。

73　'화이'의 관계 특히 청나라 후기의 관념변화에 대해서는 佐藤慎一, 同上书, 38-44 쪽, 156-157 쪽을 참조하라.

74　吉川忠夫, 同上书, 第353-367页。

75　子安宣邦著：《近代日本的亚洲观》, 赵景华译, 北京：三联书店, 2019 年, 第103-104页。

76　孙卫国著：《大明旗号与小中华意识一朝鲜王朝尊周思明问题研究 (1637-1800)》, 北京：商务印书馆, 2007 年, 第一章的第三、四节。

통적 自我를 지키기 위한 몸부림이었을 것이다. 여하튼 생김새가 판이하게 다르고 우월한 장비를 갖춘 서양열강과 만났을 때 서양은 동아시아에서 공동의 他者가 되었다.

유럽에서 15세기에 君主의 관념이 형성된 것은 서양과 아시아(여기서 말하는 아시아는 주로 흉노, 몽골인, 오스만제국을 크게 무찌른 티무르 등을 가리킨다) 간 상호 작용의 중요한 영향을 받았기 때문이다. 특히 티무르의 이미지는 르네상스 시대의 국가론에 중요한 영향을 미쳤으며 이는 마키아벨리 사상의 형성을 포함하지만 영국, 프랑스, 독일, 러시아 등 서양의 언어문헌에서는 이를 줄곧 덮어 왔다.[77] 이것을 서양학자들이 아시아라는 他者를 강하게 의식했기 때문으로 풀이할 수 있다. 또한 서로 다른 종교의 학자들이 협력하여 그리스어, 아랍어, 히브리어 저작물을 라틴어로 번역함으로써 고대그리스의 철학과 과학의 중요한 유산이 유럽 학자들의 시야에 처음으로 들어오게 되었으며 중세유럽 학술계의 발전은 이슬람세계에 의존하였다.[78] 이로부터 서로 다른 문화 간의 상호 작용에서 공통적이고 중요한 他者, 즉 인류발전에 가치 있는 문화유산이 발견 및 지켜지게 되었다고 말할 수 있다. 뿐만 아니라 유럽이 세계에서 주도적인 위치를 차지한 것은 서로 다른 문명 간의 상호 작용의 결과이며, 인간이 마침내 전통상태를 벗어난 것은 서로 다른 문화적 배경을 가진 많은 학자들의 공동노력의 결과라고 '과장'해서 해석할 수도 있다.

화이트헤드는 종교와 신을 보다 나은 현실생활을 위해 인간이 창조한 이상적인 지식이고 보편적인 도리이며 신자들의 마음속에 높이 모셔져 있는 권위적 거울이라 말한다.[79] 마찬가지로 〈春秋〉와 〈史記〉 등도 훗날 통치자들에게 긍정적 및 부정적인 면에서 강한 영향을 미쳤으며 이 역시 거울의 효과로 볼 수 있다. 그리고 역사적 기억과 현실적인 지적 구조에 기반해 설정한 미래상이 동아시아 국가재건 실천에 미친 영향 또는 카시얼이 말했듯이 유토피아의 위대한 사명은 그것이 가능성을 위한 기반을 개척하고 넓힘으로써 현사태에 대한 소극적인 묵인을 반대하는 데 있다는 관점[80] 등에서, 우리는 미래 비전과 유토피아가 어떤 현실상태를 형성하는 실천활동에 他者로서

77　沃格林,《文艺复兴与宗教改革》,第48-52页,第66-67页。
78　朱迪斯·M. 本内特、C. 沃伦·霍利斯特,同上书,第87页,第101页,第257页,第314-316页。
79　阿尔弗雷德·诺斯·怀特海著:《宗教的形成·符号的意义及效果》,周邦宪译,南京:译林出版社,2012年,第6页,第59-60页,第77页。
80　恩斯特·卡西尔,同上书(2013年),第104页。

무시할 수 없는 영향을 미쳤음을 알 수 있다.

　여기서 他者를 다음과 같이 개념화를 한다. 어떤 행동주체의 생존과 발전 과정에서 상대방의 존재를 분명히 인지하고 상대방을 '선택'함에 따라 他者가 결정된다. 여기서 상대가 자신이 他者로 '선정'된 것을 인지하고 있는지 심지어 이런 他者가 진실한 존재인지도 중요하지 않다. 중요한 것은 행동주체가 이 他者를 통해 자신을 돌아보고 他者와의 비교를 통해 自我를 인식하며 자신을 새롭게 만들어 가거나 자신의 행동을 조정하는 것이다. 이로부터 새롭게 정의된 自我와 他者에 따라 이 他者에 상응한 태도나 행동을 취한다. 따라서 他者는 사실상 관계적 개념이며 이러한 관계성은 행위주체가 스스로 결정한 것이다. 또한 특정 주체나 그 이미지가 이 행위주체에게 아무리 중요하다 해도 이 행위주체가 외면하거나 의식하지 못한다면 이러한 관계성은 성립될 수 없다. 그것은 이 행위주체의 自我인식에 아무런 도움도 되지 않기 때문이다. 결국 他者는 自我를 중심으로 한 '창조물'이며 自我가 자신을 위해 어떤 상대에 주목한 결과다.

　이상의 논의를 바탕으로 우리는 他者와 그 효과는 인류사회의 공통적인 현상이며 인류역사의 발전에 매우 광범위한 영향을 미쳤음을 알 수 있다. 따라서 이를 하나의 보편적인 원리라고 보아야 한다. 그러나 他者의 이러한 효능은 전통국가와 현대국가 사이에 중대한 차이가 있다. 여기서 말하는 他者는 국가의 대립면에서 독립적으로 존재하며 중요한 영향력을 행사하는 '창조물'의 차원에서 논의된다. 이것이 바로 우리가 이미 여러 차례 언급한 유럽의 민족국가와 함께 출현한 사회다.

　동아시아에서는 애초부터 국가에 상대적이면서도 '私'와 다른 '사회'라는 개념이 없었다(동아시아에서 일반적으로 사용되는 '사회'라는 단어는 일본이 서양에서 차용하여 한자로 명명한 것이다. 엄복은 스펜서의 〈사회학 연구〉를 〈群學肄言〉으로 번역했다). 이것을 우리는 중국의 오랜 관념에서 이해할 수 있다. 즉 '하늘 아래 왕토가 아닌 곳이 없기(普天之下, 莫非王土)' 때문에 중국에서 왕권의 관할권 밖에 또 다른 세상이 있을 수 없으며 이와 관련된 관념을 갖는 것은 불가능하다. '왕토' 안에서 숨막히는 갑갑함을 이기지 못해 '江湖'나 〈水滸〉와 같은 가상의 무협(武俠)세계를 창작한 것 외에는 말이다. 동아시아 삼국에서 官場 밖의 사람들은 통치와 교화의 대상에 불과할 뿐 전혀 독립적이고 自在적인 실체로 이해되지 않았다. 마찬가지로 '제국화 기독교' 세계에도 독립적인 '사회'가 없었다. 이는 神이 他者인 대통일주의 시대였기 때문이며, 중세에서 종교와 정치의 두 개 다른 영역을 구분할 줄 몰랐던 원인도 여기에 있다.

실제로 유럽은 17세기에 이르러서야 개인성과와 집단성취를 구별하게 되었으며 19세기가 되어서야 '개인주의'와 '사회주의' 또는 '집단주의'라는 용어가 등장하고 서로 대립하게 되었다.[81] 사회를 독립적인 존재로 간주하는 견해는 그것을 경제로 보는 것이었으며, 경제는 더 이상 왕국의 통치자가 운영하는 특별한 영역이 아니라 자체의 논리에 의해 운행되는 교역시스템이라는 것이다.[82] 여기서 사회는 애초부터 통치자가 자의적으로 좌지우지할 수 없는 실체로 등장했음을 알 수 있다. 유럽에서 '사회'라는 개념이 19세기 후반에 이르러 오늘날의 의미를 가질 수 있었던 원인은 평민계층이 이 시기에 민족국가에 융합되어 동일한 민족국가에 예속된 개체들의 통합체가 이때에 비로소 출현했기 때문이다. 뿐만 아니라 15세기에 인쇄기가 등장하기 전까지는 '公衆'이 탄생하지 않았으며, 19세기 후반이 되어서야 출판물이 모든 사회계층에 파급되었다.[83]

계몽운동과 프랑스혁명은 개량된 인쇄술과 출판업 규제와 밀접한 관련이 있으며, 독일의 '독서혁명'과 탈 神聖化 및 프랑스의 출판물과 세속화 사이에도 밀접한 연관성이 있다.[84] 17세기 말 신문이 런던생활에서 없어서는 안 될 존재가 되었고 그 시기의 중요한 신문인들의 공통된 특징은 특정 정당에 대한 충성이었다.[85] 이러한 충성은 公民의 참정권과 밀접히 관련되었기 때문에 어떻게 하면 일반인들이 '민족'에 대한 소속감과 충성심을 높일 수 있을까 하는 문제는 이 시기 첫 번째 정치적 의제로 되었다.[86] 18세기 말 독일에서는 독서대중의 등장과 함께 비판적 기능을 가진 공공영역이 등장했고 그 '비판'이 바로 '여론'으로 표현되었다.[87]

윗 상황에서 알 수 있듯이 유럽은 종교개혁으로 인한 혼돈의 시기를 지나 신문산업과 출판산업이 번성하여 사람들 사이의 소통의 폭이 갑자기 넓혀지고 현대적 의미에서의 '公衆'과 '사회'가 이로부터 산생되고 발전한 것이다. 관념의 근본적인 변화

81　诺贝特·埃利亚斯, 同上书 (2008 年), 第166-167页。

82　查尔斯·泰勒著：《现代社会想象》, 林曼红译, 南京：译林出版社, 2014 年, 第140页。

83　热拉尔·努瓦利耶, 同上书, 第7-8页, 第13-14页。

84　프랑스 혁명과 인쇄술 및 출판업 간의 긴밀한 관계에 대해서는 罗杰·夏蒂埃, 同上书, 3 장, 4 장, 5 장을 참조하라.

85　雅克·巴尔赞, 同上书, 第370页。

86　埃里克·霍布斯鲍姆, 同上书, 第135页。

87　哈贝马斯著：《公共领域的结构转型》, 曹卫东等译, 上海：学林出版社, 1999 年, "1990 年版序言" 第3页, 第24页。

를 실현한 후에야 他者의 효능이 비로소 그 가치를 충분히 발휘할 수 있었으며, 이것이 바로 평등한 지위를 얻은 수많은 他者들 사이의 상호 작용으로 촉발된 거대한 에너지다. 사회의 근본적인 변혁을 촉진한 것은 바로 평등한 지위의 他者들의 상호 작용이며, 이로부터 유럽민족국가가 최종적으로 구축되고 계속 발전하게 되었다. 앞서 인용한 보겔린의 말에 따른다면 사회가 제국체제 무덤 속에서의 긴 잠에서 깨어나 독립적인 존재의 지위를 획득하면서 그것과 권력조직과의 상호 작용이 발생했고 이로부터 인류는 현대화의 단계로 진입할 수 있었다.

동아시아에서 일찍 종이제조 기술과 인쇄술이 널리 사용되었다는 것은 잘 알려진 사실이다. 그런데 동아시아에는 왜 '사회'나 '公眾'이 출현하지 못했는가? 당시 낙후된 인쇄기술 등의 영향도 배제할 수는 없겠지만 더 중요한 원인은 체제와 기제 및 이와 관련된 관념에 있다. 중국의 정치 전통에는 '반지성주의' 경향이 있고 그 정치적 핵심은 尊君卑臣의 최고 원칙으로 요약할 수 있으며 '관귀민천'의 관념도 있다.[88] 또한 그 시기의 文言文(앞에서 언급한 '신문화운동'에서 언어개혁을 추진하기 전까지 중국 고대로부터 사용되었던 서면언어로 구성된 문장) 또한 '사회'나 '公眾'의 출현에 중요한 장애물이 되었다. 그러나 이것은 결코 언어와 인쇄술로 환원될 수 있는 문제가 아니다. 우리는 조선에서 일찍이 배우기 아주 쉬운 한글을 갖고 있었고 고려로부터 금속활자인쇄 기술을 물려받았음을 알고 있다. 하지만 사대부들은 한글을 거들떠 보지도 않았다. 이러한 현상은 한문(漢文)에 능숙한 것이 자신들의 우월한 지위를 나타내고 특권을 유지할 수 있었기 때문으로 풀이된다. 반대로 한글은 여성, 어린이 또는 백성들에게만 어울리는 것으로 간주되었다. 또한 조선에는 붕당정치 전통도 있었지만 백성들은 정치에서 배제되고 교화의 대상이었기 때문에 신문이라는 형식을 통해 정당에 대한 '충성'을 독려할 필요도 없었다. 다만 '충효'에 관한 소책자를 편집해 백성들더러 읽게 했을 뿐이었으며(그러나 농업에 관한 책자와 외부세계에 비밀로 된 군사교본 등을 한글로 발간했다), 공적인 문제에 관한 토론이나 관련 정보의 전달에는 쓰이지 않았다.

청나라 말기와 중화민국 초기에도 '백성이 미개하기 때문에 민주주의는 적합하지 않다'고 말하는 사람들이 적지 않았다. 그러나 백성이 개화되지 못했다고 탓할 것이 아니라 이를 위한 튼튼한 제도보장이 왜 없었는지를 반성해야 한다. 칸트가 발견한

---

88 余英时, 同上书 (2006 年), "反智论与中国政治传统"、"'君尊臣卑'下的君权与相权"。

바와 같이 대중에게 자유가 주어지는 한 그들 스스로 계몽하는 것은 거의 불가피하며 소위 미성숙(즉 몽매, 무지)은 다른 사람의 지도 없이 자신의 이성을 사용하려는 결단력 과 용기의 부족이다. 그러므로 이러한 미성숙은 스스로 자초한 것이며, 때문에 계몽의 모토는 용기를 갖고 자신의 이성을 활용하는 것이다.[89] 이로부터 대중이 무지의 상태 에서 벗어나지 못했다면 그것은 아직 자유를 얻지 못했거나 '주인'의 지위를 위해 싸 울 용기가 부족했기 때문이라고 간단히 추론할 수 있다.

위에서의 논의에서 他者원리는 인간사회에 보편적으로 존재하는 것이지만 전통 국가와 현대국가에서 완전히 다른 정신원칙과 사회제도를 반영하고 있음을 알 수 있 으며, 이것은 공공토론이 현대국가에서 갖는 의의에서 뚜렷이 나타난다. 역사적 논리 의 시각에서 본다면 공공영역은 유럽민족국가가 의도적으로 설계하거나 만든 것이 아 니며, 인간의 자주성과 자유권리가 확립되고 이성주의의 승리와 세속성의 확산으로 얻어진 부산물이다. 그러나 인간의 주체성과 자유에 기반한 공공영역이야말로 현대 국가의 주요 특징이다.

시대를 막론하고 여론에는 각종 의지가 뒤섞여 통일적인 의견이 결여되어 있기 때문에 헤겔이 말한 것처럼 여론을 중시하면서도 일고의 가치도 없다는 태도를 취하 는 것이 필요할지도 모른다. 그는 일고의 가치가 없는 것은 여론의 구체적인 의식과 표현이지만 중시할 가치가 있는 것은 구체적인 표현에 어렴풋이 반영된 본질적인 기 초라고 말한다.[90] 여기서의 문제는 이 모호하고 구체적인 표현에 반드시 존재하는 '본 질적인 기초'를 어떻게 알 수 있느냐 그리고 그것을 알 수 있는 경로가 있다면 이를 어 떻게 보장하느냐다.

인간의 위대함은 無中生有의 능력에 있다고 말할 수 있다. 인간이 아닌 다른 동물 들은 이런 능력이 없다는 것을 우리는 알고 있다. 다른 동물들이 도구를 사용하고 서 로 교류하는 어떤 능력을 갖고 있다 하더라도 시공간을 뛰어넘는 방식으로 추상적인 언어로 광범위하게 지식을 전파하는 능력이 있다고 말하기 어려우며 無中生有의 능력 은 말할 것도 없다. 그리고 인공지능이 아무리 발달해도 인간이 만든 작품일 뿐이다. 그러나 인간의 능력도 완전히 無中生有하는 것이 아니라 어떤 측면에서 관찰하고 정

---

89 伊曼纽尔·康德, 同上文, 詹姆斯·施密特编, 同上书, 第61-62页。

90 黑格尔著：《法哲学原理》, 范扬、张企泰译, 北京：商务印书馆, 1979 年, 第332页, 第334页。

제하고 축적한 지식을 바탕으로 다양한 사물의 속성을 이해하고 그 사이의 어떤 논리적 연결을 찾을 수 있기 때문에 가능하다. 이렇게 얻어진 지식과 관련된 실천활동을 통해 다양한 사회實在와 인간에게 필요한 각종 물품을 생산하고 불필요한 것은 파괴하거나 폐기한다. 無中生有는 이 과정에서 발현되는 창조적 능력이며, 이로부터 인간은 무궁무진한 가능성을 갖게 되었다.

행동과 의지는 인간이 공유하는 것이지만 책임은 시대에 따라 다른 내용을 가지며 이러한 차이로 인해 사람들의 행동과 의지도 다르게 표현된다. 국가적 차원에서 이러한 차이의 근본적 원인은 전통국가의 위계질서와 백성의 권리가 없는 상태에 있다. 사람들의 의지와 행동은 이에 따라 현저한 의존성을 띠게 되므로 인간의 자주성이 심각하게 저해된다. 이는 사실상 독립적 인격으로서의 책임이 박탈되었거나 책임이 항상 적절한 '위'에 있는 상태다. 우리는 동아시아 전통국가에서 아주 많은 '자주성의 적'들을 보았다. 이러한 사회에서는 인간의 자주성이 있을 수 없으며, 자주성의 중요한 가치는 바로 인간 존엄성의 구성요소라는 데 있으며, 도덕과 정치적 가치를 갖고 있는 자주성은 인권의 근거 중 하나다.[91]

위에서 보다시피 전통상태에서 공동체의 질서가 주로 수직적으로 짜여 있었고 그것이 평등권을 기반으로 다양한 매체를 통해 공적 문제에 대한 광범위한 어떤 견해가 형성될 때 공공영역이 출현했다. 공공영역은 국가와 구별되는 '私'적인 영역일 뿐만 아니라 결사단체의 발전 및 상대적 개방성과 자치를 특징으로 하며 다중적이다.[92] 그러나 이러한 결사단체의 목적이 권력을 얻기 위함이나 정치권에 진출하기 위한 것이 아니다. 사람들은 자신들이 직면한 문제를 해결하기 위해 자치적으로 조직하거나 자치적인 상태에서 권력의 향방이나 정치영역의 운행에 영향을 미친다. 공공영역은 정치 밖에서 정치에 구속력이나 강력한 압력을 가하고 정치가 대중의 의사에 따르도록 강요한다. 공공영역이 취하는 방식은 비판적인 이성토론을 통해 어떤 합의를 형성하는 것이며, 이 과정은 언론자유를 전제로 할 수밖에 없다. 썬은 자유로운 언론의 부재와 의사소통 능력에 대한 억압은 사람들의 삶의 질을 직접적으로 떨어뜨리며, 반대의견

---

91 여기서 말하는 '자주성의 적'이란 교화, 세뇌, 지배, 조작, 복종, 순응, 낡은 틀에 얽매인 것과 어떤 형태의 유치함 등이다. 詹姆斯·格里芬著 《论人权》,徐向东、刘明译,南京：译林出版社,2015年,第181-182页,第187页。
92 S.N. 艾森斯塔特,同上书 (2008年),第475页。

에 대한 관용은 공공이성을 실천할 수 있는 기회의 핵심이라고 지적한다.[93] 벌링은 관용이 없다면 이성적 비판과 합리적인 비난의 조건이 파괴되며, 이는 곧 선과 악의 구별을 말살하는 것이며 집단적 도덕과 이성 및 지혜의 자살과 같다고 경고한다.[94] 위의 두 학자가 말한 '관용'은 사실 공공영역이 존재할 수 있는 기본조건이다.

自我와 他者 그리고 他者 간의 상호 작용을 통해 국가라는 정치공동체는 지속적으로 개선될 수 있으며, 이 상호 작용 과정에서 형성된 합의는 정권의 합법성을 위한 주요 기반이 된다. 이러한 합법성을 바탕으로 국가와 사회의 효과적인 상호 작용이 일어나고 국가로 하여금 장기적인 활력을 유지할 수 있게 한다.

權柄은 소수만이 장악할 수 있고 수직적으로 전달되는 정보와 지시가 왜곡될 수 있으며 소수의 한계로 인해 이익의 표달과 지혜를 동원하는 면에서 미흡할 수밖에 없다. 이러한 한계를 보완할 수 있는 유일한 방법은 공공영역을 확대하고 관련 제도를 개선하는 것뿐이다. 그 중점은 충분한 정보교류와 이성적 토론이며 이로부터 사회질서에 대해 공개적인 반성을 할 수 있고 여론에 존재하는 '본질적 기초'를 밝힐 수 있다. 이 문제에 관해 아렌트의 아래와 같은 경고를 기억해야 할 것이다. 사람들에게 '公民으로서 행동할 수 있는 기회'를 건립해 주지 않는 것은 공화국의 치명적인 위험이다. 그는 이것이 〈미국독립선언〉의 주요 기안자인 제퍼슨의 발견이라고 말한다.[95]

이상에서 논의된 전통국가와 구별되는 현대국가의 주요 내용은 국가적 차원과 정치적 질서에만 국한되는 것이 아니다. 보다 근본적인 의미는 책임과 연결된 자유를 기반으로 한 상호 작용에서 인간의 창조성은 현대사회에 무한한 가능성을 실현할 수 있는 기회를 제공한다는 데 있다.

---

93 阿玛蒂亚·森, 同上书 (2013 年), 第310页, 第312-313页。

94 以赛亚·伯林著：《自由论》, 胡传胜译, 南京：译林出版社, 2011 年, 第233页。

95 汉娜·阿伦特,《论革命》, 第236-237页。

6   소결

한 국가의 현대화는 현대성의 실현정도에 달려 있다. 그러나 현대성의 함의는 국가현대화에 대한 연구가 단순한 국가적 시야를 넘어설 것을 요구한다. 즉 관념적 세계, 사회의 자기조직화 및 국가와 사회의 상호 작용을 포함한 다른 분야로의 확장이 필요함을 의미한다.

우리는 민족국가와 국민국가의 형성과 발전이 동아시아와 구미에서의 전혀 다른 과정을 보았다. 유럽민족국가의 구축과정이 그 문화적 전통과 역사적 궤적으로만 설명될 수 있듯이, 동아시아의 민족국가와 국민국가의 분리도 이러한 기본 전제에서 벗어나 설명될 수 없다. 또한 국민국가는 민족국가(제2차 세계대전 후에 확립된 주권국가 의미에서)가 실현해야 할 목표다. 국민국가는 그것이 구현하는 매개 구성원의 인간으로서의 존엄과 가치 때문에 반드시 실현되어야 할 뿐만 아니라, 더 '功利'적인 시각에서 본다면 국민국가가 갖고 있는 가치로 인해 민족국가의 번영과 부강을 실현할 수 있기 때문이다.

국가에 관하여 필자는 네 가지 상으로 요약했는데 이러한 상은 국가를 고찰하는 서로 다른 시각이라 할 수 있다. 그러나 어떤 국가든 간에 그 완성도는 주로 '제도의 場'의 건설 정도에 달려 있다. 국가에 관한 이러한 이해를 통해 우리는 국가건설의 다양한 측면과 중점 사항을 보다 명확히 할 수 있다. 더 중요한 것은 이미 제정된 제도는 모든 정치행위자에 대해 상대적인 객관성을 얻게 될 것이며, 이러한 제도의 객관성이 그 권위적 지위를 유지한다면 '도구성'과 결합되어 국가로 하여금 구체적 행위자와 상대적인 公器의 지위를 가질 수 있게 한다는 것이다. 이것은 또한 公器로서의 국가가 '집단행위자'로서의 국가와 상대적으로 분리되어 있음을 의미한다. 즉 '집단행위자'는 결코 국가 그 자체가 아니며 따라서 법치주의에 기초한 국가는 이로부터 장기적인 안정을 얻을 수 있다. 이러한 시각에서 국가의 公器 지위는 현대국가와 전통국가를 구별하는 주요 징표라 할 수 있다. 뿐만 아니라 전통국가와 현대국가 사이의 제도에 여러 가지 중요한 차이점이 있다. 그것인즉 이 제도적 플랫폼에 오를 수 있는 '신분'자격, 책임관념 및 문책제 등이다. 그러나 본질적으로 국가는 주권을 가진 정치공동체이며 현대국가에서 주권, 정치, 공동체의 가치위상 측면에서 공동체는 최고의 지위를 갖는다.

　　그러나 본 연구의 핵심문제는 전통국가의 현대화다. 유럽과 동아시아의 현대화 진척에서 전현대의 상태, 사회의 성격, 현대국가로의 이행 과정, 제2차 세계대전 후의 기본 상태 등 여러 측면에서 중요한 차이를 보이지만 현대화를 목표로 한다면 반드시 현대성을 실현해야 한다. 현대성이 현대화의 핵심 속성이기 때문이다. 이러한 주장은 현대화로 가는 경로에서 표현될 수밖에 없는 각 나라의 특수성을 부정하는 것이 아니라 이러한 특수성이 현대화의 보편적 논리를 배제하거나 회피해서는 안 된다는 것이다. 적어도 지금까지 인류는 이 보편적 논리와 다른 현대성을 발견하지 못했기 때문이다. 이는 각국이 각자의 현실적 문제를 해결하는 과정에서 보편논리를 확고하게 지킬 것을 요구한다. 보편적 논리는 서양만의 특허품이 아니며 그렇게 될 수도 없다. 그것은 인류지혜의 산물이며 사회발전의 보편성에 대한 개괄이다. 현대문명에는 학자들이 말한 여러 가지 병폐와 파괴의 가능성도 내포하고 있지만, 좋든 싫든 간에 심지어 거센 저항이 있더라도 인류사회 전체가 이미 이 거대한 흐름에 휘말렸으며 어떤 예외도 있을 수 없다. 만약 현대성을 정말로 단호히 거부한다면 결국 도태되거나 인간 진화의 특정 단계에서 '살아 있는 화석'으로 '보존'될 수밖에 없다. 이러한 '비참'한 상황은 오늘날의 세계에서 쉽게 볼 수 있다.

　　현대성의 시각에서 볼 때 밀접하게 연결된 神聖化와 중국식 세속성은 반대되는 방향에서 다음과 같은 두 가지 명백한 추세를 보인다. 한편으로 官方은 갈수록 '위'로 편향되고 능동적으로 사회의 수요에 대응할 수 없게 되며, 하급자는 상급자의 환심을 사는 것으로 이익을 얻거나 승진을 추구할 것이다. 때문에 이런 나라에는 '평범한 악'의 사람들이 넘치게 된다. 근본적으로 '평범한 악'은 자주성이 결여된 표현이다. 자주성을 기반으로 해야만 권위적 명령에 대해 책임 있는 판단을 할 수 있고 사람들이 자유로운 결정에 대해 책임을 질 때에만 그들은 자유롭기 때문이다.[96] '평범한 악'의 위험성은 옳고 그름의 관념이 없지만 진지하고 능동적으로 어떤 '도구'적 역할을 맡는 데 있다. 한 나라에 이 같은 사람이 많다면 공동체를 개선하는 데 절대로 도움이 되지 않을 뿐만 아니라 권력이 남용될 가능성이 크다. 다른 한편으로 백성들은 점점 더 神聖한 영역에서 제외되고 官方의 '구제'를 수동적으로 기다릴 수밖에 없게 된다. 이러한

96　여기서 언급된 자주성, 책임, 자유 등의 관계에 대해서는 卡尔·波普尔, 同上书 (1986 年), 260-262 쪽을 참조하라.

상황에서 아렌트가 '권력의 신비화'[97]라 부른 것을 벗어나기 어렵게 되며 스스로 책임지는 사회상태를 형성하기는 더욱 어렵게 된다.

그러나 이것은 실제로 권위와 관련된 문제다. 우리는 모든 전통상태와 전통국가에서 神聖化의 근본문제는 그것의 토대를 흔들거나 어떤 질의(質疑)도 할 수 없음을 의미할 뿐만 아니라, 권위의 대상이 맹목적이거나 의심할 수 없는 마음상태를 유지하도록 강요당하는 것을 앞에서 보았다. 이로부터 그 정도에 비례하여 특정 권위에게 책임을 떠맡기는 상태로 굳어질 수밖에 없다.

이러한 시각에서 우리는 王朝輪回의 법칙을 설명할 수 있다. 정치영역의 神聖化로 인해 그리고 모든 사람의 신분을 官場과 사회의 위계질서에 묶어 둠으로써 종적인 신분 유동이 있을 지라도 위계질서 자체는 조금도 훼손되지 않으며, 사람들이 떼지어 '위'로 몰려 들기 때문에 오히려 강화된다. 그리고 백성들은 이 같은 神聖영역에서 배제된다. 그러므로 특정 왕조가 전복되거나 어떤 '고위관리'가 처벌을 받더라도 이 神聖한 영역 자체는 더 神聖한 것으로 재생된다. '하늘을 대신해 도를 행한' 새 왕조가 '無道'한 옛 왕조를 대체하고 이로부터 개국황제의 '文治武功'이 더 두드러지며, 징벌을 받은 '악인'들은 永固한 체제의 '제물'로 되어 그것의 합법성을 강화하는 중요한 기반이 되기 때문이다. 이것이 바로 王朝輪回의 비결이다. 이로부터 이 神聖영역은 예전과 같이 유지될 뿐만 아니라 더욱 견고해진다. 神聖化로 지탱되는 전통상태나 전통국가의 권위가 부정되지 않는 한 王朝輪回의 운명은 피할 수 없다.

확실한 것은 국가의 公器적 지위를 보장하는 전제하에서만 王朝輪回를 완전히 벗어날 수 있다. 그 이유는 간단하다. 극히 소수의 사람들만 진지하게 자신의 왕조를 돌보는 왕조체제와는 달리 국가가 公器인 상황에서 公民이 평등한 권리를 가지기 때문에 국가를 '우리 자신의 것'이라고 인정할 수 있다. 또한 법치원칙하의 경쟁기제와 문책제 등은 국가를 훔칠 가능성을 차단한다. 그리고 현실정치와 떨어져 있는 국가의 위상은 국가로 하여금 특정 정치세력의 흥망성쇠 자체와는 아무런 관련이 없게 한다. 이것은 또한 그러한 국가의 생명과 활력이 公器를 지탱하는 '다수의 의지'에 달려 있음을 의미한다. 그리고 이러한 '다수의 의지'가 실제로 국가의 인정을 받을 때 민중은 국

97 汉娜·阿伦特, 同上书(2006 年), 第363页。'평범한 악'에 대해서는 그의 同上书, 2017 年, 德文版序言(10 쪽), 268 쪽, 306 쪽; 그의 또 다른 책《责任与判断》, 130 쪽, 153 쪽을 참조하라.

가가 '우리 자신의 것'이라는 믿음을 가질 수 있다.

자유는 책임을 위해 필요하고도 충분한 것이며 실제로 개인이 가진 능력은 사회제도의 성격에 따라 달라지기 때문에 국가와 사회는 관련 책임에서 벗어날 수 없다.[98] 국가와 사회가 이러한 자유권리를 보장할 때에만 사람들은 공적 문제에 대한 논의를 전개할 수 있고 公民사회의 자치와 자기책임의 상태를 형성할 수 있다. 이것이 바로 공공영역이다. 위계의 억압을 받거나 官方에 짓밟히는 전통국가와 사회는 원천적으로 공공영역이 산생할 수 있는 가능성을 막아버린다. 이것이 神聖化의 근본적 위해이며 이른바 '미성숙'은 실제로 이 神聖化의 결과다. 때문에 탈 神聖化는 공공영역에서만 달성할 수 있으며, 그곳에서만 無中生有를 할 수 있는 인간 고유의 능력이 충분히 발휘될 수 있다. 자유 및 자주와 관련된 해방의 의미는 바로 여기에 있으며, 그것은 결코 사치한 요구가 아니라 현대화를 위해 필수적인 것이다.

사토는 유교에서 인권의 개념을 찾아 보기 어렵다고 말한다.[99] 이 견해를 동아시아는 서양문명과 접하기 전까지 자주성이나 자유권 같은 관념들이 존재해 본 적이 없었다고 더 '과장'해 말할 수도 있다. 그러나 서양도 동양과 다르지 않다. 소크라테스, 플라톤, 아리스토텔레스에게서 볼 수 있는 것은 기본적으로 질서, 우정, 정의와 불의, 미덕, 지혜, 중용, 선택과 자유 및 책임, 공동체 또는 도시국가와 그 제도에 관한 내용이지만 인권에 관해서는 찾아볼 수 없다.[100] 뿐만 아니라 기독교는 神 앞에서 평등하다고 설교했지만 수 세기 동안 노예문제에 관심을 두지 않았다.[101] 물론 우리는 고대현자들이 미래세대를 위해 모든 것을 생각해 주기를 기대할 수 없고 그들이 천재일지라도 오늘날의 시각으로 고대인들에게 무리한 요구를 들이댈 수도 없다.

사실 인권에 대한 담론은 1486년에 발간된 미란돌라의 '인간의 존엄을 논함'에서 처음 등장했으며 오늘날 우리가 이야기하는 인권, 자주, 자유, 평등, 이성 등 개념은 그

98 阿玛蒂亚·森著：《以自由看待发展》, 任赜、于真译, 北京：中国人民大学出版社, 2002 年, 第285页, 第288页。
99 佐藤慎一, 同上书, 第152页。
100 罗素著：《西方哲学史》(上卷), 马元德译, 北京：商务印书馆, 1988 年, 第十一 - 二十一章; 埃里克·沃格林著：《柏拉图与亚里士多德》, 刘曙辉译, 南京：译林出版社, 2014 年, 第86页, 第106-107页, 第115-122页, 第133-134页, 第175页, 第185-187页, 第259-260页, 第269-270页, 第292-293页, 第358-399页等。
101 汉娜·阿伦特, 同上书 (2007 年), 第140页。

기본적 함의로 본다면 모두 계몽시대 많은 사상가들의 위대한 思辨의 산물이다. 이들 관념은 현대성의 주요 내용이며 이와 관련된 제도도 실천을 통해 점차 확립한 것이지 서양인들이 타고난 것이 아니다. 예를 들어, 의회민주주의의 발상지로 알려진 런던에 서는(로크가 일찍 '자연자유'를 제안했지만 그것을 실천에 옮기기는 어려웠다) 적어도 1793년까지 는 '자유'의 의미가 명확하지 않았다. 이는 쌍네트에 의해 자세하게 설명된 웰커스라 는 사람(그의 특수한 개인생활에 자유의 상징적 의미를 부여)과 그의 지지자들, 즉 웰커스를 의 회 의원으로 되기를 지지하는 사람들을 근거로 한 사실이다.[102] 이로부터 우리는 관념 의 전환이 얼마나 어려운 일인지 그리고 오늘날 진정한 자유를 누리는 사람들에게 자 유가 얼마나 소중한 것인지를 알 수 있다. 또한 정치적 기능을 가진 공공영역은 18세 기 초 영국에서 처음 등장했고 이와 함께 등급회의가 점차 현대의회로 변모했으며 이 과정은 한 세기에 걸쳐 이루어졌다.[103] 사실 현대의회로의 전환은 公民의 자유권리를 근거로 조직된 정치세력들에 의해 구축된 것이고 왕권을 제한할 수 있는 공공기구로 발전한 것이다. 이는 중세유럽의 등급회의나 대의제와 근본적으로 다르다.

또한 전통 시기의 동아시아는 공동체의 질서에 대한 탐구와 윤리와 법률 등의 규 범에 따른 제도건설에서 적어도 현대화를 시작하기 전의 서양에 뒤지지 않았다. 동아 시아 국가들의 문제는 바로 여러 가지 원인으로 인간의 자유권리, 사회, 公衆, 공공영 역 등을 발견하거나 구축하지 못한 데 있다. 이러한 상황이 마르크스를 비롯한 사상가 들이 아시아를 후진적이고 보수적이며 야만적인 민족[104]으로 경멸한 근본적인 이유다. 동아시아의 민족국가와 국민국가의 분리는 다른 시각에서 이 점을 설명한다.

이상의 고찰을 근거로 여기서의 결론은 분명하다. 현대화를 실현하기 위해 神聖 化를 반드시 타파해야 하고 세속성은 사회 전체로 확장되어야 한다. 우리가 구축하고 건설하려는 것은 결코 '신의 왕국'이 아니며, 인간의 일상적 요구를 최대한 충족시키 는 사회와 명백히 공정하지 못한 현상을 제거하는 국가다. 이를 위해 공공영역의 적극 적인 구축과 확장이 필요하다. 우리의 고찰에 따르면 공공영역은 실제로 민주주의와 통하는 개념이다. 이른바 민주주의란 이성토론이 법으로 보장되는 체제일 뿐이며, 인

---

102 理查德·桑内特, 同上书, 第136-147页。

103 哈贝马斯, 同上书 (1999 年), 第68页。

104 볼테르가 보기엔 '야만'이란 모든 인류의 가능성을 실현할 수 없는 민족의 실패한 상태를 가리킨다. 丹尼 尔·J·布尔斯廷, 同上书, 第203页。

간이 공적 문제를 해결하기 위해 노력하고 수많은 시행착오를 거쳐 얻어진 소중한 지식이다. 그러므로 민주주의를 신격화 해 자신의 언행을 정당화하는 聖物로 삼아서도 아니 되고 민주주의에 어떤 꼬리표를 붙여 악마화 함으로써 거부해서도 안 된다.[105] 이런 체제하에서만 공공영역이 형성된다. 민주주의든 공공영역이든 서로 다른 입장과 이익의 다툼, 사람들의 의지와 감정 등을 배제할 수 없기 때문에 여기서의 이성비판이 '순수'한 것일 수는 없으며, 그 누구도 민주주의가 완전무결하다고 말한 적이 없다. 그러나 공공영역이나 민주주의체제하에서만 탈 神聖化의 상태가 진정으로 실현되고 인간중심의 세상이 구축될 수 있다.

　마지막으로 보겔린의 다음 문장에서 탈 神聖化의 진정한 의미를 생각해 보자. 프랑스 국왕은 그들의 치유능력(즉 神跡 , 靈異王權 또는 마법적 치유능력)을 대혁명시기까지 유지했다. 이러한 치유능력으로 상징되는 신성한 왕권의 종말은 민주공화관념의 대두보다 더 음미할 만하다.[106] 적어도 논리적으로 볼 때 왕권으로 상징되는 神聖化를 깨뜨리지 않고는 민주공화관념의 발흥이 있을 수 없다. 의심할 여지없이 탈 神聖化 상태에서만 '위'만 쳐다볼 필요가 없기 때문에 사회생활이 어떤 神聖性도 희석시킬 수 있을 것이며, 이로부터 사람들은 세속의 삶을 마음껏 즐기면서 無中生有의 고유한 능력도 충분히 실현할 수 있다.

---

105 金东日、石绍成, "如何理解国家治理现代化─以民主行政理论为中心", 《中国行政管理》, 2015 年 第 11期。
106 沃格林, 《希腊化、罗马和早期基督教》, 第193页。

제 6 장

결론

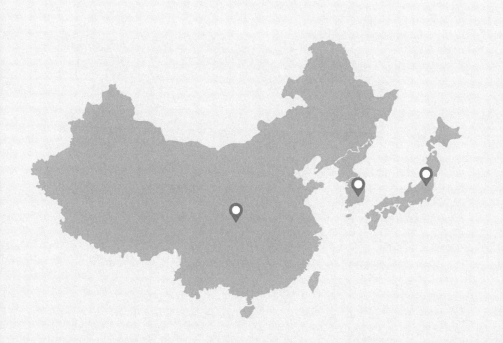

1   기획과 진화의 현대화

우리는 동아시아 국가들이 수 세기 동안 스스로 만족하는 상태에 있었지만 서양 문명과 충돌한 후 자신의 위치를 재조정하고 나라를 재건하는 험난한 과정을 보았다. 그러나 우리가 동아시아 국가들에게 있었던 자랑스러운 옛날과 위기에 처할 때마다 엘리트들이 용기 있게 책임지고 애써 탐색해왔던 사실을 잊지 않았다면, 오늘날 이들 국가가 이룬 성과에 별로 놀라지 않을 것이다. 근본적으로 인간세상엔 기적이란 없다.

'암흑기'를 벗어나 점차 구축되고 건설된 유럽의 민족국가들은 비록 일부는 굴곡진 길을 걸었지만 마침내 모두 현대국민국가의 길로 갔다. 유럽민족국가들의 형성과정에서 실제로 다양한 세력 간의 상호 작용으로 인해 아래와 같은 세 가지 형태, 즉 전제군주제 국가(프랑스), 입헌군주제 또는 부분군주제 국가(영국 또는 저지대 국가), 느슨한 연방제 국가(근대 말기 이전의 이탈리아 또는 게르만어를 사용하는 지역)로 나타났다.[1] 이러한 다양한 국가형태는 당시 유럽의 기본 상황과 다양한 우연적 요인의 영향은 말할 것도 없고 서로 다른 국내 정치세력 간의 관계가 국가의 발전과 특정 형태에 중요한 영향을 미쳤음을 의미한다. 그러므로 유럽국가의 현대화를 진화의 결과로 보아야 하지 기획된 것이라 할 수 없다. 그러나 관념이 인류사회 발전 과정에서 가지는 중요성을 생각한다면 기획이 현대화 과정에 미친 중요한 영향을 배제할 수 없다. 여기서 도출할 수 있는 질문은 현대화와 관련된 문제에서 기획과 진화의 관계를 어떻게 볼 것인가? 이는 사실상 총체적으로 현대화를 어떻게 이해할 것인가 라는 문제로 된다.

발전과 관련된 문제는 현재 상황에 대한 사람들의 이해와 평가, 미래에 대한 어떤 기대 그리고 자신의 과거와 同유형 간의 비교 등 여러 측면과 관련된 화제다. 이러한 시각에서 우리는 현대화의 진보성을 부정할 수 없다. 이 과정에서 발생하는 모순과 갈등 등 문제는 이와 관련된 진보를 통해서만 극복할 수 있으며 그 자체가 발전의 또 다른 원동력이다. 생존하고 환경에 적응하는 과정에서 문제를 발견하고 정의하는 인간 고유의 능력과 개선 가능한 문제를 해결하려는 끈질긴 노력은 발전을 추진하는 진정한 힘이다. 우리는 현대화가 비열한 이익에 의해 추진된 것이기는 하지만 현대성의

---

1   西德尼·塔罗著：《运动中的力量：社会运动和斗争政治》, 南京：译林出版社, 2005 年, 第74-75页。

주요 내용은 계몽시기 및 그 후의 학자들이 '인류를 구하는' 입장에서 또는 각국의 엘리트들이 자기 나라의 발전을 위해 기획한 것에서 왔다는 것을 이미 살펴보았다. 이러한 기획에는 현대성과 관련된 수많은 이론적 혁신과 다양한 제도설계 및 이를 기반으로 이룩한 수많은 성과들이 포함된다.

그러나 이러한 기획능력은 서양만이 갖고 있는 것이 아니다. 슈워츠는 인류事務를 만드는 능력은 적어도 처음에는 윤리엘리트 또는 사상엘리트에게 속해야 하며, 중국의 聖人군자도 사람들의 생활환경을 개조하거나 만들 수 있는 능력을 갖고 있었다고 지적한다.[2] 우리와 멀리 떨어져 있는 聖人과 군자를 언급할 필요도 없이 앞에서 살펴본 동아시아 삼국에서 우리는 낡은 세상을 개조하고 새로운 생활환경을 만들기 위한 기획과 끊임없는 노력의 많은 '증거'를 쉽게 찾을 수 있다.[3] 이에 반해 국가현대화는 유례없는 민족국가를 구축하거나 자기 민족과 나라를 구하는 과정에서 사람들의 이성과 의지의 참여 하에 진화해 온 것이다.

사실 인류역사의 중대한 변화에 관해 기획과 진화를 떼어 놓고 논할 수 없다. 진화에 기획의 요소가 있을 수밖에 없지만 각종 힘의 참여도 있었다. 이는 몽테스키외와 다른 계몽주의 사상가들이 일찍 인정한 '이성과 비이성적 힘의 혼합'으로 이루어진 과정이다.[4] 전체 과정으로서의 진화는 인간의 통제를 벗어난 추세이며, 각종 의지와 힘이 서로 부딪히므로 인해 이성화할 수 없는 '불가항력적인 운동' 과정이다. 다양한 우연적 요인의 개입도 이 범주에 속한다. 그러나 진화에 대한 이러한 표현은 더 나은 세상을 동경하는 노력을 포기한다는 의미가 아니며, 이 '불가항력성'이 인간을 주재하거나 사회를 초월하는 신비한 힘이라고 주장하는 것도 아니다. 오히려 우리가 해야 할 일과 할 수 있는 일, 불가능하거나 전혀 하지 말아야 할 일, 즉 인간 능력의 한계와 인간 양심의 最底線을 인식해야 한다는 것이다. 이러한 측면에 대한 인식도 기획의 일부다. 동아시아 삼국의 변혁과 국가건설을 살펴보는 과정에서 우리는 변혁과정의 인

---

2   本杰明·史华兹, 同上书, 第554页。

3   여기서 한 가지 예만 더 들자면, 오랫동안 중국문화연구와 농촌건설에 헌신한 량수밍이 모택동사상('마르크스주의의 보편적 진리와 중국의 실제를 결합'한 사상)의 형성에 한 중요한 기여다. 이에 관한 내용은 艾恺, 同上书, 139쪽, 203-210쪽, 218쪽, 247쪽; 梁漱溟著: 《我的努力与反省》, 桂林: 漓江出版社, 1987年, 154쪽, 317-319쪽을 참조하라.

4   弗里德里希·梅尼克, 同上书, 272쪽. 아래에 나오는 '포복으로 기어 다니는 상태'에 관한 내용은 이 책의 505쪽에 있다.

과관계를 설명하기 위해 각 나라의 문화와 정치구조 등 요인의 영향을 주로 다루었다. 그리고 각국의 정치주도세력의 이성적 선택도 살펴보았지만 각종 비이성적 행동의 '참여'와 여러 가지 우연성의 '교란'도 보았다. 이것을 인류발전의 진정한 역사로 보아야 한다. 특히 국가구축과 같은 거대한 工程에서 이성의 작용만 강조하는 것은 불가능하며 그렇게 해서도 안 된다.

　　동아시아 전통국가들은 주로 체제특성과 관념체계로 인해 스스로 변혁할 수 있는 가능성을 구비하지 못했으므로 이에 필요한 다양한 관념을 유럽, 미국, 소련으로부터 선택적으로 수입했다. 이것도 기획의 중요한 내용이다. 이 과정에서 관념의 무거운 부담이 없었던 일본은 무심코 유리한 입장에 서게 되었고 중국과 한국은 기존의 관념이 그 국가와 함께 파탄 난 후 다양한 이론과 관념을 차츰 도입하게 되었다. 그러나 형세의 핍박으로 인해 동아시아 국가들은 부강을 '第一要務'로 여겼으며, 그것을 거의 현대화와 동일시했다(현대화이론이 산생된 후에도 적지 않은 학자와 정계인사들은 경제성장 또는 부강을 현대화의 주요 내용으로 여겼으며 이러한 관념은 지금도 여전히 존재한다). 이를 위해 동아시아 국가들은 모두 집권의 길로 갔다. 또한 국가의 변혁은 의식적인 집단행동으로 이루어지는 것이기 때문에 강력한 기획적 요소가 있을 수밖에 없으며 재건하는 국가와 전통국가의 연속성 및 그 시기에 직면한 전반적인 형세도 진화의 중요한 내용이다. 그러나 현대성에 대한 고찰을 통해 우리는 이미 동아시아 국가들의 기획에는 현대성의 일부 핵심내용이 심각하게 부족했었다는 것을 알고 있으며, 이는 동아시아 국가들이 자국의 현대화 진척에 관하여 계속해서 진지하게 기획해야 할 중요한 과제다. 여하튼 동아시아 삼국은 '정부주도 모델'을 통해 부강을 이룩했고 이 역시 기획이 효과적인 영향을 미칠 수 있는 영역들이다. 그러나 부강을 이룰 수 있는 분야에 비하면 사회, 문화, 정치 등 분야의 발전과 제도 구축에서 기획의 필요성과 효과성을 배제할 수는 없지만 이 모델을 통해 이들의 현대화를 실현할 수는 없다. 그것은 이들의 성격과 운행논리는 '정부주도 모델'과 서로 맞지 않기 때문이다. 현대성의 원래 의미에서 본다면 이들의 현대화는 더 근본적이다.

　　본 연구의 제한된 주제로 인해 우리는 정치현대화, 경제현대화, 문화현대화 및 이들 현대화 간의 관계에 대한 보다 구체적인 내용을 논의하지 않았지만 이러한 구별과 연결의 일부 측면은 언급했다. 그것은 사회변혁에 큰 영향을 미쳤던 관념의 근본적 변혁, 인쇄술 및 출판업의 발달이 공공영역의 탄생과 구축에 미친 관건적인 영향 그리고 정치현대화의 핵심내용 등이다. 브로데일은 산업화는 산업혁명과 마찬가지로 사회, 경제, 정치구조, 여론 등 모든 분야와 관련된다고 지적한다. 또한 사회 전체를 산업적 삶의 방식으로 전환시키는 산업운동의 영향은 산업혁명 자체보다 더 광범위하고 현대화는 산업화보다 더 넓은 범위의 총체적 운동이며 경제성장은 역사 전체와 관련되어 있다고 주장한다.[5] 그러나 다른 시각에서 보면 그와 같이 풍부한 역사적 자료에 근거하지 않더라도 이상의 견해는 실제로 이해할 수 있다. 특정 영역에서 발생하는 변화의 규모가 크고 지속되는 시간이 오래 걸린다면 반드시 다른 영역의 어떤 변화를 불러올 것이기 때문이다. 예를 들면, 민족국가의 등장이 민족시장에 대한 촉진적 작용이나 대외확장에 의한 유럽경제의 발전과 기타 중대한 변화 등이다. 서로 다른 영역의 이러한 상호 영향은 근본적으로 인간만이 고유한 无中生有의 능력에서 비롯되는 것이다. 현대화는 바로 인간에게서 일어나는 중대한 변화이기 때문에 어떤 분야의 중요한 변화는 인간생활의 다른 영역에도 영향을 미칠 수밖에 없다. 현대화는 결코 경제영역의 변화에만 국한되지 않으며, 근본적으로 특정 분야에 국한된 중대한 변화는 불가능하다.

그러나 현대화는 경제, 사회, 정치, 관념 등 분야의 근본적인 변화를 포함하고 이들 분야는 필연적으로 서로 연결되어 있지만 같은 것으로 취급하거나 서로 치환할 수 있는 것이 아니며 기계적으로 함께 움직이는 관계도 아니다. 그것은 서로 다른 분야는 고유한 핵심가치와 운행논리를 갖고 있기 때문이다. 그리고 서로 다른 영역의 분화 및 상호 작용 자체가 현대화의 중요한 표현 중 하나다. 이는 다른 영역의 현대화도 의식적으로 추진해야 함을 의미한다. 우리는 이미 일본의 사례에서 특정 분야에 국한된 근대화가 '불균형한' 것임을 보았다. 한국의 산업화 과정에서도 인권 측면에서 상당한 대가를 치렀다. 서로 다른 분야에 남겨진 이러한 결함이나 상처는 이른바 경제현대화 과정에서 결코 자동적으로 치유되는 것이 아니며 그에 상응하는 정도로 민족국가에 부정적인 영향을 계속 미친다.

기술영역과 관료제에서 특히 분명한 '전제'적 경향이나 제도를 통한 '가장 전제'적인 통치 역시 현대화 과정에서의 필요한 진보지만 인간은 이러한 숨막히는 여러 가지 '표준화'에 얽매일 수 없고 그렇게 해서도 안 된다. 그것을 벗어나는 방법 중 하나는 '표

---

5   费尔南 · 布罗代尔, 同上书, 第644-645页, 第682-683页。

준화'가 어려운 다른 분야의 자주적 공간을 의도적으로 넓혀 가며 이들 분야의 특수성에 맞는 제도적 환경을 건설하는 것이다. 이러한 제도수요는 이 분야의 다양한 행위자들의 상호 작용 과정에서 산생되며, 이 같은 전제하에서만 이들 분야의 건설을 촉진할 수 있다. 기술과 관료제와 같은 영역의 현대화가 인간의 행동을 제약한다는 의미에서 소극적이고 보수적이라고 한다면 다른 영역의 현대화는 적극적이고 개방적이다. 이는 이 영역들의 발전이 참여자들의 자주적인 상호 작용에 의해 결정될 것이기 때문이며, 이로부터 진정한 혁신능력을 발휘할 수 있기 때문이다. 이런 점에서 낭만주의 또는 포스트현대주의가 중요한 '전통'적 자원으로 될 수 있다. 인간의 의지와 어떤 공통된 인식을 기반으로 형성 및 전개되는 운동 그리고 독특성에 대한 인식과 깊은 감정적 성찰 등이 국가와 사회에 끊임없는 활력을 불어넣을 수 있기 때문이다. 호크하이머 등은 '현대화가 진행됨에 따라 제도가 사람을 지배하는 권력은 사람이 자연을 지배하는 힘과 함께 커진다'고 말한다. 그러나 이러한 경향은 해당 분야의 지속적인 발전을 촉진하기 위해 치러야 할 대가로 보아야지 그들처럼 '이성적 사회의 합리성은 이미 적합하지 않은 것으로 되었다'[6]고 판정해서는 안 된다. 그리고 '제도가 사람을 지배하는 권력'은 근본적으로 사람에게 달려 있다. 어찌 되었든 다른 분야 현대화의 중요성을 인식하지 못하거나 다른 분야의 현대화를 의도적으로 지연시키는 것은 그 의도가 선의이든 아니든 결국 민족국가의 전반적인 현대화 과정을 지연시킬 것이다.

국가를 포함한 모든 제도공동체는 항상 건설의 과정에 있다. 이러한 지속적인 건설성은 시대의 변화, 他者의 교체, 지식의 축적과 융합적이고 창조적인 성격에서 비롯되는 것이다. 하지만 인간은 반드시 다른 사람들과 함께 생활해야 하며 생활공동체를 꾸려야 한다. 그러므로 문화적 요소와 지식을 계승하고 교류하는 과정에서 사람들은 어떤 비전을 공유하고 그것을 위해 협력하거나 특정 문제나 관심사를 놓고 서로 다투기도 한다. 이것은 기획과 진화가 혼재된 상태다. 문화의 독특함과 이해관계의 배타성으로 인해 인간사회의 분화는 끊임없지만 이 모든 일들이 인간에게서 일어나는 것이기 때문에 인간이 고유한 無中生有의 능력으로 끊임없이 새로운 지식을 만들어 낸다. 또한 끊임없는 소통과 상호 작용을 통해 융합되고 더불어 살아가는 과정 속에서 새로운 세상을 만들어 가며, 특히 현대화가 시작된 이후 이 과정은 종래로 멈추지 않았다.

---

6   马克斯 · 霍克海默、西奥多 · 阿道尔诺著：《启蒙辩证法》, 上海世纪出版集团, 2006 年, 第31页。

이상의 원인으로 인해 서로 다른 민족과 국가 간에 많은 면에서 큰 차이가 있지만 상호 간의 소통을 통해 다른 민족과 국가의 실상을 인지한 후, 여건이 허락하는 조건에서 어떤 지식이나 기술을 모방하고(발전은 말할 것도 없고), 그것을 상응한 분야에 적용한다면 해당 분야의 특정 산출품의 질을 향상시킬 수 있다. 이에 반해 서로 다른 민족과 민족국가의 서로 다른 발전수준을 결정하고 변화되기 어려운 것은 관념형태와 근본적인 제도, 즉 체제다. 이로부터 수많은 민족과 다양한 국가 상태가 출현하게 된다. 그리고 동서양과 동아시아 삼국을 비교하는 과정에서 제도가 공동체의 성격과 운행방식을 결정하기 때문에 제도는 확실히 우열의 구별이 있음을 우리는 보았다. 그러나 생활양식으로서의 문화는 그 민족의 심리적 관습 문제이기 때문에 근본적으로 좋고 나쁨이 없다. 하지만 개인의 자유나 功利에 치중하는 문화가 민주주의 정치와 경제발전에 서로 다른 의미를 가지는 것처럼 어떤 영역의 발전에 도움이 되는지와 같은 구체적인 문제에서 다른 의미를 갖는다. 또한 장기적인 제도적 환경은 그에 상응하는 문화적 전통을 형성하게 되며, 문화도 제도에 중요한 영향을 미친다. 그러나 가소성과 변화가능성 측면에서 양자의 차이는 분명하다. 즉 인간의 기획능력이 제도건설에서 산생할 수 있는 효과가 현저히 높기 때문에 발전을 위해 취하는 행동은 제도에 중점을 두어야 한다.

또한 이는 현대성에 기반한 제도장치 및 이를 기반으로 사람들이 광범위하게 참여하는 공공토론을 통해서만 사람을 바꿀 수 있고 사회의 전환을 이룰 수 있다는 것을 의미한다. 반대로 제도의 구속이 없는 군중운동이나 강제적 '사상개조' 및 군림하는 자세로 '황제의 칙유를 전'하는 것과 같은 조치로는 결코 '새로운 사람'을 육성할 수 없다. '새로운 사람'은 자유를 부여받은 사람들이 스스로 각성하고 자기의 자주적 판단을 함으로써 태어나는 것이지 누구에 의해 만들어 지는 것이 아니다.

인간의 교류가 주로 수직적이었을 때 과거, 현재, 미래에 대한 지식과 의사소통은 매우 제한적이었기 때문에 괴테가 중세를 묘사할 때 말한 것처럼 '인간의 감정과 이성이 땅 위에서 포복으로 기어 다니는' 상태로 되었으며 이것이 전통상태다. 동아시아 삼국의 전통상태에서 우리는 장기적으로 지속적인 윤리규범과 특정 관념의 주입 그리고 현실적인 위계질서와 권력의 억압으로 인해 사람들이 수직적인 의사소통만 할 수밖에 없었음을 보았다. 그러나 이러한 방식은 일방적인 것이기 때문에 진정한 교류가 아니다. 진정한 교류는 쌍방향 또는 다중적 상호 작용이다. 이것이 근본적으로 자유로운[7] 사람들이 전통시대에서 엄중한 제약을 받았던 주된 원인이며, 이로부터 인간이 자연이나 사회를 이해하고 통제할 수 있는 능력을 발휘할 수 없었다.

요컨대 인류가 현대화로 나아가는 과정논리의 시각에서 본다면 현대화는 사실상 지식인 엘리트들의 기획과 국가와 사회의 진화가 뒤섞여진 과정이다. 인류가 장기적으로 축적한 지식과 그 확산, 인간의 존엄을 위한 끊임없는 노력 그리고 교류방식의 근본적인 변화를 위해 지불한 대가, 예하면 충돌, 혁명, 유혈 등 모든 것이 그만한 가치가 있다. 현대화는 인류가 벗어날 수 없는 '숙명'이다.

2 제도화: 蠻力과 至理 사이

인간은 '자연상태'에서 벗어나 생존과 발전을 위해 전쟁 등 여러 경로를 통해 의식적으로 또는 자연적으로 다양한 공동체를 구축했다. 이러한 공동체 중에서 최고의 성과는 국가다. 국가의 구체적 형태가 어떻든 간에 그것은 지금까지 가장 크고 강력한 인간공동체이기 때문이다. 비록 우열의 구별이 있고 전통과 현대의 차이가 있으며 국가의 이름으로 여러 가지 범죄가 자행되어 왔지만, 국가가 정치활동의 최고 작품이라는 것은 부정하기 어렵다. 국가는 인간의 지혜와 힘의 최적의 융합이고 전시다. 바로 이러한 지혜와 힘의 관계에서 제도화의 본질이 구현되며, 이로부터 국가현대화의 진화논리도 설명할 수 있다.

동아시아 삼국이든 유럽이든 모두 오랜 기간의 戰國상태를 겪어왔으며 그것은 힘으로 어떤 질서를 구축하는 시대였다. 중세유럽은 전쟁이 일상적인 상태였다. 당시 대의제를 '발명'할 수 있었던 것은 권력영역의 파편화 때문이다. 어느 계급의 수령이든 사전합의 없이는 어떤 중대한 결정도 내릴 수 없었기 때문에 계층대표들을 통해 모종의 합의를 이룰 수밖에 없었다. 동아시아에서는 왕조교체기와 전쟁 등 혼란한 시

---

7   이른바 근본적 자유란 인간의 본질은 자신의 결정에 달려 있다는 것이며, 창조성과 자유는 인간의 특징, 즉 인간이 인간으로 될 수 있는 특징이다. 인간은 본능의 통제를 '제거'하고 자유를 얻는 것이므로 그것은 동물과 근본적으로 다른 자유다. 이러한 자유는 인간의 내재적 불확실성의 필연적 결과이므로 인간은 자유를 도피할 수 없다. 인간은 생산적인 자기결정의 자유에 '도달'하므로 이러한 자유는 자기파괴의 가능성도 포함한다. 하지만 자유는 인간 '존엄'의 기초이며 동시에 인간으로 하여금 책임이라는 짐을 짊어 지도록 한다. 米夏埃尔 · 兰德曼, 同上书, 第201-203页, 第211页。

기를 제외하고 일찍이 중국의 황권전제주의, 조선의 유교주의 관료제 및 일본의 막번체제 등과 같은 각자의 특색이 뚜렷한 체제를 구축하고 유지했다. 또한 현대화 이전의 동아시아 삼국은 역사상 가장 강력한 정권을 건립했고 오랜 기간 각자의 영토 내에서 안정된 제도질서를 형성했다. 이로부터 제도화와 국가안정 사이에 긴밀한 관계가 있음을 간단히 유추할 수 있으며, 〈베스트팔렌조약〉을 통해 주권원칙이 확립된 이후의 유럽국가들의 상태도 이 같은 견해를 증명한다 하겠다. 사실 제도화는 사회나 국가가 안정된 상태에서만 나타날 수 있는 것이기 때문에 이를 역사적 사실을 통해 '증명'할 필요는 없다.

그러나 그 후로 동서양 사이에 심각한 격차가 발생했다. 때문에 우리는 제도화를 통해 실현한 국가안정은 어떤 성격인지 또는 국가안정을 이룬 제도화가 동서양에 어떤 중요한 구별이 있어 이러한 격차를 초래했는가라는 질문을 던지지 않을 수 없다.

유럽국가들은 주권원칙을 확립한 후 유례없는 규모로 국력을 강화한 것이 특징이다. 여기서 말하는 국력에 18세기 말부터 등장한 경제력과 군사력, 과학기술력 등을 언급할 필요도 없다. 인간의 해방에서 비롯된 국력의 증대를 강조하는 것으로 충분하다. 이러한 상태는 기업조직과 사회조직의 생성 및 발전에 의해 더욱 강화되었다. 이러한 사회와 국가의 상호 작용으로 발생하는 張力이 전체 국가와 사회로 하여금 상상할 수 없는 힘을 갖도록 했다. 우리는 유럽현대화의 진화 과정에서 국가의 통제력을 강화하는 과정이 사회의 조직화와 맞물려 있는 것을 보았다. 이로부터 국가권력이 진지하게 받아들이고 복종해야 하는 공공영역이 형성되었다.

유럽에서 민족국가를 구축한 후 그 범위 내의 정치는 당쟁이 일상사로 된 상태에 접어들었지만 또 다른 시각에서 본다면 이러한 일상적 상태로 인해 국가전체가 지속적인 활력을 확보할 수 있었다. 당쟁을 진행하는 과정에서 어떤 공적 쟁점을 둘러싼 각자의 주장과 그 이유를 충분히 개발하고 동원할 수 있었을 뿐만 아니라 각자의 이해관계도 확인될 수 있었기 때문이다. 이러한 공개적 다툼은 이 같은 논쟁에 직접 참여하지 않은 대부분 사람들의 어떤 가치성향을 의식하지 않을 수 없다. 헌정질서하에서 적법한 절차를 통해 정권을 장악한 정치세력은 자신들의 이념에 입각한 정책을 펼칠 수 있고 선거 또한 여론수렴의 과정이며 이로부터 형성된 합의가 국가와 기타 단체들의 집단행동 기반이 된다. 한 문장으로 요약한다면 유럽민족국가의 제도화는 법치를 근본적인 기반으로 하며, 이로부터 사회를 포함한 전체 국가가 지속적으로 거대한 힘을 보유할 수 있었다.

그러나 앞서 언급한 제도화를 통해 동아시아에서 이루어진 것은 내부적으로 위축되거나 심지어 억압된 질서이며, 이는 각자의 제도를 통해 개인을 심하게 속박함으로써 실현된 기본상태다. 이는 세 나라가 백성들을 정치권에서 배제하는 데서 우선적으로 표현되며, 서로 다른 형태와 정도의 신분계급제도 있었다. 이러한 안정적 상태를 실현하기 위해 동원된 수단은 적나라한 권력과 형법 및 장기적인 도덕교화였다. 우리가 동아시아의 전통국가에서 보았던 보편적인 상태는 바로 전형적인 '제도적 엔트로피'다.[8] 동아시아 삼국의 제도화는 억제기능을 충분히 발휘하여 수 세기의 기본적인 평화를 이룩했다고 할 수 있다. 하지만 전반적인 면에서 본다면 제도의 또 다른 기본기능, 즉 제도가 수행해야 할 격려기능이 심각하게 부족한 것이 특징이다. 이것의 가장 큰 부정적인 영향은 사회의 활력을 심각하게 약화시키는 것이다. 이로부터 국가 전체가 경직되는 상태를 피할 수 없게 된다.

또한 동아시아 삼국의 세속정권이 정신세계를 장악하는 구도로 인해 세속정권의 이념과 상반되는 관념세계와 이와 관련된 조직을 발전시킬 수 없었다. 우리는 동아시아 전통국가에서 정권으로부터 독립된 정신세계가 거의 등장하지 않았음을 보았다. 이는 정치영역의 神聖化와 정권이 정신세계를 통제하는 전통에서 비롯된 것이며, 이 둘의 결합으로 관념 자체의 한계를 돌파하기 어려운 구도로 형성되었다는 데 문제의 심각성이 있다. 심각하게 구속된 정신상태에서 나라가 제도적으로 경직되는 결과는 당연한 것이며 이러한 상태를 스스로 돌파하기는 더욱 어렵다.

위의 동아시아 상황과 대조적으로 유럽은 현대화를 시작하기 전에 행정체계에서 동아시아에 비해 많이 뒤쳐져 있었지만 종교나 정신영역에서의 제도화는 매우 발달되어 있었다. 중세유럽에서는 〈올무스종교협정〉이 채택된 후 정신영역과 현실정치 사이의 차별화가 있었고 이 두 영역의 조직화 정도에서 전자가 후자보다 훨씬 높았다. 현실정치에 구속되지 않은 영역의 대표적 사례가 유럽전역에 퍼져 있었던 교회조직과 그것의 높은 재정관리수준 및 대학과 기타 업종조합의 설립이며 특히 대학이 누렸던

---

8   이른바 제도적 엔트로피란 다양한 외부 개입이나 교란이 없는 상태에서 한 분야의 구조는 자신의 여러 가지 특징을 유지하고 강화하는 경향 및 이로부터 나타난 균형상태를 의미한다. 이는 스스로 유지되는 기제를 통한 행동으로 인해 張力을 잃게 되고, 행동영역에서 구조적 과정의 자동화를 위해 치러야 할 대가다. 埃哈尔·费埃德伯格著：《权力与规则——组织行动的动力》, 张月等译, 上海人民出版社, 2005年, 第121页。

'광범위한 자유'다. 이러한 상황의 출현은 분명히 교회의 개방성과 유럽중세에서 교회의 중요한 지위 및 세속세계의 파편화와 관련이 있다. 유럽의 중세는 실로 '암흑기'였지만 위의 상황은 유럽이 나중에 현대화로 나아갈 수 있었던 가장 중요한 예비자원이 되었다.[9] 자유관념 자체가 장기적인 발전과정을 거쳤고 관련 제도도 현대화가 시작된 후 점차 기본적인 형태를 갖추기까지 거의 300년의 시간이 걸렸지만 정치권력과 상대적인 특정 사회실체가 향유한 자유는 확실히 중세에 뿌리를 두고 있다.

우리는 국가재건 기간 중국엘리트들 사이에서 거의 일치된 합의가 곧 국가의 권력 집중이었으며, 일본과 한국도 다른 방식으로 국가집권의 길로 간 것을 보았다. 동아시아 국가들의 재건과정에 사회조직의 요소가 없었던 건 아니고 각 나라의 여러 시대에 다른 표현들이 있었지만 사회에 대한 국가의 현저한 우월성은 실제로 사회의 자주적 조직화를 심각하게 억압했다. 여기서 국가조직화와 사회조직화는 성격과 범위가 서로 다른 문제이며, 후자가 전자보다 덜 중요하다고 볼 수 없다는 점에 유의해야 한다. 사회조직화가 결핍할 경우 국가권력의 집중은 그것과 상호 작용할 수 있는 힘의 부재 또는 제약받을 수밖에 없는 힘의 상실로 인해 신중히 행동하거나 권력남용과 같은 부정적인 행태를 스스로 제어하려는 동기를 잃을 가능성이 크다. 따라서 국가집권은 전체 국가를 경직된 상태로 가도록 할 가능성이 높으며 권력 또한 팽창되어 왜곡될 수 있다.

동아시아 국가들의 재건과정에서 다양한 세력들의 강제적 개입이 있었다. 이러한 개입은 국가이행방식에 중요한 영향을 미쳤을 뿐만 아니라 국가의 안정적 상태도 이로부터 형성되었다. 제도의 형성이나 구축은 본래 무질서한 상태에서 벗어나기 위한 노력이므로 이 과정에 강압적인 힘의 개입도 설명될 수 있다. 그러나 중요한 것은 이러한 힘의 개입이 이행방식에만 그치지 않는다는 점이다. 이런 개입은 실제로 특정 이데올로기에 의해 인도되는 집단행동이기 때문에 이러한 의도는 반드시 제도에 내재화되어 이행 후 국가운행방식에 영향을 미칠 것이다. 이것이 우리가 이 힘의 성격과 국가재건 주도세력의 이데올로기를 충분히 이해해야 하는 주된 이유다. 국가의 이행방식에 이미 국가운행모식이 함축되어 있으므로 전자가 후자를 결정하는 첫 번째 요인이라 할 수 있다.

---

9   아롱은 서양문화의 본질과 성공의 근원 및 영향의 중심이 자유에 있으며, 이러한 자유는 연구와 비평의 자유로 인해 점차 확대되었고 그중 세속권력과 정신권력의 이원성(二元性), 국가권력의 제한과 대학의 자치는 이러한 자유를 위한 역사적 조건이라고 지적한다. 雷蒙·阿隆著：《论自由》,姜志辉译,上海译文出版社, 2014年,第244页。

국가건설기에는 제도건설과 경제건설에서 관련 지식을 동원해야 하므로 이 과정에 정치논리 외의 다른 힘이 개입할 수밖에 없다. 뿐만 아니라 질서의 안정성은 다양한 제도의 장기적 효과성에 달려있다. 행위자 자신이 스스로 실행할 수 있는 일부 제도를 제외하고 제도를 실행하고 유지하는 기능은 주로 행정부서나 사법기관이 담당하고 있기 때문에 이 과정에서 행정과 법의 역할을 강화할 필요가 있으며, 이를 위해 행정부와 사법부의 독립성은 반드시 보장되어야 한다. 따라서 국가건설이 주요 과제인 시기에는 '다수'의 힘과 의지가 결정적인 영향을 미치는 정치에 비해 합리성과 합법성 그리고 지식을 더 강조하는 행정과 사법체계는 반드시 중요한 역할을 하게 된다.

개혁개방 전의 중국에서 관련 지식과 행정요소가 계획경제체제에 동원되었고 어느 정도의 '제도화'도 있어 보였지만 경제운행은 '위'에서의 지령에 따라 이루어졌다. 그러나 개혁개방 후에는 전혀 다른 제도적 상태를 보여주었고 동원된 지식의 성격과 규모는 그 전과 비교도 할 수 없었다. 하향식 '제도화'도 제도화지만 일방적이고 통일적인 성격 때문에 경제주체들 사이의 자주적인 수평적 상호 작용은 용인되지 않는다. 이는 제도화도 그 구체적 성격을 보아야 하며, 제도화에서 힘과 理가 점하는 비중이 관건이라는 것을 뜻한다. 힘과 理 모두 행위자가 어떤 강제적인 '압력'에 상응한 행동을 취할 것을 요구한다. 하지만 둘 사이의 차이점은, 理에 대한 복종은 실제로 이미 받아들여진 지식과 관련 논리에 대한 자원적인 복종인 데 반해 힘에 대한 복종은 주로 부득이한 상황에서 나타난다는 것이다. 이는 곧 힘과 理 모두 제도화에 내재된 주요 내용이긴 하지만 이 둘이 제도에서 구현되는 관계에 따라 제도의 성격이 달라짐을 의미한다.

정치영역의 운행은 주로 정권과 정책방향을 중심으로 이루어지고 행정영역은 명백히 하향적 성격을 띠고 있다. 그리고 이 두 분야에서 해결해야 할 주요 문제는 전반성을 띤다. 이에 반해 경제영역과 사회영역의 운행은 각자가 추구하는 관심사나 기타 욕구 및 이들을 중심으로 표현되는 다양한 가치선호와 이와 관련된 의견과 요구로 인해 파편화 및 분산적인 성격이 뚜렷하다. 따라서 경제와 사회 영역의 제도화는 이 같은 성격에 맞는 방향으로만 진행될 수 있다. 이러한 경로는 해당 분야의 다양한 주체의 개별 요구를 충족해야 할 뿐만 아니라 관련 요구를 수렴하고 통일된 표현으로 전환될 수 있어야 하며, 이는 경제 및 사회 분야의 자기조직화를 통해서만 달성할 수 있다. 자기조직화를 위한 '표준' 경로는 없다. 헌법이 보장하는 公民의 자유와 권리를 근본적인 경로로 할 수밖에 없으며, 이를 기반으로 실제 문제를 중심으로 스스로 전개되어야 하겠지만 분명히 自在적이고 자치적인 사회적 공간을 전제로 한다.

자기조직화 과정에서 권력과 이해관계가 내포되어 있을 수밖에 없고 인간들의 의지와 감정의 영향도 수반하기 때문에 비이성적 요인에 의한 '교란' 가능성을 배제할 수 없다. 그러나 비조직화 상태와 비교했을 때 조직화 과정에서 의지와 감정 및 개별적 이익이 타협되고 조정되어야 하기 때문에 이성화의 정도는 분명히 향상될 것이다. 또한 다양한 조직이 상호 작용하는 과정에서 자신의 힘으로 목적을 달성하려는 유혹을 떨쳐 버리기 어렵지만 이러한 조직활동은 법제도의 범위를 넘을 수 없다. 제도화에 분명히 부족한 부분도 있을 것이고 비이성적 요소의 개입도 있겠지만 확실한 것은 제도건설 자체가 주로 이성화 과정이기 때문에 제도적 기반 위에서 조직화된 다양한 행위자들의 상호 작용은 반드시 국가 전체의 이성화를 촉진할 것이다. 보편적 이성화는 현대화의 또 다른 표현이다. 이성화와 함께 이루어질 수밖에 없는 자기조직화는 원래 기획적 현대화의 중요한 구성부분이며 후발국들이 반드시 해야 하고 또 할 수 있는 중점이기도 하다. 여기서 중요한 것은 힘과 理 사이의 관계를 어떻게 적당히 안배하여 경제 및 사회 분야가 그들의 특별한 욕구를 충족하고 또 각자의 영역이 전반적으로 효과적인 작동을 할 수 있도록 하는가다. 힘과 理의 관계가 구현하는 것은 합리성의 여부 또는 강제의 성격이다.

사실 여기서 말하는 합리성의 여부나 강제의 성격은 사람들 사이의 교류방식과 이러한 교류방식을 결정하는 공동체의 성격과 밀접히 관련된 문제다. 우리는 사람들의 교류방식이 보편적인 수평적 방식으로 전환될 때 공동체가 다차원적이고 다방향적인 교류방식으로 전환되어 인간이 지식을 습득하고 실천에 옮김으로써 달성한 성과들이 유례없는 발전을 이루는 것을 보았다. 수직적 '교류'는 주로 권력을 통해 형성 및 유지되며 어떤 중심의 지령으로 인해 행위자의 자주성이 활성화될 수 없다. 수직적 방식은 수평적 방식보다 참여자 간의 상호 작용에서 생성되는 활력이 열등할 수밖에 없을 뿐만 아니라 본질적인 차이도 있다. 교류의 빈도와 참여의 질은 행위자들의 자주성과 열정에 달려 있기 때문이다.

그러나 참여는 위에서 언급한 수준에 그치지 않고 실제로 인간사회를 진정한 사회로 발전하도록 하는 근본적인 가치를 갖고 있다. 이를 설명하기 위해 보겔린의 의식(意識)이론을 차용한다. 의식은 인간참여라는 實在이고 비대상적 實在이며 항상 어떤 것에 관한 것이다. 세상은 實有의 객체가 아니라 引得한 것이다. 헤라클레이토스는 Logos, 즉 大道와 言說을 모든 사람이 인간으로서 그것에 참여하는 '공통적인 것'으로 묘사했으며 따라서 그들에게 어떤 명석한 同道와 同意를 요구한다. 모든 참여는 자신과 그 특징에 관한 지식이라는 구성요소를 포함한다. 그러므로 참여 없이는 지성(智性)의식의 최대 밝힘(顯亮)을 얻을 수 없으며, 진실된 實在적 광경을 얻기도 어렵고 지식모식의 전환은 더욱 이룰 수 없다. 통찰에서 얻어진 지성체험의 식견은 동시에 의식과 지성이라는 두 가지 참여의 여러 끝점을 모두 포함하는데, 지성체험의 實在에서 이들은 긴밀히 연계되고 합쳐져 實在적 광경이라는 전체 진실이 된다. 또한 의식은 육체의 생존을 기반으로 하며 이는 사회적 생존의 기반이기도 하다.[10]

육체는 개별적이고 의식이라는 참여實在는 '비대상'적이므로 언어를 통해 '기억'하거나 다른 사람과 공유하지 않는다면 '비實在'로 변한다. 또한 육체를 기반으로 한 개별의식이나 지성참여의 제끝점이 同道와 同意로 연결되려면 의식교류, 검증, 승화, 정제화 등 과정을 거쳐야 한다. 이는 참여가 반드시 조직되어야 함을 의미한다. 그렇지 않으면 의식의 개별성과 지성참여 제끝점의 산만하거나 순간적인 특성(적어도 그 '초급' 단계에서)으로 인해 지성의식의 밝힘이 어렵게 된다. 이는 인간에게 있어서 言說의 중요한 가치를 보여주는 것이다. 각 육체의 참여능력을 높이고 그 한계를 극복하기 위해 참여로서의 의식의 밝힘이 실현될 수 있는 사회적 조건이 확보되어야 하며, 이는 개별적인 육체의 교류와 육체들의 조직화를 통해서만 달성될 수 있다. 여기서 언급된 사회적 조건 중 가장 중요한 것은 육체의 사상자유와 언행을 통해 자신의 의사를 표현하는 자유 및 이와 관련된 제도적 보장이다. 이것 없이는 참여나 지성의식의 밝힘이 있을 수 없다.

인간은 함께 살아가야 하고 이를 위해 공동체의 일정한 질서가 이루어져야 한다. 이는 다양한 힘의 강제성을 통해 구축되고 유지되지만 힘만으로 분명히 충분치 못하다. 힘의 행사자의 지위에 대한 합법성은 반드시 힘이 향하는 사람들에 의해 널리 인정되어야 하므로 공동체의 기본질서는 제도를 통해서만 구축되고 유지될 수 있기 때문이다. 공동체의 점진적인 확장과 함께 인간의 육체적 생존은 이전 상태에 비해 전반

10   沃格林著：《记忆——历史与政治理论》, 朱成明译, 上海：华东师范大学出版社, 2017年, 第382页, 第404页, 第407页, 第426-427页, 第439页, 第441页, 第443页, 第474-475页。

적으로 확실히 개선되었다. 그러나 주로 수직적으로 구축된 전통질서는 참여의 질을 제한했다. 이 상태를 깨뜨린 것이 해방이다. 앞서 언급했듯이 인간의 위대한 힘은 無中生有의 능력에서 나온다. 하지만 보겔린의 의식이론에 따르면 이 능력은 참여라는 의식實在가 해방되어 분출된 것이다. 그리고 육체의 신분적 차원에서 이 능력은 해방을 통해 수많은 自我들이 他者의 '승인'을 받음으로 인해, 개개인이 모두 평등한 '주인'이 되어 상호 간의 효과적인 작용 과정에서 표출된 것이다.

인간은 언어논리를 통해 자신의 의식을 조직화 함으로써 세계를 引得하고 자신의 생존과 발전에 적합한 환경을 구축하고 건설한다. 또한 육체의 조직화를 통해 새로운 사회행위자를 형성하고 그 안에서 이루어진 제도화가 일치된 행동을 가능하게 했을 뿐만 아니라, 의식으로 하여금 단일 육체보다 더 강력한 지식의 '구성요소'를 갖도록 했다. 이러한 새로운 행위자 및 육체들 사이의 상호 작용은 引得하는 세계를 무한히 확장할 수 있게 한다. 세계는 확실히 實有의 객체가 아니며, 인간의 참여하에 발견되거나 창조한 것이다. 이 말은 분명히 객관세계의 존재를 부인하는 것은 아니지만 인식되지 않은 객관세계는 주체에게 무의미한 것이며 의식을 통해 引得된 객체만이 인간에게 그 존재가치를 지닌다. 예를 들어, 수나라 때 이미 '은허(殷墟)'에 글자가 새겨진 갑골이 있다는 것을 알았지만 그 당시 고고학이 존재하지 않았기 때문에 19세기 말에 이르러서야 갑골문에 대한 중대한 발견을 하게 된다.[11] 즉 갑골문의 진정한 가치를 이때서야 引得한 것이다. 實有의 세계를 引得하는 과정에서 육체적, 의식적, 언어적 등 어떤 형태든(조직화 과정에서 이러한 몇 가지 형식은 실제로 밀접하게 결합된다) 조직화가 관건적인 역할을 한다. 이러한 조직화는 제도화를 통해 사람들의 참여가 밝힘을 이룰 수 있는 사회적 조건을 실현한다. 이로부터 제도화는 인간사회의 발전정도를 가늠하는 척도이자 그 정도를 결정하는 주요 요인이라 할 수 있다. 제도화의 차이는 인간행동의 유형을 설명할 뿐만 아니라 행위자마다에 서로 다른 의미와 존재가치를 부여한다. 따라서 인류문명의 진전과 국가의 우열 정도는 모두 제도화의 성격과 정도에서 구현되며 제도화가 반영하는 것은 힘과 理의 관계다.

인간공동체에서 힘과 理의 극단은 만력(蠻力)과 지리(至理)라 할 수 있다. 그러나 순수한 만력은 존재하지 않는다. 제도의 이성화 정도가 어떠하든지 모든 사람은 함께 살

---

11 李济著：《安阳》, 上海人民出版社, 2019年, 第1-2页。

아야 하고 이러한 생활은 사람들이 수용하는 어떤 제도적 환경 속에서만 실현될 수 있기 때문이다. 지리도 존재할 수 없다. 인간은 결코 이 상태에 도달할 수 없기 때문이다. 따라서 제도화는 만력과 지리 사이의 어느 지점에 있을 것이다. 인간공동체는 만력이 제도에 가두어지는 과정에서 보다 개선된 상태로 나아가며 이 과정이 구현하는 것은 정치과정의 이성화다. 인간이 더이상 같은 종에게 순수한 만력을 행사하지 않는다는 것은 동물의 왕국을 벗어났음을 의미한다. 그 후로 줄곧 理가 강화되는 과정을 걸어왔으며 이 과정은 또한 제도가 점진적으로 개선되는 과정이기도 하다. 이러한 시각에서 현대화는 다름이 아니라 궁극적으로 理가 힘을 극복하는 과정이라 할 수 있다. 앞서 살펴본 전통과 현대의 주요 차이점과 여기서의 제도화 논리를 근거로 힘과 理 사이에 역전 분수령이 있다고 상상할 수 있다. 이로부터 이 부분에서 다음과 같은 결론을 도출한다. 理 또는 제도화가 인간공동체에서 힘을 넘어서는 분수령과 그 정도가 곧 현대화의 실제 상황이다.

3 권위와 지식인 엘리트

유럽은 〈올무스종교협정〉을 맺으면서 공식적으로 권위와 권력의 분리를 실현했으며, 민족국가를 건설하는 과정에서 법치로 교회의 권위적 지위를 대체했다. 그러나 동아시아 전통국가들은 권위와 권력의 안정적인 분리상태를 발전시키지 못했다. 북송시대에 '도리가 가장 크다(宋太祖의 '天下에서 가장 큰 것이 무엇인가'라는 질문에 趙普가 대답한 말)'는 각성이 있었지만 각성한 사대부들은 결국 막강한 황권에 굴복해 '온건한 현실주의'로 가고 말았다. 그 후 특히 명·청 시기에 권위와 권력이 황제에게 하나로 통합되는 전통이 형성되었고 줄곧 유지되었다. 일본에서는 수 세기 동안 천황권위와 막부권력의 분리된 상태를 유지해 왔지만, 메이지유신이 추진되는 과정에서 천황에게 권위와 권력을 한 몸에 집중하는 상태로 되었다. 이로부터 관념의 경직성과 정권 및 엘리트의 관계가 명·청 시기와 유사한 상태로 되었으며, 일본이 제2차 세계대전 중 막다른 골목에 이르렀어도 스스로 뉘우치지 못한 원인도 여기서 찾을 수 있다. 조선에서는 붕당정치와 기타 제도로 인해 권력이 제한되었고 당시에는 유교가 권위적 지위에 있었다. 그러나 한 정치세력이 국가권력을 독점한 후 유교교리도 권위성을 상실하였고 왕권도 안중에 두지 않았고 당쟁도 거의 없었던 세도정치에서 나라를 잃게 되었다. 위에서의 요약에서 뚜렷한 점은 동아시아 전통국가들은 기존의 권위와 권력 분리의 '싹'을 짓밟아 버렸다는 것이다. 그렇다면 이와 같은 유럽의 민족국가와 다른 상태는 실제로 무엇을 의미하는 것일까?

국가 전체적 차원에서 권위란 국가가 무엇을 근거로 설립되고 운영되느냐의 문제이며 사실상 정권합법성의 원칙적 근거다. 이러한 권위의 구체적인 내용이나 형성방식의 차이와 상관없이, 암묵적이든 명시적이든, 권위는 국내 대부분 사람들이 수용해야 한다. 또한 상대적으로 안정된 현실정치에서 권위는 일정한 정치질서를 생성하고 유지하는 근원이다. 이런 의미에서 권위는 立國의 근본이라 할 수 있다. 이는 곧 나라를 재건하려는 노력은 먼저 나라의 근본을 무엇으로 할 것인가 하는 문제로부터 시작되어야 함을 의미한다. 커예브가 말했듯이 권위 자체가 무엇인지 알지 못한다면 국가의 정권과 구조를 논의할 수 없기 때문에 권위는 어떤 국가문제에 대한 연구보다 선행되어야 한다.

여기서 논의되는 권위는 결코 랑이 말한 네 가지 형태의 권력(힘, 조작, 설득, 권위)[12] 중 하나가 아니다. 권위가 권력의 한 형태라면 그 둘을 분리하는 것은 논리적으로 불가능하다. 특히 정치질서의 근간이라는 점에서 권위는 현실정치에서 권력의 한 형태가 될 수 없다. 또한 유럽과 동아시아 국가에서 권력으로부터 분리된 권위는 실체로서의 권력조직을 주요 내용으로 하지 않는다는 뚜렷한 공통점을 갖고 있다. 권력과 권위는 모두 복종을 낳지만 권위는 그것을 인정한 자들이 받아들여야 성립되는 성격을 띠고 있기 때문에 강제적 복종이나 조직에 기반을 둔 권력과는 본질적인 구별이 있다.[13]

국가적 차원에서 중요한 것은 立國원칙을 수호하고 '확장'하는 '건의'나 계속해서 '해석'으로 '制憲'하는 방식을 통해 자신의 권위적 지위를 유지하는 것이다. 또한 고대로마의 원로원이나 미국의 대법원은 권력조직이 아닌 정신적 권위의 처소다.[14] 둘 다 상징적인 권위기구지만 자신의 권위를 행사하기 위한 권력조직을 갖고 있지 않으며,

---

12 丹尼斯·朗, "权威的形成", 丁一凡编:《权力二十讲》, 天津人民出版社, 2008 年, 第310-322页。

13 권위의 기본적인 함의에 관한 내용은 아래 문헌을 참조하라. 埃里克·沃格林,《柏拉图与亚里士多德》, 第185页; 亚历山大·柯耶夫, 同上书 (2011年), 第2页, 第63页, 위에서 인용한 커예브의 견해는 이 책의 1 쪽에 있음; 汉娜·阿伦特, "权力与暴力", 贺照田主编, 同上书 (2002年), 第432页。

14 고대로마와 미국의 권위 및 어원적 차원에서 권위에 관한 분석 등은 汉娜·阿伦特,《论革命》, 184-188 쪽의 내용을 참조하라.

권위는 그러한 권력조직을 통해 자신의 '건의'를 실천에 옮길 필요가 없다. 권위라고 한다면 어떤 권력도 그 '건의'에 따라야 하며, 아무리 무지막한 당권자도 권위의 '건의'를 따르지 않는다면 그들의 권력지위가 큰 위험에 처하거나 잃을 수도 있다는 것을 알고 있기 때문이다. 신성로마 황제 헨리 4세가 교황청에서 교적(敎籍)이 제명된 후 맨발로 3일 동안 눈밭에 서서 교황의 너그러운 사면을 구한 것이 그 예다.

권위의 문제와 관련하여 또 하나 중요한 것은 권위의 '건의'나 '해석' 등 활동은 일반적으로 현실정치와 초연하게 떨어져 있으며 권위적 기구는 오직 立國정신과 그 확장에만 관심을 둔다는 점이다. 사실 권위적 지위를 유지하기 위한 전제조건이 곧 권력과의 분리다. 권위가 권력과 결합되면 현실정치에 휘말리게 되어 그 권위성을 위태롭게 할 수 있다. 중국의 天이나 조선의 유교적 교리가 어떤 질의도 받지 않았던 것도, 일본 천황이 현실정치와 동떨어져 수백 년 동안 미약한 권위를 유지할 수 있었던 것도 이와 같은 이유에서였다. 다시 말하면 권위는 의문시되어서는 안 되며 의문시되는 순간 권위로서의 지위는 흔들리게 된다. 또한 현실정치와 분리되어 있기 때문에 착오를 범할 가능성도 없다. 원로원이나 대법원이 착오를 범하면 권위성은 그 정도에 비례하여 약화된다. 뿐만 아니라 어떤 권위적 지위를 유지하기 위해서는 일관성을 유지해야 하는데 권위가 현실정치에 개입한다면 일관성을 지키기 어렵게 된다. 그러나 우리는 동아시아 국가의 역사에서 권위가 착오를 범하는 것을 자주 보았다. 사실 이것은 권위와 권력이 하나로 합쳐질 때 일어나는 일이기도 하며 현실정치에 관여하는 권위(그 기관이나 지도자)에게 있어 피할 수 없는 함정이기도 하다. 중세유럽의 교회들이 세속적 생활에 빠져 타락해 버렸고 이로 인해 종교개혁을 불러온 것도 이를 방증한다. 이런 일이 발생하면 통상적인 방법은 최고권위의 과오를 다른 당사자에게 전가하여 책임을 지우거나, 거짓으로 덮거나, 상징적 인물이나 표지(標識)를 교체하여 어물쩍 넘어가는 것이다. 이들 상황에서 정치권력이 주요 보장수단이 된다. 그러나 특정 권위가 어떤 착오나 중대한 사건으로 인해 근본적인 질의가 제기될 경우 이러한 권위는 뒤엎어질 수밖에 없다. 역으로 어떤 권위가 근본적으로 의문시되지 않았다는 것은 그 권위를 둘러싼 관념이 아직 중요한 변화를 겪지 않았음을 의미한다.

어떤 立國원칙이 그 권위적 지위를 획득하고 유지하기 위해서는 이런 원칙의 창립자가 공들여 선택하고 다듬어 가야 할 뿐만 아니라 현실적인 차원에서 빼놓을 수 없는 것이 그 원칙이 지켜질 수 있는 기제를 구축해야 한다. 예를 들면, 살아 있는 황제가 스스로의 묘를 짓고 사람들더러 숭배토록 하거나, 위로부터 어떤 관념을 주창하고 확산시키며 정기적으로 이와 관련된 의식을 성대히 거행한다거나 등이다. 하지만 결국 사회가 점차 보편적으로 수용하고 그 지속성이 유지될 때 권위는 비로소 그 지위를 확립하고 유지할 수 있다. 그러나 그 지위가 권위적인 것이기 때문에 그것이 흔들린다면 전체 국가나 사회질서의 기반이 위태로워지게 된다. 권위의 진정한 위험도 여기에 있다. 질서의 근원이라는 의미로서 이러한 위험은 이해하기 어렵지 않다. 우리는 유럽의 종교개혁 이후 100년 넘게 이어진 혼돈에서 이를 보았다. 권위가 심하게 흔들릴 때 국가 전체가 혼란에 빠진 중국과 조선에서도 이와 비슷한 상황이 발생했다. 일본은 막부의 지위가 흔들릴 때 천황의 권위를 내세웠고 이를 핵심으로 근대화를 추진하는 데 성공했다.

여기서 다음과 같은 두 가지 관점을 도출할 수 있다. 첫 번째, 권위와 권력이 결합된 체제가 갖고 있는 가장 큰 폐단은, 이 결합체 이외의 어떤 행위자나 관념체계도 독립성을 유지할 수 없고 그것과 효과적인 상호 작용을 할 수 없기 때문에 국가 전체가 경직되는 운명을 피할 수 없게 된다. 두 번째, 통치자 외에 다른 어떤 권위적 기구도 없기 때문에 통치자가 무너진다는 것은 그 나라 전체가 괴멸됨을 의미한다. 여기서 동아시아 전통국가에서의 권위와 권력의 기본적인 관계를 통해 그 사회적 영향을 한층 더 설명할 수 있다.

중국에서 황제의 권위는 고도로 위계적인 관료제에 의해 뒷받침되었으며, 이는 과거제를 통해 천하인재를 망라함으로써 실현되었다. 이것은 권력과 관념을 결합한 체제이지만 실제로는 관념이 권력에 종속되는 결과를 초래했다. 우리는 원나라 이후로 '사대부의 서리화'가 중국으로 하여금 진정으로 '행정정신'을 이해하는 지식인 그룹을 잃게 하였고 동시에 수많은 '글은 알지만 文을 모르는' 현상의 출현을 보았다. 아룽은 얕잡아 보는 어조로 사대부들이 종사하는 일은 자신들에게 부여된 우월한 지위와 등급제의 神聖化를 유지하고 설명하는 것이며, 이러한 학설은 도덕윤리에 가깝다고 말한다.[15] 그러나 객관적으로 볼 때 적어도 그 당시의 역사적 조건하에서 기술을 알고 집행만 하는 서리에 비해 '행정정신'을 아는 사대부들이 국가에 훨씬 더 큰 가치가 있었다. 그리고 그들이 종사한 것은 그 시기의 국가와 사직과 밀접히 관련된 원칙적

---

15   雷蒙·阿隆, 同上书 (2012 年), 第198页。

인 문제였다. 그러나 여기서 더 중요한 현실적 문제는 '사대부들의 서리화'는 도덕윤리를 중요시하는 계층까지 사라지게 만들었다는 점이다. 행정정신이 부족하거나 무엇을 위해 행정을 하는가를 묻지 않는다면 행정활동은 영혼을 잃거나 왜곡되어 '행정정신'이나 立國원칙이 사라지게 된다. 이런 정신이나 원칙이 어떤 방식으로든 살아남는다 해도 그것은 '황제칙유'의 들러리 역할 밖에 할 수 없으며 남는 것이란 거리낌이 없는 권력뿐이다. 이러한 체제하의 현실적인 차원에서 백성들에게 권위는 官에 있으며, 모든 수준의 관원들은 그들의 상관을 권위로 여긴다. 그리고 결국 황제에게서 권위의 진정한 처소를 찾게 되며 허무한 天은 핑계일 뿐이다. 원래의 의도가 어떻든 간에 그리고 관원의 선발을 위해 과거제를 채택할 수밖에 없었던 객관적 원인과 상관없이, 과거제 도입의 결과는 지식인 엘리트들이 권력에 부착하고 자신의 독립적 지위를 잃는 결과를 낳았다.

조선도 과거제를 실시했고 백성을 神聖한 영역에서 배제하여 형성되고 유지된 위계적 질서 등 면에서 위에서의 중국상황과 비슷하지만, 왕권은 많은 제약을 받았고 사대부들은 유교교리를 기반으로 비판적인 자세로 정치에 임할 수 있었다. 이로부터 국가를 지탱하는 제도가 흔들리기 전에는 건국원칙이 계속해서 권위적 지위에 있었으므로 200년 이상의 왕조번영을 누릴 수 있었다. 그러나 '임진왜란'을 비롯한 전쟁 및 그 결과로 이어지는 어려운 과정에서 기본적인 계급관계가 심각하게 훼손된 후, 조선은 쇠약의 길로 접어들었고 건국이념이 그 권위를 거의 잃어 갈 때 500년 이상을 유지해 온 왕조도 끝났다.

일본은 중국황제와 같은 절대적인 권위도 조선의 성리학과 같은 정신적 권위도 결핍했던 상태에서 전설을 기반으로 하며 현실정치와 동떨어진 천황이 명목상의 권위를 지속할 수 있었고 막부의 패권적 권력으로 느슨한 질서도 유지할 수 있었다. 또한 도쿠가와막부 시대에 과거제를 전혀 실시하지 않았고 사립학교의 설립자들도 상대적인 독립성을 유지하고 있었으며 메이지유신 전까지는 전형적인 봉건제였다. 이처럼 미약한 정신적 권위와 권력이 분산된 상태에서 지식인 엘리트들이 어느 정도 자주적인 공간을 가질 수 있었으며, 이것이 일본의 지식인들로 하여금 체제이행 전에 서양의 이념을 수용할 수 있게 한 주된 원인이다.

立國원칙은 국가의 의미나 존재가치 등에 대한 지식인 엘리트들의 성찰에 의해 수립되지만 이러한 성찰은 계몽운동과 프랑스혁명 시기의 지식인 엘리트들이 그랬던 것처럼 자주적 탐구정신에 기반해야 한다. 자주적 정신이 없다면 현실적 이해관계에 구애되어 인류발전 진척이나 국가전체의 시각에서 성찰하기 어렵기 때문이다.

어떤 관념을 근거로 성찰하는 과정에서 관념 간의 경쟁과 충돌은 불가피하다. 그러나 관념의 불일치는 서로 간의 상호 작용으로 정치공동체로 하여금 활력을 유지하도록 하며, 이로부터 어떤 관념에 묶여 나타나는 경직된 상태를 벗어날 수 있게 한다. 하지만 관념 간의 충돌이 특히 국가이행에서의 기회로 되거나 안정적 상태의 국가에 필요한 역동성을 유지할 수 있도록 하려면 경쟁적인 관념의 존재를 전제로 해야 할 뿐만 아니라, 이러한 관념은 자기의 추종자를 갖고 있어야 하며 그들은 최소한의 생존 조건을 갖추어야 한다. 우리는 이미 정권과 확고히 결합된 관념과 그것의 지배적인 상태가 동아시아 전통국가들로 하여금 '관념의 불협화'[16] 상황이 출현하지 못하도록 한 것을 보았다. 이로부터 내생적 변화의 가능성을 상실하여 국가이행의 기회를 만나지 못했거나 만들어 낼 수 없었다. 이것이 바로 동아시아 전통국가들이 스스로 변혁하지 못한 근본적인 원인이다. 서로 다른 관념 간의 비교와 상호 작용을 통해서만 현실세계에 대한 보다 명확하고 포괄적인 이해를 얻을 수 있으며, 이를 근거로 실제적인 행동을 통해 보다 나은 생존 및 생활 환경을 구축할 수 있다.

전통국가가 부득불 이행할 수밖에 없었을 때에도 중국과 일본은 군사투쟁을 포함한 정치투쟁에서 승리한 쪽이 이 과정을 주도했다. 즉 국가의 권력엘리트들이 강고한 집단을 형성하여 각자의 국가구축과 건설과정을 주도했으며, 이들 주도세력이 신봉하는 관념과 다른 어떤 이념도 기본적으로 이 과정에 참여할 기회가 없었다. 그에 반해 두 차례의 군사쿠데타를 통해 고압적 통치가 시행되었지만 한국의 이행 과정에는 다양한 관념이 '참여'했을 뿐만 아니라 한국에는 제도 안팎에서 이른바 엘리트집단의 분열이 항상 존재했다. 엘리트집단이 옹호하는 것은 적어도 이들이 믿어 의심치 않는 어떤 신념이었다. 또한, 현대화를 시작하기 전의 동서양 간에는 엘리트와 사회분화 등 면에서 유럽중세 시대의 '三元'과 동양의 '一元'이라는 중요한 차이를 보였다. 이로부터 우리는 권력엘리트와 지식인 엘리트 사이의 관계가 구현하는 성격은 현실적인 문제를 해결하는 데 필요한 제도의 성격과 발전추세 그리고 공

---

16 '관념의 불협화는 진보의 한 기본적 요소'라는 관점에 관해서는 艾尔弗雷德·诺思·怀特海, 同上书 (2013年), 136쪽, 246쪽, 251쪽을 참조하라.

동체가 지속가능한 발전을 위한 활력을 유지할 수 있는지 여부 등을 크게 결정한다고 말할 수 있다.

　지식인 엘리트들이 권력에 부착되면 자신의 독립성을 잃었다는 것을 의미할 뿐만 아니라 더 중요한 것은 관념의 '부조화'로 인한 張力을 형성하기 어렵다는 데 있다. 유럽이든 동아시아든 전통상태가 활력을 잃고 마침내 말로로 가게 된 원인이나 그 뒤에 전에 없었던 국가를 만들거나 국가재건 과정에서 활력을 되찾은 이유는 이러한 張力의 존재여부로 설명이 가능하다.

　권력의 세계와 지식의 세계는 본래 완전히 다른 영역이기 때문에 두 세계 사이에는 소통과 서로 영향을 미칠 필요성과 가능성이 존재하지만 그 차이를 염두에 둘 필요가 있다. 이로부터 우리는 지식세계와 지식인들의 진정한 가치를 이해할 수 있기 때문이다. 지식세계의 주역으로서 지식인의 가장 큰 가치는 지식탐구와 현실비판에 있다. 아롱은 논리적으로 볼 때 지식인이 현실을 비판할 때 다음 세 가지 방식을 취한다고 말한다. 지배자나 관리자의 입장에서 기술적 비판을 수행하는 것, 事務가 본래 어떠해야 하는가를 근거로 현 상태를 반대하는 것, 미래사회의 명의로 현존사회의 이데올로기를 비난하거나 역사비판을 하는 것 등이다.[17] 그러나 첫 번째 '비판'의 가치를 부정하는 것은 아니지만 국가변혁과 발전방향에 있어 필요한 것은 이와 같은 '비판'이 아니다. 그것은 실제로 전문가로서의 제안이기 때문이다. 그리고 우리는 기술과 전문가는 전제적 성향을 갖고 있다는 것을 알고 있으며 이러한 성향은 실천적 수준에서 일반적으로 보수주의로 표현된다. 확실한 것은 국가의 변혁과 발전을 위해 필요한 건 두 번째와 세 번째 비판이며, 이 두 가지 비판이 갖는 의의는 분명히 더 크다. 이 두 차원의 비판을 통해 건국원칙을 구축하고 수호할 수 있으며 적어도 '관념적 불협화음'이 형성될 수 있기 때문이다. 이러한 비판기능을 맡을 수 있는 주체는 결코 권력엘리트나 기술전문가가 아니다. 그들은 보통 자신의 지위를 유지하려 하며 자신의 지위를 흔드는 비판을 할 가능성이 낮고 기술전문가는 권력엘리트에 종속될 가능성이 높기 때문이다.

　또한 지식인 엘리트집단은 일반적으로 즈나네츠키가 말한 혁신파와 보수파로 나눌 수 있으며, 혁신파는 문화질서의 본질과 기초에 대해 비판하고 보수파가 취하는 것

17　雷蒙·阿隆, 同上书 (2014 年), 第200-201页。

은 이에 대한 반응이다.[18] 이 두 유형의 엘리트는 자신이 믿고 있는 '올바른' 신념을 기반으로 상호 작용하므로 국가가 건전하게 발전하는 데 필요한 張力을 형성할 수 있다. 여기서의 혁신파가 수행하는 것이 바로 아룽의 두 번째와 세 번째 비판이다. 이러한 관점은 지식의 모든 분야에 적용될 수 있으며 혁신파와 보수파의 존재와 상호 작용은 해당 분야의 건전한 발전을 위한 중요한 조건이다. 그러나 지식인 엘리트의 가치와 혁신파가 보수파와의 논쟁에서 불리한 처지에 놓일 가능성이 크기 때문에 국가는 지식인 엘리트들에게 반드시 전속(專屬)적인 자유롭고 자치적인 공간을 보장해 주어야 한다.

하지만 지식인 엘리트가 전속적인 공간을 가져야 하는 이유는 결코 그들의 우월한 지위를 보장하기 위해서도 그들에게 권력엘리트로 되기 위한 녹색통로를 제공하기 위해서도 아니다. 그것은 국가가 건강하고 지속적인 정신적 권위를 탐색하고 유지할 수 있도록 하기 위해서다. 이러한 의미에서 아이젠슈타트가 '중심으로 진출'의 의미를 강조했고 필자 역시 '중심으로 진출'의 가치를 부정하지는 않지만, 여기서 논의하는 것은 지식인 엘리트의 '전속공간' 문제다. 그리고 '전속공간'이 없다면 개별 엘리트가 '중심'에 들어간다 해도 실질적 의미가 없으며 이 문제에서 지식인 엘리트라는 집단의 자주성이 관건이다. 또한 지식인 엘리트들이 '주변화' 때문에 원망하거나 외로움을 느껴서도 안 된다. 비중심화는 거리낌 없이 성찰하고 비판할 수 있는 조건이고 '주변화'는 자신의 세계를 수호하기 위해 필수적인 것이며, 지식인 엘리트에게 '명상'에 필요한 청정함도 제공하기 때문이다. 따라서 지식인은 자신이 부득불 또는 스스로 '주변화'되고 자유자재로 지식의 세계를 즐길 수 있는 것에 만족해야 하며, 권력에 굴복하지 않고 존엄을 지킬 수 있음을 다행이라 여겨야 한다. 위의 내용은 지식인 엘리트들이 자신의 세계를 목숨을 걸고 사수해야 할 충분한 이유라 할 수 있다. 사실 지식인 엘리트들이 자신만의 세계를 갖기 위해 이토록 '비장'할 필요는 없다. 다만 명예와 이득에 포획되지 않고 박탈당할 수 없는 사상의 자유로 자신이 흥미를 갖는 문제를 탐색하는 것으로 족하다. 부차적으로 한 마디 더 한다면, 우리는 소크라테스처럼 자신의 빈곤을 자랑스러워할 필요는 없지만(소크라테스의 이 '빈곤론'은 시대에 뒤떨어진 것이기 때문에), 명예와 이익을 위해 자신의 추구와 존엄을 버리는 것은 또 다른 문제다. 소수통치자의 대리인 또는 비창조적인 부착자는 결코 지식인이 아니다. 지식인의 자각과 추

---

18   弗洛里安·兹纳涅茨基著：《知识人的社会角色》，郑斌祥译，南京：译林出版社，2012年，第43页。

구하는 목표야 말로 그들의 신분성격을 결정하는 관건이다.

그러나 지식인이 진정으로 비판의 책임을 짊어 지려 한다면 특히 정치와 관련된 분야에서 위험을 감수할 준비가 되어야 한다. 하지만 사회나 국가가 지식인에게 최소한의 존중을 주지 않거나 이를 위해 필요한 '전속 공간'을 제공하지 않는다면, 이러한 위험은 지식인뿐만 아니라 '도시국가'라는 이 정치공동체가 지속적인 활력을 유지하는 데 필요한 활성화를 실현할 수 없다는 데 있다. 우리는 서양세계에서 비판적 정신과 실천이 소크라테스에게서 뚜렷하게 표현되었다는 것을 알고 있다. 그가 쇠파리로서 도시국가의 부활을 위해 아테네에 활력을 불어넣으려 노력한 것처럼 말이다.[19] 그러나 그는 아테네에 의해 처형되었다. 아렌트에 따르면 쇠파리로 자칭한 소크라테스는 어떤 정치적 역할도 원하지 않았지만 철학이 도시국가에서 모종의 역할을 할 것을 바랐을 뿐이다. 그러나 소크라테스가 처형된 후 포스트플라톤 철학자들은 도시국가에 대해 무관심하거나 거들떠 보지도 않는 태도를 취했으며 더 이상 도시국가에 책임을 느끼지 않았다.[20] 이것이 아테네가 소크라테스를 처형함으로 지불한 가장 큰 대가이며 이후 모든 '도시국가'에게 남겨 준 침통한 교훈이기도 하다.

여기서 지식인 엘리트와 그 세계에 대한 논의는, 유럽이 현대화에 필요한 관념적 전환을 실현한 것은 많은 지식인 엘리트들의 성찰과 꾸준한 탐색으로 얻어진 반면 전통적인 동아시아 국가들의 상황은 그럴 수 없었다는 점을 지적하기 위함이다. 물론 이 주장은 동아시아 국가들이 춘추시대 중국 지식인 엘리트들의 다양한 사상의 탐구와 정리, 조선 건국시기 지식인들의 성리학에 대한 결연한 선택 등에서 볼 수 있는 것처럼 어떤 반성이 있었음을 부정하는 것이 아니다. 그러나 중국의 진·한 이후 그리고 조선의 건국 이후부터 서양문명과 충돌할 때까지 그런 반성을 한 적이 없고 또 할 수도 없었다. 그것은 이 시기에 이미 권위가 확립되었기 때문이다. 일본에서는 본체론과 외래문화의 비교와 같이 어떤 '반성'이 있었다고 할 수는 있다. 그리고 南北朝 시대의 중국에서도 서로 다른 관념의 상호 작용이 있었다고 볼 수도 있다. 그러나 일본의 비교는 그 어떤 중심교리(敎義)도 출현하지 못하도록 했으며, 남북조 시대에 서로 다른 관념의 상호 작용으로 생성된 것은 삼교습一이었다. 이상의 논의를 근거로 우리는 동서

---

19   埃里克·沃格林,《柏拉图与亚里士多德》, 第58页。

20   汉娜·阿伦特, "哲学与政治"、"什么是自由", 贺照田主编, 同上书 (2002 年), 第354-356页, 第373页。

양 사이에 서로 다른 상태를 초래한 주된 원인은 지배적 관념이 확정된 이후의 동아시아 국가들이 서로 다른 관념 간의 張力이 없었기 때문에 변화와 발전에 필요한 원동력을 창출하기 어렵게 된 것이라고 확실히 말할 수 있다. 권력과 분리되어 있지 않은 동양 지식인 엘리트들은 권력게임이나 空理空論에 빠져 있었다.

여기서 또 하나 지적할 것은 권력엘리트의 강력한 통제로부터 벗어난 지식인 엘리트와 그 활동 및 이를 위한 전속공간은 분명히 정치영역의 神聖化를 퇴색시키는 데 일조할 것이라는 점이다. 지식이나 진리를 추구하는 지식인 엘리트들의 마음속에는 적어도 권력을 추구하는 사람들이 느끼는 것만큼 권력을 가진 자들의 이미지가 거룩하고 경외스럽지 않을 것이고, 지식의 확산은 반드시 권력의 탈 신비화를 촉진할 것이기 때문이다.

또한 상식적인 차원에서 권력의 보편적 존재와 그것이 역사에 남겨 놓은 엄청난 재난을 알고 있다면 현실권력에 넘을 수 없는 권위의 벽을 세워야 할 필요성을 충분히 이해할 수 있을 것이다. 스키너는 16세기 이후 산생된 현대국가 관념은 지배자와 피지배자와 분리된, 즉 특정 지역 내에서 가장 높은 정치권위를 구성하는 것이라 말한다.[21] 그가 이 최고의 정치권위를 '공공권력'이라 칭했지만 그것은 이미 법적 형태의 표현방식을 취하고 공동체의 모든 구성원의 심리적 계약에 의해 산생된 '새로운 인격', 즉 국가[22]이기 때문에 진정한 권위다. 현대국가에서 지배자와 피지배자의 상호 작용은 이 권위하에서만 합법성을 얻을 수 있다. 이 권위는 민족국가의 통일을 보장할 뿐만 아니라 이러한 국가에 지속적인 張力을 제공할 수 있다. 이것이 국가의 公器적 지위와 그 효능이다.

우리의 주제범위 내에서 권위는 국가라는 공동체에 소속된 모든 구성원이 공유한 신앙이며, 어떤 현실적 권력도 감히 범접할 수 없는 신성한 성격을 가진다. 앞서 언급한 동아시아와 구미의 발전과정을 보면, 권위는 시대적 특성을 반영하고 시대에 따라 권위의 상징이 다르기 때문에 이 상징의 변천 자체가 시대의 진보를 의미한다. 또한 張力이 없는 진보는 상상할 수 없으며, 현실정치를 초탈한 지식인 엘리트만이 그러한 張力에 필요한 지식을 제공할 수 있다. 지식인 엘리트가 일관되게 올바른 관념을 갖고

21　坤廷·斯金纳, 同上书, 第629-630页。
22　埃里克·沃格林,《新政治科学》, 第188页。이는 보겔린이 홉스의 사상을 해석할 때 한 말이다.

있다고 말할 수는 없지만 비판정신을 가진 지식인 엘리트는 대체로 시대정신의 탐구자다. 적어도 지식인 엘리트와 그들의 생존공간이 없다면 시대정신은 얻을 수 없을 것이다. 시대정신이 결여된 나라는 시대와 함께 발전하기를 기대하기 어렵다.

4 '사람'

고대그리스 문명에 뿌리를 둔 서양은 문화전통에서 애초부터 개인의 독립과 자유를 선호하는 경향이 있다는 것이 거의 통념으로 되어 있다. 그러나 서양이 그런 경향이 있다고 믿더라도 그것은 종교개혁 후에 얻어진 것이고, 이는 새로 확립된 관념체계와 정치제도 및 자본주의경제와도 관련이 있다.[23] 그리고 유럽의 전통이 고대그리스에서 유래했다는 설조차 계몽운동 시대의 사상가들이 자신의 '뿌리를 찾기' 위해 '발명'한 것이다. 럿셀은 인문주의운동 시기 도시국가 시대의 정치제도는 완전히 사라졌지만 '자유'에 대한 사랑과 '제약과 견제'에 관한 이론은 고대로부터 르네상스로 전달되고 르네상스로부터 근대로 이어지며, 이로부터 근대는 고대를 그대로 계승했다고 말한다.[24] 그러나 액턴에 따르면 고대 그리스와 로마 시대에는 계몽주의 이후 새로운 의미와 가치가 부여된 자유 관념이 없었다.[25] 위에서의 '전달'이 실제로는 '다시 원천을 발굴'하는 것이다. 만약 서양인들이 애초부터 개인의 독립과 자유를 중요시하거나 그들의 전통이 고대그리스에서 비롯된 것이라면 르네상스를 매개로 고대그리스 문명을 계승할 필요가 없다. 우리는 이러한 승계가 실은 이슬람문명을 포함한 많은 학자들의 끈질긴 탐구와 협조의 결과이며, '선천적'이라기보다는 종교개혁과 혁명의 과정을 통해 이룬 성과였음을 앞에서 보았다. 인간에게 있어서 '선천적'인 것은 동물과 구별

---

23 베버는 우리의 개인주의적 정치 · 법률 · 경제체제는 우리의 경제질서에 고유한 어떤 조직형식과 총체적 구조형식을 갖도록 했으며, 이러한 체제하에 자본주의 정신은 순전히 적용된 결과로 이해할 수 있다고 말한다. 马克斯 · 韦伯著：《新教伦理与资本主义精神》, 于晓、陈维钢等译, 北京：三联书店, 1987年, 第52页. 자본주의 정신에 관한 한 우리는 베버의 견해를 받아들일 수 있다. 그러나 우리는 관념의 변화가 '순전히 적응의 결과'가 아니라 그 자체의 독립적인 '경로'와 과정이 있었음을 보았다.

24 罗素, 同上书 (1988年, 下卷), 第23-24页. 아래에서 나오는 '다시 원천을 발굴'에 관해서는 그의 同上书 (2007年), 208 쪽에 있다.

25 约翰 · 阿克顿著：《自由史论》, 胡传胜、陈刚、李滨、胡发贵等译, 南京：译林出版社, 2012年, 第32页.

되는 '근본적 자유'와 창조성일 뿐이며, 이러한 창조성은 종교개혁 후에야 꽃을 피웠다. 인간의 자유권리와 존엄 및 책임에 관한 관념과 이와 관련된 제도도 나중에 발전되고 완성된 것이다. 계몽사상가들은 자신에게 맞는 몇 가지 思考방법과 기본적 특성만 선택했을 뿐이며, 플라톤이 언급한 公理와 强權의 관계라는 근본적인 문제를 재조명했다.[26] '뿌리를 찾기'가 아니라면 이러한 '선택'은 없었을 것이다. 그리고 이러한 '선택'의 필요성은 종교개혁과 계몽시대 유럽의 전반적인 사회상황에서 비롯된 것이다.

그러나 동서양 사이에 진짜로 중요한 차이점이 있다고 한다면 다음 두 가지를 들수 있다. 첫째, 지식을 대하는 태도가 완전히 다르다. 고대그리스는 '지식을 위한 지식 추구'였으며 지식의 임무는 진리를 발견하는 것이었다. 그러나 漢나라 시기 천문학자들의 지식이 그리스 천문학자들보다 조금도 열등하지 않았지만 과학을 위한 과학을할 의도가 없었기 때문에 지식을 과학적 체계로 발전시키지 못했고 정치에만 이용했다.[27] 과학의 산생과 발전의 전체 역사로부터 볼 때 현대과학의 초기에는 '과학을 중심으로 한 기술사회'를 추구했지만 서양은 기본적으로 이러한 전통을 유지해 왔다. 그에 반해 랜드맨이 말했듯이 동양의 지식추구는 치용성, 즉 '실천적 목적'을 위한 지식축적이다.[28] 이러한 지식추구의 중요한 폐단은 특정 지식이 일정한 실천적 수요를 충족한다고 판단되면 더 깊은 원인을 더이상 탐색하려 하지 않을 가능성이 높다는 데 있다. 이는 자주적 정신에 기반해 지식을 추구하는 과학정신과 분명히 다르다. 이것이 바로 동양에서 중요한 기술발명과 개선이 있었지만 과학을 발명하지 못한 근본적인 원인이라 해야 할 것이다. 종교개혁 후에야 현대과학이 서서히 발명된 기본적인 원인은 '만약 사람들이 사실, 가설, 이론을 말하지 않고 지식이 증거에 기반하지 않는다면 자연은 법칙이 있을 수 없기'[29] 때문이다. 이와 같은 시각에서 본다면 관념의 속박과 종적인 위계를 주축으로 한 전통국가에서 과학이 발명될 수 없었던 것은 당연한 것이라 해야 한다. 그리고 적지 않은 경우 사람들은 '지식'이 언급되면 베이컨의 모토인 '지식이 곧 힘이다'를 떠올린다. 사실 베이컨에게 있어 인간과 자연에 대한 이해는 목적 자

---

26 E·卡西勒, 同上书, 第228-229页。
27 沃尔弗勒姆·埃伯哈德, "中国汉代天文学家的政治职能", 费正清编, 同上书 (2008 年), 第43页, 第47页。
28 米夏埃尔·兰德曼, 同上书, 第101-102页, 第187-188页。
29 戴维·伍顿著: 《科学的诞生: 科学革命新史》, 刘国伟译, 北京: 中信出版集团, 2018 年, 第629页。

체가 아니었으며 그의 모든 사상은 실천적 목적에 종속된다.[30] 랜드맨의 견해는 여기서 온 것일 수 있지만 그의 말은 좀 점잖은 편이다. 더 노골적인 것은 宋真宗이 말한 공부는 '평생의 뜻을 이루기' 위해서이며 그 교과서는 '五經'이다.[31] 고의적이든 아니든 간에 과거제의 실시로부터 산생된 하나의 중요한 결과는 황제가 최고의 '고시관'이므로 천하엘리트들의 스승이 되었고(특히 殿試에서), 이로부터 거의 모든 엘리트들이 황제와 정권에 망라되었으며 대부분의 지식인 엘리트들은 관원신분으로 변신했다. 물론 이러한 상황의 출현을 그 시기 시대적 특징과 지식구조로 인해 출현한 당연한 현상으로 볼 수도 있지만, 유럽의 '암흑기'부터 지식인들이 누렸던 자유 등 상황과 비교할 때 동아시아 국가들의 상태와 지식인들의 한계를 지적하지 않을 수 없다.

'지식을 위한 지식추구'의 경우 연구자의 호기심을 만족시키는 것이 해당 행동의 기본 동기이며 이러한 행동은 다른 목적에 지배되지 않고 자주적이다. 그러나 치용성을 위해 지식을 추구할 경우 그 행동은 다른 목적의 지배를 받게 된다. 특히 그 목적이 큰 힘의 소유자로부터 나올 때 지식추구자는 자기 인격의 독립성을 상실할 가능성이 크다. 지식에 대한 이러한 동양적 태도의 심각한 결과 중 하나는 서로 다른 관념 간의 경쟁과 다른 세계를 탐색할 가능성을 근본적으로 부정하는 것이다. 그 원인은 어떤 지식에 대한 가치판단은 실천에서의 구체적 수요나 판단권이 그 목적의 발원자에게 있기 때문이다. 이는 새로운 지식의 수용, 생산, 전파 등 활동을 심각하게 제한하게 되며, 스스로 사회 및 정치적 현황을 변혁할 수 있는가 하는 문제와 직결된다.

아가시는 베이컨의 관념은 매우 순진한 것이고 오늘날의 관념은 과학과 사회가 서로 영향을 미치는 것이라 말한다. 이러한 관념은 과학을 사회적 차원에서 해석하는 것이며, 이는 제2차 세계대전 후에야 등장했다.[32] 알다시피 중국에서 개혁개방 전에는 이런 관념을 접하고 전파할 기회가 거의 없었고 그 후에는 주로 경제발전과 부강

---

30 베이컨사상의 원래 의미는 '자연을 통제하는 능력'이다. 文德尔班, 同上书, 第64页。

31 한국 독자들의 이해를 돕기 위해 宋真宗의 《勵學篇》을 번역해 아래에 적는다. 부자는 옥토를 살 것 없으니, 책 속에 천종의 곡식이 들어 있음이라. 安居에 높은 집을 지을 것도 없으리니, 책 속에 황금집이 있으렸다. 문을 나설 때 수행자가 없음을 탓하지 마라, 책 속에 수레와 말이 떨기처럼 많으리니. 아내를 얻을 때 좋은 매인이 없음을 탓하지 마라, 책 속에 옥처럼 아름다운 얼굴이 있을 지니. 사나이의 평생 뜻을 이루고자 한다면 창가에서 부지런히 오경을 읽어라.

32 约瑟夫 · 阿伽西, 同上书, 第468-469页。앞에서 나온 소크라테스의 '빈곤론'에 관한 내용은 이 책의 461쪽에 있다.

을 위해 필요한 기술발전에 중점을 두어 왔다. 이로부터 기술에 대해 숭배하는 마음 상태도 해석할 수 있다. 국가건설과 현대화 차원에서 중요한 것은 충분한 지식교류를 진행할 수 있는 문화환경과 제도적 기반 및 모든 종류의 지식에 대한 개방적 태도다.

둘째, 비판정신의 측면에서 동서양은 상당한 차이를 보인다. 이 점은 지식을 대하는 태도, 등급제와 그 관념 및 권력구조와도 밀접히 관련되어 있지만, 비판정신의 차이는 동서양의 서로 다른 문화전통에서 비롯된 것이라 말할 수 있다. 서양문화전통에서 매우 중요한 것은 '쇠파리' 정신 또는 '지식이 곧 미덕'이라는 전통이다. 이러한 정신을 유지하기 위해서는 비판이 필요하며 비판이 없는 상황에서 지식은 발전할 수 없다. 그러나 현재의 서양문화 전통은 주로 종교개혁과 함께 시작된 현대화 과정에 바탕을 두고 있다. 동아시아 문화전통은 각각의 특징이 있고 시대에 따라 다른 양상을 보이기는 했다. 하지만 비판이 결여된 전통은 적어도 전통국가가 중대한 이행을 하기 전까지 수백 년 전에 그 기본적인 상태가 형성되었다.

동아시아의 '불행'은 권력이 일련의 등급사슬을 통해 그리고 정신적 권위와 결합되어 사람들의 실생활에 내재되어 있어 합법적이고도 공개적으로 권력을 비판할 수 없었다는 점이다. 우리는 이익에 이끌리는 사람들의 성향이나 어떤 심각한 결과에 대한 두려움을 비난할 수는 없지만, 치용성을 주내용으로 하는 세속성이 국가현대화에 미치는 중대한 부정적인 영향을 기억할 필요가 있다. 이 문제는 또한 정치영역의 神聖化와 맞물려 현대성의 출현과 확산을 심각하게 방해한다. 현대성의 가장 중요한 특징 중 하나는 단순하면서도 심오한 자기수정의 잠재적 능력과 그 최초의 방안에서 상상조차 할 수 없었던 문제를 직시하는 능력이다.[33] 이러한 능력은 이성적 思考를 기초로 하며 전통시대에는 갖출 수 없었다. 이는 결코 전통시기에 아무런 이성적 思考가 없었다는 것이 아니라 전통국가나 사회의 구성과 운행 원리는 근본적으로 권력이나 신앙이다. 이러한 권력과 신앙은 문제를 직시할 수 있는 능력이 충분히 발휘될 수 있는 가능성을 차단하고 자기수정의 잠재적 능력을 없애 버린다. 동서양을 막론하고 정권이 허약하거나 파편화되었을 때 또는 지식인 엘리트들이 적어도 어느 정도의 자주적 공간을 얻을 수 있었을 때에만 문화와 학문의 발전을 이룰 수 있었던 이유도 여기에 있다.

---

33 이것은 S.N. 艾森斯塔特, 同上书 (2006 年), 65 쪽에서 인용된 그레이의 견해다.

전통적인 동아시아의 주요 관념체계가 유교, 불교, 도교와 일본 고유의 神道 등
이다. 이들 관념체계를 어떻게 해석하든 그 안에서 비판정신을 찾아보기 어렵다. 있
는 것이라곤 현실에의 순종, 숙명의 수용, 來世 및 건강과 장수에 대한 기대, 자연신령
에 대한 경외심 등 뿐이다. 이것이 이들 여러 관념체계가 습一되거나 평화롭게 공존할
수 있었던 기본적인 원인이다. 그에 반해 화이트헤드가 말했듯이, 기독교와 같은 종
교는 '비현실적인 윤리학'이므로 비판의식을 갖게 된다. 이러한 종교의 이상은 현실에
대한 비판자이고 비판의식은 불만을 환기시키는 요소이며 불만은 문명의 쇠파리다.[34]

동아시아 전통상태에서 가족, 宗族, 국가 등은 가시적인 것이며, 기본적으로 서
양에서와 같은 종교신앙이 없는 '이쪽세상문명'이다. 이러한 질서는 사람들더러 적
응할 것을 요구하며 기존질서에 대한 어떤 돌파도 이단, 반란, 대역무도한 것으로 여
겨지기 때문에 기존질서를 돌파하기 어렵게 되어 있다. 보다 근본적인 문제는 정권
이 이데올로기를 치밀하게 구축하고 확고히 통제하며, 천하엘리트들을 정권에 망라
함으로써 비판정신이 성장할 수 있는 기반을 차단했다는 데 있다. 이로부터 결과적
으로 他者의 부재를 초래하고 헤겔이 말한 '주인'과 '노예'만 있게 되었다. 즉 동아시
아 전통국가의 근본문제는 바로 비판정신이 살아 남을 수 있는 제도장치와 관용정신
의 결핍에 있다. 다른 관점이나 비판적 의견을 허용하지 않는 것은 화이트헤드가 말
한 '미래에 이해할 수 있는 끝없이 새로운 것의 풍부함과 우리의 통찰력을 넘어선 기
성사실의 복잡성'에 대한 논의를 금지하는 것과 같다. 이러한 문제에 대해 어느 정도
의 존중을 표하는 것이 관용의 책임이다. 건전한 비판이 있으려면 관용정신이 있어야
한다. 관용정신의 의미는 누구나 착오를 범할 수 있고 누구나 진리를 획득할 수 있으
며 오류와 진리는 지식영역에 속한 것이다. 이 영역은 오직 비판, 토론, 검증을 통해
서만 발전하며 이를 위해 서로 다른 지식 간의 상호 비판과 경쟁을 할 수 있는 사회
적 공간이 보장되어야 한다.

개인의 지각적 지식이 우리 모든 지식의 기초지만 과학적 지식의 목적은 인류의
집단적 지혜의 발견을 말하는 것이다.[35] 그렇다면 개인의 지각지식을 집단 지성으로
전환하는 경로는 무엇인가? 과학의 발전은 사상의 자유로운 경쟁의 결과이며 사회정

---

34 艾尔弗雷德 · 诺思 · 怀特海, 同上书 (2013 年), 第10-12页, 第18-19页, 第82页。 아래에서 나오는 '관용의
　　책임'에 관해서는 이 책의 51 쪽에 있다.

35 罗素著 :《人类的知识——其范围与限度》, 张金言译, 北京 : 商务印书馆, 2018 年, 第16页, 第23页。

치와 관련된 지식도 마찬가지다. 이를 위해 실험이 허용되어야 하며 사회적 실험과 비판에 개방된 유일한 시스템은 민주정치다.[36]

비판에 열린 사회를 건설하기 위해서는 공개적인 절차를 통해 비판을 가능하도록 해야 할 뿐만 아니라 국가전체가 비판을 정상화하는 사회정치적 구조를 갖추어야 한다. 그러나 절차가 중요하지만 극복하기 어려운 한계도 있다. 공공영역에서 서로 다른 행위자 간의 힘의 관계에 심각한 불균형 상태가 출현할 수 있다. 이로부터 건전한 비판이 '보편적' 정서에 매몰되어 사라질 수도 있고, 절차를 이용하거나 절차를 위반하지 않는 상황에서 암암리에 조작하는 행위를 통해 사익을 실현할 가능성도 여전히 남아 있다. 이와 같은 상황에서 절차는 심지어 불법적인 이익을 공공연히 추구하는 '합법적' 수단으로 '타락'할 수도 있다. 절차 자체는 결과에 대해 '책임'지지 않으며 비판이 없는 절차는 형식에 불과하다. 만약 행위자에게 자주성과 그에 따른 자유권리, 공공문제에 대한 공론화 과정 그리고 서로 다른 생각과 의견 사이의 경쟁과 이를 위해 필요한 관용정신이 없다면, 비판은 절차 속으로 사라져 버릴 것이다.

적어도 전통에서 현대로의 전환이라는 문제에서 위의 두 가지 차이점은 동양과 서양 사이의 서로 다른 발전경로의 문화적 뿌리를 설명할 수 있다. 근본적으로 수많은 민족과 국가 간의 차이점은 고유한 문화와 제도로 설명될 수 있다. 문화와 제도는 모든 인간 집단과 사회實在의 공통된 특징이므로 사람들은 '근본적 자유'를 통해 지속적으로 자신들의 생활환경을 개선할 수 있으며, 이 모든 것은 사람들이 갖고 있는 지식구조와 가치관에 달려 있다.

요컨대 현대화는 포괄적인 것으로서 속박, 무지, 빈곤의 전통적 상태에서 벗어나 자주적인 세속세계 및 탈 神聖化로 나아가는 과정이다. 그리고 탈 神聖化와 세속성의 실현은 실제로 동일한 과정이다. 현대화의 이 같은 기본적 함의로 인해 현대화를 논할 때 '사람'이라는 핵심문제를 피할 수 없다. 사실 '사람'은 현대화의 목적일 뿐만 아니라 현대화 실현의 가장 근본적인 원인이다. 즉 현대화와 그 실현정도는 '사람'을 통해 충분히 설명될 수 있다. 따라서 우리는 '사람'이 현대화의 第一要務이며 동아시아 국가들이 보편적으로 상정한 부강은 이러한 第一要務의 결과 중 하나일 뿐이라고 결론을 내릴 수 있다. 서양이든 동양이든 누가 먼저 이것을 깨닫는가에 따라 현대

---

36   卡尔·波普尔, 同上书 (2009 年), 第122页; 约瑟夫·阿伽西, 同上书, 第275-276页。

화와 그 발전수준의 높고 낮음이 결정된다. '사람'은 모든 현대화 문제의 핵심적 위치에 있다. 여기에 각국의 특수성은 없다. 국가는 그 범위 내에서의 '사람'의 현시고 구현일 뿐이다.

저자소개

金東日

한국 고려대학교 행정학 박사

중국 黑龍江省社會科學院 정치학 석사

중국 延邊大學 政治학과 학사

(現) 중국 南開大學 周恩来政府管理學院 교수

국가현대화 비교: 동아시아 삼국을 중심으로

초판발행	2023년 8월 15일
지은이	김동일
펴낸이	안종만 · 안상준
편 집	사윤지
기획/마케팅	정연환
디자인	BEN STORY
제 작	고철민 · 조영환
펴낸곳	(주) **박영사**
	서울특별시 금천구 가산디지털2로 53, 210호(가산동, 한라시그마밸리)
	등록 1959.3.11. 제300-1959-1호(倫)
전 화	02)733-6771
f a x	02)736-4818
e-mail	pys@pybook.co.kr
homepage	www.pybook.co.kr
ISBN	979-11-303-1813-4 93340

정 가   18,000원